宮本常一〈抵抗〉の民俗学――地方からの叛逆◇目次

注　記

● 本文中の敬称は略した。

● 本文中に掲載の宮本常一撮影写真は、周防大島文化交流センターによる掲載許可を受けている。

● その他の写真で特に記載の無いものは筆者撮影。

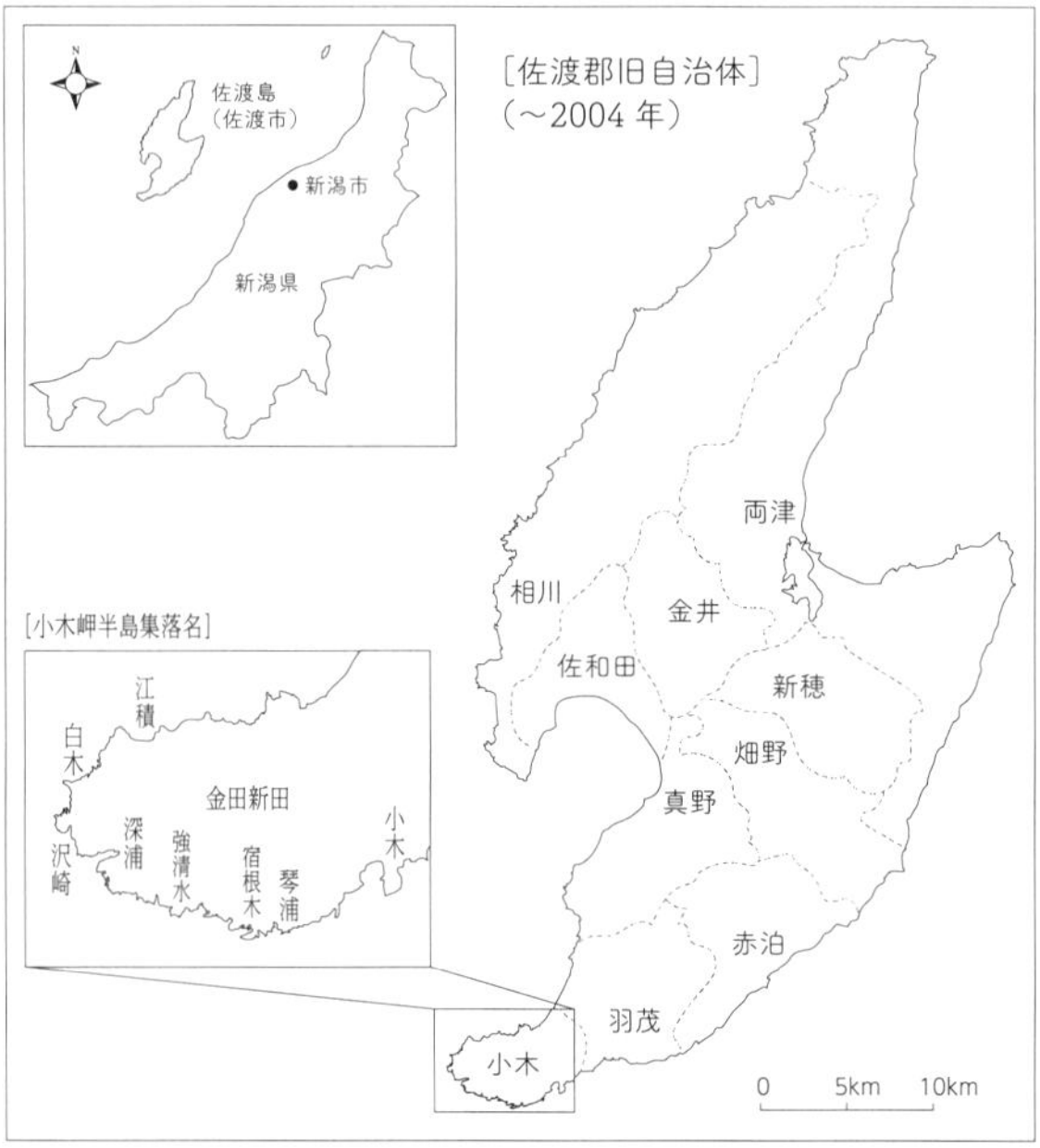

序章　島の「遅れ」と文化運動

1　はじめに

本書は戦後日本の離島文化運動の展開について、民俗学者・宮本常一と彼をとりまく青年や郷土知識人の佐渡島での活動を事例に論じていく。特に住民主導の内発的な地域開発を、歴史的な視点を持ってエスノグラフィックに記述することで、国家主導の離島振興や国土開発に対して離島の人びとがいかなるアクションを起こしたのかということを議論したい。

私は二〇年あまり、新潟県の佐渡島に文化人類学・民俗学の研究のために通っているが、本書の議論はその過程で得た問題意識やデータに基づいている。民俗学は「経世済民」という、いまとなっては言い古された柳田国男由来の用語に表れているように、たんにフィールドデータを取って研究をするだけでなく、そこで得た知見を社会や地域に活かすことを是とし、実践性や公共性にアイデンティティを置いてきた。ただ、社会に対する「役に立ち方」も多様である。制度設計に携わりながら政府や自治体に資する学問のあり方も、経済的利潤の獲得に結びつく手法で企業や資本主義に資する学問のあり方もある。

民俗学は、特に柳田国男の学問は、どちらかと言えばすでに制度化された社会の仕組みに参与するというよりは、しばしばそこから距離を取ったり、時にはそれを批判的に捉えて別様の社会のあり方を模索したりする学問であった。そのアイディアの源泉を「人びと」の生活の歴史と実践への関わりから見出し、「人びと」自身が地域や人生を切り拓いていけるアイディアをともに探究することに価値を置いていた。その意味で民俗学は、近代的な学問としての性格と、一種の運動体としての性格を併せ持っていた（小国 2001; 佐藤 2009）。本書の関心は、民俗学のこうした学史を踏まえつつ離島の人びとの文化運動を捉えると同時に、そこに民俗学がどのように関わってきたのかを明らかにすることである。

ここでいう「運動」とは、社会運動や市民運動といった細分化された概念の根底にある、何らかの目的に沿って顕在化する人びとの集合的な取り組みである。都市ならともかく、はたしてそんなものが離島にあったのか、という疑問を持つことはそれほど奇異なことではない。実際、私も、佐渡でフィールドワークを始めた頃は島というのは「運動」や「市民参加」から最も遠い位置にある場所の一つだと考えていた。ところがフィールドワークを続けていると、一九七〇年前後には島の人びとが主体となって行われた博物館設立運動があったり、郷土研究や版画作りの運動があったり、果ては空港建設反対運動から近年の（いささか「官製」的だが）世界遺産登録運動など、数多くの住民主体による運動が立ち上がったのを知ることになった。それらの多くは組織のない散発的な動きだったがゆえに、従来の社会運動論や文化運動論で議論されてきた「運動」とは異なるものかもしれないし、熱を帯びたその盛り上がりは一時的なものだったが、当時の人的ネットワークや成果は、現在の住民参加型開発のあり方にも影響を及ぼしている。

しかし問題は、離島というと国土開発の対象であったり観光対象であったり、過疎化対策の場所であったりと、その語り口はもっぱら何らかの施策の対象や「客体」とするのみで、島の人びとの側が「主体」

としてエイジェンシー（行為主体性）を発揮する機会についてはほとんど語られてこなかったということである。言うなれば「客体化された離島」像を私たちは再生産してきた。宮本常一に着目するのはまさにこの点で、彼が「自立性」「主体性」の名の下に文化運動を推し進めていた点には、離島がつねに都市からのまなざしによって客体化されてきたことへの問題意識が反映されている。そしてこのようなまなざしは、離島だけでなく広く「地方」と呼ばれる場所に対して注がれる集合的な見方であるだろう。

私がこのような中央‐地方のあいだにある政治的・経済的な不均衡を背景としたまなざしが気になるようになった理由の一つには、大学で教え始め、学生を島に連れて行くようになったことと関係がある。フィールドワーカーは長くその場所で調査を行っていると外からの目線を忘れがちになるが、初めて連れて行く都会生まれの学生の反応は、離島という環境に対する世の中の見方をさまざまな意味で想起させてくれる。最初にそのような島へのまなざしの話で進めたい。

2　発展史観と離島

島のロードサイド

日本海に浮かぶ佐渡島（以下、佐渡）。日本では沖縄本島に次ぐ面積を有する。私がここに連れて行くようになった学生たちは、東京や関東地方出身者が多い。両親もまた東京生まれという学生が多く、以前の世代よりも、「田舎」を持っている人は減っているように思う。だから島に行く彼らにとって期待は大きい。東京とはあきらかに違う光景が待っているに違いない、と想像を膨らませる。新潟の港を大型フェリーで出ることもまた、「本土」とは異なる世界へ誘われる感覚をもたらす。

しかし、両津港に着いたとき、港の近代的な建物に彼らは一様に驚きを覚える。こぎれいなターミナルだけでなく、周辺の広い二車線道路、鉄筋コンクリートの建物群、見慣れたコンビニや大きなスーパーマーケットが並ぶ風景にはさらに驚きの声を出す。その驚きは「島なのにコンビニがある」というとてもストレートな感嘆だ。これは決して学生だけではない。島に初めてやってきた研究者や観光客もほとんど同じように反応する。

中央部には広大な国中《くになか》平野が広がっており、人口の多いエリアが続く。国道沿いにはコンビニやスーパーだけでなく、子ども服店、家電量販店、ドラッグストアなど、日常に欠かせないさまざまな店が並ぶ。この風景は店のファサードはいずれも四角い横長の低層階の建物で、前には大きな駐車場と看板が並ぶ。この風景は多くの島外者になじみがある、郊外のロードサイドである。

このようなロードサイドの広がり＝郊外化は、しばしば東京や大阪のような大都市とその周辺部に特徴的なランドスケープとして論じられてきた。東京都心から半径四、五〇キロメートルのところを結んでいる国道一六号線は郊外の代名詞である（塚田・西田編 2018）。自動車移動を前提に開発された住宅地やチェーン店、広く直線的な道路がなす人工的な光景は、しばしば上の世代にとっては「どこに行っても同じ」風景で、無機質でつまらないといったネガティブな評価がなされる一方、郊外を地元とする人びとのあいだでは、そのようなラベリングに対する違和感も少なくない（東・北田 2007: 206）。

ただ「郊外」は東京や大阪に限ったものではない。その主要な構成要素が車中心のライフスタイルとそれに基づくインフラだとすれば、車社会である地方においてこそ顕著に現れる。人口一万人程度の小規模な都市でも、地縁の強い旧市街（これを民俗学ではマチといった）を離れたところにはバイパスが通り、チェーン店に人が集まる。島嶼部でも同様であり、佐渡や石垣島など、ある程度の規模のある離島には郊外的風景がある。

郊外化とは言いかえると、消費空間化である。実際ロードサイドにある施設はほとんどが「店」だ。衣食住に関わる安いモノからある程度値段の張るモノまで多品種を大量に販売し、そこに行くだけで欲求が際限なく高まるような、情報と消費の結びついた空間である。もちろんロードサイド的郊外の生まれる前から、街には書店があり、米屋や酒屋があった。しかし、小田光雄の言うように、商店街の書店に来る人が文化的商品を求める「読者」であったとすれば、郊外の大型古書店に来る人は漫画やベストセラー等、日用品としての書籍を求める「消費者」である（小田 2017: 87）。

内田隆三は、消費空間としての郊外にはさまざまな種類の要素が混在しながらも、かろうじて同一性を保持しているのは、それが人びとの快適性を消費させる空間という点で共通項が残っているからだという（内田 2002: 364）。ここでいう快適性とはあくまで想像の次元であり、憧れの（と宣伝されている）生活スタイル、テレビやネットが発する「良い暮らし」イメージであり、家電や健康グッズ、ファストファッションなどがそのイメージを具現化する。

こうした快適性を消費欲求として喚起させる店は、佐渡のロードサイドでも多い。佐渡鉱山（金銀山）が稼働していた戦後の最盛期には島内人口が一二万人を数えたが、現在では五万人ほどに減っている。その人口が東京二三区よりも広い土地に分散している。ロードサイドにはその人口を考えると過剰に多い家電量販店やドラッグストアが並んでいる。その過剰さは、まさに快適性の消費空間としての郊外を象徴している。そしてこのような景観は佐渡だけでなく、全国あらゆるところに存在する。

島に初めて訪れた学生や観光客が島のロードサイドに対して驚きの声を上げるのは、このどこにでもあるような均質な風景、内田の言う「非－場所への志向性」（内田 2002: 365）を持ったランドスケープが、遠く海まで渡ってやってきた島にも存在することへの驚きにほかならない。しかし彼らもまた、郊外的な風景がどこにでもある風景だということは知っている。首都圏で喩えるなら松戸と八王子がそれほど変わらない光景だということも、経験的には想像がつくはずだ。にもかかわらず、佐渡に対して驚くというのはどういうことだろうか。

遅れと予見

その驚き自体はきわめてストレートな感情であり、悪意はない。しかし彼らに驚きをもたらしたギャップは、島に対する予見や期待と、実際に目にする景観とが大きく異なっていたからだと思われる。言いかえると、島に対して抱いていた期待は、（都市と違って）街やインフラが「発展」していない景観である。加えてそこには、文化的な差異、端的に言えば人びとの「暖かさ」や「素朴さ」への期待が伴っている。彼らが想定していた島のイメージは、人間関係に基づく贈与経済のような、一種の前近代性である。

逆に言えば大手コンビニが来島者の耳目を引くのは、それは都市＝自己の延長上に位置するものだからだ。ここに至って初めて、島の人びとにも自分たちと変わらない日常生活があり、快適性への欲求に沿った消費文化があり、他者ではないということに多くの人が気がつく。とはいえ、旅程の限られた渡航者、特に観光客にとっては島を他者化する自らのまなざしを省みる余裕はなく、見たい部分だけを見て去ってゆく。こうして島の日常と、イメージとして流通するまなざしとは乖離したまま平行線を辿る。

離島や、広く言えば「地方」に対するまなざしは、このように実際にその土地で暮らす人びとの日常感覚と大きくずれていることが多い。島には素朴な社会関係や、資本主義に取り込まれていない世界が広がっているのではないかと期待をしてしまう。島の人びとが、新しい商品に憧れ、給与をやりくりしながら消費財を購入したり、仕事や子育てや介護に勤しんだりしていることは言うまでもなくわかっていながらも、どこかでやはり、都市とは違う「何か」があるのではないかと期待してしまう。その期待はいわば、島に都市の失ったもの、古いものの残存を期待することと表裏一体だ。つまり島や地方は「遅れている」、という信念を心のどこかに持っていなければ、ロードサイドの風景に驚いたり期待と違うことにがっかりしたりすることもないはずである。「島なのにコンビニがある」と学生や観光客が言うとき、それがいかに肯定的な感嘆だとしても、そこには「遅れ」に関する強烈な予見が存在する。したがって、それをマイクロアグレッション（無自覚な偏見や差別）と言っても、決して言い過ぎではないだろう。

ある地域が遅れている、進んでいるという「進化主義」的な見方は、さまざまな具体的表現を伴っていまでも発露する。「開けていない」「何もない」という、地域を表現するときによく使われる言葉は、おおむね、道路が拡張され大きなショッピング施設が開場することで「解決」される。「何もない」は消費空間として魅力的な施設があるかどうかであって、民家が並んでいるとか変わった形の岩がたくさんあるとか、タヌキを祀った神社がたくさんあると言っても、この進化主義的な地域観からすれば「何もない」ことに変わりはない。

現代日本の私たちはグローバルな市場経済に直結した消費空間やそれを支えるインフラが張りめぐらされた場所に埋め込まれており、そこから少しでも外れている地域を「遅れている」と見なしている。それが必ずしも都市的な見方というわけではないのは、地方都市に大手チェーン系カフェができたときに、地元の人びとが大挙することでも理解できる。佐渡の多くの若者は、〈何もない、遅れた島〉から、一刻も早く〈いろいろある、進んだ都市〉へと出たがっており、実際、島内高校卒業者の九割が島外へ進学・就職する。「遅れ」に関する予見は、当事者を含め、地方や島に対する日本の集合的心性であると言ってよい。少なくとも近代以降、東京一極集中が進むなかではこの進化主義的な観点は周辺としての「地方」を語るうえで基本的なパラダイムになってきたとすら言える。

島や地方がはたして「遅れている」と本当に言いうるのだろうか、という問いは現代でこそリアリティを持つ。島に住みリモートワークを行う。移住者が農業やカフェを始める。東京的な価値観の軸に乗らず、新たな生活様式を打ち立てるのはまったく非現実的ではなく、そこには進んでいる・遅れているという価値基準自体を相対化するエネルギーが存在する。[*1] しかし、これまで日本では、「遅れ」の概念軸を問うのではなく、あくまで地方には「遅れ」が存在するものだという前提を持ち、その解決を図ろうとしてきた。それは政治だけでなく、学術、企業活動、そして当該地域の住民も含む、ほとんど総体として「遅れ」の超克を目指そうとしてきた。それが主に戦後を通じて行われてきた国土開発を根本で支える理念であるとも言ってよい。

戦後日本の国土開発は、インフラストラクチャーの整備により東京を中心とした国土の一体性を高める施策であるのと同時に、東京や太平洋ベルトへの一極集中を解消するために、地方に産業発展の拠点を整備したり「僻地」の生活基盤を整備したりしてきた。しかしこのような、なかば相矛盾する方向性を持つ開発は、地方の「遅れ」を取り戻すことにはたして繋がったのだろうか。冒頭で述べたように、港や道路の整備は離島開発の賜物で、一九五三年に施行された離島振興法に基づく政治の成果である。だが佐渡の若者が次々と「何もない」島を離れ、人口が漸減していることに表れているように、中央と地方との経済的・政治的な格差はますます拡大しているようにも思われる。本書を通して考えたい一つの大きな主題は、戦後日本の国土開発が地方にいかなるインパクトを与えたのか、それは地方を「遅れ」の軸において捉える視点とどのように関わってきたのかについて、離島の経験をもとに考えることである。

3　方法と視点

離島というフィールド

なぜ離島か。[*2] それは近代のなかで離島こそが中央・地方の権力的に非対称的な関係において最も従属的な扱いを受け、周辺化されてきたと同時に、多くの資本投下がなされ、開発対象になってきたからである。言いかえると、格差を解消するために多大な資金を投じた開発がなされてきた一方で、都市や本土に従属するものとして周辺化されてきたのが離島なのである。そのような意味で、国土開発における離島のポジショニングを考えることは、中央と地方のヒエラルキーを含んだ関係性を最もわかりやすいかたちで示す。

一九六二年以来行われてきた全国総合開発計画（全総）から安倍政権下の「地方創生」に至るまで、「地方」は一貫して戦後日本における財政再配分の対象となってきた。地方の切り捨てが進んでいると言われている現在でも、地方交付税補助金に代表される国庫補助金は財政の脆弱な自治体にとって重要な収入源であり、それは事実上「恵まれた」都市の富を、「恵まれない」地方へと移転する再配分であった。また現在「地方」を語ることは、「活性化」や「まちづくり」の対象としてそれを捉えることと同義であり、現実的に直面する人口減と財政難を克服するアイディアを出しあう恰好のアリーナとなっている。

だが地方への再配分は今世紀になって急速に崩れつつある。すなわち、消滅しつつある地方にこれまで同様の開発や投資を続けるのは無駄だという意見が趨勢を占めるようになり、そのような再配分をよしとしない政党への支持がますます強くなりつつある。「田舎暮らし」や「Ｉターン」が持ち上げられる一方で、地方は都市を中心とした日本社会から急速に切り捨てられつつある、というのがいま、二つの相反するまなざしである。

地方は都市の住民に豊かな自然や文化を提供するすばらしい観光資源か、あるいは疲弊した経済やインフラが財政上の足を引っ張る社会全体のお荷物か。こうした両極端のまなざしに表れる地方観は、いずれにせよ都市からの視点で形成されたものであり、かつ、国家という前提ありきで語られていることである。だがはたして地方は、都市や国家に従属することでしか存在しえないのだろうか？

こうした問いは、農村における人びとの生活や地域運営の仕方を研究してきた農村社会学・地域社会学から提出され、「活性化」という用語で地域をひとくくりにしてしまう言説が批判されている（渡邉・芦田・北島編 2023）。また都市や権力の側に基準を置いて国家や国民を捉える見方を、「辺境」と位置づけられた側から覆そうという問いは、すでに沖縄研究やアイヌ研究、小笠原などの周辺離島を事例にした多くの研究において考察が重ねられており、本書にとって道筋を照らす光明となっている。一例を挙げると、近世末期にどこの国家にも属しないエリアとして存在した小笠原を取り上げ、そこに米国や欧州の捕鯨船乗組員が住み始め、徐々に近代日本へと組み込まれていく過程を描いた石原俊『近代日本と小笠原諸島』が好例である（石原 2007）。石原の議論は小笠原を近代国家との力関係において捉え、かつ島が日本という国家に従属するばかりの存在だったわけではなく、自立的で、時に抵抗の場となってきた歴史経験を描いている。後述のように、石原の島嶼論は秀逸な宮本常一論へと展開していく（石原 2011; 2021）。

またすでに古典であるテッサ・モーリス＝鈴木『辺境から眺める』は、北海道やオホーツク海沿岸のアイヌの経験を植民地化、法整備、商業主義の拡大、アイデンティティ等の幅広い観点から描いた名著である。幕藩体制下・松前藩の蝦夷地開発から明治政府による同化政策、旧土人保護法の廃止とアイヌ文化振興法の制定（一九九七年）に至るまで、二〇〇年超の「辺境」政策の歴史と、日本という近代国民国家の形成過程を、「辺境」に位置づけられたアイヌの居住地域から描いた（モーリス＝鈴木 2022）。近代化の流れのなかでやむなく「周辺」や「辺境」に位置づけられた地域や集団から「中央」を眺める研究は、多くの場合、権力関係を形成した資本主義や国民国家などの体制の形成過程を跡づけ、権力や体制の自明性を解体し、周辺とされた側にも自立的な生活空間が存在していた事実を明らかにする。

これらの研究が示唆する重要な論点は、島を「離島」にしてきたものは何かということである。言いかえると、ある地域を「周辺」へと割りあて、他の地域と同等の権利を付与することを拒否し、島について考えること自体を意味のないことだとみなしてきたポリティクスを問うことである。その意味では庶民の日常経験や「小さな」歴史に思想的・政治的な意義を見出そうとしてきた民俗学の視点は重要であろう。

民俗学と離島研究

民俗学もまた離島や農山村など「周辺」社会を主たる研究フィールドとしてきた。一九八〇年代に都市民俗学の興隆があり、都市と村落のいずれを研究することも当たり前になったとはいえ、現在でも少なからず民俗学者が島嶼部でフィールドワークを行っている。

柳田国男が島嶼研究に多大な関心を持っていたことはよく知られている。[*3] 柳田が主宰した財団法人民俗学研究所の事業として、一九五〇–五二年に離島調査が行われ、さまざまな島の記録を収録した報告書『離島生活の研究』も刊行された（日本民俗学会編 1975）。離島調査は研究所が先行して行った山村調査（一九三四〜三六年）、海村調査（一九三七〜三九年）に続く三つめの共同研究であり、約三〇の島を選んでそれぞれ民俗学者による単独調査が行われた。その調査報告は村落、土地、人口、衣食住、家族、婚姻、産育、葬制、生業、交通交易、年中行事、信仰、道徳などの基本項目を設定しながらも、各執筆者によるエスノグラフィーとなっている。

離島調査は山村、海村調査に比べると存在感は薄いが、記述の端々に当時の離島が抱えた課題を見て取ることができる。たとえば、粟島（新潟県）の章では、「同県人にさえその存在を忘れがちな離島で、島の隔絶性については、大正天皇崩御を知らずに新年拝賀式を行った」と書かれ（日本民俗学会編 1975: 181）、粟島が社会から取り残されていることから記述が始まっている。著者は佐渡出身の民俗学者、北見俊夫である。また青ヶ島（東京都）についてはその隔絶性が歴史的に遡って紹介されており、「このふたつの島（八丈島と青ヶ島）をはさんで流れる黒潮があまりにもはげしいために、両島の往来はむかしからきわめて難渋にみちたもの」で、「いちど島から出帆すれば、その半数以上の舟はほとんど消息を絶っている」という壮絶な歴史が述べられている（日本民俗学会編 1975: 153）。離島調査が行われた一九五〇年代当時、日本の島々は港湾や道路、水道、電気などのインフラ整備がきわめて低い状態にあり、本土との格差が激しかったことが報告書から窺える一方、敗戦に伴う領土縮小と引揚げによる人口増に伴い、離島がにわかに余剰の生産地・生活空間として関心を呼ぶようにもなっていた。つまり離島に注目すること自体が戦後日本の状況を反映していたのである。

この離島調査に参加し、樺島（長崎県）の報告を書いた竹田旦《あきら》は、その後も離島での調査を重ね、民俗学的な島嶼研究の代表的論者になった。彼の著書『離島の民俗』でも、端々で島の問題や離島振興について触れられている。たとえば鹿児島県の竹島・硫黄島・黒島について触れた箇所では、資源のなさ、土地のなさ、港湾設備や農業技術のなさなど、生活条件の厳しさを指摘したうえで「島民個々の所得を引き上げ、本土並みの生活水準に高めようとする離島振興の究極の目標は、きわめてけわしいと言わなければならない」とし、国の離島振興策による抜本的な基盤整備を訴える（竹田 1968: 178）。とりわけ、インフラのなかでも離島生活の根幹である港の貧弱さは、島民に多大な苦難をもたらしていたことが窺える。

竹島でははしけと岸の岩との間に長い歩み板を渡し、押し寄せる波浪のころあいを見はからってその上を駆け抜けるのであり、黒島の大里・片泊港では激浪にもまれてエレベーターのように昇降するはしけから暗黒の岸壁目がけて飛びつくと、陸の人びとが四方八方から手を出してつかみとめてくれるというありさまで、事故の起こらないのが不思議なくらいである。［中略］これらの島々では人間の労力こそ何物にもまして価値があるという観念を排して、肉体労働に代わるべき、新しい技術・知識の導入を心がけてこそ、離島振興の捷径だということを深く感じたのである（竹田 1968: 181-182）。

この状況が決して特殊ではなく、一九五〇年代の離島全般にある程度共通していたことは、岩波写真文庫『忘れられた島』（岩波書店編 1955）などを見れば明らかである。島は「忘れられていた」。それは都市や本土に従属するよりもはるかに酷な扱いだ。竹田が他の民俗学者と異なり、こうした状況に対して離島振興や開発の必要性を訴えるのは、一九五三年の離島振興法施行に伴って結成された全国離島振興協議会で宮本常一や山階（浅野）芳正らとともに事務局員を務め、佐久島（愛知県）、大島（東京都）など各地の離島において民俗学的調査と離島振興のための基礎調査を遂行してきたからである。右記の文章も離島振興協議会の機関誌『しま』に発表されたレポートがもとになっている。

上記のように報じられた島々も、離島振興法を境にインフラや教育・医療制度が整えられ、そこで暮らす人びとの生活も一変していく。小島孝夫は民俗学研究所が実施した離島調査の追跡調査として、離島振興法による地域変容を明らかにしているが（小島 1999）、それに基づくと民俗学者が研究をしている離島社会を理解するためには、離島振興法に代表される戦後日本の国土開発の流れを押さえておくことが不可欠であるとわかる。

しかし、竹田のように離島で研究することの課題と意義を自己言及的に述べていく民俗学者は僅少であり、「民俗」の研究はすれども、それぞれの時代における離島の政治的・経済的な課題、そこに暮らす人びとの問題意識や不満に向き合い、それへの応答を研究課題として位置づけようとする研究者は少なかった。インフラ整備がかつてに比べて格段に進んだ現在でも、離島では過疎などの課題を多く抱え、小規模な島では島全体の無人化が進んでいるが、こうした現実課題をどのように捉えるのか、明確にスタンスを表明する民俗学者は少ない。もっと言うと、民俗学者としてなぜ・何のために離島を研究しているのかという、学問的営為の存立基盤に関する再帰的な問いを避けてきた。[*4]

中央と地方との関係を、島に生きる人びとの日常性といったミクロなレベルから考えてきた研究者として、宮本常一（一九〇七〜八一年）がいる。宮本は通常、民俗学者と見なされている。しかし宮本の民俗学者としての特質、また彼の多面的な活動を考えるうえで見逃せないのが、地方や離島の代弁者として振舞ってきた運動家としての側面である。本書は戦後離島の自立性回復の運動を、佐渡における宮本常一や島の人びとの活動に焦点をあててエスノグラフィックに描いていくが、そこにおいて宮本常一は、本書にとって重要な「視点」となる。そこで次に、「宮本常一という視点」で展開する本書の方法について述べていく。

視点としての宮本常一

地方や離島の困難は、戦後日本社会が急速な国土開発と所得向上政策によって経済的に発展していくにしたがって、逆に強く当事者に意識されるようになる。つまり格差が拡大していったのである。たしかに「全総」に代表される国土開発政策は、国土の均衡発展を謳い、中央から地方への再配分によって新産業都市の形成や高速移動網整備が行われたが、資本投下がなされたのは結局のところ太平洋ベルト地帯や各地域の開発拠点とその周辺に留まり、結果的に地域間格差を拡大させ、高速移動網によって東京一極集中が強化されたことが指摘されている（森 2019）。

地方の開発は人口流出を抑えるどころかむしろ加速させ、若者はますます都市に出て行き、残されるのは高齢者と長子のみという状況が長く続いた。都市に出て行く二三男を尻目にイエの継承を担わされた長男長女は、先細りしていく第一次産業に従事しながら村や島に残された。その鬱屈と劣等感に心を動かされて打破のために乗り出すような研究者は皆無であり、経済的にも心理的にも離島は忘れられた存在になっていく。宮本常一はそこに学術的、問題解決的な関心を抱き、離島や山村の苦難に心を寄せた数少ない研究者であった。

宮本は佐渡や自身の故郷である周防大島や対馬などを事例に、中央集権的な国家の成立以前、島にはヴァナキュラーな（在地の、在来の）自治の形があり、船で外部と繋がった経済と生きるための日々の知恵があったことを明らかにした（宮本 1975c; 1983; 2015）。そのような生活の場は、国民国家の成立と近代交通の発達によって徐々に失われ、中央への政治経済的従属を生み出すに至ったとする。そして離島振興法制定や農業振興などの実践活動を通じ、足下からの地域開発を推し進めようとした。そのロビイスト的な活動は民俗学者というよりも利益誘導型政治家に近く、宮本の思想はいまとなっては有効ではない部分も多い。

しかしフィールドワークに根ざした宮本の活動は、開発や観光の対象として固定化された現在の地方観・離島観を相対化する素材を提供する。また、宮本に仮託された離島の人びとの苦難や怒りは、都市を基点にする現在の地方観からすっぽりと抜け落ちたものである。

そこで本書は戦後の佐渡における宮本の活動を軸にしながら、宮本や佐渡の人びとが行ってきた生活に根ざした文化運動を一種の自立性の回復運動として捉えたい。その記述は戦後日本の地方や離島の一側面でしかないし、佐渡や宮本常一という点においても全体的記述には遠く及ばない。しかしそこで展開する事態は、佐渡に限らず広く離島や地方をめぐるポリティクスであり、また、都市の人びとのまなざしを受けた地方の人びとのリアクションでもある。

もちろん離島におけるこのようなリアクションは、ちょうど同じ時期に都市の大学や市民団体を拠点に行われたさまざまな運動のようには理論化も組織化もされていない。その断片的な曖昧さゆえに、一九六〇〜七〇年代の離島で何らかの「運動」があったこと自体、ほとんど誰にも注目されていないし、同時期の離島観光ブーム（第1章）に鑑みると、島は都市の人にとって楽しみの対象、客体でしかなく、運動の主体がそこに存在したということが省みられることはなかったと言ってよい。[*5] これを強いて文化運動や自立性の回復運動と見るのは、戦後史において無きものとされてきた離島の人びとの立ち上がりを跡付け、かつ私たちの「地方」の見方を問い直すためである。

本書は宮本常一論ではない。また、「まちづくり」に役立つ宮本の教えを得られる書籍でもない。本書にとって宮本は一種の「視点」である。近年宮本の業績が再評価されるなかで、その社会実践の有用性が論じられたり、住民参加型開発において宮本の「教え」に学ぼうという取り組みや研究も増加したりしており、宮本をめぐる議論はますます多角化している。しかし宮本がフィールドの諸問題に正面から取り組み、積極的に社会と関わろうとしていた動機や背景を、同時代の思想状況や他者との関係性でクリティカルかつ多角的に捉えようとした研究は意外に少ない。その理由の一つには、宮本個人を過大評価し、彼に内在する思想や能力で説明づけてしまう傾向があるからかもしれない（第2章）。実際に宮本が活動した時代状況やフィールドでの具体的な言論、人間関係、生産物を多角的に見ていけば、一九六〇～七〇年代を中心とする時代の精神と、宮本を軸に集うさまざまな人、機関、モノなどの関係性において彼の実践を捉える必要が生じる。

それはとりわけ宮本が民俗調査のみならず多数の地域振興事業に関わってきた佐渡において顕著に表れる。佐渡で宮本は学術活動だけでなく地域づくりや芸能復興運動など、多様な実践を展開した。しかしいずれのプロジェクトにおいても宮本は人・情報・制度・金を結びつけ、文化を資源に住民主体の運動体をけしかける一つのアクターに過ぎない。宮本を主人公としてではなく、彼を通して視ること、つまり一種の視点として用いることで、当時「裏日本」と呼ばれ近代化の流れのなかで周辺化されてきた離島・佐渡の文化運動を多角的に分析することを目指す。

重要なのは宮本常一個人ではない。現実に地域において、宮本の遺産がどう影響を及ぼし、それをめぐって人びとがどのように生きているか、ということである。こうした見方は、近代日本における価値観の大きな転換点であった「地方の時代」言説や、そこで隆盛を帯びた文化運動が、現在の日本社会とどう繋がっているかを問うことである。

「開発」――生活における政治

次に本書で用いる若干の重要概念について、あらかじめ議論の系譜を簡単に振り返りつつ、本書のスタンスをそこに位置づけておきたい。一つは「開発」概念に関してである。本書では戦後日本の国土開発に対して、離島の人びとがどのようなインパクトを受け、いかなるリアクションを行ったのかを描写したい。ここで言う「開発」は政府や自治体に主導されるトップダウンの施策であると同時に、住民が主体となって執り行うさまざまな地域づくり的な行動、すなわち「下」からの開発という二つの意味を持っている。

前者に関してはこれまでも歴史研究や政策研究などにおいて、「全総」に代表される戦後日本の国土開発の導入過程や政策評価の研究が行われてきた（本間 1999; 川上 2008; 藤村 2012）。こうした「上」からの開発現象について、施行側ではなく受け止める地域社会の立場に立った研究は、環境社会学や開発人類学などにおいて二〇世紀末以降に盛んに行われるようになった（松井編 2004; エスコバル 2022）。開発人類学はアフリカやラテンアメリカなど非西洋社会を中心的なフィールドに、先住民や貧困層など権力や経済力を相対的に持たない人びとの立場に立ち、開発現象に伴う文化間の葛藤を理解し、ある開発が対象社会の文脈のなかでいかなる領域にどのような影響を与えるかについて全体論的に捉えてきた。たんにインフラ整備や土木建設に留まらず、国際機関によってしばしば保健・医療・農業など生活領域にわたるプロジェクト型の開発援助が展開されてきた（ファーガソン 2020: 37）。こうした開発現象は、「実施側とされる側が、改善すべき「価値あるもの」とは何かをめぐって交渉と葛藤を繰り広げる場」（内藤 2014: 23）である。そこではグローバルな価値や技術、知識、制度などが地域社会に導入され、在来の制度や知識に即して解釈・利用されたり、既存の知識や制度が変化したりする。内藤直樹によると、こうしたコンタクトゾーンの参与観察に基づいて、地域社会の側から「開発の経験」を問うのが開発人類学の中心課題である。本書が開発現象を扱う視角も、基本的にこれと共通している。

加えて人類学においてはたんに開発現象を分析するのみならず、地域社会の側にとって開発の負のインパクトを減らすべく、当事者自身が開発プロセスに参加し、自己の将来についての意思決定に関与できるようにするための支援やエンパワーメントが一つの実践方法となっている（ノラン 2007: 21）。後述するように宮本常一が佐渡で行ったさまざまな取り組みは、基本的にこのようなエンパワーメントの一種と位置づけても差し支えない。

外部からのエンパワーメントを受けつつ住民が開発に携わっていくプロセスが「下」からの開発であり、住民参加型開発とも呼ばれている（佐藤 2005: 168）。本書が扱うさまざまな住民主体の運動もまたそのような性格を有している。この種の活動は近年ではしばしば「まちづくり」と呼ばれることもあるが、一般にそこで期待されていることは、イベントの遂行とか定住人口の増加などといった政策面での効果だけではなく、一般の住民が参加、実践すること自体がもたらす楽しさや生きがいといった内面的効果もまた期待されるようになっている。こうした「魂の活性化」とでも言うべき期待効果は、住民参加型開発を政治の領域で語るだけでなく、個々人の生活に位置づけて理解する必要性を示しており、その意味では民俗学的主題でもある。

そうはいっても住民参加型開発は政治領域から切り離すことはできない。政策の生まれるプロセスに行政のみならず住民が関わり、その意思や実践を取り込んでいこうとする住民参加型開発は、生活と政治の融合領域であり、行政学や政治学など地域政策に関わる分野ではローカルガバナンスと呼ばれてきた（山本編 2008; 永田 2011; 佐藤・前田編 2017）。ガバナンスとは統治や管理の意味だが、集団が自ら意思を持って自己を管理するというニュアンスを有しており、その点で、従来型の上意下達方式の統治方法と比べて、現場の合意形成や自治のニュアンスが込められている。いわゆる「新しい公共」の理念に沿うように、政策策定に住民が関わっていくことは過去二〇年ほどの政治状況をめぐるキーワードの一つになってきた。

ローカルガバナンスが生起する背景には、緊縮財政によって政府・自治体だけでは政策遂行が困難になったり、策定された政策が必ずしも市民ニーズと合致せず政治不信を招くケースが増加したりといった事情がある。前者は「改革」に伴う財政の縮減を「民間活力」によってカバーする側面があることは否定できない。後者は行政と市民との対等な立場性に基づく協働的な問題解決の場面が、地域に関わる公共政策において拡大していることを示している（武川 2010）。言いかえると住民の関わりを欠いてはまっとうできない政策が増加しているのであり、地域開発、地域医療や地域福祉など「地域」政策の増加はその証左である。

近年の地域開発は、かつてのように政府・行政・大企業主体の大規模建設型の開発ではなく、地域社会に潜在する「文化」や「自然」を開発資源とするソフトな開発手法を採るようになっている。この場合の文化とは祭礼や民俗芸能、故事や寺社、町並みや景観等で、必ずしも物質的な形があるわけではなく、また必ずしも新たに建設する必要のない、住民にとっては当たり前の存在である。その多くが有形・無形の文化財制度に取り込まれてはいるものの、もとは生活に埋め込まれた事象である。それを資源化する開発手法は、「文化」を所有・管理してきた地域社会の意向や在地の論理に左右されるため、ローカルガバナンスでは政策の策定過程が住民に開放され、住民は開発現象への参与を通じて「主体」となることが求められている。

このような意味でローカルガバナンスは生活の場における政治であり、人びとの日常を対象とする民俗学にとっては無視しえない主題である。長年民俗学ではこうした意味での政治が研究対象となることはほとんどなかったが、学史を紐解くと、柳田国男の民俗学には普通選挙を前にした同時代の日本で民主主義を根付かせ「公民」を育むための実学的側面があったことが指摘されており（大塚 2007; 室井 2010）、また選挙のような個人の政治思想の形成と、その足を引っ張る親類主義や地域的な権力関係など、日常に沈殿する「政治風土」にアプローチするのは、民俗学の重要な仕事である（室井 2023）。さらに文化財制度と民俗学者の関わりについての分析（菊地 2001; 岩本編 2013）や公共民俗学に関する議論（菅 2010; 2012）を踏まえると、政治とは縁遠いところに自らを位置づけてきた自己認識とは裏腹に、民俗学には、学史の上でも現在においても生活のなかの政治への関心が内在していることは明らかである。

次章以降の事例は一見「政治」的な主題に見えないこともあるだろう。しかし住民参加型開発が住民の「主体性」によって自治体の仕事をある部分でカバーしている以上、それは広義の政治的現象であるし、ローカルガバナンスが生活レベルで展開される政治であるならば、民俗学的フィールドを脱政治化された世界として描くことはできない。本書ではこのような問題意識に沿って、離島でフィールドワークを重ねながらも離島振興法などの政策を看過し、現実政治や社会問題から無縁なものとして「民俗」の記述を重ねてきたこれまでの民俗学をクリティカルに捉えながら、生活－政治としての開発現象を記述していく。

4　文化運動と「抵抗」の民俗学

サークル運動と「書く」ことによる抵抗

戦後佐渡で展開したさまざまな住民主導の地域開発は、たしかに自治体や国の政策の補完的な動きとしての側面を持っている。しかし、だからといって「官製」のまちづくり運動などのように自治体や政策に導かれた擬似的な「主体性」によって動いているわけではなく、文化をめぐって展開した運動体という側面を捉えていく必要がある。それによって近代化の中で周辺化され、自分たちの日常を語る言葉を持たなかった人びとが自らの実践を省み、自己表象していく運動としての側面を捨象せずに捉えたい。

関連して、近年では日本の文化運動に関する歴史研究が盛んになっているが、そこで中心となるのは一九五〇年代である。特に都市における労働者文化、炭鉱や工場などにおける労働者の自発的なサークル運動、あるいは学校や地域での教育などに注目がなされ、資本主義や権力への抵抗の手法として、詩作、大衆歌、演劇、版画、国民的歴史運動といった創作活動・知的活動を基点とした運動の足跡が明らかにされてきた（鳥羽 2010; 道場 2016; 高田 2022）[*6]。都市や企業に従事する労働者に関する研究が多くを占めるものの、農村や離島をフィールドとした研究も存在し、たとえば農村演劇や民話運動、生活記録運動、農村婦人運動などが注目されてきた（西嶋 2010; 大門 2013; 北河 2014）。また一九五〇年代の筑豊の炭田におけるサークル運動は民俗学でも関心を集め、労働者の日常性に根ざした創作活動に関して語りや文化遺産をキーワードとした研究が重ねられている（川松 2021）。こうした文化運動研究が二〇〇〇年代に一気に盛んになった背景には、一九九〇年代以降のポストコロニアル研究やジェンダー研究の興隆があり、政治と文化の近い関係が問い直されるようになったアカデミズムの変化がある（佐久間・中村・水溜 2023: 15）。

さまざまな形態を持つ動きを「文化運動」と括る際の共通項は、詩や日記など「書く」ことへの着目であり、また雑誌やサークルなど、表現を組織立てる仕組みへの着目である。道場親信は文化運動における「書く」行為が持っていた意味を次の三点に整理している。①「抵抗」としての文学を目指す民族解放民主革命的な行為、②生活記録を通じた主体の創出につながる戦後民主主義的行為、③新聞投書に代表されるように、高度経済成長期におけるメディア・イベントとしての行為。これらが重層していたのが文化運動における「書く」行為だった（道場 2016: 76）。なかでも特に詩作が流行したのは、労働者にとっても比較的始めやすく、短い言葉であっても自己を表現する悦びを感じるようになるからだという。そして詩作のサークルという「場」が立ち現れることで連帯が生まれ、時にその集合体は労働争議の母体にもなっていくのである。

ただ文化運動は演劇や版画、歌唱のように厳密な意味では文章執筆ではない運動も含まれているため、ここで言う「書く」とは「表現」に近い。このように広く捉えることは、文化運動自体の拡がりを視野に入れることを可能にし、本書で例示する生活記録や民具収集、「大学」設立の議論、町並み保存活動なども、自らの文化を省みて自身の主体化の契機にするという意味では、文化運動の線分上に位置づけることができる。もちろん佐渡でのさまざまな動きは、既存の文化運動研究で取りあげられてきた実践とイコールではない。特に違うのは時代であり、本書が議論しようとしている事例は、消費社会化が進み、一般に文化運動が衰退すると言われる一九六〇年代から七〇年代にかけて生じた出来事である。都市において一九五〇年代に生起した文化運動に類する運動が、それより遅れて離島で立ち上がった理由として考えられるのは、一つには一九五〇年代の離島では「文化」や「生活」を語るよりも喫緊の課題――水道や電気を導入するといったような――が存在したということがあり、もう一つには、自らを省みて地域生活を自己決定していくという選択肢を発見し、それに向けて行動していくためには、外部からのエンパワーメントやしかるべきメディア環境を要していて、それがもたらされるようになるのが一九六〇～七〇年代だった、ということだと思われる。

一九六〇年代の高度経済成長期は地方から都市への人口移転が急速に進んだ時代であり、都市部では安保闘争や大学紛争が席巻すると同時に、人口過密と環境問題が関心を呼んで、七〇年代には消費者運動や市民運動が盛んになっていく。こうした都市での運動が離島にまでさまざまな影響を及ぼしつつあったことは本書の事例でも垣間見ることはでき、「政治の季節」がもたらしたインパクトを考えていくことも必要だと思われる。

覇権主義への抵抗

ところで文化運動研究のように「人びと」の日常性に視点を置き、その主体性や創造性に着目することで権力の相対化を図る論述のあり方は、権力や強者への「抵抗」にアイデンティティを置いてきた民俗学のルーツと親和性が高い。民俗学は学史上、非列強国や周辺地域で発展し、特にヨーロッパでは覇権主義や啓蒙主義に対抗すべく、ヴァナキュラー言語による学問を重視してきた。島村恭則は、民俗学の特徴は「強い立場にあるもの、自らを「主流」「中心」の立場にあると信じ、自分たちの論理を普遍的なものとして押しつけてくるものに対し、それとは異なる位相から、それらを相対化したり超克したりしうる知見を生み出そうとする」ことにあると言う（島村 2019: 62）。そして、民謡の収集を行ったヨハン・ゴットフリート・フォン・ヘルダーやメルヒェンの収集を行ったヤコブ・グリム、ヴィルヘルム・グリムの兄弟を挙げつつ、彼らが「民俗学の研究と普及を通して、自分たちの暮らしのあり方を内省し、その上で自分たちの生き方を構築することで、自分たちを取り巻く大きな存在、覇権（強大な支配的権力）、「普遍」や「主流」、「中心」とされるもの、に飲み込まれてしまうのを回避しようとし」たと述べる（島村 2019: 62）。

ヘルダーやグリム兄弟はドイツ語圏の人びとで、彼らが対峙したヘゲモニーとは主にフランスの啓蒙思想と覇権主義であった。こうした中心－周辺の関係は入れ子状になっており、ドイツもまた北欧や東欧にとってはヘゲモニーとなる。民俗学は徐々にこうした国々へも波及し、それぞれの地域における中心－周辺関係の超克が探究されるようになっていった。抵抗としての民俗学という性格は現代でも見られ、たとえば西欧とロシアの二大覇権主義に取り込まれながらも、ヴァナキュラー文化の研究によって抵抗を持続させてきたエストニアやラトビアなど、バルト諸国の民俗学に顕著である（Naithani 2019）。[*7]「自分たちの文化を書く」こと自体が抵抗の象徴となる民俗学の多元的発展は、英米仏という中心と、複数の周辺からなる垂直的なシステムを形成してきた文化人類学と異なる学史と言える（桑山 2008: 78）。

中心–周辺の関係のあり方において欧州と異なるねじれを持つ東アジアにおいても、民俗学を行うことが抵抗の実践であるという事情はおおむね共通してきた。韓国における民俗学の立ち上がりを例に、岩本通弥は次のように述べる。

いずこの国の民俗学も、市民らの社会・民衆運動と深い関わりを持っている。ドイツのファルケンシュタインの原則[*8]も、一九六八年の学生運動の異議申し立てが、その契機となっているし、アメリカの民俗学も公民権運動に強い影響を受けている。韓国民俗学の民族・民衆・民主主義という「三民主義」も、民衆運動と結びついた「抵抗」の学としての歴史が発現していよう（岩本 2009: 56）。

韓国民俗学の持つ抵抗の学としての性格は、農村における開発反対運動に参与しながらエスノグラフィーを進める李鎮教の近年の研究に表れている（李 2022; 2023）。他方、日本の民俗学では戦前から柳田国男の周囲にはオルタナティブな社会を構想する文化人が左右それぞれ集っていたことが学史的に指摘されており（鶴見 1998; 絓・木藤 2017）、戦後においても吉本隆明や鶴見俊輔などを介して柳田国男らの思想が紹介され、新左翼学生などに影響を及ぼした。また宮本常一の思想もいわゆる日常的抵抗論の一種として読まれることが少なくない（第2章）。

これらからわかるように民俗学の示す「抵抗」とは、デモや政治主張のかたちで社会運動や民衆運動のなかで明示的に行われる直接行動というより、民衆的日常や「民俗」を権力に取り込まれていない自立的世界の象徴とみなし、それを調べて書くという静かな営みでもある。その題材はきわめて広く、農民一揆や民衆運動などのわかりやすい抵抗のかたちを研究するだけでなく、人びとの何気ない日常の、自由な言語行為に関する研究でもよい（重信 2012）。そう聞くと多くの人は「世間話」なり「昔話」なり、民俗学者が好んで集めてきた素材を、取るに足らないものとみなすかもしれない。また同様に、多くの人は民俗学者がフィールドに選ぶ「田舎」や「離島」に関しても、それ以外の地域に比べて大して考えるに値しない場所だとみなすかもしれない。だが民俗学者のジェシー・ファイブコートらが言うように、世の中には本質的にトリビアル（些細、矮小）なものは存在しない。ある地域やある事物を、まじめに考えるに値しないものとみなす「矮小化のポリティクス」の結果、そのように割り当てられているだけなのである（Fivecoate et.al. 2021）。

こうしたポリティクスは政治的に力を持った主体によって政策的に遂行される場合もあれば、研究者同士のコミュニケーションにおいても見られる。たとえば、質的調査やフィールドワークの調査報告に対して、しばしば定量分析の研究者が発する「でもそれって、一つの逸話でしょ？（*that's just anecdotal*）」（Fivecoate et.al. 2021: 60）といった反応の積み重ねがトリビアル化を促してきた。したがって民俗学の使命は、人びとの日常世界の記述をヴァナキュラー言語で行うこと自体が持つ意味合いを追究し、かつ、日常世界を矮小化させるポリティクスとその過程を批判的に検証することである。それが民俗学の考える「抵抗」の実践である。

そのような民俗学は必然的に、運動と学術の境界上に位置せざるをえず、「アカデミズムの親密な他者」(Noyes 2016: 14)として、学問分野の主流、あるいは社会の主流とあえて距離を保ってきた(結果的に大学のポストは十分に得られなかった)。ただ現代の日本で民俗学というと、文化財保護や伝統文化の継承など、どちらかといえば政策遂行側に近い学問とみなされることも少なくない(室井 2023: 356)。また、かつては権力への抵抗としての意味合いを持った文化運動的な実践も、現代ではまちづくりや地方創生の文脈で補助金の対象となったり、官民を挙げて推進する政策になったりしている。むしろ宮本の実践にこそ、ヘゲモニーへの抵抗と迎合のあわいを漂う民俗学の両義的な特性が表れているのではないかと思われ、その漂いのなかに、抵抗の民俗学の可能性を検討していく必要がある。

コミューンの理想化

文化運動として人びとの実践を捉えるリスクについても触れておきたい。特に当事者の対抗権力性を主張するために主体性・自立性を過度に強調し、外部との関係性のなかでそれらの運動を理解する可能性を狭め、外部から切り離されたユートピアとして理想化してしまうことである。ことに離島は地理的に隔絶されているがゆえに、そこにコミューンらしさが過剰に読み込まれ、あたかも外部からの影響を受けにくい孤立空間とみなされがちである。島に外部の理想が仮託されてしまうことは、かつて、佐渡や隠岐の民衆運動を歴史的に明らかにした松本健一の『孤島コミューン論』(松本 1972)に顕著に表れている。

松本は、近世において「一国」であった佐渡は自由民権運動や純正社会主義[*9]が展開した明治三〇〜四〇年代においても自治的な「ひとつの小国家」であったと言う。島内には多くの新聞や言論雑誌が出回り、北一輝に代表される政治思想家や人権活動家が盛んに活動しており、そこにはある種の連帯意識があったと述べる。

人口わずか十万ほどの小島国に住むことによって、自分たちの島をひとつの国家に見立てる視座を獲得したのである。かれらはそれまであまり関係をもたなかった隣村の人びととの接触を通して、自分たちの島という連帯感を強めていた。相川の奉行所（役所）に支配されるのでなく、自分たち平民の時代が到来したという観測は、同時に自分たちの地域的役割を忠実に果たすという意欲をおこさせた。それを地方における国民意識の芽生えと呼んでもよいだろう（松本 1972: 41）。

ここでの「国民意識」とは近代国家日本の国民としてのそれではなく、佐渡という自治共和国状況（コンミューン）においての「国民意識」を指している。この松本の議論は隠岐や小笠原などに関しても同様に展開されており、自治的世界の称揚は「佐渡独立論」など、離島の自立性を賞賛し本土から切り離す議論を喚起した。

これに対し、佐渡出身の歴史学者・本間恂一は、松本の議論は「佐渡史を繙いたとき、大きな誤謬を含んでいる」と批判する。「佐渡の近現代は本土との一国化＝普遍化への強烈な営為の歴史であったことを無視した島国幻想論であった」（本間 2008: 35）とし、別の箇所でも次のように述べる。

周知のように佐渡は歴史的にも地理的にも孤島としての特殊性をもち、伝統的な文化が形成されている。そのため島内外の研究者は必要以上に佐渡の特殊性を強調するあまり、研究課題や研究視点に先入観や片寄った選択を持ち込んでいるのではないかという疑問を感じざるを得ない。〔中略〕特に近現代史の領域では、日本史の流れの中で佐渡史の普遍性なり特殊性なりを追求されなければならず、地理的に隔絶された佐渡の特殊性のみを強調した研究態度であってはならない（本間 1975: 36）。

松本が佐渡の孤立性＝自立性を称揚するのに対し、本間は、「本土との一国化＝普遍化」を望んできた佐渡の歴史を軽視した幻想だと反論する。このように、権力や中央に従属させられていた側を外部知識人が持ち上げ、それに対して当事者から反論がなされるという言論風景は、沖縄をめぐる言説が典型的であるように、さまざまな場所で繰り返されてきた。この種の議論の最大の矛盾は、佐渡の自立性を論う松本が、佐渡における内在的論理を踏まえずに自らの尺度で表象した結果、当事者の発話可能性を剥奪してしまったということにある。本間の反論は、表象の主体性を奪還する議論だと言ってよい。そしてこのように、抵抗の主体を書こうとする側が他者表象によって主体性を剥奪してしまう（ディス）コミュニケーションは、決して言論の世界だけでない。それは冒頭で述べた、島に初めて訪れた観光客や学生や研究者の、島に対する「肯定的」な評価の語り口と同一線上にある。

このように考えると、文化運動の研究はその運動の当事者の論理を踏まえ、その視点に依拠して語ることがきわめて重要であることがわかる。それを捨象して外部的なまなざしを相対化せず、自らの尺度で文化運動を描くとき、いかに賞賛や肯定的な態度であったとしても、いやむしろ「賞賛」だからこそ、無作為な他者化を繰り返すことになってしまう危険性を孕んでいる。*10

加えて文化運動研究にもう一つ難しさがあるとすれば、資本や制度、権力との関係をどう捉えるかという点にある。先述のように少なからず行政や政治との協働関係にある参加型開発は、一九五〇年代的な文化運動と同一ではない。しかし資本や制度などのシステムに取り込まれていない一九五〇年代前半のものだけに文化運動を限定してしまうとすれば、文化運動概念は著しく先鋭化し、失われた過去の理念型のようになってしまう可能性がある。むしろ概念としてある程度の拡がりを確保し、そのうえで資本や政治との関係を捉えていくほうが議論としての展開可能性があると言える。[*11] 本書では従来の文化運動論ではカバーされていなかった、一九六〇～七〇年代の離島の参加型開発をこの概念の一端に位置づけたい。

5　本書の構成

以上を踏まえ議論のポイントを整理すると、本書は戦後日本における離島の文化運動を掘り起こし、そこに「主体性」「自前の文化」を探求する島の人びとの取り組みが存在したことをエスノグラフィックに描くことで、国土開発や観光開発に代表される外部からの施策の対象としてのみ関心が持たれてきた私たちの離島／地方に対する固定した見方＝客体化された離島像を相対化していくことを目的とする。その方法として、一九六〇～七〇年代に新潟県の佐渡島において、さまざまな参加型開発のエンパワーメントを行った宮本常一を視点として用い、彼を取り巻く人・モノ・制度の関係を描いていく。具体的な論述としては、離島への都市的なまなざしや開発政策を島の人びとがどのように経験したか、それに対していかなるリアクションが引き起こされたのか、そのときに地元の「知識人」が果たした役割や外部の人間──宮本のみならず学生など若い旅人たち──はどのように関わったのか、そして運動が現在に何を残したのかという点に着目しながら、道路などのインフラストラクチャー開発と離島性（第3章、第4章）、博物館設立運動（第5章）、鬼太鼓座による芸能復興運動と「日本海大学」設立運動（第6章）、空港建設反対運動と「自前の文化、生活」の確立（第7章、第8章）、民家保存や町並み保存運動（第9章）などを事例として検討していきたい。

その作業を通じて、客体化された離島像の相対化を行うことに加え、付随的なテーマとして、文化運動研究あるいは「抵抗」の学問としての民俗学の可能性（と不可能性）についても検討していく。戦後日本における離島や地方は国土開発・観光開発の対象となり、客体化される一方で、そこに肩入れをして擁護（アドボカシー）を行う研究者や言論人、また都市住民も増えている。抑圧されてきた側の擁護を行うことは公共民俗学の一種の役割として認識されつつあるが（菅 2010: 118）、離島や過疎地域などの擁護はそこに暮らす人びとのエイジェンシーを正当に捉えることを可能にする一方で、近代化のなかで「虐げられてきた弱者」像を島の人びとに当てはめたり、都市文明批判や近代化批判という主張のための「材料」として離島を用いたりすることにも繋がりうる。そのことは松本健一の離島論に明らかなように、自己の理想像を離島民に仮託して語っていることと同様の陥穽にはまる危険性はつねにある。

さらに政府が「地方創生」を謳い、学校教育や観光業、地域開発などあらゆる局面で「地方の可能性」を政策パッケージにしている現在、離島社会における自立的世界を称揚することは、容易に権力の側のロジックに回収されてしまうことにもなりうる。「人びと」の日常的世界を現実政治と無縁なものとして捉えがちな民俗学においては、つねにこのように思わぬ方向に足をすくわれるリスクと隣り合わせである。いかに民俗学が学史として対覇権主義、対啓蒙主義のルーツを持ち、制度やシステムに同化していないヴァナキュラーな世界を描いてきたとはいっても、「抵抗の民俗学」が可能な道筋はかつてに比べ限りなく少ない。こうした民俗学の一種の「不可能性」について、本書はまず離島における文化運動を描写したのちに、民俗学が離島や地方にいかなる問題を見出してきたのか、また潜在的問題をいかに問わずに差し置いてきたか、学問の存在基盤と合わせて検討をしていきたい。

第1章　島をめぐるまなざし——学術・観光・地元

1　島を出ること、残ること

可視化される過疎

地域の活気とはなんだろうか。ここでいう地域とは、自治体という行政的な、あるいは地理的な範囲を示すものというよりは、そこに住む人びとが関係しあう文脈であり、関係性に基づくさまざまな実践が行われる場である。したがって地域は人間だけで構成されるだけでなく、その生活を支える建造物やインフラストラクチャー、また非人工的な自然や霊的な存在にまで広げて考えることができるかもしれない。人類学者のアパデュライが言うように、ローカリティは本来的に壊れやすい（アパデュライ 2004: 319）。人間と非人間的が織りなす地域を維持するために、前近代では儀礼や宗教観をもって意図的に維持されてきた。観光やまちづくり的な地域開発において再帰的なまなざしが卓越しているのは、現代ではローカリティの「壊れやすさ」が過疎化により加速しているからだと言える。

過疎化というのは第一義的にはある一定の空間から人がいなくなること、人口が減ることを言う。減少

年	人
1960	113,296
1965	102,925
1970	92,558
1975	87,504
1980	84,942
1985	81,939
1990	78,061
1995	74,949
2000	72,173
2005	67,386
2010	62,727
2015	57,255
2020	51,492

図1　佐渡の人口推移（2003年以前は佐渡郡、以降は佐渡市。以下同）

の度合いや速度があまりに顕著だと、過疎化という抽象的な概念も、目に見えて理解が可能になる。つまり文字どおり景観や建造物、施設といった物質的な変化が目に見えるということであり、人の減少がモノの変化に確実に表れるのである。

　新潟県の佐渡島に私がはじめて行ったのは二〇〇二年のことであるが、その二年後、島内一〇市町村の自治体が合併して佐渡市となった。以来さまざまな研究テーマを持って通い続けているあいだに、通りのあちこちで住居が空き家になり、店舗の閉鎖や更地も目立つようになった。石材店の収益の一つは学校の閉校記念碑の設置と墓の撤去だという笑えない話もある。そもそも自治体合併は財政合理化のためであったので、行政の施設は次々に統廃合され、小中学校、博物館、自治体の出先機関、消防・警察署といった公共施設はもちろん、バブルの時代にこぞって作られた温泉施設も民営化や廃止が相次ぐ。主要な幹線道路は、いまでもそれなりに公共事業の対象として整備が進むが、山間部の道になると台風や雪害など、自然災害からの復旧にかなりの時間を要するようになり、陥没や土砂崩れで長期間通行止めになる箇所も増えている。過疎化とはこのように目に見える物質的な事柄だ。活気が失われるというのは、目に見えて、モノや人が消えるということである。ではそれを数字でみるとどう表れるだろうか。

　図1は一九六〇年からの佐渡市（旧佐渡郡）の国勢調査人口であり、これをもとに増減率でグラフ化すると図2のようになる。比較対照のため新潟県、東京都の増減率も加えた。図1、図2を見ればわかるように、高度経済成長期の始まりである一九六〇年から二〇二〇年までのあいだに、佐渡では人口が半減以

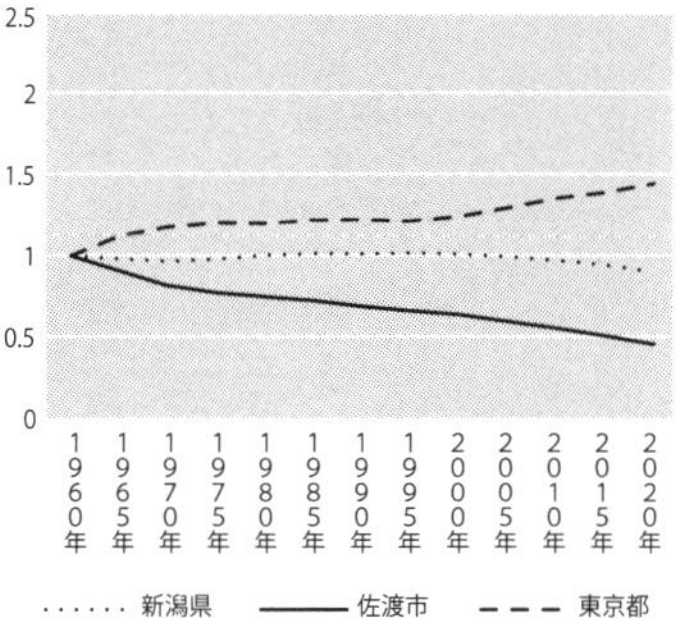

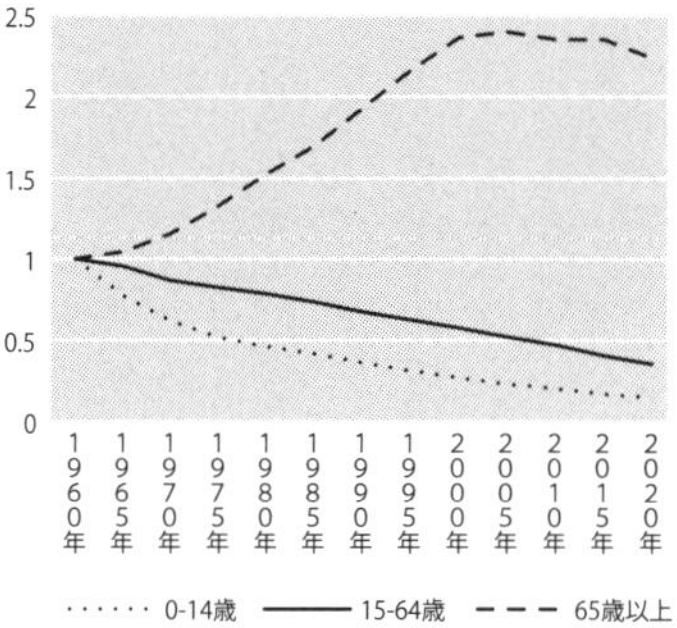

（左）図2　佐渡市の人口推移。1960年を1とし、新潟県・東京都と比較した。
（右）図3　佐渡の世代別人口推移。1960年を1とする（いずれも国勢調査に基づく）。

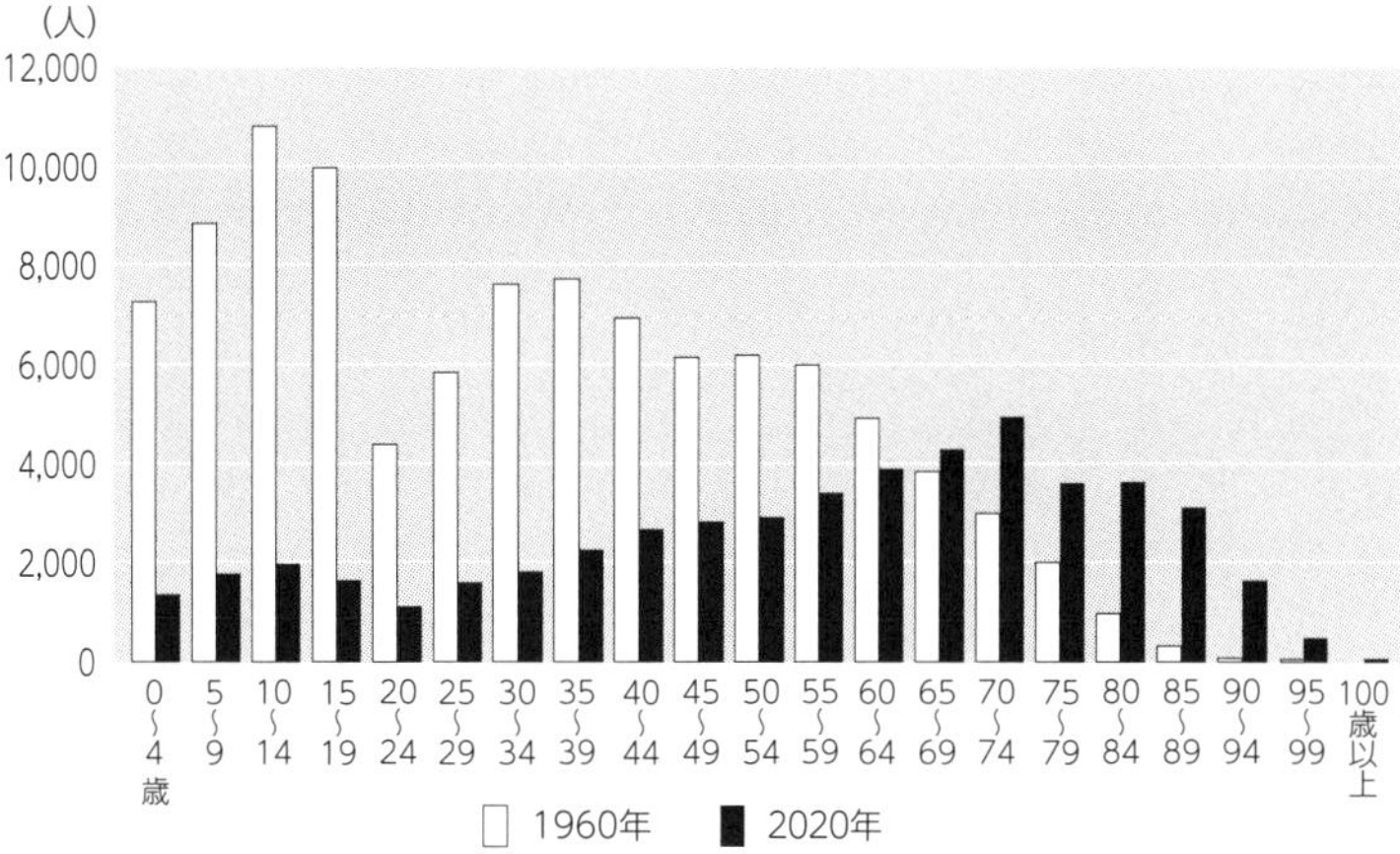

図4　1960年と2020年の佐渡市の年齢階級別人口（国勢調査に基づく）

下になった。この時期は出生数も多く全国的に人口増加期にあたるが、新潟県では増加がほとんどないことから、社会減と自然増が相殺していたようだ。佐渡の島内人口の変化を年齢別に見てみると、図3のとおり「生産年齢」にあたる一五〜六四歳、またそれ以下の世代が大幅に減少している一方、高齢者は二倍以上になっている。島内人口の総数が漸減しているなかで高齢者が二倍になったということは、高齢者の占める割合が急増しているということである。要するに若い世代が減少し、結果的に島では高齢者だけが増えていることになる。

図4は一九六〇年と二〇二〇年の佐渡における世代別の人口ピラミッドである[*1]。一九六〇年のグラフを見ると、一〇〜一九歳の大きな山が認められるが、この世代は一九四一〜五〇年生まれで、いわゆる団塊の世代を含むボリュームゾーンにあたる。二〇歳を超えたあたりで大きく減っているのは、高校を出た人の多くが島から離れるからである。この世代は二〇二〇年ではおおむね七〇〜七九歳に相当するが、相対的に他の世代よりも多いとはいえ、一九六〇年の半分以下でしかない。要するに団塊の世代にあたる人びとがその後、島に戻ってきたわけではない。

人口移動の総決算

では、一体彼らはどこに行ったのか?――東京である。もちろん新潟市など近隣都市や関西もあるだろう。しかし、多くの人は首都圏に向かい、埼玉や神奈川を含む広い意味での「東京」を目指した。東京は人口の自然増加率の小ささを、東北・北陸をはじめ、全国から多数の生産年齢人口を集めることでカバーし、拡大してきた。佐渡を含む新潟県は、明治〜大正期にかけては北海道への出稼ぎや移民が相当数に上ったが、徐々に首都圏への移動が他を凌駕するようになる（古厩 1997: 179）。

明治以降の日本における人口移動は、農山村から都市への流出であると言える。そのなかでもとりわけ戦後には、三大都市圏を中心とする、太平洋ベルトと呼ばれる産業集積地域に向かってそれ以外の地域から多くの若者が出て行き、そして多くは帰ることなく人生の終盤にさしかかっている。彼らがいずれかの段階で島に戻れば、地域には子どもが生まれていたかもしれない。しかし佐渡に限らず、地方では出て行った若者が戻ってくることなく、二一世紀の現在、急速な人口減が到来している。退職後のUターンやライフスタイル移住（長友 2013）が話題になることは近年でこそ珍しくない。それは島や村々に新鮮な変化をもたらしている。しかし数字で見ると全体の人口動態に影響を及ぼすほどではなく、多くの地方では、こうした一部の目立つ事例を中核とした「まちづくり」が進捗するかたわら、近い将来消滅する自治体が現れるという予測までされるようになった（増田 2014）。いわゆる増田レポートに対してはさらなる予算削減と都市への財政集中を促す政策的議論だとする批判もあるが（山下 2014）、少子化対策の失策も重なり、地方の急速な人口減少は抗いがたい潮流となっているのは確かである。

佐渡の人びとはこうしたグラフや統計を市報やニュースを通じて日常的に目にすることが多い。自然災害や感染症などの不確実なことが日常化するなかで、将来にわたって減り続けることが確実な島の人口予測は、人びとの生活のなかの数少ない「予測可能なもの」の一つだ。しかしこのようなインフォグラフィックスは、人通りや建物の減少と同じかそれ以上に地域変化の現実を見る人びとに突きつけ、危機感を迫るものとなる。島が住みよい素晴らしいところであるかどうか、まちづくりや観光客誘致がうまくいくかどうかに関係なく、人口の折れ線グラフは無機質に下がっていくし、そのあまりに残酷な不可逆性のなかに人びとが暮らしているという事実を受け止めることは、二〇二〇年代に日本の地方を考えるときの出発点となる。

島からの解放

高度経済成長期は日本の戦後社会において最も豊かだったとされる時代の一つである。社会学者の見田宗介によると、一九六〇年代前半の日本の空気を色で表すならば「ピンク色の時代」であるという（見田2006: 81）。新聞社が定期的にアンケートを取っており、人びとはその時代がどういう時代なのか、色のイメージで示したものである。見田はこのピンク色の時代を「夢の時代」と言いかえる。それはまず衣食住が満ち足りてきたという消費文化の広まり、戦争から復興し平和になろうとしているという感慨、そして当時の人口のボリュームゾーンである団塊の世代が若者で、日本の平均年齢が非常に若く活気に満ちていた、ということを象徴する。加えて見田は、地方から都市に人口が流出し、村落社会の伝統や共同性のしがらみから人びとが解放され、自由を謳歌するようになるのもまた、人びとを夢心地にさせたのだと指摘する。佐渡を離れ、都市に向かった人びともまたそのような「夢の時代」を生きた人びとだった。

その一方で島に残った人も少数派ながらそれなりにいたことを忘れてはならない。われわれは戦後社会を語る際、都市を中心に据え、消費社会化や産業化を背景に、個人の自由な意志に基づく生活を想定しがちだ。しかし、地方のしがらみから解放され都市へと向かう人びとのかたわらで、地元に残った人、残らざるをえなかった人が相当数に上ることも事実だし、そのような人びとが「地元に残った」事実をどのように受け止めていたか、また地域をどのように捉えていたのか省みることなしに、都市中心的な視点を脱することはできない。

では、実際どの程度の人が都市に出て、地元に残ったのか。佐渡のケースを見てみると、図5は高度経済成長真っ只中の一九六五年における一一～二五歳の島内人口である。まず中学卒業前後（一五～一六歳）

年齢	人
11	1,937
12	2,148
13	2,293
14	2,382
15	2,474
16	2,507
17	2,528
18	1,859
19	607
20	682
21	821
22	918
23	1,003
24	971
25	1,064

図5　1965年の佐渡の年齢別人口（国勢調査に基づく）

での人口変化はないので、高校進学をしなかった中卒者は島内で仕事を得ていたことが窺える。大きいのは高校卒業前後の人口変化である。生年ごとの出生数が異なるので正確なことは言えないが、一七〜一九歳の人口差を見るだけでも、島内に残るのは同年齢の多く見積もって三分の一程度であることがわかる。現在の佐渡でも、高校によっては学年の一割程度しか島内に残らない。一九六〇年代の都市の産業構造を支えていたのは高卒後に都市に出て、第二次、第三次産業に就職する地方の若者たちだった。

島を出て帰島しなかった人の多くは、いわゆる「農家の二三男」のようにイエを継が（げ）ない人びとだった。長子以外は分家により農地を分け与えられない代わりに、出郷し、自由な暮らしを送ることが保障されたのである。むろんそれは何の保証もない都市でのサバイバルには違いないし、非ホワイトカラー層の都市の暮らしに不安やリスクが伴うことは、移住者研究や同郷会研究が示唆するところである（山口 2008）。しかし、その都市的不安を差し引いてもなお、好むと好まざるとにかかわらず島に残った人びとの鬱屈や劣等感と比較すると「島からの解放」と表現せざるをえない側面があった。

劣等感さようなら

島に残った人びとの多くはいずれイエを継ぐことが期待された長男・長女で、長女は婿《むこ》養子を迎えることが既定路線であった。土地とイエを託される彼ら彼女らにはそれなりに安定した生活が約束されたが、衰えゆく島での生活は、かつてのように安泰とは言いがたいものであった。決して皆が好んで残ったわけではないこのような境遇は、若い彼らの心情に少なからず負の影響をもたらしたようだ。

戦後の佐渡では演劇が盛んな時期があった。一九四八年頃から新劇に取り組む若者が増え始め、一九五五年には「相川劇作研究会」が結成され、佐渡演劇連盟主催の演劇コンクールで第一回公演を開いた。当時は島内で六つの劇団があり、相川劇作研究会も一九六五年頃まで活動をしていたようだ。中心となったのは毎日新聞佐渡通信部記者で、のちに郷土史家としても活動を行った磯部欣三（一九二六〜二〇〇六年）である。磯部は二〇代の頃から島内の文芸・論壇誌『二十代』『佐渡文化新聞』『近代』を発刊し、浜口一夫・三浦啓作ら、地元の同志と言論活動を行っていた。「相川の演劇運動は、良きリーダーとそうした大勢の人たちの結集で昭和三〇年代から四〇年代半ばに掛けておおきなうねりとなって佐渡の文化運動に貢献した」（『回想――磯部欣三』刊行委員会編 2007: 217）とされるように、これらの演劇や言論は、敗戦から高度経済成長に向かうなかで、島に残った若者に大きな影響を及ぼした。そのモチベーションの一つになったのが彼らの鬱屈である。たとえば三浦は次のように述べている。

青春時代に自殺を考えて二ヶ月近辺を彷徨いましたが、このとき読んでいたある哲学者の書物に救われ、「文化運動を通して、少しでも地域社会のお役に立てれば生きてやろう」と決心し、投げかけた勉強を始めました。それをどこで見ていたのか、私が海府線のバスのなかで岩波の『世界』を読んでいたとき、磯部さんが近寄ってきて初対面の私に声を掛けてきたのです（『回想――磯部欣三』刊行委員会編 2007: 341）。

三浦は父の死や若い頃のケガの後遺症に悩んでいた。磯部らと出会った後は、文芸活動のほか郷土史サークル「羽田村研究会」を立ち上げ、雑誌『佐渡路』の刊行のほか、相川町史刊行では監修者となった宮本常一とともに活躍する（相川町史編纂委員会編 1973）。三浦は文化運動に人生を拓かれた一人である。

同様の内面的な動機が窺えるケースとして、佐渡の若者が立ち上げた演劇グループについて地元紙が一九七一年四月に記事を掲載している。[*2]

演劇で結ぶ島の青春　相川町高千の岩ゆり会
劣等感さようなら　きょう初公演　仲間15人がっちりと

若者は村を捨て島を捨てる。仲間を失った島の若者たちの心はすさむ。これではいかん、たとえ一握りの仲間でも手を取り合って青春を生き抜こう。［中略］島に残るのは年寄りと跡継ぎの長男、長女。高千地区でも例外ではなかった。二十代から三十代の若者は五十人にも満たない。人数が減るにしたがって仲間同士の交流も減る。荒れた田畑が目立ち、吹きすさむ寒風に村人はだまりこくる。「このやりきれない気持ちを払いのけよう」。「グループを作って、同じ目的に向かって行動してみよう」「演劇が良い」。［中略］

――中学を出て上京した主人公が母急病の報せで島に帰る。母は息を引き取り、家には酒におぼれる父だけが残る。荒れはてたわが家。家を捨てるか、とどまるか、若い心はかっとうする……出演者全員の心をうつした筋書きだった。

この取り組みに対して「劣等感さようなら」と、若者の心情を直截的に代弁するのはいささか残酷にも思えるが、それは島に残った人びとが鬱屈を抱えながらもそれを真正面から直視し、超克しようとする熱量を持っていたからこそ貼ることのできる見出しだった。「仲間を失った島の若者たちの心はすさむ」とあるように、若者たちの「やりきれない気持ち」や「劣等感」は、島から出ていった人びととの関係によって形成されたものである。もっと言うと、都市と地方とのあいだに横たわる、きわめてアンバランスな力関係において形成されたものであるとも言えるだろう。

であるなら、島に残った人びとの心情を捉えるためには、まず都市の人びとによる島へのまなざしがどのようなものであったのか、都市における地方観について確認しておく必要がある。そこには見田が述べたように、解放されるべき「しがらみ」を強調する、都市的なまなざしもあったかもしれない。また地方に対する蔑視もあり、島に残った人びとの「劣等感」や「やりきれない気持ち」の形成がそのようなまなざしに深く刻まれていたことも容易に想像がつく。こうしたまなざしの暴力とも言うべき地方観を捉えることなしに、島に生きる人びとの「劣等感」がどのようなものだったのかを見据えることは難しい。そこで次に、近代において佐渡がどのような場所イメージで語られてきたのかを跡づけておきたい。

2　島へのまなざし

古俗の発見——民俗学者の見た佐渡

人びとの想像力の方向性をイメージと呼ぶならば、場所に関するイメージを方向づけるのは往々にして美術、文学、学術、メディアである。こうした社会制度はそれぞれの制度に固有の手段——絵画、書籍、論文、映像など——を用いて場所を表象することで、人びとの認識を回路づけ、ある一定方向へと場所イメージを誘導する力を有する。どの地域でどのような社会制度が表象の担い手として卓越しているかは時代にもよるので一概に言えないが、かつてエドワード・サイードが、西洋からのイスラーム報道には報道側の文化的背景が入り込み、イスラームへのバイアスを増幅させる権力装置であることを指摘したように(サイード 2018)、近代においてはメディアや職能的な表現者の発信が場所イメージの形成に強い力を持つ。

社会学者の多田治は、沖縄のイメージが国内で形成されるにあたって先鞭を付けたのは柳田国男や折口信夫などの民俗学者だったことを指摘している。一般の「内地」の人びとが訪れることができなかった時代にあっては、日本の「古い型」が残ると期待された辺境を目指す知識人の表象が力を成したのである。戦後になって観光メディアが沖縄表象の主体になり、いまに至る「青い海」イメージの沖縄像ができあがる。多田の言うように、観光客向けに作られた「キャンペーン的リアリティ」や「ツーリストの目線」は地元にも逆流していき、沖縄の人びともまた再帰的に自らのスタイルを合わせていくような力を持っているという(多田 2008: 153)。外部から佐渡がどのようなイメージを持たれていたのかを検討する際にも同じような算段で考えることができる。つまり学術と観光メディアによる「共犯」である。

佐渡はさまざまな分野の研究者が多く集まる島であり、一九三〇年代に外海府海岸や小木海岸の名勝史跡指定をめぐって、海岸段丘や隆起した岩に関する地質学・地理学的な関心が多く集まった。それが後に荒々しい奇岩を「絶景」と読み替える観光メディアでの表象に繋がっていった(中村 2008)。しかし、学術的な営為の蓄積の度合いで言えば、日蓮や順徳天皇などの流刑地に関する中世史研究、北一輝や佐渡鉱山に関する近代史研究、世阿弥や能に関する国文学的研究、また憑依や祭礼に関する民俗学的研究など、人文系により多くの研究関心が集まっている。また島内でも歴史学や民俗学に基づく郷土研究が盛んに行われており、戦前には日本民俗学会の前進である民間伝承の会の佐渡支部も存在した(池田 2006: 28)。

柳田国男によって民俗学が学術的にも組織的にも体系化していく一九三五年前後は、各地方に同様の民俗学サークルや地方学会ができた時期である。重信幸彦は北九州を舞台として戦前に活動した小倉郷土会を例に、文芸や歴史研究、俳句、詩歌など複数の「実践のリテラシー」の地域的展開があったことを述べ、そのような人的ネットワークのなかで民俗学も一つの選択肢になっていたと述べる（重信 2009: 146）。民間伝承の会佐渡支部などの活動は、人口的には小規模ながら佐渡にも北九州同様の「実践のリテラシー」が展開していたことを示す。こうした場で活躍する民俗学研究者に惹かれるように、柳田国男や宮本常一などの民俗学者が数多く訪れ、佐渡に関する民俗学的研究が蓄積されていった。

たとえば、柳田国男が一地域のことに特化して書いた唯一のモノグラフに、『北小浦民俗誌』がある（柳田 1949）。柳田は一九二〇年と三六年に来島し、そのときの見聞や文献を集約して佐渡・内海府にある北小浦集落について書いた。[*3] また民間伝承の会佐渡支部が『佐渡年中行事』（中山・青木 1938）など、佐渡民間伝承叢書というシリーズを出しており、この島で民俗学史に残る研究書籍が複数出されたことも研究熱をいまに伝える。北見俊夫が「佐渡は民俗の宝庫として早くから注目され、島の民俗資料が、わが国民俗学研究史上、貢献しているものが多々見られる」と述べているように（北見 1986a: 7）、民俗学において佐渡は特別な位置にあった。

なぜ民俗学者は佐渡の文化について調べていたのか、そこにはどういった動機があるのだろうか。その片鱗が語られている事例として、宮本常一が佐渡に来る動機を述べた部分がある。

そのころの佐渡はまだ大変ひなびていて、両津のホテルと称する宿で食べたライスカレーのしょっぱかったのをおぼえている。そして同行の関敬吾氏と、「これはどうしても観光客にあまり荒らされない間に九学会連合で調査しておく必要がある」と話し合った（宮本 2009a: 251）。

このときは一九五八年に新潟大学で開かれた日本民族学会のエクスカーションでの短期滞在だったようだが、その経験が翌年から行われる九学会連合佐渡調査（一九五九〜六一年）につながっていった。「しょっぱいライスカレー」というのはあまり洗練されていないカレーであり、観光客の舌を意識せず、外部的まなざしを媒介していない日常生活を象徴している。つまり、宮本は料理同様に、人びとの生活全般における再帰的な美化がなされていないことに敏感に反応しており、それが民俗学的調査を行う根拠であるとみなしているのである。佐渡に対する民俗学的関心は、突き詰めて言えば近代に曝されていない「古俗」を発見しようという関心に基づくものであった。

昔話の宝庫

そういった観点で行われた佐渡に関する研究のなかでも、傑出するのは口承文芸研究である。口承文芸とは書物ではなく口伝えによって伝承されてきた昔話、世間話、伝説などを指す。たとえば『佐渡昔話集』（鈴木 1939）もまた民間伝承の会佐渡支部の編纂によるシリーズの一つで、島の最も先端部にあたる外海府の昔話が収められている。著者の鈴木棠三《とうぞう》[*4]は、國學院大学の学生時代である一九三〇年代に外海府を訪れ、高齢者から昔話を聞き取った。佐渡には当時、一人で一〇〇話に上る昔話を暗記している人が少なからず生存しており、そういう人びとを訪ねては記録していった。現在では観光客向けに昔話を語る施設が全国的にあるが、当時は囲炉裏端で子や孫に聞かせていた昔話こそが本物の「民俗」だと考えられたのである。この本がきっかけとなって、外海府では浜口一夫[*5]のような優れた地元の研究者が出てきて、自ら郷土の昔話の収集に励むようになる。

佐渡はこうして昔話・民話研究の重要な場所へとなっていく。瀬川拓男らが結成した「民話と文学の会」の雑誌『季刊民話』[*6]では、第五号（一九七六年冬）において『佐渡島昔話集』から四〇年を経た佐渡の民話の持続や変容を検証する特集を行っている。この「佐渡・外海府の伝承」特集では、明治生まれの大勢の「話者」を発見し昔話を収録したり、佐渡在住の郷土史家が論考を寄せたりと充実しているが、追跡調査に訪れた研究者の落胆もまた垣間見られる。昔話を暗記していた高齢者が鬼籍に入ったり、認知症のために忘れてしまったりするケースが多く、下の世代になるともはや昔話を語る習慣自体がないことが徐々に明らかになってきたからである。佐渡の民俗的世界は、高度経済成長期を経て大きく変貌していた。

図6　田村祥男「沈黙」『季刊民話』（田村 1976: 1）

この『季刊民話』の冒頭には、外海府の写真が撮られている（図6）。後ろに映り込む地形や道路からは岩谷口集落だとわかる。一九七六年の段階でも県道は未舗装であり、杖をついた高齢の二人が腰を曲げうつむき加減に歩いている。当時は佐渡観光ブームの真っ只中で、両津や相川などの町場には観光バスがひっきりなしに訪れた。その一方、島の周辺部では開発から取り残されている。[*7]雑誌があえてこういう風景を収めたのは、島外からの研究者、とりわけ民話や古い習俗に興味のある研究者がいかにも佐渡が伝統的で、変わらぬ暮らしをやっているところに焦点を当てようとしていたからだと思われる。しかし現実に佐渡がその当時、いわゆる「伝統的な生活」を維持していたかというとそうではない。事実昔話は絶えつつあったのだし、島からは若者はどんどんと去っていた。『季刊民話』でも島の衰退が描かれている。

「離島の昔話」が急速に崩れつつあるという現象は戦後の高度成長がもたらした悲劇であった。近海漁業が衰退し、海に頼って生きてはいけなくなった人びとが次々に島を離れて本土に渡った。そして観光の名のもとに島は次第に荒廃化した。昔話の崩壊はそうした社会的要因と深くつながりあっている（民話と文学の会 1976: 72）。

観光化と島の衰退や荒廃というのは、しばしば結びつけられて考えられる。一般的に考えると観光の発展は地域経済の発展という側面もあり、荒廃とイコールではない。しかし、宮本常一が観光以前を期待して調査を行いたいと表明していたように、多くの民俗学者や口承文芸研究者にとって観光の発展は「民俗」の荒廃であり、「元の姿」の崩壊に映ったのである。

しかし、皮肉なことに「民俗の宝庫」という民俗学者たちの作った佐渡イメージは、それが開発や生活変化によって「崩壊」した（とされる）のちに、逆に歴史や文化を売りにする佐渡の観光キャンペーンなどに取り込まれるようになる。多田治が述べたように、外部からの場所の表象が当事者に再帰的に意識され、そのイメージに沿うように自らを再定義していくプロセスがここでも見受けられる。

ツーリズムメディアによる佐渡イメージの形成

メディアや観光客による佐渡表象が形成されるのは、このような学術的活動の萌芽の時期と大きく異なるものではない。というのも、佐渡が自然景観や文化の面で魅力ある、訪れるに値する場所だとのイメージは、何らかのかたちで自然科学や「民俗」に関する研究成果を敷衍することで形成されているからである。
観光という現象は近代化、開発主義、そして経済的浸食という側面を持っていることから、「民俗」や「伝統」に主眼を置く民俗学研究者から見れば喪失の感覚とともにある現象である。裏を返せば、戦後の佐渡はそれほど観光開発の影響を大きく受けたということでもある。

佐渡の観光化もまた一九三四年の外海府海岸の史蹟名勝指定が契機となっている（九学会連合佐渡調査委員会 1964）。佐渡観光協会は一九三〇年に設立されている。当初、観光の対象となったのは荒波で削られた奇岩の景観で、「尖閣湾」「南仙峡」などの荒々しい景観がエキゾチシズムをかき立てて、観光客を惹き付けた。自然景観以外だと、絵はがきや名所案内などに必ずあがるのは流罪となった日蓮ゆかりの根本寺、国分寺であり、また同じく佐渡に流され客死した順徳天皇・真野御陵などがある。つまり初期の佐渡観光の資源は自然景観と人文的故事の場所だった（中村 2008）。

近代観光へと取り込まれていく佐渡がどのようなイメージを付与されてきたのか、それを確かめる手段の一つが旅館などの出すパンフレットだ。佐渡博物館には旅館やホテル、交通会社が二〇世紀前半に刊行したパンフレットがストックされている（野口 2013）。それらはあくまで佐渡の人びと自身が作成したものだが、あきらかに、旅行者の佐渡イメージをなぞるかたちで描かれている。つまりパンフレットは島の外からのイメージと、それを受けた島の内からの自己イメージの双方を掛け合わせた図像資料と言える。図7は「日蓮聖人佐渡聖跡霊場参拝・観光の栞」とあるように、日蓮宗信徒向けの佐渡観光案内である。佐渡観光の最初期のパンフレットであるが、寺院関係が多く、佐渡の観光の始まりが信徒の巡礼ツアーだったということがわかる。その後は徐々に岩場など、自然景観が要素として入ってくる。図8はキャッチフレーズに「佐渡の秘境、〝外海府巡り〟」「雄大な絶景」とあり、前述のとおり尖閣湾が観光地として認

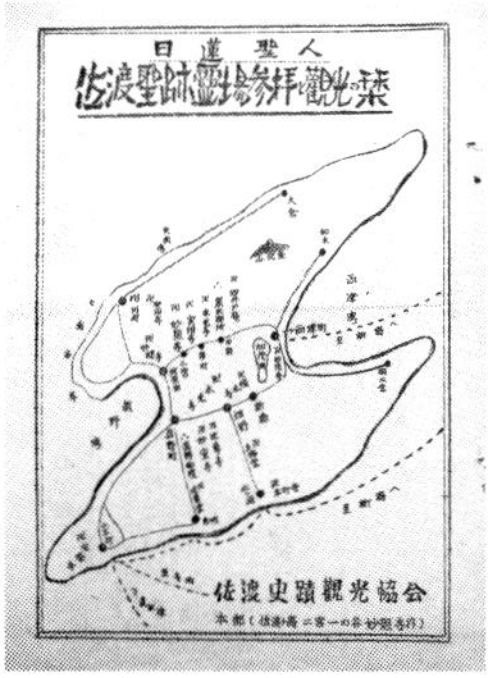

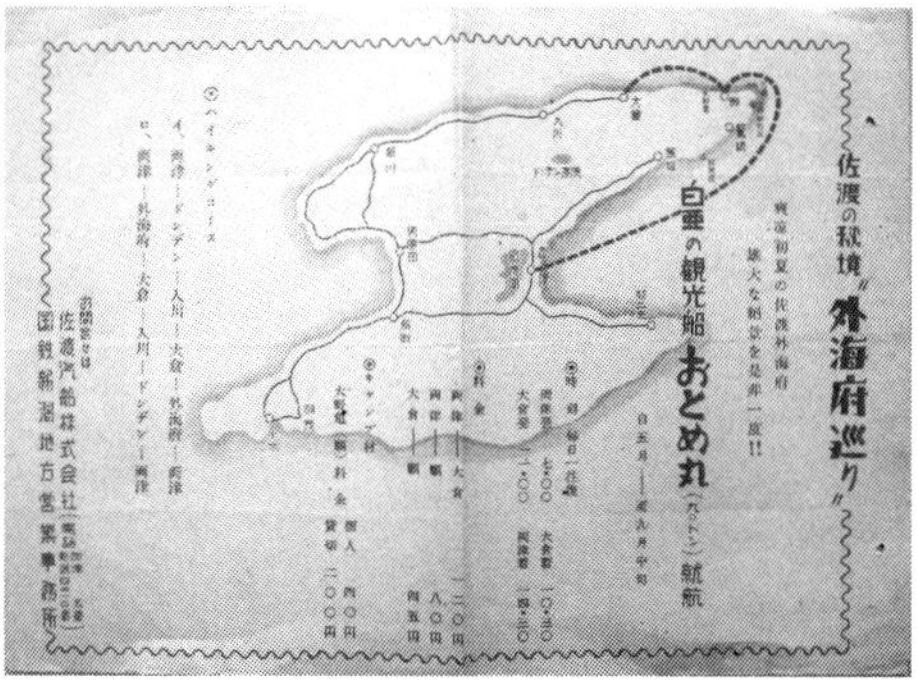

（左）図7　日蓮聖跡参拝のパンフレット（1920年代）、（右）図8　佐渡汽船・国鉄新潟地方営業事務所発行パンフレット（年代不明）。すべて佐渡博物館所蔵（以下同）

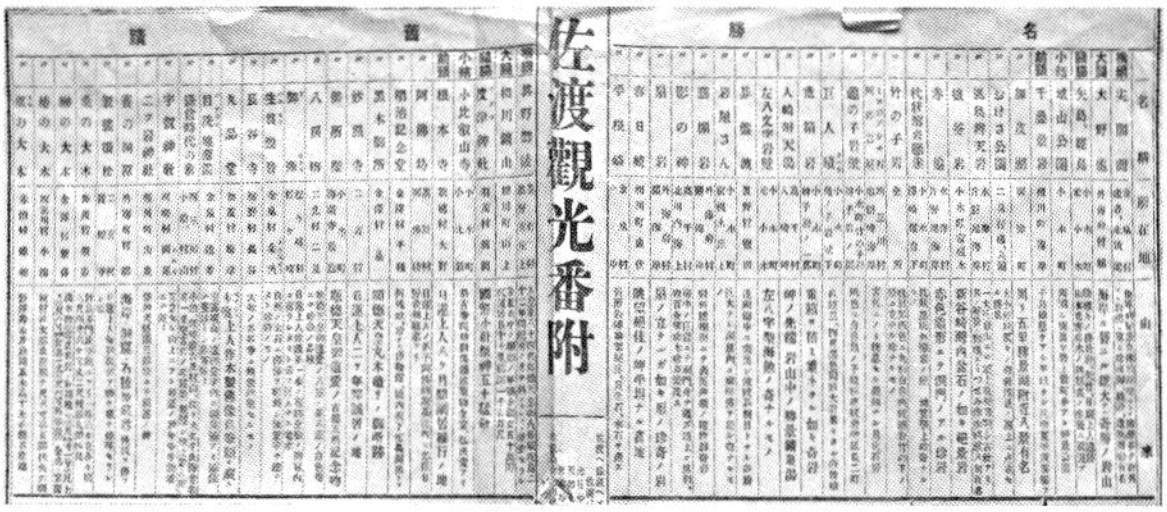

図9　「佐渡観光番付」（1936年）

識されていることがわかる。図9は一九三六年に地元作家[*8]が作成した「佐渡観光番付」で、部門ごとに格付けがなされている。「名勝部門」の横綱は尖閣湾、「旧蹟部門」の横綱は真野御陵となっているように、自然景観と故事の場が観光資源の両輪だったことが表れている。この番付には「料理番付」というのも含まれており、関脇の「蟹の三杯酢」には「珍味にて観光客を喜ばすもの」とコメントがあるなど、観光客受けを狙った食品開発が進んでいたことが窺える。[*9]

夢の島、唄の島

旅館のパンフレットも同様に一九三〇年頃から作られるようになるが、増えるのは戦後である。図10は「佐渡観光ホテルすしか」[*10]のパンフレットで、尖閣湾、道遊の割戸、千畳敷などが映っており、相川観光の原型が見える。表紙には「佐渡おけさ」が出ているように、戦後になると一気におけさが島のイメージの前面に出てくる。また図11の「旅館あづま」[*11]のパンフレットでは「おけさは招く相川へ」とある。

一九二六年と三一年の二度にわたって大ヒットした民謡「佐渡おけさ」は、佐渡の場所イメージ形成において重要な意味を持つ。佐渡おけさは北前船とともに他地域から伝わってきた民謡が、佐渡鉱山で歌われるようになった労働歌であり[*12]、それを洗練させた村田文三の歌が一九二六年にレコード発売され、全国で大ヒットした。これによって、岩や寺目的でなくとも佐渡に訪れる価値があると、多くの人が考えるようになった。おけさの階調は明るさと哀愁がミックスされたものだが、そのブーム以降の佐渡は歌という明るいイメージで表現されるようになる。たとえば「国際佐渡観光ホテル」[*13]のパンフレット（図12）には「東京を夜行でたてば翌日は夢の国佐渡」と書かれ、裏には加茂湖と両津の街が映り、「夢の島！唄の島!!佐渡!!!」と大仰な文言が添えられている。

佐渡は律令制以来の遠流の地であり、多くの権力者や文化人が流されてきた。その歴史を引きずって日蓮や順徳など流人中心に展開した場所イメージが、「夢の島」と表現されるようになったのである。おけさブームは戦後佐渡の地域振興や開発計画に転回をもたらしたと言ってよい。

こうして獲得されたイメージが実際の観光客誘致に結びついていくが、その一つの極が一九七〇年代である。この時期は全国的に離島旅行ブームがあり（小澤 2015）、佐渡も多くの観光客を惹き付けた。「佐渡に一度も行かない者はいない」という流行り言葉もあったとされ、当時は大げさに言えば誰もが佐渡旅行を行った。この言葉には「二度行く者もいない」というオチが続くのだが、佐渡は遠くのエキゾチックな島というイメージが先行し、過大な期待が抱かれていたことがわかる。

（左）図10　佐渡観光ホテルすしか、（右）図11　旅館あづまのパンフレット

図12　国際佐渡観光ホテルのパンフレット

以上のように学術や観光といった近代的な社会制度によって佐渡の場所イメージが形成されていく。第一には、「民俗の宝庫」、伝統文化の根づく島というイメージであり、それは民俗学や口承文芸研究だけでなく、日蓮の聖跡、順徳天皇関係の陵墓といった、宗教的・歴史的な文脈が組み合わさってできあがる。加えてそこに佐渡おけさのもたらす「明るく楽しい唄の島」という表象が重ねられる。総じて言えば歴史・民俗の「発見」であり、その発見が近代的なマスツーリズムを通じて人口に膾炙していくのである。[*14]もちろんここに自然景観が観光資源として大きく関わってくることで、日本海、離島という「遠く」にあるエキゾチシズムが、文化的独自性のイメージをさらに強調していくことになった。

「沈黙」の意味

このように佐渡の文化や自然を「発見」した主体の多くは、島外の研究者・観光客・メディアであることに注意したい。つまりこういった佐渡の場所イメージはまがうことなき都市的な、島外からの視線なのであり、そのような視線が当事者にも環流することで、島内のパンフレットで表現されるようになるのである。

このような島の内と外とを往還するまなざしを踏まえてあらためて図6の写真を見ると、また違って見えてくる。『季刊民話』に収録されたこの写真は、佐渡を中心に撮影してきた民俗写真家・田村祥男によるものだ。この写真は未舗装の道路や地域の「古い姿」を写しているだけでなく、二人の高齢者がともに顔を垂れ、表情が判別できないミステリアスさに魅力がある。顔の部分が暗くなったのは光の作り出した偶然なのか、あるいは強いてそのような撮影や現像を行った技術的なことによるものなのか不明だが、少なくとも雑誌がそのような写真を選択したことは事実である。

この写真には「沈黙」と名づけられている。題名からは、第一に二人の見えない表情が示唆する、ものを言わず、日常をただ生きるというニュアンスを読み取ることができる。自己主張せず日々を過ごす「常民」や「伝承者」の概念は、民俗学に特有の人間観である（門田 2014: 230）。しかし島へのまなざしを検討してきた本章からは、俯く二人は、学術・観光を通じて形成された外部からの佐渡イメージに対して「沈黙」を強いられている佐渡の人びとに見えてくる。いかに佐渡が「民俗の宝庫」であれ「夢の島」であれ、そこには地元の人びとの考えはほとんど反映されておらず、島民は一方的に見られる対象（客体）としてしか出てこない。そこには島の人びととの主体的なエイジェンシーは認められておらず、ただ民俗学者や観光客の期待する役割を担っている。「沈黙」が示唆する第二の解釈は、このように他者から向けられるまなざしに対して従わざるをえない島の人びとの姿であり、それこそが都市と地方のあいだに横たわる権力関係だと述べてよい。

3　地元を生きる自己

ローカルな新聞と言論空間

では、佐渡の人たちの考える自己イメージは、はたして都市的なまなざしを再帰的に引き受けたものだけだったのだろうか。島の人びとは「沈黙」以上の考えを持っていなかったのだろうか。仮に上記のとおり「沈黙」が島外からの観光や学術によるまなざしによって強いられたものであったとすれば、そのようなストーリーからこぼれ落ちた声を拾っていく必要がある。実際本章冒頭で触れた青年団活動や演劇活動のように、島に残った若者がその鬱屈を超克しようとする文化運動が一九六〇、七〇年代には見られた。こうした活動をより広く見ていくと、都市中心的な人間観には回収しえない声を見つけることができるのではないか。

こうした目的を果たすにはローカルに刊行された書物や活字類が重要な資料になるだろう。日本は近世期より諸外国に比しても識字率が決して低くなかったと言われており、明治後半からはさらに上昇した(斉藤 2012)。地域やジェンダー差もあるにせよ、金銀山で蓄えた文化資本を元に、佐渡では言論や知識への意欲が高く、明治期より島内で流通する新聞が多々発行されてきた。日刊、月刊さまざまだが、「佐渡新聞」「佐渡毎日新聞」「佐渡日報」「新佐渡」など、当時人口一〇万人の島ながら多数のメディアを抱えていた。特色としてたんなる報道に留まらず、世論形成を企図する言論色が強いことが挙げられる。[*15] 序章でも触れたように、純正社会主義[*16]に代表される政治的主張が目立つ。政治主張やローカルメディアが一つの言論空間を作りあげる点に着目した松本健一は、佐渡を「一つの小国家」だとみなした(松本 1972)。

戦後は大手新聞の流通により徐々に島内新聞は減っていき、「島の新聞」[*17]以降は発行されていない。(いまのところ) 最後となったこの新聞は市民参加型の紙面作りに特色があり、民俗・文化を中心に、市政の検証や東日本大震災の被災者問題を取り上げるなど、佐渡の言論空間の存在感を二一世紀に伝えるものだった。これらの島内新聞から伝わってくるのは佐渡の人びとが「沈黙」よりもむしろ議論や言論を好むということであり、そのことは、次に紹介するような文芸誌や同人誌においてより顕著に窺える。

「しまのくらし」と暮らしの綴り

文芸誌の刊行は、版画や詩作と並んで市井の人びととの自発的な文化運動の典型として議論されることが多い（道場 2016）。ただ一九五〇年代を頂点とする日本の文化運動が、主に炭鉱労働者や都市の町工場労働者の実践として議論されることはあっても、そのような職能的な連帯の少ない過疎地域や離島を舞台とした文芸活動の歴史に光が当たることはほとんどない。たしかにそれは集合的な力は弱く、政治的な意味合いにおいても都市労働者の文化運動には比肩できないが、そこには離島ならではの心情と「普通の暮らし」が最もストレートに示されており、学術本や観光メディアには現れない島の人びとの自己表象を見て取ることができる。

『しまのくらし』という生活をつづった文集は、佐渡島内の「生活をつゞる会」が発行していた冊子で、一九五八年〜七〇年までに全三八集が発行された（図13）。中心となったのは前述の磯部欣三・三浦啓作で、三浦と杉本勝が事務局を務め、のちに社会党の県議になる渡辺庚二が会長となった。佐渡島内市町村に支部を置き、最大時一八〇名の会員を集めた。磯部の追悼文集によると、「昭和三三年は戦後の混乱が尚根深く尾を引いていた時代であって、青年も何かを求めて喘いでいた」（『回想——磯部欣三』刊行委員会編 2007: 209）。

内容は生活綴《つづりかた》方運動の影響を受けたと思われる文芸誌・生活記録である。生活綴方運動は一九三〇年代から広まった民間の教育手法で、作文・文章表現の指導、日常生活の些事への観察に基づく描写など、自然主義文学の性向も合わせ持つ一種の文芸運動である。戦前は左派的な運動として弾圧されることもあったが、戦後、『山びこ学校』（無着編 1995）などリバイバルを見せ、同種の取り組みが学校教育を中心に全国的に展開し、戦後の文化運動の一つとして位置づけられている（駒込編 2020; 菊地・佐藤編 2020）。

生活綴方運動が興味深いのは、普段は意識しない生活や日常を観察して記述するエスノグラフィックな側面があるのと、そのような生活世界に自己を文脈化し、自分自身を客観的に捉え直すような自己相対化

図13 『しまのくらし』書影（杉本浄氏所蔵）

の契機が含まれている点である。こうした自己を取り巻く生活世界の記述は、島に残された若い人びとにとって、地元での暮らしに向き合いながら自分自身の状況を整理することに意義を有したと考えられる。

『しまのくらし』のほとんどの内容は日常生活の雑感を記したもので、家庭、仕事、人生といった自分自身についてのこと、政治や地域の課題など、広く社会に対する関心を記したものもある。いずれも平易な文章の随筆であり、書いている人も郵便局員、主婦、農家などさまざまだ。この雑誌を読むと、昭和中期までの佐渡の暮らしが決して、観光パンフレットにあるような明るく楽しいものばかりではなく、むしろそれとかけ離れたものであるということ、少なくともここに文章を寄せている人にとってはそうであったことが、「こんな迷いやあわい不安が追いたてられるような、いらいらした気持、孤立感とつらなっています」（第二一集）などの記述から伝わってくる。

不安、孤立感、いらだちなどは青年期に特有の普遍的な悩みではある。しかし次の文章を読むと、こうした悩みもたんにパーソナルな問題というよりは、社会環境や自然環境との相互作用で生まれていることがわかる。[*18]

「私は考える」

私は一生松ヶ崎の地に残るべきだろうか、と考え始めてから四、五年になるが、今だに村に住みつこうという決心がついていない。田畑二反そこそこと一町足らずの山林があるだけの農家?《ママ》農基法問題でさわがれている今日、二反位の田畑のために家にいなけれが《ママ》ならないわけはない、と自分に云い聞かせ乍《なが》らも、先祖からのものは手放し度くない、家に居てくれ、と親に頼まれれば、それを振切って家を離れる勇気もない。長女として生れ、一家を背負って立たねばならない運命。職を選択するにしても、自分のことを考える前に家のことを考えねばならない。高校卒業の時も友はそれぞれ自分の道を選択し就職して行くが、私は家に帰ってからも続けられる技術的な職をと、洋裁を選んで上京してみたものの思わしくはなかった。帰郷してわずかばかりの田畑を耕している気にもなれず、又適当な仕事もないこの土地に、私は住まねばならないのだろうか、毎日考え続けたものです。村に残っている人達と話し合いたい、何とか切り抜ける道があるかと、救いを求めて青年団に入ってみれば、かっては百五十名は越えたと云う団員数も今は高校生を加えても二十名に達しない。［中略］どうにか村に止る決心がつきかけた時、結婚問題で又も考える。××町での合評会でも問題になった、結婚は見合いか恋愛か、××さんの体験談、××さんの結婚論大いに参考にしたいところだが、恋愛したくとも家を背負って歩まねばならぬ身故に許されない。見合い結婚とて人を選ぶ前に相手の職業を選ばねばならない、家を離れて居住できないから、こんなことがあって良いものか。小原国芳の結婚論も、エレンケイの結婚論も、そして、××さんの結婚論も理想であって現実では成り立たないのである。こんな時「私はこの土地に住まねばならないのだろうか」と考えざる得ない（第一九集、一九六三年）。

この文章からはイエの論理が自由恋愛を妨げていることが窺える。さらに自由な生き方への憧れと、親やイエ、地域を捨てきれない気持ちとが相まって、板挟みの心情にあることが表現されている。恋愛も自由にできないというこの著者は、聟養子を取ることを親や親戚に期待されているのだろう。忸怩たる思いを青年団に賭けようとしても、若者が減り思うように活動ができない苦しさが表れている。

場所イメージと生活の現実

次の文章もまた、イエの論理が色濃く影響を与えているもので、それと観光ブームとを重ね合わせた印象深い文章だ。

「このごろ」

わたくしには一つの迷いがあります。それというのは、わたくしは長男でもないし、先生という職業だから、どこに住んでも自由な立場であるのです。それなのに、いつまでもこの島にまごまごしているかということにあるようです。［中略］

わたくしの生れた××村の同級生で、長男やあととりは別として、ひとりで島にいて生計を立てようとしている人はいません。みな東京へでてしまいました。それにあととりで勤めているものなどはだいたいバイクにのってかよっております。そのせいか、このまえなどは、わたくしをあとつぎと間違えて、いつバイクを買うのかときかれる始末です。［中略］オッサンで家にのこる必要のないわたくしなどは、いまでは変り者のような存在です。

また、去年あたりからはっきりあらわれてきた、夏場の帰省ブームのことです。ことに今年はひどかったようです。わたくしの親類でも同じことです。その人達は、申し合わせたように田舎のいいことを強調してかえります。田舎をもっていることの仕合せを語っているようでもあり、現代流にいえば、都会のストレス解消にきているようにもみえます。

いまから五年ぐらいまえのことです。外海府のある部落の女の人が「都会にすんで人がたまにやってきて、静かな入江や美しい夕陽をみてロマンチックになっても、苦しい百姓の生活を思うと、素直にうけとれない気持です」といったことを思いだします。観光ブームや帰省ブームになればなるほど心のなかでなにかしらじらしいしこりがのこります。

美しい島の自然と、生きるための生活とが分離してしまい、やることなすことに、ちぐはぐな感じがしてなりません。

わたくしの家は、世間的にいえば旧家ということになっています。このような家にありがちなことは、子どもに能力があれば高等教育を受けさせ、家に残さないということです。だからほとんどの家はいつのまにかちょう落して、みんなから忘れ去られようとしています。それがちかごろでは島の全般的な傾向になろうとしているのです。じじつ、子どもがすこし頭がよければ、経済的には無理をしてでも上級校にいれ、都会へだそうとする。そのときにはすでに島では必要でなくなった人になっています。島でも、××村は文化村であって、教育熱心でよい村だといわれています。しかしこの村がもっとも離村率の高いところになっているのです（第二一集、一九六三年）。

観光ブームでよそから多く人がやって来て佐渡の良さを言ってくる。だが美しい島の自然と生きるための生活、自分たちにとっての生活というのがあまりにも分離してしまって、やることなすこと、「ちぐはぐな感じが」するという煩悶が見受けられる。しかも都会に暮らしている佐渡出身者が帰省中に同じようなことを言う。それは「都会のストレス解消」ではないかと思うのは、著者が長男でもなく、教員というからだ。

職業に就いた「どこに住んでも自由な立場」でありながらも、地元で「まごまごしている」と感じている

文中の「オッサン」とは佐渡の民俗語彙で、イエを継ぐ長男・長女以外の男性を指す。家督を継いだ男性はオヤジと呼ばれ、イエの統率権や財政管理の権利を有し、食膳から衣服まで別格の扱いを受けてきた。近世末期あるいは明治頃まで、佐渡のなかでも土地の限られた地域では長男にしか相続権がなく、次男以下の男子は養子に出るほかなかった。近代になると北海道等への移住という道筋が開けるが、それ以前の時代、養子すら行くあてのなかった男性は成人後も生家に住み、結婚も許されず、畑仕事や家事を手伝いながらイエの厄介者として差別されながら一生を終えていた（岩本 1986: 195）。しかも佐渡のオッサンは「先祖代々墓」に入れられず、無縁墓に入れられる地域もあった（鈴木 2009）。無縁墓は異状死した者も入る墓であり、オッサンは通常の祭祀対象ですらない、イエ制度の犠牲者であった。

しかし、戦後の工業化のなかで、オッサンは「金の卵」として都市に就職し、高度経済成長を支える労働者として生きるようになる。都市に出てイエや村から解放され、自由な恋愛によって自らの家庭を築いていく彼らの反面、長子はたとえ島外の学校を出ても実家に戻り、イエを継ぐことが期待された。明治民法の家父長制度は形式上消滅したにもかかわらず、「私は考える」を書いた女性のように、イエを捨てることは地域や親を捨てることとみなされた。法的には消えても「民俗」として残る家父長制のプレッシャーは大きく、戦後、長子とそれ以外との立場は逆転していく。

「このごろ」を書いた男性は島外で高等教育を受けた教員として過ごしながらも、佐渡に戻ってきたことが自分でも釈然としないようだ。島を出たオッサンが「都会のストレス」に苛まれながらも自由な暮らしをしていることを、彼はよく知っている。だからこそ、佐渡で「まごまご」している自分に対して「田舎

を持っていることの仕合せ」を説かれると余計に鬱屈していくのだ。

島の人口が減少していくなかでもさまざまな事情で佐渡に残った人、残らざるをえなかった人を多く抱えることで、地域がなんとか成り立ってきた。彼らの心持ちは必ずしも地元が好きだからとか、勇んで地域貢献をするというようなものではなく、イエの事情や自分自身の葛藤を抱えながらの選択だったことが随筆から伝わってくる。地域で生きるということは、その場所の良い部分だけを得ることではない。良いことも悪いこともあり、それらをまるごと引き受けることが不可欠となるが、若くまだチャンスがあるこの書き手たちには、それを引き受けるだけの踏ん切りがついていないのだ。

ちなみに「このごろ」を書いた男性はその後、教員を務めつつ佐渡の文化や社会に関する研究を行い、多数の重要な論文や著作を残す人物になった。彼は悩みながら佐渡に住み続けることを選択したのだろう。地元佐渡を研究することは、彼にとって自分自身に向き合うことだったのではないか。若き日々の心情の吐露には、外部から向けられる佐渡の「美しい島」というまなざしと、自分たちの生活の現実とのギャップが顕著に表れている。都市的な視点による表象が、いかに島の人びとを悩ませていたのかよく理解することができるとともに、彼が郷土研究を行ったことは、自らの視点を獲得し、苦悩を乗り越える営為だったのではないかと考えられる。

4　残る側の視点から

最後に写真を二つ示したい。図14は佐渡で毎年行われる音楽イベント、アースセレブレーションの「送り太鼓」の様子で、観光客を見送る人びとの側の視点である。他方図15は同じ現場において、送られる側、都市や他地域に帰って行く人びとの視点である。この「送り太鼓」は、佐渡を拠点とする音楽集団「鼓童」のパフォーマンスで、彼らをサポートした宮本常一がかつて帰京する際、太鼓の音が海上まで聞こえてきたことを褒め称える手紙を送ったことから（鼓童文化財団 2011）、今でも鼓童がファンと取り結ぶ関係の象徴となっている。船が離岸しても打ち続け、別れを告げるシーンに観光客は感動し、佐渡の良さに感じ入り、再度の来島を決意する。

本章前半で示してきた佐渡のイメージはほとんどの場合、船に乗って帰って行く側の視点である。外から来た人が島の素晴らしさを論《あげつら》い、リピートをするのは経済的利益を超えた価値がある。だが同時に見送る側、島に残された側の視点で物事を捉えることも大事である。鼓童の見送りはもちろん仕事の一環ではあるが、地方にはつねに、大勢の見送る人＝残される人がいる。佐渡だけではなく小笠原、五島などの離島では、年度末には盛大な送別シーンを見ることができるが、島外に出て行く多くの級友を見送ってきた少数派の視点は、離島の戦後史を考えるうえで不可欠である。イエや地域の生み出す「民俗」的な束縛が強く残る時代において、「島に残ること」には個々人の意思や選択を超えた力が働いていた。

高度経済成長を経て成熟社会に至った日本では、多くの人が「豊かさの不幸」（高坂 2004: 26）の感覚を持つようになり、故郷や「田舎」の良さを語る。これは満たされた後に訪れる不幸や欠落の感覚であり、一種のノスタルジーである。しかしそれはイエや共同体から離れ、都市を謳歌した人びとに顕著な心情であり、島に残された人びとはまた異なる感覚を持っていた。都市の人びとから佐渡の良さを言われながらも、まだイエや土地に縛られている人びとは、観光客や帰省客を責めるわけにもいかず、自分の状況を変えようにも変えられない葛藤を持っていた。戦後、離島が旅行ブームに乗じて表象されていく際に見落と

（左）図14、（右）図15　アースセレブレーション送り太鼓

されたのは、このような残された人びとの八方塞がりの複雑な感情である。

　残された人の複雑な感情は、民俗学やマスツーリズムの文脈で形成された佐渡のイメージが語られるときには決して焦点化されないし、島外者には積極的に語られることもなかった。島内者同士でも語りあうのは勇気が要ったことだろう。『しまのくらし』のような文芸誌に有効性があったとすれば、いまで言う自助グループのように、脚色なしに自分自身について語り、誰もがそれを否定することなく聞いていく場の形成であった。そのうえで自己への再帰的なまなざしが、地元へのアンビバレントな気持ちや都市的視点への反発心を超克する重要な契機になったと言える。もちろん自身の心情をストレートに書くことができた人ばかりではないはずだ。佐渡に生きた人びとは、残ったという事実に起因するさまざまな感情を抱きながら過ごしてきたはずで、それは同時に、佐渡だけでなく日本の多くの島嶼部、また地方全般に通じる話である。

　この問題をさらに憂鬱にさせたのは、中央省庁や企業、またほとんどの政治家が誰も地方や離島に残された人びとの「寂しさ」と「苦しさ」に関心を示そうとしなかったことである。実際観光産業などの資本にとって島は、都市の観光客に楽しみを与える商品価値のある場所とみなされたし、島に関心を抱いた民俗学などの研究者にとっても、そこは発見すべき「民俗」が残された宝島のような存在であり、その島に暮らす人びとの日常的な困難や心の葛藤に目を向けることは多くなかった。そのきわめて少ない例外が一九五〇年代に始まる国の離島振興策であり、それに関わった少数の研究者、政治家たちである。次章から取り上げる宮本常一はその中心的な人物の一人であり、民俗学と離島振興という異なる領域を結びつけ、その成否はともかく、島の人びとの困難に正面から取り組んだ希有な人物であった。

第2章　民俗学と「文化工作」のあいだ——宮本常一イントロダクション

1　はじめに

近代日本における離島や地方を「残される側」から見る際に、重要な視点を与えてくれるのが宮本常一である。それは離島振興をはじめとする国土開発を、その遂行主体である政府や自治体、資本、権力の側から捉えるのではなく、開発をされる側の視点で捉えることを可能にするだけでなく、開発や政治というものに、住民が文化運動を通して関わってきた過程をエスノグラフィックに見ることを可能にさせるからである。

宮本は一般に民俗学者として知られ、代表作『忘れられた日本人』（宮本 1984）のイメージもあり、ともすれば前近代の牧歌的な日本像を描く人物と思われがちだ。それは部分的には間違ってはいないかもしれないが、他方で当時の民俗学者がほとんど関心を持たなかった地域振興や農業指導といった実践的活動を行い、離島政策や文化政策に関わるロビー活動や予算獲得など、現実政治にも深く関わってきた。宮本が特異だったのは、現場に出る民俗学者であれば誰もが気づくはずだった、目の前の人びとが抱える課題の解決に携わることが研究の一環であるということを、他の民俗学者よりも早く自覚し、アクションを起こしてきたことである。つまり実践家としての側面は研究と乖離していたわけではない。フィールドワークと文献研究を通じて得た知見が地域振興や離島振興に活かされ、またそうした活動において青年や政治家と対話をすることが、社会の現実とつながりあった宮本の学問を形成していく相補的な関係にあったのである。

本書の関心から言えば、宮本の膨大な著作に見られる日本文化論的な研究成果よりも、むしろ彼が論壇やアカデミズムの外部で、離島や山村の課題に関わってきた側面により注目したい。とりわけ宮本の学問や実践がローカルな人びとにどう受容され、彼らにいかなるリアクションを引き起こしたのかという点に目を向ける必要がある。研究を通した社会連携や地域課題の取り組みは、後年になって実践民俗学や公共民俗学等と呼ばれるようになる（山下 2008; 菅 2012; バロン 2013）。宮本がそうした分野の直接的なルーツに位置づけられるかどうかは議論を要するが、学問と社会との関係を多面的に考えていたことは確かである。本章では宮本常一とは誰なのかについて見ていくが、すでに人物像については多くの評論や研究が重ねられているので、まずは実践家としての側面を中心に整理する。そのあと、離島と宮本の関わりを顕著に示す例として、佐渡における宮本の活動を時系列的に概観し、最後に、近年における宮本常一研究の現状を本書の目的に沿う範囲で確認したい。

2　実践家としての来歴

在野からの出発

宮本は一九〇七年、山口県周防大島に生まれ、八一年に東京で死去した。生家は半農半漁で、島の高等小学校を卒業し、大阪の逓信講習所を出て郵便局に勤めたあと、一九二六年に天王寺師範学校に入学し、卒業後泉南郡の尋常高等学校で訓導（教員の一種）として勤めた。二三歳の時に病気を患い一時帰郷するが、その前後に郷里の民間伝承の聞き書きを始める。大阪で教員に復帰したあとは、医師の沢田四郎作の自宅で開催されていた大阪民俗談話会をベースに民俗学に励むようになり、『旅と伝説』『郷土研究』など、当時の民俗学関係雑誌に積極的に寄稿し始めた。談話会を通して、民俗学者の桜田勝徳、岩倉市郎、渋沢敬三などと知り合うようになる。

この時代は柳田国男を中心に日本の民俗学が学問体系を形作っていく時代であり、その象徴である一九三五年の「柳田国男先生還暦記念民俗学講習会」には、宮本も山口県所属として参加している（鶴見2021）。一介の小学校教員に過ぎなかった宮本が、柳田や渋沢といった〝エリート〟学者と知遇を得るのはこのような研究会活動や投稿を通じた執筆活動であり、そこには民俗学特有の、地方組織や雑誌を介して中央－地方をダイレクトに繋ぐシステムが機能していた。

転機となったのは一九三九年、宮本三二歳の時で、渋沢に誘われて東京市芝区三田綱町にあった渋沢邸で暮らすために、職を辞し、家族を周防大島に残して単身上京したことである。このとき宮本は、満州の建国大学に仕事の話があったが、渋沢に相談したところ、瀬戸内海を中心とした研究に邁進することを求められ、長いフリーの暮らしに入る決断をする。

渋沢栄一の孫である敬三は、日本銀行総裁（一九四四～四五年）、貴族院議員（四五～四六年）、幣原喜重郎内閣の大蔵大臣（四五～四六年）などを務めた財界人・政治家である一方、若い頃より漁撈習俗や民具に強い興味を持ち、自宅に私設博物館「アチックミューゼアム」を設け、日本民族学会の設立などに携わった研究者であった（加藤 2020）。渋沢は研究的には民俗学に近いが、人間関係的には当時民族学と呼ばれた文化人類学に近く、国立民族学博物館設立の淵源に影響を及ぼし、人類学の優れた著作に贈られる「澁澤賞」に名を留めるなど、日本の文化人類学の制度化に寄与した。宮本は途中大阪や山口で過ごしたこともあるが、渋沢の死去二年前の一九六一年まで、足かけ二二年にわたって渋沢邸に寝起きをし、援助を受けつつ、四二年にアチックから改称された日本常民文化研究所（常民研、現神奈川大学付置研究所）を拠点に各地の民俗調査を行った。一連の様子は佐野眞一のルポ『旅する巨人』（佐野 1996）で詳述されたように、宮本が最も民俗調査に歩いた時期である。

宮本が地域振興に関わるようになる契機はいくつかあるが、大きいのは終戦直後に民俗調査に代わって農業指導や地域リーダー育成を目的とした仕事を行うようになったことである。その理由には戦禍が激しくなり、従来どおりの民俗調査の旅がやりづらくなったことや、渋沢が戦後の公職追放によって社会的地位を失い、研究上の財政支援が得られなくなったこと、そして戦中戦後の混乱のなかで民俗調査に代わる優先課題が出てきたことなどがある。一九四四年、宮本は戦災を避けて関西に戻り、奈良県郡山中学校の嘱託教員をしたのち、翌四五年に大阪府農務課の嘱託として生鮮野菜需給対策に従事した。その内容は府下の農家を回り、農作物の栽培状況や農家の暮らし向きを把握し、肥料や農地不足のデータを集め、食糧増産に向けた情報を提供するというきわめて実務的な仕事であった。同年北海道への入植者に同行する仕事を終えて府を退職したのち、農業指導や篤農家へのヒアリングなどで全国行脚を行った。

さなだゆきたかによると、農業関連の業務は篤農協会から名前を変えた新自治協会の嘱託職員として、戦前から培われた人脈や地方の篤農家を頼った旅に加え、「ニコ没」時代の渋沢の調査旅行への同行であった（さなだ 2002）。篤農協会は金鶏学院や日本農士学校を通じて、国粋派の新官僚や右派政治家に多大な影響力を有した安岡正篤《まさひろ》の機関で、ＧＨＱ命令による解散後に設立されたのが新自治協会である。宮本は渋沢を介して両協会に強いつながりを持ち、『村里を行く』（宮本 1977）や『忘れられた日本人』（宮本 1984）に登場する人の多くが、その事業で知り合った篤農家だったとされる（さなだ 2002: 271）。地主層を中心とする農村構造は、封建主義的遺制として社会科学では批判対象となるが、さなだは篤農協会の中枢層にも近い位置にあった宮本の思想には、こうした保守的な農村秩序を肯定するイデオロギーや皇国思想があったとしている（さなだ 2002: 246）。

一九四八年にはふたたび大阪府の嘱託職員となり、農地解放後の農家や農協の育成に携わり、「大阪府農業技術経営史」（宮本 1975b）などの研究成果にまとめている。一九五三年、離島振興法が施行され、宮本はその年から全国離島振興協議会の事務局長を一九五七年まで務めた。また同年には林業金融調査会において理事を務め、山村社会経済調査に従事している。

九学会連合調査と学問回帰

このように敗戦前後の宮本は一般に民俗学者の仕事と思われる範疇を超え、農山漁村の産業振興・地域振興に指導や政策提言を含みながら携わっており、執筆された文章もまた戦前の民間伝承や村落史を中心としたものから、農民や漁民に対する「唱導色（advocacy）の強い著作」（川森 2012: 213）になっていく。

学術の世界から遠ざかっていた宮本が復帰していくきっかけになったのが、一九五〇年の九学会連合対馬調査への参加である。九学会連合は渋沢敬三の主導で、民族学・社会学・民俗学・考古学・人類学・言語学の六学会が一九四八年に連合の学術大会を開催したのを皮切りに、五〇年に地理学、五一年に心理学の学会が加わった学術連合である。学際的な交流を計るために定期的に学術大会を開催するのみならず、国内で共同調査を行い、一九九〇年の解散まで続けられた。当初GHQの占領下にあり海外調査のできなかったフィールド研究者が分野を超えて集まった共同調査は、日本の学術に与える影響も大きかった（坂野 2012: 16）。宮本は渋沢が九学会連合会長を務めていた時代には特に熱心で、共同調査には対馬（一九五〇〜五一年）、能登（五二〜五三年）、佐渡（五九〜六一年）、下北（六三〜六四年）の四回、日本民族学会班として参加している（坂野 2012: 8）。

対馬調査を通じて宮本は、漁業制度に関する調査報告のみならず、寄り合いに関して記述した「対馬にて」など、後に『忘れられた日本人』に収録される随筆をいくつか執筆している。坂野徹が言うように、この共同調査は日韓で議論されていた対馬の領土的帰属をめぐって、対馬が日本文化圏であるという学術的なお墨付きを与える機能を有していた（坂野 2012: 50）。こうした学術と政治をめぐる対外的な状況はともかく、宮本にとって九学会での経験は、大学に勤務する多分野の研究者の知己を得て学術コミュニティに入っていく契機となった。ただ宮本自身は大学を出ていたわけではないし、柳田国男や民俗学研究所、東京教育大学や國學院大学など、戦前戦後の民俗学を牽引した学術機関に近い場所にいたわけでもなかった[*1]。共同調査では民間伝承の会（現日本民俗学会）ではなく、日本民族学会（現日本文化人類学会）の班員であったことは、宮本と「本流」の民俗学との距離を示している[*2]。

戦後の宮本の主たる執筆の場は、編集者・谷川健一とともに『風土記日本』（宮本・大藤・鎌田編 1957）や『日本残酷物語』（宮本・山本・楫西・山代監修 1959）などのシリーズを編集・執筆した平凡社であったり、民話運動のリーダー・木下順二らとともに立ち上げた雑誌『民話』[*3]だったり、また全国離島振興協議会の機関誌『しま』であったりと、いずれも主流アカデミズムからは遠い場所であった（畑中 2015）。原稿料は重要な収入源だったため、「食うために書いている」ことを宮本自身が述べたという逸話もある（佐野 1996: 318）。他方で学位取得には意欲的で、早稲田大学で論文博士を取得しようとして失敗したあと、渋沢が理事を務めていた東洋大学に「瀬戸内海島嶼の開発と社会形成――海人の定住を中心に」を提出し、一九六一年一二月、社会学者・鈴木栄太郎を主査に文学博士号を取得した。学位取得によって生活が楽になったと述べているように（宮本 1993: 182）、決して好んで在野の学者を気取っていたわけでなかった。

民俗から生活へ

渋沢の晩年、宮本は三田綱町を出て府中に自宅を構えることになる。対馬調査で知り合った人類学者の鈴木二郎などを介して武蔵野美術大（武蔵美《むさび》）の教授として採用され、一九六五～七七年まで民俗学や生活文化論などを教えた。その過程で学生とともに民具の研究や漁撈習俗、町並み、観光を介したまちづくりなどの調査プロジェクトを開始する。学生たちの調査活動は大学で実施していた生活文化研究会で報告され、集った建築学やデザイン研究の学生たちが民俗学と物質文化研究をミックスさせた独自のジャンルを築いていく。学外では一九六六年、近畿日本ツーリストが設立した日本観光文化研究所（観文研）の所長となる。秋葉原のビルの一角に作られた小さな研究所にはさまざまな大学から学生が集まり、調査費をもらって日本だけでなく世界各地を放浪し、新たな旅の仕方を探究したり観光資源を発見したりし、雑誌『あるくみるきく』（一九六七～八八年）にその成果を発表する一方、博物館の設立支援や文化財保護などコンサルティング活動にも携わるようになる（福田 2022）。

地域振興や大学での活動を通じて、宮本の学問にも徐々に変化が訪れ、狭義の民俗学から生活学や民具学へと関心の幅が拡大していくようになる。その背景には既存の民俗学への強い批判があり、人びとの日常性＝生活世界のなかから「民俗」を標本採集し、報告書にまとめる旧来の方法から、他者の生活全体を捉える方向へとシフトを図っていたのである。

百姓たちと生活をともにし、その話題の中からその人たちの生活を動かしている物を見つけてゆこうとすると、項目や語彙を中心にして民俗を採集するというようなことはできにくくなる。［中略］それよりも一人一人の人の体験を聞き、そしてその人の生活を支え、強い信条となったものはなんであっただろうか、生活環境はどういうものであったのだろうかというようなことに話題も眼も向いていく（宮本 1993: 152-153）。

宮本は農漁村を歩き他者と交わるなかで、従来の民俗学が項目を立てて採集してきた民俗調査だけでなく、それを支える日常生活全般の知識とともにそれらが語られることに留意している。「民俗」は「日常生活からきりはなされて存在するものではなく生活の中にあるものである」（宮本 1993: 153-154）という主張は、徐々に宮本を制度的な民俗学から新興分野の生活学や民具学へと移行させることになる。「民俗から生活へ」というシフトにはまた、同時代の社会問題に対する応答という実践家としての問題意識が大きく関係したと思われる。晩年の宮本が構想した地域開発論は、地域住民が自らの生活を省み、それを調べたり展示したりして外部に示し、ひいては地元や自文化に対する尊厳を回復するという内発的な文化運動の発想に支えられていた。その背景には高度経済成長期の日本にあって農山漁村や離島で急激な生活文化の改廃や過疎化が見られ、経済的劣勢が人びとの文化的コンプレックスに転化していることに、危機感を覚えていたことが挙げられる。それが表れているのは、宮本がキャリア全般にわたり強い関心を抱き続けた離島に関する論考であり、その多くの要素が新潟県佐渡島での研究や実践に基づいている。

3　佐渡の宮本常一

渡島回数

宮本の評伝を開くと、しばしば佐渡島は最も頻繁に宮本が訪問したフィールドであり、地域振興に取り組んだ随一の場所だと描かれることが多い（毛利 1998a: 181; 木村 2018: 95）。また瀬戸内海をはじめとした西日本が宮本の主たるフィールドである一方で、佐渡は東日本で例外的に彼がこだわった場所だという指摘もある（福田 2009）。佐渡への訪問回数は諸説あり、「五〇回近く」と言われることもあるが（池田 2010: 22）、日記から確認できるのは二七回とされる（木村 2018: 95）。実数は後者が妥当と思われるが、この回数は宮本が通った離島のなかでは伊豆大島を抑えて最多であるし、他のフィールドと比較しても最多の部類である。現代の民俗学や人類学から見れば、同一フィールドへの訪問回数として二七回というのは決して多いわけではないが、宮本は一つのフィールドで継続調査を行うタイプの民俗学者ではなかったので、彼にとって（周防大島を除いて）最も関わりのあった場所と言ってよい。

では、三〇回近くも通った佐渡で、宮本は一体何をしていたのか。評伝等において取り上げられる事柄は、次のようにほぼパターン化されている。

①　九学会連合佐渡調査およびその下見（一九五八〜六〇年）

②　地域開発の助言や講演（一九六二〜六七年）
③　おけさ柿（八珍柿）の栽培奨励（一九六〇年代）
④　鬼太鼓座の設立支援（一九七〇年代初頭）
⑤　小木民俗博物館の設立支援（一九七〇年代初頭）

①は〝純粋〟な研究活動で、それ以外は社会開発や地域振興に関わる実践活動であり、その多面的な展開を見ると、従来から宮本が持っていた実践志向が佐渡において一気に前景化したと指摘されることも多い（佐野 1996: 313）。ただ、それぞれの実践活動が具体的に何を行った事業で、誰がどのように関わり、結果はどうなって、地元にいかなる影響を及ぼしたのかということになると十分な検討がなされているわけではない。また、定型的に語られるこれら以外にも、宮本が携わった運動や地域振興系の事業は複数あるが、データを元にした詳細な分析はほとんどない。これらに関するルポやインタビュー記事は複数なされているが、歴史的・社会的な文脈に位置づけた学術的分析となると、宮本が費やした時間や労力に鑑みるときわめて不十分である。ゆえに、いずれも学術的な文脈化よりも成功譚として物語化され、ストーリーが単純化される傾向がある。こうした物語化のパターンに陥らないためにはデータを元に分析的に描いていくことであり、それは本書の中心的な作業目標となるだろう。

私とともに佐渡でさまざまな研究プロジェクトを実施してきた歴史学者の杉本浄は、佐渡における宮本の活動を時期によって三期に分け、それぞれの時期で異なる主題での活動が行われたことを指摘している（杉本 2022）。杉本の区分に基づいて「佐渡の宮本」を概観し、宮本が離島にこだわった背景、また「地方」の諸課題を佐渡から考えようとした理由の断片を見てみよう。

第一期　一九五八〜六〇年　民俗調査の旅

第一期は宮本が初めて佐渡に訪れ、九学会連合調査に参加した期間である。まだ定職を持たない宮本が時間に縛られずに徒歩で歩き、出会った人びとに話を聞いて、論文として発表するという、最も厳密な意味で民俗学的フィールドワークを行った期間である。その成果は九学会連合の報告書で発表されたほか、のちに『日本の離島』に収録されることになる「佐渡をまわる」「佐渡の小木岬」などのエッセーにもなった（宮本 1969）。

宮本が初めて佐渡を訪れたのは一九五八年一〇月一三日である。一一日から新潟大学で開催された日本民族学会・日本人類学会連合大会後のエクスカーションに加わり、佐渡鉱山や景勝地・尖閣湾を見物し、翌一四日の午前中は真野御陵、国分寺、妙宣寺を回った（宮本 2009a: 251）[*4]。この動きは戦後の佐渡観光の典型的なコースであるが、翌年に始まる九学会連合による佐渡調査の下見の意味もあったようだ（宮本 1964b）。

最初の来島の際、宮本は佐渡の郷土史家、本間雅彦（一九一七〜二〇一〇年）の知遇を得た。本間は佐渡農業高校での教員のかたわら、島の文化研究を手がけ、生活綴方運動など文化運動にも明るかった。自身は人類学者と名乗っており、「鬼」「牛」などに関する複数の著作がある（本間 1994b; 1997）。本間は陸軍中将・本間雅晴を父に持ち、太平洋戦争後のシベリア抑留を経て東京農業大学で学び、柳田国男邸に出入りをしたり、卒業後農大で助手を務めていたりしたこともあり、柳田や農大同窓生の高松圭吉[*5]を通じて、宮本のことを知っていた（本間 2004: 194）。一九五九年から佐渡で九学会連合調査が始まることになり、宮本は本間にも調査に加わるよう手紙で依頼しており、佐渡の受け入れ窓口として頼っている（池田 2010: 16-

17)。宮本が地域振興に関わっていく過程ではこのようなローカルな知識人の存在が大きく、佐渡では本間の持つネットワークに乗ることで、研究だけでなくさまざまな実践活動が可能になったと言える。[*6]

九学会連合は文部省の科研費を得て、一九五九～六一年に佐渡で調査を遂行した（九学会連合佐渡調査委員会編 1964）。各学会の日程はバラバラで、前述のとおり宮本の所属は日本民族学会であった。彼の調査行程は、いずれも本間宅のある畑野町を拠点に、一九五九年は八月四日～一五日（一一泊一二日）で、前半を大佐渡と呼ばれる島の北西部、後半を南東部・小佐渡の調査に費やしている。一九六〇年は八月一四日～二八日（一四泊一五日）のあいだで、三分の二を小佐渡、残りを大佐渡の調査にあてた。[*7]

九学会連合佐渡調査で宮本がテーマにしたのは生業経済である。特に佐渡北部における労働慣行について、親方・子方関係に基づいた分業体制、交換労働ユイについて調査し、近世の村落構造と労働慣行の連続性について検討している。またマキ（牧）という地名に着目し、中世の放牧地（マキ）が畑作地になり、徐々に水田に改変されていくプロセスを古文書の分析、土塁や水路の観察などから明らかにしている。その過程では、本間から詳細な下調べの書簡が宮本に送られており、[*8] 事実上本間から託された研究テーマであった。

一九六一年の共同調査最終年に宮本は参加していないが、それまでの調査成果は「佐渡の原始生産構造」など複数の報告書として早々に公表している（宮本 1961; 1962; 1964c）。宮本が学術研究のためのフィールドワークを集中的に行っているのは事実上ここまでであり、以後は地域振興のための産業調査や講演活動が中心となる。

第二期　一九六二～六七年　地域振興の助言者として

第二期以降は青年団、行政、公民館などを相手とした地域振興に関わる時代であり、本書の関心の主眼はこれ以降にある。佐渡で宮本は、全国離島振興協議会事務局長として培った経験や人脈を期待されるようになり、離島開発や生産向上のための具体策を期待されて招聘されるようになる。特に南佐渡は零細な畑作農家が多く、大阪府の農業指導などで培った宮本の知見が生かされることになった。この期間は、離島振興法の施行から一〇年が経った地域開発を省みることが増えていく。その考えは「佐渡所感」（宮本 1970c）などに表れている。

では、宮本が関わっていく過程はどのようなものであったのだろうか。宮本は九学会連合調査の際、小木町宿根木《しゅくねぎ》の称光寺を訪れている。[*9] 住職の林道明《はやしどうみょう》（一九一三〜八九年）に「宿根木の村は岬の村々（小木岬半島の尖端地域）と違って歴史や伝統が深く、特に和船や船乗りの生活について調べてみたい」というようなことを伝えたようだが（林 1982: 114）、林は宮本のことを知らず、その場は聞き取り調査をしたままで終わった。『文藝春秋』を愛読していた林は、二年後に渋沢敬三が書いた宮本の紹介文、「わが食客は日本一」を読んで、当時関わっていた公民館活動の講師に招聘することにした（林 1982: 113）。これが宮本にとって佐渡での最初

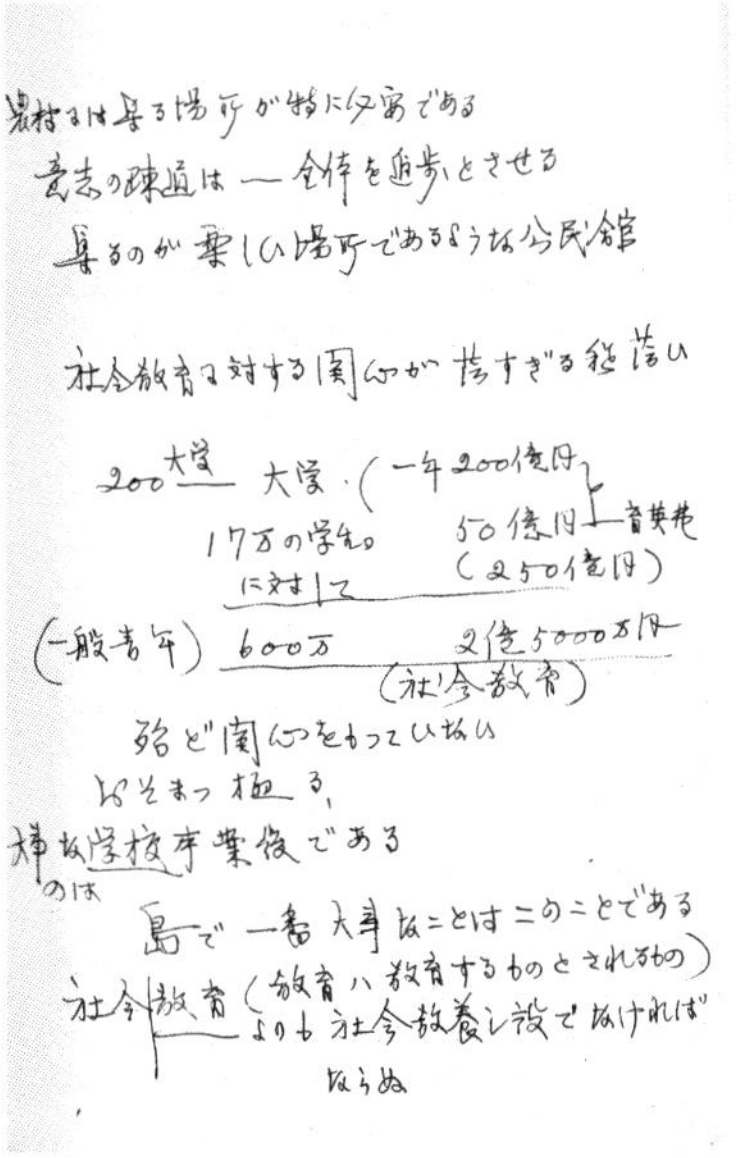

図1　林による宮本講演メモ。社会教育の必要性を説いており、当時17万人の大学生に毎年50億円の国家予算が割かれている一方、600万人の一般青年には2億5000万円の社会教育費しか割かれていないと述べている。

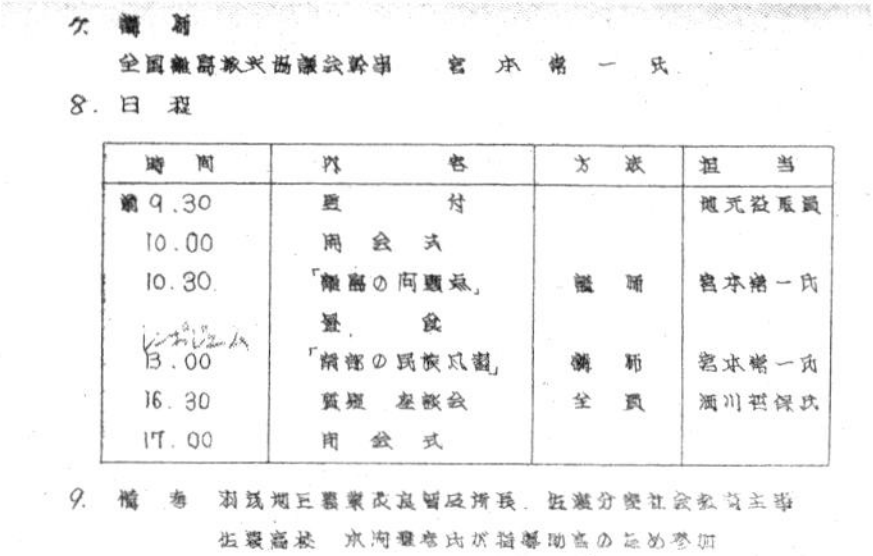
7. 講師

全国離島振興協議会幹事　宮本常一氏

8. 日程

時間	内容	方法	担当
前9.30	受付		地元役職員
10.00	開会式		
10.30	「離島の問題点」	講演	宮本常一氏
	昼食		
13.00	「南部の民族風習」	講演	宮本常一氏
16.30	質疑　座談会	全員	酒川哲保氏
17.00	閉会式		

9. 備考　羽茂地区農業改良普及所長、佐渡分室社会教育主事 佐渡高校　本間雅彦氏が指導助言のため参加

図2　南部地区公民館社会教育研究会の案内。宮本は全国離島振興協議会幹事の肩書きだった。九学会連合調査では常民研研究員として参加しているので、相手に合わせて複数の肩書きを使い回していたことがわかる。

の地域振興関係の講演活動である。

筆まめな林は一連の招聘について詳細に日記に残しており、これを杉本浄が整理しているので、それに基づき宮本が最初の講演旅行で何を話したのか再構成してみよう。

一九六二年一一月三〇日午前、南部地区公民館社会教育研究会講師として、宮本は「離島の問題点」を講演した。五島や対馬などの例を挙げながら、離島の動力化や港湾整備の必要性を離島振興法に絡めて訴え、青年層への社会教育の必要性を述べた。また八珍柿や小麦、乳製品など佐渡の産品の増産や、島外に売るためのロジスティクスの整備を主張した。「柿は二〇〇〇町歩、乳牛は二〇〇〇頭を要する」と具体的な数値目標も示している。講演は新潟交通小木営業所二階で行われ、一〇〇名ほどが集まったとある。会の冒頭で宮本はしきりと会場の寒さを訴えている。これは戦略的な発言で、公民館講演会と言いながら当時小木には施設としての公民館はなく、もっぱら制度上の存在であり、寒い粗末な施設しか存在しないこと自体が問題だ、という主張につながっていく。

午後、同じ会場で講演「南部の民族（俗）風習」を行った。佐渡は海を通じて外来文化がつねに移入されてきたが、変化があったのは町場のみで、村の社会構造にはさほどの変化を与えておらず、その結果部落意識の強さや閉鎖性が残っている、と指摘する。ゆえに産業も文化も停滞しており、それを打開するためには公民館やコミュニティセンターを建設し、村人が勉強し、意見を交換できる機会を持つことが必要であると述べた。質疑の司会は小木の小学校教員、酒川哲保《さけがわてっぽ》である。この時点で宮本の「民俗」に対する関心は、改善すべき弊習としての側面にあることがわかる（室井 2023: 17）。

　このあと数日間のあいだに宮本は赤泊村、羽茂町、畑野町、金井町で複数の講演を行い、慌ただしく帰京した。羽茂では、本土から取り寄せたものを「佐渡土産」と称して販売する観光業を批判する一方、八珍柿の普及に努めていた農業改良普及所の杉田清や信田敬に知遇を得たり[*10]、「若者たちの眼に異様なまでに物を見つめるまなざしに」に地域振興の可能性を感じたりしている（宮本 1970c: 168）。

　これを期に、南佐渡では地域開発の基盤作りのための助言と生活向上のための啓発活動のために、頻繁に宮本を招聘している。上記のとおり、宮本はこの三年弱のあいだに七回招かれて講演を行った（図3）。「このうち四回は新生活運動協会[*11]から依嘱をうけた村づくり運動の指導であり、あとの三回は赤泊村からの調査の依頼、小木町の産業診断、佐渡の青年諸君の招待によるものだった」（宮本 2009a: 254）。

1962年11月29日～12月5日（6泊7日）
1963年12月2日～8日（6泊7日）
1964年3月2日～5日（3泊4日）
1964年6月18日～26日（8泊9日）
1965年3月22日～26日（4泊5日）
1965年8月1日～4日（3泊4日）
1966年3月8日～11日（3泊4日）
1966年8月31日～9月3日（3泊4日）

図3　第2期（1962-67年）の連続的な佐渡訪問（毎日新聞社編 2005a; b）。

　この過程で徐々に佐渡の公務員や首長とも関係を深めていく。赤泊村では村長の要請で産業調査を行い、『経済実態調査報告』（宮本 1964a）を作成し、宮本らの提言はのちに畜産や果樹の開拓パイロット事業として実施された（赤泊村史編纂委員会編 1989: 694-702）。一九六五年には羽茂町総合開発審議会委員に就き、「人づくり、道づくり、主産地づくり」を自身のスローガンに掲げつつ町の開発指導を行った[*12]。宮本の講演は難解な用語を使わず、単語を短い文章で繋ぎ、絶妙な間合いを持ち、徐々にボルテージが上がっていく。[*13] 宮本は集まった聴衆がだらしなかったり、集まりが悪かったりすると聴衆を一喝することもあったほど、遠慮のない直言をしていた（信田 2004: 206-207）。

スローガンやしゃべりからすると、宮本のスタイルはまるで選挙に立つ政治家のようである。実際佐渡の政治家にも宮本に心酔する人は少なくなかった。小木町では金子繁町長がしばしば教えを請い、産業診断、小木岬半島の一周道路など町政の指針に関して、一九八〇年の最後の来島まで助言を求めた。同町は国の離島振興予算を数多く得たが、そこには宮本の人脈が生きたと明記されている（金子 1990: 129-133）。また羽茂町における八珍柿増産に関する意欲啓発は効果的だったようで、従来「佐渡の中でも最も貧困で食うや食わずと言われた南部」（信田 2004: 207）において柿栽培が拡がり、現金収入が大幅に増えたという。羽茂川の畔には、彼を慕う地元の人により宮本の句碑が建てられている。

第三期　一九七〇〜八〇年　文化運動の結節点として

一九六七年、宮本は結核が再発し、三年ほど旅を控えていた。次に佐渡に渡るのは一九七〇年である。一九六五年に武蔵野美術大学教授に就任しており、人間関係の拡がりとともに佐渡への関わりも多様化していく。具体的には博物館設立（第5章）や大学構想（第6章）、鬼太鼓座設立支援（第6章）、相川町史編纂、学生のフィールドワーク指導（第9章）など多岐にわたる。いくつかの事業は、宮本を最初に講師として招聘した林道明との協働的な取り組みである。本書で取り上げる社会的実践はほとんどこの期間に集中しており、晩年にさしかかった宮本が民俗調査を基軸とした狭義の民俗学へのこだわりをきっぱりと捨て、民具の収集と住民自身による生活へのまなざし、人びととの主体性の確立、住民参加による地域開発といった文化運動を全面展開していく。

この間、宮本の周りには武蔵美《ムサビ》の学生だけでなく、若者が多数集うようになっていた。前述のとおり観文研に新たな旅のあり方を探求する若者が溢れ、宮本が調査に出ないあいだにも彼らが自主的に佐渡でフィールドワークを行っていた。若い学生を佐渡に送ったり、八珍柿やノリ漁の映像を紹介するために日経映画社に撮影に行かせたり、武蔵美で小木町の集落調査をしていた学生の展示会を世話したりした。一九六九年には旧知の田耕《でんたがやす》が佐渡に移住し、パフォーマンス集団である鬼太鼓座を立ち上げ、佐渡の民俗芸能である鬼太鼓と文弥人形の技術を若者たちに継承させる構想を示しており、宮本は田のために資金集めに協力した（宮本 2009a: 254-255）。

一九七〇年代半ばから後半になると、第一回日本海大学講座（一九七四年）、地方史研究協議会（一九七五年）、日本生活学会・第二回日本海大学講座（一九七六年）、日本民具学会（一九七九年）などの学会大会が小木町で立て続けに行われ、宮本もほとんどに参加している。高校もない人口三〇〇〇人の小さな港町で全国規模の研究集会が開かれるのは異例のことだが、それは宮本や林などが中心となって博物館を設立し、そこに関わる内外の青年が育っていたからだ。こうして宮本の佐渡との関わりは九学会連合の学術調査から、次第に彼を取り囲む青年とともに地域振興へと活動を拡大させていき、最後はそれらの学術活動・地域振興が一体化することになり、宮本の死の前年一九八〇年まで続く。それ以降の島の文化運動は、グラスルーツの盛り上がりという意味では停滞するが、宮本らが蒔いた種がそれぞれの場で展開するようになる。

図4　佐渡で講演をする宮本常一。1970年代後半、相川町にて（石塚邦博氏撮影、小木民俗博物館所蔵）。

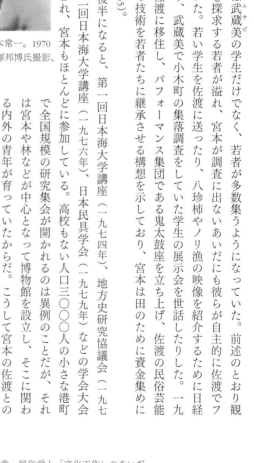

4　宮本常一研究の現状

本書は宮本常一という人物に焦点をあてた「宮本研究」ではないし、学史的研究でもない。戦後の国土開発によってラディカルに社会のあり方が変わるなかで、都市と離島の関係性、地域振興や文化財保護などといった広い意味での開発現象を、離島の人びとがいかに経験したのか明らかにするうえで、宮本を分析の視点として用いる。宮本のネームバリューが肥大化し、人物像に迫る研究が多くを占めるなかでは、そのような企図に沿って宮本常一を扱った先行研究は多くない。そこで本節では宮本に関する先行研究をおおまかに見ていくことで、引き継ぐべき研究課題を検討する。数多くなされてきた宮本に関する研究を分類するならば、おおむね三つに大別できる。

① 宮本の人物像や生活史に着目した評伝、各地での取り組みに着目したルポ
② 宮本の書籍を読み解いた書誌的研究
③ 政治的な思想の文脈に位置づけて宮本を分析する研究

①に関しては、宮本の評伝として最初期にあたり、かつ聞き取り対象者の幅広さ、また関係者の話を深掘りする取材力、そして渋沢敬三との関わりを軸に宮本の生涯を学術・実践・生活などの全般にわたって

評伝、人物史

展開する筆致、いずれにおいても類書を凌駕しているのが佐野眞一[*14]『旅する巨人――宮本常一と渋沢敬三』（佐野 1996）である。類書の『宮本常一が見た日本』（佐野 2001）や『宮本常一――旅する民俗学者』（佐野編 2005）を含め、佐野のルポは空前の宮本常一ブームを起こし、佐田尾信作『宮本常一という世界』（佐田尾 2004）など、数多くの書籍やテレビ番組を生み出すきっかけとなった。

『旅する巨人』は二〇一二年に死去した佐野の代表作で、ディテールに迫った文章には圧倒されるが、その分、彼の作家としての難点も現れている。とりわけ渋沢敬三にしばしば研究費をせびりに来たり、時流に乗って権力に取り入ったりする人類学者・岡正雄の描写は、宮本を清貧の学者として対比的に描くための過度な誇張であるし、宮本が佐渡で行った地域振興を成功譚として書いたことは、単純な物語化や美化であると批判されるようになる（岩本 2012: 41）。

毛利甚八『宮本常一を歩く――日本の辺境を旅する』（毛利 1998a; 1998b）は宮本がフィールドワークで回った地域を再訪し、当時の関係者に幅広くあたって丹念な聞き取り調査を行った。『宮本常一を旅する』（木村 2018）など、周防大島文化交流センターで学芸員の経験のある木村哲也による複数の著作は宮本が訪れた場所に訪れ、当時を覚えている人びとへの取材に基づいている。森本孝『宮本常一と民俗学』（森本 2021）、詳細な年表を伴った須藤功『宮本常一――人間の生涯は発見の歴史であるべし』（須藤 2022）は、宮本の教え子によって書かれた評伝である。武蔵美や観文研で宮本から直接教えを受け、大学や博物館に職を得た人も高齢になりつつある。教え子の評伝は著者自身の経験や記憶と切り離せず、批判的検証が避けられる傾向はあるが、当事者だからこそ書ける学史的記述には価値がある。[*15]

さなだゆきたか『宮本常一の伝説』（さなだ 2002）は、その簡潔な書名からは予想の付かない重厚な評伝である。さなだは戦前戦後の新聞・雑誌等の文献を大量に渉猟し、宮本の所属していた団体や機関、つきあいのあった人物、関わっていたプロジェクトの目的や背景について、その時々の社会情勢や政治状況と対照させながら綿密に分析していく。それによって一見無思想で現実政治と関わりのなさそうな（と、少なくとも思われていた）宮本のエスノグラフィーの記述が、多くの政治的意図をもってなされていたことを明らかにした。[*16]

ただ宮本と周囲の研究者・文化人・財界人などのつながりを中心に描いていく評伝は面白さと危うさを併せ持っている。しばしば取られる文章構造――実は誰々と繫がっていた、何々の人脈で仕事をしていた――は舞台裏がつまびらかにされていき、研究に対する社会状況の影響の強さを示しており、評伝に留まらない学史的な意義があるが、人物同士の関係を中心に見ていくことは、何らかの関係があったことをもって学術的な影響をも同程度に読み込んでしまう、という点に危うさがある。ある団体の広報誌に寄稿しているからといって、その団体の思想やポリシーにどの程度親和性があるか、判断することは難しい。あまりに多くの団体や機関に関わり、あまりに多くの人物と関わりのあった宮本の場合、すべての関わりから思想的影響を等価に考えていくことはできない。調べれば調べるほど新たなつきあいが明らかになり、得られる知見は積み重ねられ、本質的に重要な知見の範囲が判別できなくなる可能性をつねにはらんでいる。

ゆえに多方面のつきあいのあった宮本において、そこから学問的・思想的な方向性を見ていくと、結局のところ総合的な学者、何でも屋、といった評価に行き着くほかない。さなだの著作が結論部において「学問の総合化」が宮本常一の目標であったと述べているように（さなだ 2002: 312）、「総合」とまとめることは、多面的な宮本の学問的実践の各々の特色をむしろ無化してしまう。

書かれたものからの分析

第二の、宮本の書籍を読み解いた書誌的研究は、宮本の人物像よりもアウトプットに重点を置いて分析した研究群である。網野善彦『宮本常一「忘れられた日本人」を読む』(網野 2013)や、『忘れられた日本人』のなかの最も有名な「土佐源氏」の創作性をめぐって論を展開した井出幸男『宮本常一と土佐源氏の真実』(井手 2016)、在野の民俗誌家としての宮本を捉えた畑中章宏『『日本残酷物語』を読む』(畑中 2015)などが挙げられる。

書誌という意味ではやや異なるが、宮本常一が撮影した写真を対象として、フィールドへのまなざしや景観認識を分析する研究がある(高木 2012)。『宮本常一の写真に読む失われた昭和』(佐野 2004)、『宮本常一と写真』(石川ほか 2014)などは宮本を民俗写真家と捉え、宮本の撮影技法の特色や機材も含めて、彼のフィールドワークの特色を撮影という観点から明らかにしている。周防大島文化交流センター編『宮本常一の風景をあるく』シリーズ、日本離島センターの機関誌『しま』の連載「宮本常一写真を読む」は、宮本が撮影したフィールド写真の現場に向かい、写真に映り込んだモノや場所について解説したり、景観の変遷を読み解いたりする。このように写真を「読む」手法を徹底したのが香月洋一郎『景観写真論ノート——宮本常一のアルバムから』(香月 2013)で、膨大な写真を分析し、宮本が土地の形状や町の構造をどのように捉えていたのかを、文章と照合させながら分析している。ヴァナキュラー・ランドスケープ論は近年、民俗学のみならず建築学や都市計画論でも注目されているが、香月の研究は宮本がその分野でも検討する価値のある存在であることを示している。

宮本のフィールドワークでの軌跡から民俗学史に迫るのが坂野徹『フィールドワークの戦後史——宮本常一と九学会連合』(坂野 2012)である。宮本が一般に著名になる一つのきっかけはエッセイストクラブ賞を取った『日本の離島』（宮本 1969）、ベストセラーになった『忘れられた日本人』などであるが、いずれも一九五〇年の九学会連合対馬調査に端を発する仕事である。同書は複数の学会の連合がもたらしたフィールド科学の変化を科学史的に追うところに主題があるが、宮本にとっても転機となった時期が論じられている。

岩田重則『宮本常一――逸脱の民俗学者』（岩田 2013）は、宮本の著作を一般的に有名なものに限らず時代ごとに詳細に読み解いている。評伝やルポは多いものの、研究者としての成果を分析したものは、同程度に著名な他の民俗学者に比べて僅少で、同書は、実質初めて本格的に宮本常一の著作全体を分析した研究である。副題に「逸脱」とされているように、従来民俗学で宮本は「正統」な民俗学者として見なされず、ゆえに業績についても分析的な読みをなされることが少なかった。岩田は文献分析を通して「社会経済史学者」（岩田 2013: 190）としての宮本という、新たな像を描き出した。

従来の民俗調査から地域振興など実学思考の強い実践的研究へと宮本が転換していった過程について、岩田は次のように分析する。宮本は一九四五年の空襲によりフィールドノートを失い、当時行っていた大阪府での農家経営や食料需給調査が相まって、学問の目的がエスノグラフィー作成から農村の社会経済的現実を把握し、それを政策へ活かす方向へと変わっていった（岩田 2013: 170）。加えて敗戦後の農村の混乱、とりわけ農地解放による混乱に関心を抱き、より世の中の役に立つこと、具体的には農村の秩序の回復を企図した地主調査などに邁進するようになったという。

敗戦による農村の混乱を乗り越えるために各地の地主を調査するという点には、宮本の持つ理想のコミュニティ像が顕著に表れている。宮本は中世から近世にかけて開拓された日本の村落が「有機的な結合」（宮本 1986a: 8）を持っていたとし、資本主義化の過程で生まれた地主が貧しい者の生活を支え、村落としての安定経営を可能にしていたとする。宮本の描く村落像について、岩田は「社会を矛盾ではなく調和と共同としてとらえる」社会経済的保守主義思想だと述べている（岩田 2013: 179）。宮本は若い頃よりピョートル・クロポトキンの『相互扶助論』を読み、コミュニティの平等性や互酬性に理想を見てきたが、アナキズムの古典として知られるその理論は、戦災によって混乱する村落社会の「秩序の保守と、社会における調和と共同の維持」（岩田 2013: 218）を目指す思想となっていく。

ただし、宮本は前近代の共同体復興を目指すというよりは近代を必然の流れと捉え、そこで人びとがなすべき生活の改善のあり方を提唱する、改良主義的思想を併せ持っていた。ゆえに「農業を資本主義経済のもとでの経営としてとらえ、その自覚のもとでの合理化を行うこと、そうした提唱をするまで」（岩田 2013: 181）になっていくのである。

思想としての宮本（1）――『村里を行く』と翼賛理論

政府への陳情や農業指導にあたる宮本の実践は、社会に開かれた学問を目指すといった近年の洗練された言葉で取りまとめられるような戦略的行為であるというよりも、目の前に広がる村の疲弊をどうするか、上京して官庁に陳情したにもかかわらず門前払いにあった島の人をどのように励まし手助けするか、地域運営に戸惑う人びとにいかなる助言するか、という現場から立ち上がったモチベーションに基づいていた。同じく経世済民思想を持ちながらも、ある意味まわりくどい方法をとった柳田国男に比べて、宮本の方法は眼前の課題に拘泥する直截性と、人びとへのエンパワーメントの考えを併せ持っている。論点は、このような運動的実践を民俗学の延長で行うことに伴う政治性や社会への影響を、宮本自身がどの程度認識していたのかという点にある。

図5 『村里を行く』（初版、1943年）

思想的文脈に宮本を初めて位置づけたのは、思想の科学研究会編『共同研究 転向』に政治学者・藤田省三が書いた「昭和15年を中心とする転向の状況」であろう。ここで藤田は宮本の『村里を行く』（宮本 1977）（図5）を取りあげ、長谷川如是《にょぜ》閑《かん》とともに「保守主義的翼賛理論」の一例と位置づける。大正から戦前を代表する論客だった長谷川と宮本に共通するのは、リベラルな思想を持つ一方で「社会の最底辺に深く沈澱してほとんど変化しないもの」、すなわち「日本社会の伝統」の保持を主張する点にあるという（藤田 1978: 37）。昭和初期の関西・中国地方を舞台に、釣鉤職人や高野豆腐職人を訪ね歩いたり、松下村塾で吉田松陰に教えを受けたという老人に「御一新」前後のことを聞き書きしたりした『村里を行く』は、『家郷の訓』（宮本 1967a）と並んで戦前の宮本の代表作であるが、刊行当時（一九四三年）の影響を受け、皇国主義的な発言をする農民に宮本もシンパシーを隠さない。「伝統の保持」を示すスタンスは、それを「支持してくれるいかなる勢力とも結びつきやすい。かくて『村里を行く』は翼賛運動と結びついた」（藤田 1978: 39）。実際にどう翼賛運動と結合したか、具体例は示されていないが、後年になって宮本が右翼文化人・安岡正篤にきわめて近い位置にあり、『村里』のインフォーマントの多くが安岡の団体である篤農協会人脈であったことを実証した前述のさなだの研究は、大衆崇拝主義的な宮本の民衆観が翼賛体制の補完理論となるという藤田の論を追認するかたちになっている。藤田はこのように続ける。

宮本の原理は、「親切な人びと」との直接的な話し合いの機会を各地方に作ってゆくものだから、いわば小サークルの核を全国に植えてゆくやり方なのである。こうした小サークルの連合体こそがあるべき社会像だと考えて、巡回サークル作りの目標を単なる発掘と記録にではなく、伝統の保持拡大に置き換えると、そこには伝統保守主義の立場からする抵抗運動が生まれる。これは日本主義である点で翼賛体制とつながりながら、実質的には総力戦体制を不可能にしてゆくこともできる。また、この組織原理を進歩的革命運動が援用することもできる。その場合には伝統の中に根拠地をもって一歩一歩運動を拡大してゆく型の進歩的革命主義が成立するだろう（藤田 1978: 39）。

藤田は宮本に「伝統保守主義の立場からする抵抗運動」の可能性を見出しながらも、それは結局行われなかったと批判的に評する。この藤田による論評はさまざまな反応を生んだ。宮本自身、早々に知ったようで、『村里』の著作集での後書きにおいて藤田の緒論を引用しながらこう述べている。

私など思想家といわれるような者ではなく、民衆の生活をできるだけ忠実に見きわめようとしての旅をつづけていたにすぎなかったから、むしろ「こういう風にも見られるものか」と感心し、また若干反論したい気持もあったが、考えてみると反論などというのはもってのほかで、人それぞれの見方があり、相手が自分とおなじように見たり考えたりするように強いることこそ間違っている、むしろこのように見て下さる人があるということを通して、これからの執筆活動にあたっても、できるだけ人びとの誤解を生まないよう配慮する努力をしなければならないと思った（宮本 1977: 328）。

藤田に翼賛理論と呼ばれた点には反感を持っていたようだが、実際宮本は戦中においてナチスドイツを賞賛する評論を書いていたこともあったし（岩田 2013: 103）、「民衆の生活をできるだけ忠実に見きわめようとしての旅をつづけていたにすぎなかった」からと言って、ノンポリであるかのように釈明するのは無理がある。たんに事実を描くという学術的な営為にも政治性は切り離せるものではなく、その点を棚上げして「誤解を生まないよう」にしたいという宮本の非政治的な振る舞いは、藤田の次の一節によって覆される。

> 外見的に翼賛諸理論のどれかと重なり合いながら、実質的にそれから切断されているためには、一定のこれこれだけは「しない」という決意が必要なのだ。そうして、しばしば何かを「する」積極的決意よりも「しない」という消極的決意の方が、決意についての十分な意識を必要とし、且つ絶えざる緊張をともなうものなのだ（藤田 1978: 39）。

つまり、宮本のような、あるいは民俗学のような、一見して伝統主義的に映る研究分野では強いて翼賛体制に加担しない、、、決意表明を行為遂行的に行う以外に、そこから距離を取ることはできないということである。それをせず非政治的に装う宮本の言は、知識人の「転向」を総合的に検討してきた思想の科学研究会の近代的知識人たちと対比するといかにも素朴である。

しかし、素朴さというのは洗練された知識人にはない要素であり、近代主義に対する最も強力な対抗言説になりうる。宮本の記述主義的な素朴さに「伝統保守主義の立場からする抵抗運動」の可能性を読み取り、自身の思想に引き付けて宮本を持ち上げたのが、福岡県中間市の大正炭鉱において藤田が言うところの「小サークル」の活動を行っていた詩人、谷川雁である。

思想としての宮本（2）――「対馬にて」と谷川雁

水俣出身で、編集者・谷川健一を弟に持つ雁は、一九五〇年代の筑豊において森崎和江らとともに「サークル運動」を推進し、同じく炭鉱に住まい労働者の生活を描いた上野英信や、水俣の世界観を描く作家・石牟礼道子らと連帯し、九州における文化運動の中軸となった（前田 2022）。雁は、弟が編集した『日本残酷物語』などに収録された宮本の民衆研究に感化されていたため、藤田省三による宮本批判に対しても、藤田のような近代主義に対抗するのが民俗調査にもとづく「事実」の報告なのだと反論を行う。その事例として雁が引き合いに出すのが、宮本の有名なエッセー「対馬にて」である。

雑誌『民話』五号（図6）に掲載され、後に『忘れられた日本人』に収録される「対馬にて――年よりたち2」は、九学会連合対馬調査のときに宮本が村落文書の貸し出しを伊奈集落に申し込んだ際、長時間の寄り合いが開かれたことを描いた随筆である。宮本によると、村の合意を取り付けるまで時間に関係なく開かれる寄り合いでは、「郷士も百姓も区別はな」く、社会的階級があろうとも村落生活ではその階級が無化される（宮本 1984: 19）。これを引きながら雁は、「共同体の二重構造性を下じきにおいて、この事実をとらえている。それはニイチエじゃないが、歩いて得た思想であり、そのような種類の人間の常識でもある。彼（宮本）が一度だってストライキを指導したりしたことはないにきまっているが、彼は事実の報告によって工作しているのだ」と述べる（谷川 2022: 58）[*17]。

「事実の報告による工作」というのは戦後の反近代化主義や反合理化運動のなかで、宮本常一や民俗学が集めた期待を象徴した言葉だと言ってよい。その期待とは一言で言えば、「伝統」にこだわることによっ

図6　「対馬にて」初出の『民話』第5号（1959年2月）。周防大島文化交流センター所蔵。

てヘゲモニーに対する抵抗を生み出すことである。雁において抵抗の根拠となる「伝統」は農村世界であり、具体的にはチッソの水銀で汚染される以前の、近代的なるものに覆われる前の美しい農村世界であった（森 2020: 149）。雁が「原点」と呼ぶこのような世界は実体というよりは、現に故郷水俣がそうであったように、すでに失われたイメージの領域である。にもかかわらず宮本の文章を読めば、雁のなかでは失われたはずの「近代以前」が現在進行形で厳然と存在している。宮本の民俗学的まなざしの先に自らの「原点」の存在を見た谷川は、宮本を工作者として担ぎ上げる戦術に出たのである。

伝統文化をただ「事実」として描くこと自体が近代批判となり、国家や制度に取り込まれていない民衆の日常生活への着目自体が権力への抵抗になるというのは、まさに雁の目指したサークル運動と通底する思想的実践であり、同時代の労働者による詩作や版画など、文化的活動を介した民衆の主体性獲得運動の延長上にあった。宮本が一般読者に知られるようになるのは、このように近代化の歪みのなかで抑圧され忘却されてきた庶民に光を当て、その日常や文化的創造性をただ描くことが、発展史観に苛まれた時代の価値観を転倒する可能性を持つと期待されたからである。

思想としての宮本（3）――作為性をめぐって

それ以降、いま私たちが置かれている社会を批判的に捉え直し、オルタナティブな社会のあり方を過去の「事実」に探り出そうとするときに、宮本常一はしばしば引き合いに出されるようになる。たとえばジェームズ・スコット『ゾミア』の解説のなかで、佐藤仁は、山民・海民に関する柳田国男や宮本常一の議論に東南アジア山地民に関するスコットの議論との接点を見出そうとする（佐藤 2013）。スコットの言うゾミアとは、東南アジアの山地のコミュニティである。低地ビルマ人の国家統制から逃れた人びとによる自治的な世界で、生業やリテラシーなどあらゆる面で文明から「遅れた」姿をあえて身につけるという日常的な抵抗を行うことで、国家への統合を免れ、自治を維持してきた（スコット 2013）。この著名な議論と同様の見解を、佐藤は宮本の次のような文章に見出す。

山中への開墾定住が、すこしでも税負担のかるいところへの逸出を願ってのことであったことは一つの悲劇であった。まず、人の開きのこした所にはろくな所はなかった。精一ぱいかせいで、一年間食いつなぐことさえ出来ぬ世界、そんな所へまでなお住もうとしたものも、貧しくはあっても、そこにはなお人目をのがれる若干の自由があったからである（宮本 1967b: 245）。

この宮本の文章は、日本国内の山地に住んだ「辺境の民」がやがてダム開発などによって国家に取り込まれていったことを述べたものだ。佐藤は、宮本とスコットがともに境界領域に住んだ歴史に残らない「小さき民」を描き、そこから国家や資本主義への依存を相対化するアイディアを読み取ることができるとする（佐藤 2013: 360）。スコットは「日常的抵抗」や「弱者の武器」等の概念を踏まえ、ソフトレジスタンス論を展開して人類学に大きな影響を与えてきた（Scott 1985）。ここで佐藤が宮本とスコットを並置していることからは、宮本の民俗学に「抵抗の学問」としての共通性が読み込まれていると言ってよい。

「対馬にて」もまた、オルタナティブな社会の構想を論じる人類学者が好んで言及する宮本の文章である。同書は、延々と続く寄り合いの合意形成が戦後民主主義とは異なる土着の意思決定過程（「寄合民主主義」）であると持ち上げられ、近代批判の象徴として語られることが多い。たとえばアナキズムの現代的可能性を論じるなかで、松村圭一郎は「対馬にて」に言及し、次のように述べる。

かつてこの日本列島の隅々で繰り返されてきた寄りあいは、もっとずっと民主的だった。もちろん、単純に寄りあい的な意志決定はすばらしいという話ではない。少数派が沈黙と妥協を強いられる危険性はつねにある。被差別民や村八分など、意志決定から排除された人がいたのも事実だ。だがそこには民主的な自治、アナキズム的な自由と平等を維持するときに欠かせない何かがある。おそらくそれは制度や物事の決め方の形式ではない。異なる意見を調停し、妥協を促していく対話の技法。それこそが民主的な自治の核心にある（松村 2021: 158）。

このように宮本の「事実」の報告に「もっとずっと民主的」だった村落社会が見出される。それは藤田が述べた、「伝統保守主義の立場からする抵抗運動」の可能性を宮本に見出す論調である。[*18]論壇の状況に応じてさまざまな思想的立場に回収されうる宮本の立ち位置は、突き詰めて言えば自らの研究や実践がパフォーマティブに帰結する政治的効果について、（とりわけ初期の）宮本自身が無頓着であったことに起因すると思われる。その姿は同時に、左右両陣の文化人を誘引してきた初期民俗学の思想的両義性と重なって見える（鶴見 1998）。だからといって宮本の政治性が無作為なものだったわけではない。一見たんなる「事実」を描写しただけに思われる著作にも、近年の研究によって宮本自身による政治的な作為が込められていたり、意図的な改変が相当程度行われていたりすることが明らかにされている。たとえば、『忘れられた日本人』に収録されている「土佐源氏」「名倉談義」に創作や改竄が行われていることが指摘されており（杉本 2009）、「対馬にて」もまた、寄合民主主義的な側面を強調するあまり、事実の意図的な誤認や誇張が重ねられていることが明らかとなっている（杉本 2000）。杉本仁は、「宮本は対象である対馬の人びとの生活を通して自己の内部に想起した事象を紡いだわけで、伊奈における〈事実〉とは、厳密には宮本の内部に想起した〈事実〉」だと述べ（杉本 2000: 85）、同エッセーが実証研究ではなく、一種の政治主張であったと示唆している。つまり宮本は、谷川雁が感じていたよりもはるかに意図的に「時代への工作」（杉本 2000: 86）を行っていたのである。

同様の観点から岩本通弥は、宮本が意図して行ってきた学問活動は科学性よりも時代の要求に応じる実践性を上位に置いており、「素朴で純粋な『美しい日本の共同体世界』や『苦難の中でも力強く生きる民衆』を描出するような、本質主義的な叙述スタイル」を持っていたと指摘する（岩本 2009: 53）。そうしたスタイルは一方では戦後の労働運動や文化運動のなかで、谷川雁らによる近代合理主義への対抗言説に取り込まれ、別の面では、保守反動的な政治思潮にも親和性を持つようになる。岩本が示唆するところでは、宮本だけでなく、戦前に皇国農村や翼賛体制に積極的に関わった大間知篤三、早川孝太郎らの民俗学者が一九五〇〜七〇年に一斉に再評価されたのは、彼らの持つ農本主義的・伝統主義的なスタンスが、フォークロリズムや文化ナショナリズムの高揚する一九七〇年代のムードと連動しているからである（岩本 2003）。こうした時代の文脈を抜きに、宮本のエスノグラフィーを単純に近代主義への対抗言説とみなすことは不可能で、宮本の記述を無批判に「事実の記述」と受け止め、その素朴さに近代を相対化する潜在力を読み込むことは難しい。この点は第3章および結論で再検討する。

ところで、宮本が『民話』や『日本残酷物語』で書いていた一九五〇年代は離島振興法の施行（一九五三年）と同時期であり、宮本にとっては全国離島振興協議会での活動を通じ、離島振興に最も熱を上げていた時期である。離島振興関係の文章では宮本は政策論的な訴えや提案を明示し、開発を推し進める言論を展開するが、その積極的に政治活動を行う様子は、一見したところ政治的な主張はないように映る『民話』等の記述とかなり距離がある。

宮本の離島振興への関与について、彼の歴史認識や同時代の政治状況を踏まえて論じたのが、社会学者の石原俊による一連の論考である。『現代思想』の宮本常一特集に寄せた文章のなかで石原は、「対馬にて」で宮本が示したのは「離島社会が資本に否応なく包摂され周辺化されていくなかで、島民の生存に及ぼされる破壊的な力に対して積極的な防衛機能を果たすようなコミューン的自治の意味」であったと指摘する（石原 2011: 148 傍点原文）。ここでの「防衛機能」の具体例として宮本が言及している姫島（大分県）の内発的な産業化や、ある暴力事件に対する青年団の動きについては石原の別稿（石原 2021）に詳しいが、重要なのは、「対馬にて」を含む『忘れられた日本人』の記述が同時代の政治状況と連動したものであり、「一九六〇年前後の宮本が島々の生産体制の自立を目指して格闘するなかで、遂行的に産み出した歴史記述」だという点である（石原 2021: 187）。

他方で一九七〇年代になる頃、宮本は文化を活用した地域づくりに向かうようになる。高度経済成長を経て村落や離島は中央集権的な国土開発の影響で過疎化が進み、産業の衰退が留まらなくなり、宮本もまたコミューンの潜在力に見切りを付けるようになる。一九五〇年代にはエスノグラフィックに「事実の記述」を行い、それが近代主義批判の糧となり、ひいてはコミューンが自ら立ち上がる創造性に期待をかけていたものの、七〇年代の宮本はより明示的に自主性の確立や地域文化復興の方法を提示・助言し、時にはフィールドの人びととともに活動を行うようになっていく。

言い換えると一九五〇年代までは、①民俗文化への関心（事実の記述に基づく反近代主義）と、②近代主義的開発への関心（インフラ整備や資本主義の導入といった近代的なものへの肯定的な姿勢）とが宮本のなかで「二本立て」のように、矛盾をはらみながらも同居していたが、六〇年代を経てその二つが合流していくのである。それが離島において展開した、文化を活かした運動への関わりである。この変化を石原は「「文化運動」への退却戦」と述べている（石原 2021: 189）。

たしかに七〇年代の宮本の文化運動は、「同時代＝近代の離島社会をめぐる政治経済学的な力学」（石原 2011: 151）を明確に意識していた時代の活動と対比すれば妥協的な色合いがあるかもしれない。だが文化運動の内実については石原も詳述しておらず、データをもとにした記述の余地が残されている。「退却」かどうかもそれを踏まえて検討すべきだろう。

5　地域への「介入」

晩年の宮本は〝純粋〟な学問よりも、多様なアプローチで学問と社会の関係をずらす活動を展開する。そうした一連の文化運動は、たしかに狭義の民俗学の営みから外れるものかもしれない。ゆえにこれまでの民俗学では、宮本を実証性に欠けるとして評価や検討の対象外とみなしたり、生活学や民具学が活動の場になるに従って宮本を民俗学者として扱わなかったりし、宮本を他者化してきた。[*19]

宮本を正統な民俗学者ではないとみなすことは、彼が行ってきた一連の文化運動もまた宮本個人の独創性に帰すことになる。それらをたんに独創的な営みとして評伝的に記すのではなく、民俗学と同時代社会との対話であると捉え、宮本や周囲の人びととの協働を歴史的に跡づけ、社会状況や思想的状況に文脈化しながら批判的に検証していく作業が必要である。こうした批判的・多角的な検証を抜きに宮本個人の伝記物として終えてしまうと、結果的に、同時代の課題に向き合うのは正統な民俗学の仕事ではないとみなし、「民俗」の記述という〝純粋〟な学術活動にこそ価値があるのだという古典的民俗学の囲いを維持することになってしまうからである。

これに関連し、宮本が山古志（新潟県）で行った地域振興がフィールドにさまざまな影響を及ぼし、数十年経ってその弊害が現れてきたことを指摘したのが菅豊である。山古志は晩年の宮本が観文研所員と通い、地元青年たちに助言を行った地域である（山古志村写真集制作委員会編 2007）。菅によると、宮本が一九七〇年代末に推し進めた牛の角突きの重要無形民俗文化財指定は、結果的に角突きを担う団体の分裂や伝統意識のズレを生じさせ、担い手の分断や利害衝突を招くことになった。このような地域への「介入結果の不確実性という宿命によって生じる問題」は予測不可能で、宮本だけに生じるわけではなく、公共民俗学やフィールドワークを行う学問に付きまとう問題である（菅 2018: 21）。宮本の実践活動を賞賛し「学ぶ」事例としてのみ扱うのではなく、批判的に検証する必要があることを示唆している。

また畑中章宏は近著において宮本を「思想家」として位置づける重要性を示している。そのうえで畑中は、宮本の学問が閉ざされた「共同体の民俗学」から開かれた「公共性」への転換を示そうとしていたこと、傍流に立ち社会のオルタナティブを模索していたことを見出している（畑中 2023: 9）。近年、鶴見俊輔のように社会の変革を試みた思想家の読み直しが進んでいるが（谷川嘉浩 2022）、宮本の場合は鶴見のように「書いたもの」の分析だけでは理解することは難しく、フィールドで実際に「行ったこと」の分析が併せて重要であり、その蓄積のなかに思想を読み取っていく必要がある。ゆえにその場合の思想とは、上から世界を睥睨《へいげい》するドグマではなく、清水展が言うように、「下から・現地現場から社会の成り立ちを見据え理解し対応するための思想や信条」である（清水 2020: 2）。

以上のような方法的視角を持って以下取り組もうとしている内容は、宮本の佐渡での地域振興の事例であるが、それをたんに宮本個人の活動として位置づけるというよりも、民俗学が離島開発にどのように向き合ってきたか、フィールド科学が文化運動にいかに関連づけられてきたのかを明らかにすることである。宮本はそのための恰好の題材であり、次章では離島振興への関わり方について掘り下げたい。

第3章 「離島性」の克服——地域開発をめぐる宮本常一の思想的変遷

1 国土開発の民俗学へ

本章は宮本常一の開発論を概観することが目的である。宮本はしばしば現代にも通じる「まちづくり」の先駆者のように語られることがあり、住民自身によって文化資源を発掘し、（いまでは失われた）「衆議」によって合意形成を図る意義を唱えていた人物と見なされている（森栗・板倉 2015）。それは間違いではないが、宮本の開発論の出発点には、大規模なインフラ整備や土木工事を伴う公共事業を離島や僻地で推し進める考えがあったことを見逃してはならない。そのような開発論は政府主導の国土開発と重なりあう部分が少なくない。宮本の主眼は、資本主義化に取り残された離島や山村の後進性を除去し、インフラ面で同じ土俵に立たせることであり、そのために都市／中央主導の政治によって忘却されていた離島の苦難を島民に代わって中央に伝えることであった。

だが、宮本の開発論はインフラやハコ物の建設を推し進める、当時の政府や建設省とまったく同じだったわけでもない。むしろ地元住民を疎外し、資本による環境破壊を伴う開発には批判的なスタンスを持っており、とりわけ一九六〇～七〇年代の離島で活発になった観光開発には批判的姿勢を強くする。外部資本による開発に代わって、宮本は地域社会の自立的発展による「離島性」の克服を主張し、観光を地元民が操作することで文化の伝承や再構築を目指すことを主張していた。にもかかわらず宮本の議論は、当初の主張とは逆にマスツーリズムや中央の権力への従属や依存体質を招いてしまったと批判されている。この構造は宮本の開発論の現代的可能性と限界を考えるうえで重要な論点を投げかける。本章では開発に関する宮本個人の試行錯誤や思想の「敗北」（石原 2021: 152）を事例としながらも、一個人の営為を越え、生活領域の自立的発展を目指すプロジェクトや思想がいかにしてその批判対象に回収されていったのかを考えていきたい。

その事例として、キャリア後半の宮本が「開発」研究の中心的フィールドとした佐渡での諸活動を取り上げる。佐渡は前述のとおり、宮本が民俗調査のみならず農業指導や地域振興に関わる講演会などを多数重ねたというだけでなく、佐渡それ自体が離島振興法の多大な恩恵を受けてきた地域である。離島振興法は後述のように宮本自身、深い関わりがあった。その意味で、佐渡をフィルターに見ることは、宮本の開発観を明らかにし、戦後日本の国土開発における離島の位置づけを理解するために最適である。

2　道路建設と資本主義

佐渡の細道

宮本の随筆には道路に関する記述がたびたび現れ、そこには離島に関するまなざしと問題意識が顕著に反映されている。たとえば一九五九〜六〇年に参加した九学会連合佐渡調査の経験を踏まえ、こう述べる。

真更川《まさらがわ》から北の道はいかにも細い。これが佐渡一周道路かと思われるほどの道である。その細道を巡礼たちは通って願《ねがい》の塞の河原へまいるのである。人があるくだけならこんな細い道でも事足りたのであろう。そしてしかも、その道は何百年というほど人の足でふみかためられたものであった（宮本 2009a: 64）。

図１　佐渡・見立集落近辺（1959年８月９日、宮本常一撮影）

真更川は日本海に面した佐渡北端部の集落であり、外海府と称されるエリアにある。宮本が最初の佐渡調査で歩いた昭和三〇年代半ば、外海府などの先端部では集落間に自動車の通れる道路がない箇所も多くあり、せいぜい人馬が通れる程度だった（図１）。波を被りながら細道を渡るか、病人などの場合は船で町場に出ていた。その状況は各村から奉行所のあった相川まで年貢米を船で運んでいた近世と変わらず（北見 1986b: 372）、昭和半ばの佐渡の道は江戸時代さながらだったのである。そしてこれは、同時代における日本全国の離島や半島においておおむね共通した事情だった。

宮本はフィールドワークにおいて多数の写真を残しており、道路もまた頻出する被写体の一つであった。宮本が撮った図１は、真更川から南東に下った見立《みたて》という集落の道であり、他集落に向かう道筋がこ

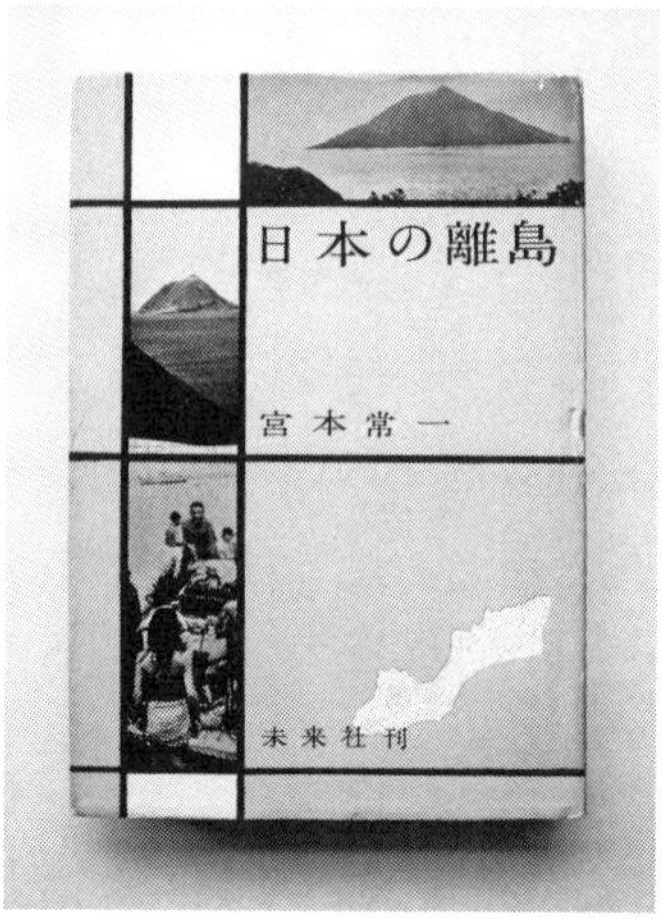

図2　宮本常一『日本の離島』（初版、1960年）

のような小径であるならば、たしかに「これが佐渡一周道路か」と言いたくなるのも理解できる。人が一人通れる程度のものであり、波打ちぎわなので天候次第ですぐに通行不能になる。子どもを歩かせるには勇気が要る。宮本がしばしば写真に収めた道路の写真は、離島の貧しさや低開発の象徴だったのである。道路事情は佐渡の南端部・小木岬半島でも同様であり、『私の日本地図 佐渡』（宮本 2009a）や『日本の離島』（宮本 1969、図2）などにおいてしばしば道の悪さを記している。

白木《しろき》からさきは累々たる大石の重なりあった上を行かねばならならぬ。黒い岩は光を吸収して夕方の風景をいよいよくらくらくするのだが、はるかにつき出た沢崎の鼻の上のまっ白い燈台が目にしみる。岩をとびこえつつ歩くのは楽ではない。そして遠くても一〇丁あまり、近ければ二、三丁にすぎない隣部落が実に遠い感じがするのである。これが一つ一つの部落を孤立させてしまった大きい原因のようだ（宮本 1969: 114）。

離島のなかでも周辺部に位置する集落のインフラは高度経済成長期においてもこのような現状で、宮本は「神武以来の道がそのままになっている」とまで述べている（宮本 2009b: 61）。九学会連合調査の行われた夏の強い光のもと、彼は徒歩でこれらの集落を歩いた。集落間の孤立を指摘し、太平洋ベルト地帯における繁栄に取り残された周辺部の生活に思いを馳せることは、村の人びとと同じような苦労を体験することでしか得られなかったものに違いない。他方で宮本は、佐渡で頻繁にバスや自動車にも乗っており、その経験は外海府や小木岬といった先端部と、両津や佐和田といった国中《くになか》平野にある中心街との格差として指摘される。

両津から相川までの間は、まったく本土とかわらないほどに道路も宿もよくなった。「もはや佐渡は離島ではない」といっていいほどのものをもっている。本土の山村の方がはるかに条件がわるいのである。佐渡における観光事業はたしかに大きな成功を収めている。ところが、島の農民たちにきいてみると、「私たちには何の関係もありません。宿屋と土産物屋とバス会社がもうけているだけですよ」と誰も同様にいう（宮本 1969: 114）。

もう一つ引用しよう。

江積《えっつみ》から白木は道というようなものはなく、岩から岩をわたりあるかねばならぬ。一時も早くよい道をつけるようにしたいものだと思って役場の人とも相談し、東京の役所へも陳情した。国中の道はアスファルトの完全舗装がなされているのに、おなじ島のうちの佐渡一周道路の一部になる道がまだ忘れられている。近ごろ僻地に見られる人口過疎現象も、要は国の端々に住む人に対する思いやりの足らなさが大きく原因しているのであろう（宮本 2009a: 141）。

宮本は一九五三年に公布された離島振興法制定のためのロビー活動や、公布後の審議会にも長年携わっていたので、一九五〇年代末の文章では佐渡についても離島振興の観点で評論していることが多い。佐渡は離島振興法で両津や小木などの港湾整備、県道やトンネルなどの整備が進んだ結果、島内で開発が進んだ地域とそうでない地域との格差が広がることにもなった。宮本が道を語る際はそのような「辺境の中の辺境」とでも言うべき地域の苦境について語っていることが多い。

忘れられた島

宮本は自身が周防大島出身ということもあって、生活苦から海外移民の道を選んだり、重労働をしたりしてきた島の暮らしの苦労を知っている。[*1] こうした生活経験に根ざした島へのシンパシーは、対馬での調査経験や全国離島振興協議会での勤務を経て問題意識として明確化し、問題改善や政策提言へと足を踏み出すようになる（岩田 2013: 199）。とりわけ対馬の島民が陳情で上京した際に役所で門前払いに遭い、宮本と渋沢敬三が依頼を受けて水産庁に掛け合ったことをきっかけに、学問を通した島への社会貢献を考えるようになっていく（坂野 2012: 46）。離島関係の論考においては、島があらゆる面で立ち後れていることに対する同情と、島を従属的に位置づけてきた都市・中央への怒りが書かれるようになる。たとえば、宮本が執筆陣の常連であった全国離島振興協議会の機関誌『しま』一九五五年一二月号のエッセー「おくれをとりもどすために」では、対馬を挙げつつ島の「遅れ」に対する都市の人びとのまなざしを次のように批判する。

この部落では、ムギのあるときはムギばかりたべ、副食物さえたべぬことがある。イカのとれるころにはイカだけたべて他のものをたべない。副食物は塩分をとるための手段として食べるので味のよしあしは問題でないとのことであったが、各地ともまずしいものの食事のしかたは相似たものであっただろう。そうして人びとはみな牛馬のように働いたのである。労働もそのほとんどが人力によっていた。そうした生活のよどみの中に残っている古い習俗をロマンチックと見、奇習と見、これをさがしもとめて訪れるものは時々あっても、その生活の低さについて真剣に考えようとする人はいくらもなかったようである。ただ島民の純朴さや古風をたたえるような紀行文や報告ばかりが多かったのである。［中略］島をあるくたびに、この生産と生活の低さはどこから来ているのであろうか、またどうすればそこから抜け出せる緒が見いだせるだろうかを考えるようになった（宮本 1969: 28-29）。

「生活のよどみの中に残っている古い習俗」を探し求める人びとへの批判は、第1章で述べたような観光客や研究者に向けた批判である。この文章では続いて電灯、道路、港、発動機船、バス、トラックなどの一切の生産エネルギーが島に欠如していると述べられ、こうした交通網やインフラの不備が島の「遅れ」の表れであることが示される。これらは島に内在する本質的問題ではなく、近代化＝都市化によって外部からもたらされた交通の変化、すなわち海上交通から陸上交通への転換に起因するという。

陸上交通の発達から、事情は一変して、島は鉄道の終点から結ばれる袋小路になってしまったのだが、さてそのことに気のついた島の人々が当時何人あっただろうか。つまり交通体制の新しい確立が、封建社会を資本主義社会に切り替える動力になったのだが、そのたちおくれから離島は資本主義社会への正式な参加が遅れてしまったのである（宮本 1969: 32）。

和船の海上交通が一般的だった時代、島は周辺ではなかった。鉄道が敷かれ都市が交通の中心になることで周辺が生まれ、島は「離島化」したのである。古代以来瀬戸内海がメインストリートであったように、また南佐渡の小木が北前船の寄港地として栄えたように、和船が物資や文化を運ぶことで島は優位性を保つことができた。また小木の宿根木《しゅくねぎ》集落が船主や船大工の村として多くの船を集めたように、寄港地は必ずしも都市ではなく、小さな良港を循環するように航路が描かれていた。

しかし陸上交通の整備は、このような循環型の交通から一極集中型の交通へと変化させた。中心＝東京を起点として地方都市に結ばれる交通網は、そこからさらに支線のように枝分かれしていく。循環型交通ではフラットな地位にあった島は末端に取り残される。この変化を宮本は「支線の末端化」と呼ぶが（宮本 1969: 101）、それによって離島は「親島」への依存度を高めることになった（石原 2021: 142）。「支線の末端化」は離島や山村といった交通上の袋小路を生み出す。『日本の離島』のなかで、船が寄りつかなくなる島を「忘れられた島」と呼んでいるように（宮本 1969: 98）、宮本は島が近代化、産業化の流れに取り残され、そのこと自体が都市で一顧だにされなくなることが離島化の帰結だと考えた。[*2] このように中央と地方のあいだに階層差を伴う近代交通は、周辺部のなかにさらなる階層を生み出し、二重の周辺が生み出されることになる。それはたんに経済の問題に留まらない。「どんな山奥であっても通りぬけ文化のところには平家谷伝説はすくない。行きどまりになった山奥に平家谷は多いのである。行きどまりでは文化は停滞しやすい」（宮本 2006: 324）。「支線化」は文化の問題でもあり、交流のないところに文化的な発展は見られないというのが考えであった。したがって佐渡の尖端にあたる外海府や小木岬について宮本が語るとき、土地の人びとの苦労を代弁するように訴えるのは、高度経済成長へと加速していく戦後の日本社会のなかでこうした地域が取り残され、忘れられていくことへの危惧があったのである。

ジェンダー化された道

「忘れられた島」の状況は人びとの日常においてどのように経験されるのだろうか。道に関して書きながら、宮本は未整備な道路が人びとに苦役を強いていたことを指摘する。労働にトラックなどの動力機械が入り始めるのは、道路が拡張されてからである。道路が未整備だから動力機械を入れられなかったというよりも、道路が未整備だから生産性が上がらず、貧しい暮らしから抜け出せず、やむなく昔ながらの人力に頼らざるをえなかったというのが宮本の見立てである。こうした状況は立場の弱い者にのしかかる。佐渡で女性が重労働に従事しているシーンを見るにつけ、宮本はこう述べる。

> 松ケ崎を通りぬけて、山の海にせまった道をあるく。松ケ崎の北は道路拡張の工事中で、女たちが、一背負箱に砂をいれて背負ってはこんでいる。工事現場まで車で運んだらよさそうなものであるが、一荷ずつ背負っている。誰がいくら運んだかを見るにはよいかもしれないが、工事にあたる人たちの無神経さがひどく気になる。皆黙々と背負ってあるいている（宮本 2009a: 236）。

女たちが薪や草の大きな荷を背負ってあるいているのにも出逢った。観光客とはあまりにも差がありすぎる。そうした重労働のはて、足が曲っていわゆるO脚になった人がどんなに多いことか、とくに老女に多く見かけるのである。はなやかなものと忍苦にみちたものを並存させてはならない（宮本

1969: 101)。

これらの記述を論じた岩田重則は、宮本が島民の貧困を読み取ったと述べ、「それほど古い昔ではないかつての日本の農山村ではO脚で腰の曲がった老人を見ることが多かった」と指摘している（岩田 2013: 226、傍点引用者）。だが、ここで宮本が見出したのは、脱ジェンダー化された「老人」ではない。低い生産性と性別役割分業が残る労働慣行のなかで、特に苦役を強いられたのは女性であった。二〇世紀の半ばにおいて佐渡の集落の主な収入源が農業や漁業であったとすれば、ここで宮本が観察した道路工事や薪などの運搬は副業的な仕事であり、出稼ぎ男性の穴埋めでもあった。モノを運ぶという労働の最も基礎的な部分において女性が苦労を負わされていたこと、それが動力機械の欠如や道の悪さに起因しているというのが、宮本が道路を通して見た島の課題である。

宮本が指摘したように道路と人間との関わりには明らかなジェンダー差があり、それは現代の民族誌的データにも表れる。私は宮本が撮影したフィールド写真を素材にした調査を行ったことがあるが（門田・小西 2018）、昭和三〇年代の道路の写真を素材に年配の人びとにインタビューを行うと、男性は主に運転する視点から回想するのに対して、女性は人力での運搬を回想することが多いように思われた。相川大浦集落に住む七〇代の女性[*3]に、宮本撮影の道路の写真を見せて話を聞いたところ、真っ先に出た話題は集落に車が入り始めた当時、いち早く村の人がオート三輪を導入したという記憶である。彼女を含め多くの人には高嶺の花で、まだ難儀をしながら肥担桶《こえたご》を運んでいた。肥担桶は肥料となる人糞を町場から畑に運ぶ桶である。佐渡のものは大きく重い。自家用車以前にこれを持って町場まで人糞をもらいに行くのは「嫁の仕事」で、どの家も農業をやっていたため競争になった。大正末～昭和初期生まれの人が若い頃は、一日に二回程度通ったという。大浦から相川の中心部まで、高低差のある海岸線の七キロメートルほどの砂利道をリヤカーを引いて歩き、四本ほど肥担桶を積んで帰ってきた。肥担桶は蓋を石で叩いて厳重にしていたが、それでも臭く、大変な重労働であった。買ってきた人糞は山にコンクリートを打った肥溜めに溜めておいた。オート三輪で運ぶ人が出てきた時はとてもうらやましく見えたということだ。

道路はまずもって日常の労働のために使うものであり、人力に頼っていた当時の苦労と切り離せない。宮本の写真にも、南佐渡の未舗装道を背丈の半分ほどもある肥担桶を背負って歩く女性の姿が映っている（図3）。人糞が詰まった担桶を全身にくくりつけ、曲がった腰で賢明に山道を歩く姿に、シャッターを切った宮本は衝撃を受けたに違いない。宮本がしばしば島の道の「悪さ」を言挙げする背景には、労働環境で苦労を被ってきた女性たちの存在があったのである。

図3　肥担桶を運ぶ佐渡の女性（宮本常一撮影、1965年2月）

離島振興法

近代の陸上交通が島を離島化させ、離島のなかにもまた末端が現れるようになったというのが宮本の理解だが、だからといってかつてのような船の循環交通に戻ることを主張するわけではない。

もし海岸一周の道路ができ、そのことによってこの道に多くの林道や農道がつながれていたら、山林蓄積だけで、今の二倍、それが針葉樹

を主とすれば金額にして四倍をこえるものになる。そしてすくなくも年間八億の粗収入をあげること
はむずかしくない（宮本 1969: 103)。

このように一周道路を整備するというのが主張で、「支線交通を循環交通にきりかえることが生産全体の力を高めて行く上に何としても急務」（宮本 1969: 102）だと言う。[*4] 離島化の状況に関する宮本の解決案は道路・水道・電気・港湾などのインフラを本土並みに整備することである。この考えは一九五〇年代の離島振興において宮本を貫徹する思想であった。

島の後進性をとりもどすためには、どうしても島の資本主義経済機構へ正しく仲間入りさせなければならないのだが、それは交通の完備によってなされることを忘れてはいけない。だから離島振興の事業は一応交通網の完備している地域における振興対策と、交通網の不備な地域の振興対策とに大きく二つに分けて、もっと重点的に、もっと問題の所在を明らかにして事業を進めていってみてはどうかと思うのである（宮本 1969: 37)。

「資本主義経済機構への仲間入り」という主張には、宮本が近代主義的な進歩史観を持った開発論者であったことが窺える。[*5] 交通体系の変化は時間軸を逆に戻すことのできるものではなく、資本主義という仕組みのなかでつねに「前進」していく不可逆な歴史であり、都市と離島とのあいだのギャップを国土開発の政策によって埋めていく以外に解決策はない、と考えていたからである。この点は、一九五三年公布の離島振興法の理念と共振する。

離島振興法は戦後、長崎・鹿児島・東京・島根・新潟の各知事が「離島振興法制定に関する趣意書」を作成し、離島振興予算の一本化と国費補助の高率化を訴えたことに端を発し、一九五三年に議員立法として成立、公布された。背景には戦後復興の進むなかで、国土総合開発法（一九五〇年公布）の影響により国土の近代化が進む一方、開発投資の中心となった主要四島以外の離島では、関連法令[*6]はあったものの、開発の遅れから本土との経済格差が拡大してきたことがある。離島振興法は一〇年間の限時法であったが、その都度延長と改正を重ね、二〇二三年に直近の改正が行われた。

宮本は八（九）学会連合対馬調査（一九五〇年）以来のつきあいである地理学者・山階（浅野）芳正[*7]らと行ってきた「島嶼社会研究会」メンバーとして、立法時からロビー活動を行っており、立法と同時に離島の自治体などが設立した全国離島振興協議会の事務局長を一九五九年まで務め、同協議会の機関誌『しま』の常連執筆者であるとともに、振興法で定められた政府審議会「離島振興対策審議会」では一九七〇年から学識経験者枠のメンバーでもあった（財団法人日本離島センター編 1974）。審議会メンバーのなかでとりわけ離島を歩いた経験を持つ宮本は、島民の陳情を政治家に届けるロビイストであり、かつ実際に政策面での影響力も小さくなかった（鈴木 2005）。離島に学術的・政策的な関心を向ける研究者は当初皆無であったこともあり、宮本は日本の離島振興史を考えるうえでは学術面でも政策面でもきわめて重要な人物である。

離島振興法の目的は、初公布時には次のように述べられている。

この法律は、本土より隔絶せる離島の特殊事情よりくる後進性を除去するための基礎条件の改善並びに産業振興に関する対策を樹立し、これに基く事業を迅速且つ強力に実施することによって、その経済力の培養、島民の生活の安定及び福祉の向上を図り、あわせて国民経済の発展に寄与することを目的とする（第1条）[*8]。

このように離島の「後進性」は地理的な隔絶に端を発しているとされたので、本土との交通を促す港湾や空港の整備では事業費の九〇パーセント以上が国庫補助の対象となった（一九五三年施行時）。また道路、ダム、農地改良、砂防設備、学校、保育園などの島内インフラや公共施設の建設も事業費の五〇〜七五パーセントが国費補助となり、同時期の本土で適用されていた他の法律よりも優遇された補助がなされるようになった。

同法の対象となる離島は、その都度審議会の答申に基づいて政府によって決定される。佐渡島は一九五三年の初回施行時より指定されており、当時米軍統治下にあった沖縄や奄美といった大規模離島が同法対象外となったため[*9]、面積の大きい佐渡にはつねに全国最多の国費が投入されてきた。年度によって違いはあるが、同法関係の国費のうち佐渡分だけで一五パーセント前後を占め、平成になってからも毎年二〇〇億円前後が投じられてきた（本間 2008）。それにより、住宅が波打ち際まで立ち並んで冬場には高潮で崩落することもあった赤泊村では、埋め立てによって港や道路が住宅地を守ってくれるようになったり、木製桟橋しかなかった小木町では、近代的な港湾が整備されることで大型客船が寄港できるようになり、南佐渡の物流拠点、観光地へと成長した（財団法人日本離島センター編 1974）。離島振興法の存在は宮本と島の人との関係にも大きく作用したようだ。宮本が一九八一年に死去した際の追悼記事で、新生活運動の講師として宮本を佐渡の漁村、江積に案内した人の回顧が掲載されている。

仕事を休んで寺の本堂に集まっていた漁師たちは、いつものように朝から酒を飲んで騒いでいた。（宮本）先生は開口一番いうんです。「私は全国を歩いているが、ここほど汚くてだらしのない集落は初めてだ」。私は、はちまき姿の漁師たちが先生に殴りかかるだろうと思った。ところが、シーンとなった。そして長老が立って「べりこく（お世辞をいう）人は多いが、先生は本当のことをいう……」。先生はいった。「これは道がないからだ。道があればお客が来るし、文化が伝わってきて、黙っていてもきれいになる。道をつくってあげよう」。私は、こんどはびっくり。先生はなにをホラ吹くか、と。しかし、その後、江積までの自動車道が一番先に出来てしもうた。先生は当時、全国離島振興協議会の事務局長で、約束を実行するために、東京で尽力してくれたんですな。*10

これは離島振興法施行から一〇年近くが経過した一九六二年頃の話だと思われる。「道をつくってあげよう」という、地元選出の代議士顔負けの宮本の啖呵はいくらか脚色されている可能性があるとはいえ、海岸端の細道しかなかった辺境の集落が国家予算と直結されたのは宮本の訪問が大きな影響を与えたことは確かであろう。佐渡は離島振興法の恩恵を最も受けた地域の一つだったのである。

道路発展史観

都市と周辺部との格差を再配分で埋めていく戦後日本の国土開発のなかでは、過疎法などの法律がすでに存在したが、離島振興法は島嶼部に特化した法律であった。現代であれば都市住民による強い批判を伴うであろう再配分型の政策も、高い経済成長を背景に可能となったものである。そもそも宮本は、離島問題の要因は離島自体にあったのではなく、島を周辺化させた本土側に責任があると考えていたため（大矢

図4　田中角栄の顕彰碑（佐渡市下川茂）。道路建設への謝意が述べられている。

内 2013: 190）、国民負担により離島に国費を投入することの正当性は疑われなかった。「後進性の除去」という進歩主義的な時間軸に基づいた離島振興法は、島のかつての姿を取り戻すのではなく、資本主義に順応できるよう足りないものを補完していくべきだという、一九五〇年代宮本の開発論の結実であったと言える。

進歩主義的な開発観において、徒歩でしか通行できない「悪い」道は前近代の残滓であり、舗装された直線的な「良い」道は近代・発展の象徴であった。離島の不遇を超克するには道路整備によって生産性を上げ、経済発展や文化交流を促すことができるというのが宮本の考えであり、実際彼が佐渡の自治体に道路建設を提言したことは、赤泊村の記録にも残っている（赤泊村村史編纂委員会編 1989）。袋小路での文化の停滞を指摘したように、宮本から見れば道路建設を村民に訴えるのは啓蒙活動であり、島民が政治家を動かし、それが陳情というかたちで国に繋がり、離島振興予算として島に返ってくるという生活－政治のプロセスを見て取ることができる。

道路に対する過剰なほどの強い思い入れは、ちょうど同時代に新潟の豪雪地帯から、関越を貫く道の必要性を訴え首相になった田中角栄と重なりあう。もちろん宮本常一にとっての道路と、田中角栄の開発独裁的な政治における道路は同じではない。佐野眞一は両者の思想を比較するなかで、田中は中央－地方を道路で結びつけることで、所得再配分型の政治を回路づける一元的な国土計画を構想していたのに対し、宮本は道路整備を通じて離島や山村などの各地域に自立可能な産業が生まれることを期待していたと述べている（佐野 2001: 194）。しかし宮本と田中という、地方の苦境を訴える二人の「地方出身者」がそろって道路にこだわるところからは、私たちのなかにもまた「発展＝道が良くなる」こと、という暗黙の図式があることを示唆する。佐渡の人びとの心情にもそれが強烈に存在したことは、南佐渡にある田中角栄の顕彰碑に表れている（図 4）。

3　島の自立と観光批判

離島性とは何か

離島振興法の目標は「離島性の解消」であったと宮本は述べているが（宮本 2010: 65）、「離島性」が何を意味するのかについては明確ではなく、その語を冠したエッセー（宮本 1980）においても明示されてはいない。全国離島振興協議会で宮本の下で働いていた大矢内生気によると、離島性とは島の「環海性」「隔絶性」「狭小性」の三つからなると言う（大矢内 2010: 171）。ただ宮本の文章を読むかぎりこのような地理的条件に留まる用語ではなく、より複雑な意味合いを持つと考えられる。地理的条件を第一とすると、第二には島と本土とのあいだの権力関係を示す政治的なニュアンスがある。それは島が「四囲を海にめぐらされて地域的にはある独立性を持ちつつ、社会経済的には本土へ何らかのかたちで従属的に結びつかねばならない運命を持った世界」（宮本 1969: 17）との言葉に表れている。

本来独立性を持ちつつも、現実社会では従属的であるという島の矛盾は、島民の精神面や社会の雰囲気に作用する。よって宮本の言う離島性の第三の意味合いは、島民の閉塞感やコンプレックスである。そうした雰囲気の一例として宮本が挙げている話として、ある島での役所の立地をめぐる争いがある。集落同士が役所を奪い合った要因は、「自分たちの島を本当に客観的に見る訓練にかけていること」が原因であり、そのような「自分たちのせまい考えが、島全体をおくれさせている」のだと述べる（宮本 1969: 35）。これは都市由来の近代的制度に、ヴァナキュラーな意思決定が機能不全を起こしている例として読み取れる。

さらに、近代化のなかでは若者にとってはそのまま「遅れた」島に住み続けて良いのかどうかという迷いを生じさせる。したがって、宮本は精神面、雰囲気としての離島性を克服することが離島振興において重要なプロジェクトだと考えており、しばしば「自信」「主体性」「自尊心」といった言葉を用いて訴える。以下は一九六九年の第一三回全国離島青年会議での講演会の一節である。

いま皆さんは島に住んでいることに自信を失っているのではないか。それではほんとうの地域振興はできない。島の皆さんひとりひとりが島に住むことに誇りと自信を持ったとき、はじめて愛郷心が生れる。人びとは自分たちの持っているものがどれほどすぐれているか、その自信を持ったとき、前に向って猛然と立ち上がるものである。［中略］離島振興の根本問題は、ようするに島民自身がその島に大きな将来性を発見するシステムをつくりあげることにある。建物が立派に数多く建ったとか、港や道路がよくなったとか、船が大型化したとか、観光客が増えたとかいうようなことは、離島振興の根本問題を少しも解決したことにはならない。島がほんとうによくなるには、島の人びとの手で、島の生産力が高まり、安心して毎日が楽しく過せる生活でなくてはいけない。最後に強調したい。何事も「島だからできないのではなく、島だからできるのだ」という自信を持つようになってほしい（宮本 2014a: 53-54）。

全国離島青年会議は、離島振興法の施行に合わせて一九五五年からおおむね三〇年続いた離島の青年たちの交流行事であり、二〇～三〇代の青年層が島の課題を出しあうために設立された。その結成には宮本の発案があったとされ、離島振興法をたんなる予算獲得のための法で終わらせるのではなく、孤立しがちな離島青年にネットワーク化を促すことを狙っていた（木村 2018: 114）。『しま』に書かれた青年会議の開催記録からも窺えるように、青年会議の焦点は次代の離島振興を担う青年たちのエンパワーメントだと言ってよい（宮本 2013a）今風に言うならばリーダーシップの養成であり、そのために連帯を促し、自信をつけさせることが目指された。こういった考えを元にして行われる離島での宮本の講演も、同様に自信や主体性が語られる。一九六九年の種子島での講演会では「島はなにをやっても駄目だという卑屈な考えはしないでほしい。島をよくするのも悪くするのも責任のすべては皆さん方島民にあることを自覚願いたい」と檄を飛ばしている（宮本 2014a: 31）。

離島振興に関わり始めて一〇年以上が経った一九六〇年代半ばから後半において、「自信」は宮本のキーワードであり、『日本の離島 第2集』（一九六六年初版）でも「海底送電の完成が島民に自覚を与え、自信を持たしめたことは大きい」（宮本 1970b: 64）とか、「蚊・ハエ撲滅運動の島民に与えた自覚と自信は大きかった。一致してやれば何でもできるということである」（宮本 1970b: 66）と、離島振興策が島民の「自信」になったということを肯定的に描いている。重要なのは、北海道焼尻島について述べるなかで「この島にもかつて活気がみちあふれ、自信にみちた時代があった」（宮本 1970b: 59）と言うように、島の人びとの「自信」はかつて普遍的に存在したということ、にもかかわらずそれは近代化・離島化に伴って喪失したというストーリーである。したがって島民への講演会で宮本が自信の回復を訴え、小さな取り組みが自信を与えたと述べる理由は、島嶼ゆえの経済的・地理的な劣勢によってもたらされた自信喪失を乗り越え、インフラ整備によって人びとが希望をいだき、主体的に地域振興に取り組むことが離島性を克服することに繋がると考えていたからである。

このように宮本の目指す離島振興は、複合的な意味での「離島性」を超克することに主眼があった。そしてその実験的主題となったのが離島観光である。

国内植民地と「観光資本」への批判

一九六四年初出の評論「日本列島にみる中央と地方」（宮本 1967c）において、宮本は「国内植民地」という強い表現を用いながら、戦後日本の地域開発が外部からの工場誘致に傾斜し、結果としてローカルな資本の育成ではなく、大資本による収奪を招いていると指摘する。そして島嶼部を含む地方で勃興しつつあった観光は、まさにそれと同じ構造を持った植民地的産業だとする。

> 最近は観光設備に血道をあげているところが少なくない。観光客が来さえすればその土地が発展するように考えてのことであるが、しかし観光施設ができて、地元の人でそこを利用し得るものは何人あるのであろうか。豪華な観光ホテルは都市から来た観光客のためのものであり、また観光客のおとす金は外部観光資本がもっていってしまう。〔中略〕これらの現象は戦前に見られた植民地風景とどれほどの差があるのであろうか。〔中略〕戦後国内に伸びつつある植民地政策は地方民すらもこれを

歓迎しようとしているのである（宮本 1967c: 43-44）。

これに続いて宮本は佐渡の例を挙げる。佐渡で最高峰の金北山《きんぼくさん》にレストランやドライブルートができて観光客が増え、風紀が悪くなり、地元高校生はハイキングを禁じられたというのである。観光客のために地元民が不利益を被る様子を描写しつつ、「こうした国内植民地に対する検討や批判はほとんどおこなわれていない」（宮本 1967c: 45）と述べる。また故郷周防大島でバス交通が貧弱である点を指摘し、「国家の政策が如何に地方に薄いものであったか」と訴える（宮本 1967c: 46）。都市中心的な政策がローカルな資本の発達を阻害し、中央からの大規模資本が地方を収奪する図式を生み出しているが、その象徴が「観光資本」による国内植民地化なのだという。

この議論は批判的色彩が強いが、高度経済成長期からバブルのリゾート開発期に至るまで、「観光」に関する研究者や文化人の見方は、「観光資本」という用語を含めておおむね共通していた。公害研究で知られた経済学者・宮本憲一の一九七三年の著作では、より体系化されたかたちで日本の開発史における観光の位置づけが述べられている。それによると大規模資本による観光開発が日本で始まるのは一九六〇年代後半で、消費社会化や都市の環境悪化による観光需要の増大、重化学工業化に乗り遅れた自治体が観光事業に開発の道筋を見出したことが発端となり、「観光道路」などのインフラ投資が始められた。観光資本は自然や文化財を観光資源とするが、それは観光客を引き寄せる「無償の借景」であり、資本が地域に貢献をすることは従業員の賃金ぐらいで、利潤は本社に吸い上げられ、地元には水源の喪失や騒音といった環境破壊など、多くの損失が残されるという（宮本憲一 1973）。しかも「住民の中からも、このあきらかな不正事件に抗議する強い世論や運動もおこっていない。それは島の貧しさをすくうためには、本土の観光資本の進出を救いの神のごとくみているからである」（宮本憲一 1973: 188）。これは宮本常一の言う「国内植民地」と同じロジックであり、一九七〇年前後の学術界において、とりわけ離島や地方の開発に関してある程度共有されていた認識だとわかる。[*11]

宮本常一にとって離島振興とは基本的にはインフラ整備と第一次産業の生産向上であった。「柿のみについても南佐渡だけで一〇億円をこえる生産をあげることはそれほど困難ではない。この金は観光事業とちがって一応農民の懐にも入り、また再生産にもふり向けられる」（宮本 1970b: 175）。実際ここで述べられている南佐渡の羽茂町では八珍柿の生産が軌道に乗り、地元の農家や組合の主導によって生活を支える基幹産業ともなった。ではこうした生産を軸とする産業が育たないときに島はどうなるか。

島がずっとおくれているか、または生産能力を失って来ると、申しあわせたように言い出すのが観光問題である。若い者はみんな出ていって、もはや島自体の力で島の維持のできなくなったとき、さびれゆく島へ人をひきつけようとするのは観光以外にない。島に十分の生産エネルギーのある間は観光問題はそれほど大きくおこって来ない（宮本 2010: 62）。

都市の「観光資本」はこうした島に土地代などによって短期的な収益をもたらす。ただそれは生産を基軸にした場合島民の使用できるリソースの減少でもある。当時開発が進んでいた伊豆大島についてこう述べている。

観光資本はこれから次々にこうした方法で権利を拡大しつつ島民の生活を圧迫していくだろうと思

われる。島の総面積は九〇〇〇ヘクタールあまりしかない。その土地を外部資本に売ったり、貸したりする。売った場合には島民の土地はそれだけせばめられ、それだけ島は狭くなったことになる（宮本 1970b: 219）。

このように外来の資本として島を収奪し、島民には能動的な参加の機会を与えず売り上げも残していかない観光は、島民に次のような影響を及ぼすという。

そこ（観光地の島）で行われている一般の島民の生活はどうであろうか。けっして高いとは言えない。むしろはなはだ低いと言える。そしてそこに生きている人たちは古い生活のなかからまだ何ほども抜け出してはいない。生業もけっして近代的であるとは言えない。ただ自分たちの生活と労働を忠実に守っている。その顔は素直で、わるびれたところもなければ媚びない。ただ恐れるのは、この人たちが自分の生活を高めるために意欲的に新しい産業と取り組み前進しようとする前に、多くの観光客の渡島によって、自分たちが自信を失い、卑屈になり、ずるさや媚びをもち自主的な精神を失いはしないかと言うことである。観光は観光客と地元の人たちの生活の差が少ないときにはじめて地元のものが圧迫感を持つことなしに受け入れることができるものである（宮本 1986b: 307）。

観光地の住民が観光現象になんら主体的に関わることができず、ただ観光地の住民としてもっぱら見られる客体であるとき、人びとは卑屈になるばかりか観光客に媚びを売って小銭を稼ぐだけになってしまう。宮本にとっていわゆるマスツーリズム的な観光は都市の経済による周辺部の浸食であり、「自分たちの生活と労働を忠実に守って」きた自立的な生活世界の破壊である。ホストとゲストとの格差は離島性を解消するどころか再生産する。風光明媚な島を訪れることが都市民の快楽にはなっても、離島にはほとんどプラスの影響は与えないというのである。

住民主体の観光

離島振興に携わり始めた頃には批判一辺倒だった宮本の観光観だが、一九六〇年代末には徐々に変化していく。一九六九年初出の「離島振興の諸問題」では、「私は観光についてはいままでかなり消極的であった。それは一部の業者をしてうるおわせるだけであって、島民一般がうるおうことはきわめて少なかった。［中略］しかし観光も島民が島民全体の問題としてとりくむ体制が組まれてくると事情は変わってくる」（宮本 2013b: 136）と述べている。離島の窮状を告発していた『日本の離島』から一〇年後に書かれた『日本の離島 第2集』もそのような論調である。たとえば伊豆諸島について、「島の観光にしても、民間資本をもって来たのでは島民の生活はかえってあらされてしまう。と言って手をこまぬいていてはいけない。そこでいろいろの工夫がなされている。八丈島は蔬菜園芸も島内交通も、島民自体の力によって開発されて今日では大きな成果をあげはじめている」（宮本 1970b: 122）と述べ、「島民自体の力」の萌芽を認めている。他にも島民が民宿を営んだり小規模なレジャー関係の事業を営んだりするようなスモールビジネスの発展に注目しており、資本による大規模な開発を伴わない、地元が主導権を持つ観光を積極的に取り上げるようになる。

インフラ整備よりも精神面を含めた「離島性の克服」が離島振興の主眼になっていくに従い、宮本にとって観光もまた「地域社会に住む人たちが本当の自主性を回復し、自信を持って生きてゆくような社会」

（宮本 1993: 215）を作るための手段とみなされていく。離島青年に対する講演で、新たな観光についてこのように訴えかける。

今日の観光というのは、そこへ行ってみたいという人は少なくて、つまり連れて行かれる観光なんです。なんだか景色が良いと、そこへ連れて行ってもらって、転々と変わっていかんきゃいかん。しかも時間に合わせてバスが動く。わたしはどうしても行ってみたい観光地というものを作るべきだと思うんです。〔中略〕われわれが外に色目を使うのではなくて、自分自身の持っているものに誇りを感じるようになってくると、事情は変わってくるんではないでしょうか。言い換えると、皆さん自身のご先祖がその島で築き上げていった文化財、生活の糧にしたもの、それには非常にレベルの高いものがたくさんあるはずです。〔中略〕それらを通して一番知りたがっているものは何かというと、人の営みなんです。かつて人々はどのように暮らしてきたのかと言うことなんです。それが情報なんです。つまり自分が生きていくために何らかの関わりを持つようなものを吸収したがっているんです。身をもって体験したがっているんです。そのことをわれわれは反省してみる必要があるのではないだろうか。そして自分の周囲でそういうものを見ていると、いくつも出てくると思います。先ほど述べた外部資本による色々な開発は、実は自らの手でできたのではないかと言うことに、すぐ思い至るだろうと思います（宮本 2014a: 68-69）。

ここで言われていることはほぼマスツーリズム批判と住民参加型観光の祖型である。つまり、大資本によって構築された観光資源ではなく、「自分自身の持っているものに誇りを感じる」文化資源を自己発見し、それを外部に提示していく。しかもたんに見せるのではなく、観光客が「人の営み」や「かつて人々はどのように暮らしてきたのか」という他者の生活に触れつつ、「身をもって体験」するという、体験型の旅である。こうした考えは現在でこそ言い古され、商品化された形かもしれないが、一九七〇年代の時代性を考えると目新しい。加えて、典型的な中央依存型・利益誘導型だったインフラに対する当初の考えとはかなり様相を異にすることにも注目したい。

その背景には宮本自身の境遇変化もあろう。一九六五年に武蔵野美術大学に就職してから、宮本は新しい旅人の存在を知ることになる。

観光地というのは学生がどんどん来るようでなければ、その発展性はないとみて良い。学生は旅行のパイオニアである。新しい観光地というのは全て学生が開拓するものである。〔中略〕島内に資本蓄積がなく、その経営の才能に長けた人がいないのであれば、ある程度は外部資本の導入が必要となるであろう。〔中略〕ようするに問題は外部資本との提携をどこでどうするかということである（宮本 2014a: 40-41）。

このように「マス」ではなく先端的なツーリストとしての学生の存在に気づき、彼らが新たな観光のかたちを切り開くと考えるようになったのは、大学に勤め、近畿日本ツーリストが設立した日本観光文化研究所（観文研）の所長をし始めるといった境遇の変化が大きい。加えてここで「経営の才能に長けた人」との言い方をしているように、宮本の開発論は徐々に人材育成や地域リーダーの育成などのソフトな開発に移行しつつあった。それは外部からのエンパワーメントに至る発想に表れている。

自らが何かを試みたとき、そしてそれがある目標を持ってきた場合には、それにたいしてやはり自分なりの自己評価が起こってくる。さらにそれを周囲の人たちから見てもらって評価されることによって、自分のやっていることに意義を感ずるんです。そのときに、その批評が情報であり、またそういう情報によって自分らがなにをなさねばならぬかということに気付くことは、その情報が活かされたことになるんだと思うんです（宮本 2014a: 69）。

宮本の開発論はたんに外部から観光客を呼び込むことに目的があるというよりも、当事者による地域の相対化と意識面での改革にあった。「地域開発というのは、本当に自分たちの土地をどうしたらよいかとか言う人たち、真剣に自分たちの土地の問題を、自分たちで解決しようという人たちが育ってこない限り、ありようがない」（宮本 1967c: 189）と述べているように、自主性に基づくソフトな開発を主張するのである。宮本のもとで学んだ谷沢明の言葉を借りるなら、「地域の人々が結集して魅力ある地域を創り、訪れる観光客も地域文化発展の協力者になってほしいと願い、人々の交流が観光文化発展に寄与することを期待」（谷沢 2009: 14）するものであり、それによって離島性の克服を目指したのである。

文化運動と博物館

その考えに基づいて実際に宮本が推進した開発手法の一つが博物館の設立運動である。歴史、民俗系の博物館は狭義の観光施設ではなく、あくまで文化財の保存と研究を行う施設である。しかし、観光の多様化によって学びを主眼に旅をする人が増え、博物館めぐり自体が新たな意味での観光になりうるのだと主張する。宮本はヨーロッパを代表する野外博物館、スウェーデンのスカンセンを例示したうえで、日本国内についてもこのように述べる。

日本にはいい博物館がありませんが、もし皆さん方が、それぞれの土地でりっぱな博物館をおつくりになれば、必ず観光客というものはそこへ集まってくるのじゃないか、そう考えられる。その実例を申しますと、十和田湖のほとりに「十和田自然博物館」というのがある。建物そのもの、それからあのあたりの植物、動物とそういうものが陳列せられております。あれができるまで、十和田湖の観光客というものは、それほど多くなかった、観光客の質も悪かった。しかし、あれができて、しかも安いセルフサービスの旅館を付属させて経営するようになったということで、一年間にあの自然科学博物館へ入る者は五〇万をこえているそうです。それ自体が事業としてりっぱに成り立っておる。と同時に、十和田へ来る観光客の質がずうっとよくなっていったということを聞かされておるのです(宮本 1975a: 32-33)[*12]。

観光客の質の向上を述べているように、当時、観光と言えば団体での慰安旅行が中心であり、多くは男性客のみで構成され、しばしば宴会や買春を伴い、地域の文化を学ぼうとか地元の人びとと交流しようなどという発想は一般的ではなかった。宮本の言う「質の悪い観光客」とはそのようなものを指している。この文章は観文研在籍時に書かれたものである。当時、近畿日本ツーリストの方針や宮本の考えもあり、観光=遊興という画一的イメージを覆し、研究や学習と結びつく旅の仕方を打ち出そうとしていた。

一つの文化的施設ができることによって、その周辺に人が集まり他の施設ができ、そして集ってくる人の質も変ってくる。すなわち、遊ぶところが文化と関係をもってくることになる。観光地が「見て楽しむ」ことから「国際的視野から文化と結びつく」ことになり、一億八〇〇〇万人日《ママ》から四億人日《ママ》に増大する。この旅の革新を受け止めるべきである（宮本 1975a: 52）。

学生のような旅人、地域の文化を学ぼうとする旅人の出現といった「革新」に、ローカルなレベルで対応できるのが文化施設や博物館だったのである。しかも博物館を行政主導で作るのではなく、あくまで住民主体の文化運動として作ることに意義があるとする。その理由は「郷里を再評価するための拠点づくり」だからだとする。

もうひとつ大事なことは、地域センターを開発していくことだと思います。図書館が少ない、こういうことをまず改めなければいかん。どこでも図書館、博物館を持つべきである。じつはこれは今度の振興法で離島開発総合センターをぜひともつくるようにということを要望したんですが、そういうようなものが起こってくることによって、はじめて島の再評価が起こってくると思うんです。皆さんの手で、自分らの郷里を再評価していただきたいんです。われわれもこれに参加します。皆さんが問題意識を持っていれば、そういうことができるんです（宮本 2014a: 77）。

来たるべきポストマスツーリズムの時代における、新たな観光のかたちとしての博物館。宮本や観文研は奥会津歴史民俗資料館や志摩民俗資料館などを手がけ（相沢 1989）、その数を宮本は一一館に上るというが（宮本 2014b: 260）、とりわけ宮本が成功例として出すのが「佐渡國小木民俗博物館」である。佐渡の南端、宿根木集落の閉校した小学校を再利用して一九七二年に開館したこの博物館は、宮本の助言を受けたローカルリーダーたちが地域住民とともに民具を収集し、博物館の設立を試みた。教室をそのまま転用した展示室には、生活の来歴を明らかにする生活道具が多々集められた。館には地元の僧侶や若者が職員として勤務した。行政で進んだのではなく、まさに生活の場から立ち上がった博物館である（中堀 1983）。

小木に民俗博物館があります。いま、民具を約一万三〇〇〇点ばかり集めていますが、そのうち船大工の道具と磯漁の道具が、国の重要有形民俗文化財の指定を受けております。それらはそこの住民が集めて、そこまでつくっていったんです。それがひとつの軸になって、自分らの郷里というものはいかにあるべきか、いかに開発していったらいいか、それを考えはじめた。［中略］博物館を持っているということで、じつにいろんな人があそこに行っております。見学に行った人からあれはすばらしいものだと、わたしのところへよく手紙やはがきが来ます。つまりそういうものがひとつあることによって、そこへ知識を持った人たちが集まりはじめている（宮本 2014a: 77-78）。

宮本にとって民具学とはすなわち生活に関する学問であり、生活の来歴を自ら省みながら客体化するには、日常を支えてきた道具・民具を集め、博物館で外部の人に見せることで、観光収入になるだけでなく一種の誇りや自信につながるという一連の考えがあった。小木民俗博物館では「日本海大学講座」などのイベントが地元主導で開催され、外部の若者と地元の若者とが交わりながら地域づくりが進む創造的空間が目指された。そこには東京＝中央＝権力に対する、日本海＝周辺＝従属側による、文化を介した抵抗運動としての側面もあった。この博物館を拠点とした文化運動は第5章、第6章であらためて論じたい。

4 実践性をめぐる評価

補助金依存

再帰的な生活の客体化と、そこを場とした外部との繋がりの形成、といった宮本の開発手法は現在でいうところの住民参加型開発の文脈に位置づけられる。既存の政治に依存せず地元の人びとの参加を前提とし、そこに問題意識や主体的な議論が生まれ、さまざまな人を巻き込みつつ新たな価値を創造し、そしてそれを都市の人間や観光客に伝えていく。観光客はそこにおいてたんなるまなざしの送り手ではなく、彼らもまた実践への参加が期待される存在となる。このように書くと宮本の実践は「新しい公共」を謳ったローカルガバナンスや「下からの開発」研究の教科書に出てくるような試みを、そういった洗練された議論が登場する前に企てていたフロンティアと定位することも不可能ではない。しかし、宮本の実践をめぐっては、地域社会に及ぼした正負両面の影響が冷静に評価されるようになっており、とりわけ負の側面、すなわち開発の失敗や瑕疵《かし》が取り上げられるようになっている。

民俗学者の岩本通弥は民俗学における研究と実践の二面性について論じるなかで、宮本の佐渡での取り組みを取り上げ、佐野眞一の評論（佐野 1996）を「宮本を弘法伝説のように美化する語り」だとしたうえで、次のような議論を展開する。まず、小木民俗博物館や付随する北前船の復元船展示室は、三万点を超える民俗資料と国指定重要有形民俗文化財を貯蔵し、重伝建（重要伝統的建造物群保存地区）に選定された地元・宿根木集落とともに「ローカルな民俗文化を観光資源化した日本随一の成功例」（岩本 2012: 41）であり、宮本の協力で設立された太鼓芸能集団の鬼太鼓座・鼓童に関しても、佐渡で開催される国際音楽祭「アースセレブレーション」の成功や世界での活躍によって、宮本の成果を示しているという。だが岩本は、「はたしてこれを除けば、宮本の地域おこしの実践が現在において功を奏したと言えるのだろうか」と疑念を呈する。

その理由は、離島振興法に代表される国の補助金に、当の離島社会が依存する仕組みが振興法制定後六〇年のなかで固定化されてしまったことであり、宮本自身も晩年それに気づいていたように、「中央依存の体質を離島に作り上げた、その典型」が佐渡・小木に見られるからだとしている。実際岩本の言うように、宮本は晩年離島振興の逆説を各所で述べている。

> 私は長い間島を歩いてきたが、最近、離島関係の補助金が今よりもたとえ三倍・五倍に増えても離島は良くならないという確信を持つようになった。それは、補助金政策により、島民が政治に依存する気持ちが強くなってしまったためである。これでは、いつまでたっても真に島は良くならない。島をよりよくするには、みんなでもっと島をみつめなければいけない（宮本 2013a: 160）。

小木にはこの法律関連で作られた文化施設が乱立している。海運資料館、佐渡考古資料館、幸丸展示館などの類似施設が集まり、宿根木集落にも体験学習館や文化施設が多く、「文化遺産のアミューズメント化した小木」（岩本 2012: 45）という様相を呈している。その背景に岩本は、離島振興法に基づく公共事業の、高い国庫補助率があったと述べている。こうした補助金にはたしかに、宮本の言うように人びとが自文化を再発見し、展示し、外部に見せることで誇りや伝承を可能にする役割がある。しかし、岩本が言うように、行政にとっては事実上観光資源として位置づけられ、政治のレベルにおいては、全国の離島振興関連予算のかなりの割合が佐渡に割かれていた。その集中投下を宮本も感じ取らないはずがない。

佐渡島の両津の港などは、おそらく本土にもあんなりっぱな港はそうありません。飛行場と同じように、船が岸壁に着くと雨にも濡れないでトンネルみたいなもののなかをくぐって待合室まで出ていけるんです。むろん新潟のほうにもそれができている。あれを見て、佐渡は離島かと皆さんからよく言われるんです。「まあ、あれくらいのことはしていいだろう」なんて言っているが、内心わたしはあんなことに金を使うことには反対だったんです。あそこまでする必要はない。もっと島のことを考えるべきだと思うんです（宮本 2014a: 61）。

宮本は島民の自主性の回復と新たな観光、観光客と生活者との格差解消を訴えた。そのために「資本主義経済機構への正しい仲間入り」を主張し、インフラ整備や産業振興のためのロビー活動を展開した。「あんなことに金を使う」ことを可能にした当事者の一人はまぎれもなく宮本である。離島振興法制定や全国離島青年協議会での活動、各地での農業指導や村づくりの講演会は、それらが一体化した宮本なりの開発実践であったが、それが結局のところ補助金を獲得する体質を生み出し、中央依存という逆説的な状況を生み出したことは、たんに皮肉と言って済む話ではない。

佐渡で建設された文化施設は二〇〇四年の自治体合併後、大きな岐路に差し掛かっている。宮本が最も力を注いだ小木町の施設の多くは財政的問題によって閉館や縮小が進んでいる。国庫補助は箱物建設に向けられるのであり、維持はほとんど地元に委ねられる。離島振興予算で作られ、地元の人びととの自立性回復のために作られた船舶関係の博物館はコンテンツとして充分に活用されたとは言いがたく、結局のところ入館者数というマスツーリズム的な発想のもとでその存在意義が測られ、運用や展示更新のために充分な予算が割かれることなく終焉を迎えつつある。

宮本が通い詰めた宿根木集落はその後、国の重伝建に選定され町並み保存が進んだ結果、現在では年間数万人が訪れる佐渡の一大観光地になった。地元の人びとによって町並みや文化の発信がなされている。その出発点に宮本が携わったことも確かなので、成功例ということもできる。ただ宿根木に訪れる観光客の多くは、大手旅行社のバスツアー客であり、短い滞在中に集団で回遊し、記念撮影をして大急ぎで去って行く。これもまた、典型的なマスツーリズムの観光消費である。

小木民俗博物館は他の文化施設と比べ、それなりの入館者数を保ったまま継続している。しかし財政面を見ると最低限に抑えられており、常設展示は開館時から変わっていない。一九七〇年代にすでに過去の生活道具だった展示品は、現代から見れば一〇〇年前の民具であり、実生活との乖離は大きい。非常勤職員のみで学芸員配置がないため、企画展や教育イベントはない。開館時に民具を持ち寄った住民も日常的な関わりを持っていないようである。博物館には近世の北前船の復元船・白山丸の展示場が併設されている(図5)。一九九八年に農林水産省・山村振興補助金を受け、総事業費約計二億七七八〇万円(うち北前船復元に一億四二四三万円、展示館建設に一億三五三六万円)をかけて全長二三・七メートルの復元船が建造された(白山丸友の会編 2004)。地元主催で年に一度白山丸を展示館から出し、帆を立てるイベントが行われていたが、これも財政問題により行われなくなった。また博物館では宮本をはじめ住民参加の経緯が触れられておらず、来館者アンケートでも、その雑然とした展示の形態やなぜ学校を使っているのかということ

図5　復元和船「白山丸」

とについて理解されていないため、たんに廃校を利用したほこりをかぶった古い博物館程度にしか受け止められていない（佐久本 2014）。

つまり、当初の宮本の理念は必ずしも活かされないままである。残ったのは補助金の削減とともに立ちゆかなくなった箱物群であり、ハード依存の文化運動の限界が物象化されて観察することが可能となっている。もちろん「それしか」残らなかったわけではない。後の章で取り上げるように、宮本の足跡は確実に残されている。ただ博物館を新たな文化観光の拠点にするという計画は、その発想の時代的限界を否定しがたい。観文研のメンバーや宮本が開館に携わり、親会社・近畿日本ツーリストと同じグループの近鉄興業が経営していた志摩民俗資料館も、やはり十分な予算措置がなく、入場者数の低迷を理由に一九九八年に閉鎖されている。数を得たものが残り、数を得られなかったものが廃れていく、そうした典型的なマスツーリズムの論理に宮本の理念が回収されていったことは興味深い。なぜなら宮本こそがマスツーリズムを批判し、そこに取り込まれない自律的な生活世界の構築を構想していたのであり、その構想が、当の批判対象であるところの、マスツーリズムに取り込まれたからである。

佐渡では宮本の薫陶を受けたローカルリーダーが多く育ち、さまざまな文化活動を先導していった時代がある。宮本の著作や講演はアカデミズムに向けたものばかりではなく「当事者」に向けたアドボカシーやエンパワーメントの呼びかけであったがゆえに、地域人材を社会教育的に育てるという目的は達せられたかに見える。ただ、川森博司が宮本の呼びかけについてグラムシの言葉を引用しながら「有機的知識人」の結合を狙ったものだと述べたように（川森 2012）、本来、ローカルリーダーたちの活動は互いに切磋琢磨し、結合のなかで価値を生み出していくことを期待されていたはずである。しかし、七〇代後半を迎えつつあるリーダーたちの姿に見出すのは、個人の力量は十分ありながらも、互いに分断された個別状況である。そこには「宮本先生」との個人的な付き合いやその思い入れをシェアしえない、個人化の傾向もあるだろう。いずれにせよ、最も成功した実験場である佐渡においてすら、宮本の開発実践を全肯定できるような状況はない。

回収という問題

問題は成功か失敗か、ということではない。論点は、マスツーリズムを批判し、その抵抗の拠点として構想された運動体がいかにして「回収」されるに至ったのかという点である。観光開発に関して人類学・民俗学がつねに考えてきたのは、日常の時空間において外部資本や消費に基づく観光現象が及ぼしてきた正負の影響であり、いかにして生活領域と融和可能な開発の形を見出すかということである（岩原 2020）。その点から考えると、マスツーリズムを批判する側が批判対象の側に回収されるという事態は注目に値する。

ここでいう回収とは、ある文脈において生み出された構想や目標が、当事者の意図しないところにおいて、別の文脈に置き換えられることを指す。たんなる脱文脈化というより、例えるなら権力を批判してきたグラスルーツの出来事・現象が当の権力に取り込まれる事態である。もちろん歴史を考えると反体制的な運動が転向することは多々あるが、むしろわれわれが歴史を通じて見てきたのは、当事者としては権力を批判しているつもりが、いつのまにか権力の側からみて都合のよいことを主張しており（そしてそのことに気づいておらず）、批判対象であったはずの権力の側に今度は自分自身が立っているという現象である。

宮本の開発論は資本に依拠する観光開発を批判し、離島の自立をエンパワーメントする思想であった。自立的な産業の育成に必要だったのが道路や港であり、後には展示のための文化施設であった。「陳情政治」を批判していた宮本ではあるが、彼が村にやってくると研究者というよりも中央と繋がる有力者とみなされることもあり、実際宮本自身、離島振興予算や文化政策などでは根回しを行うこともあった（木下 2004: 337）。田中角栄的な開発を否定した宮本もまた利益誘導型開発に帰結してしまったのである。もちろんいかなる文脈にも回収されない言説や行為は存在しない。たとえば宮本とはまた異なるかたちで村における観光と地域開発の自立性を主張する古川彰・松田素二は次のように述べている。

現在、過疎化と高齢化、それに第一次産業の危機的状況に苦吟している全国各地の小さな共同体は、苦難の中の一筋の光明をグリーンツーリズムの可能性に見ていることは間違いない。本論が強調したいのは、こうした小さな共同体の努力を、環境保護、人間重視、自然と共生といった都市で作られたスマートな知の体系の中に回収させてはならないという点である（古川・松田 2003: 21-22）。

古川らが述べているのは村＝「小さな共同体」を称揚し、市場経済主義のような大文字の概念に対置されるものへと昇華させることへの警戒である。古川らは「小さな共同体」の試みが大規模開発への抵抗可能性を見出しつつも、他方でそれへのアンチテーゼとして純粋化されることへの抵抗の必要性も述べている。[*13]しかし、大文字の概念への回収を避けている注意深いポジショニングがわれわれに想起させるのは、このような回避がはたして可能か、という疑念である。古川らはグリーンツーリズムを事例に挙げており、たしかにこのようないずれの文脈にも回収されえない「小さな共同体」における実践が描かれているにせよ、いわゆるオルタナティブツーリズム自体が現在では商品化され、「オルタナティブ」であることが商品価値を有するようになっている。そのことを踏まえると「小さな共同体」における抵抗のかたちが、宮本と同じ轍を踏んでいないかどうか危惧することは充分に可能であり、政治的な意図の回収への可能性はつねに開かれていると見るべきではある。

したがって、どのようにすれば宮本の開発論は権力や資本の論理に回収されなかったのかを仮定的に論じても仕方がない。むしろここで考えるべきは、いかなる局面においても無作為な政治性は生み出される可能性があり、意図せずある種の文脈に回収されていく実践的研究が存在していることを前提にしたうえで、その条件、つまり回収されるに至った背景や原因を事実として一つひとつ積み重ねていくことである。

前出の岩本通弥は、宮本の社会的実践を回収に至らしめた理由を二点挙げている。一点目は明快で、一極集中を批判しながらも補助金に依存する振興策に乗ってしまったことである。後年になっていくら補助金依存を批判したところで、博物館や文化施設はそのような補助金システムと不可分に作られたものである以上、宮本の補助金依存批判はトートロジカルなものにならざるをえない。二点目は宮本における無批判な民衆賛美や共同体賛美だという。岩本は、離島に著しい依存体質を生んだ背景には「宮本に内在する思想性に起因する問題」があるとして、宮本が著作や実践において「力強く生きた民衆」を時に誇張しながら描き出そうとした点、またそれを通して「共同体の美」「美しい国土・民族」を描こうとした点にあると述べている。前章で述べたように政治学者の藤田省三は宮本を「大衆崇拝主義」「農本主義的で保守主義的翼賛理論」家であると位置づけたが（藤田 1978）、仮に古い「共同体の美」を描きたい保守主義的イデオロギーがあったとして、なぜそれが実践の「失敗」へと帰結したのか。岩本の説明はこうである。

民俗学は、柳田国男の「公民論」「経世済民」の例を引くまでもなく、当初から科学性と実践性の二面性を内包してきた。ところが、一九五〇年代以降の文化運動のなかでは「サークル運動」や「民話運動」のように、伝統的な生活を賛美し、それをもって資本主義体制批判を行うグループが登場し、宮本はそのなかに位置づけられていくが、この流れは「研究成果に基づく」実践を行うと掲げながらも、実際は伝統や古い共同体を維持・復興させるというイデオロギーやノスタルジー（それを岩本は「フォークロリズム的問題」と述べている）に自ら絡め取られることになった。そして実践的成果を優先させるあまり、本来不可分であったはずの科学性を失ったというわけである。

岩本の議論は、より「科学性」を担保した実践的研究を行おうとした柳田国男直系の民俗学者・橋浦泰夫との対比で宮本を語っているので、議論はもう少し複雑ではあるが、ここに至ってわれわれが思い出すのが、宮本常一が地域の課題に応答するための問題意識から、既存の民俗学批判を行い、民俗学から生活学へと鞍替えした経緯である。宮本はしばしば「離島」が近代化のなかで事後的に構築されたものであることを述べ、かつて島にあったと思われる豊かさを回復することをしきりと述べている。それは古い共同体の美を謳ったものであると言っても間違いではないし、そのことを実行する方策が補助金による経済的な基盤整備であり、かつ古い習俗の復興と展示であった。これらの宮本の実践に科学性が欠落していたかと言えばもちろんそうは言いきれない。しかし、近年講演集などが出版されるようになり明らかになりつつある宮本のエンパワーメントの具体策は、離島の状況に関する危機迫る演説であり、研究と一体化した実践活動というよりはアジテーションに近い。

岩本は、宮本の「失敗」の本質が科学性を伴わない実践性であると述べたが、それは決して、すべての実践は科学（学問）に立ち返らなければ成功しないという主張ではない。岩本が述べているのは、宮本的な開発が回収に至ったという意味で「失敗」した要因は、彼や谷川雁らの文化運動が研究の世界との対話を閉ざし、保守主義的なイデオロギーに固執することで社会へのアクチュアリティーを失ったからだと述べている点である。したがって、問題は、なぜ文化運動的だったことが回収に至ったか、という点の考察であり、最後に「参加」をキーワードにこの点を検討したい。

5　関係性の美学と文化運動の閉塞

手がかりとして参照したいのは近年の参加型アートプロジェクトに対する「関係性の美学」批判である。アートプロジェクト、あるいはリレーショナルアートと呼ばれる参加型のアート活動は二〇世紀末以来世界各地で見られ、日本でも大地の芸術祭や瀬戸内国際芸術祭を代表に、数多く実施されている。そこではアート空間の構成要素を専門家やミュージアムといった権威が独占するのではなく、地域社会や住民、ボランティアの参加を促し、人びとがその過程に関わることが新たな展示空間の形成に至るものとして理念化されてきた。地域芸術イベントだけでなくフィールドミュージアム、住民が作り上げる民俗芸能祭やパブリックアート、景観保存運動など、住民参加型アート空間は急拡大し、民俗学方面からも研究・実践を通した関わりが増えている（人間文化研究機構国立歴史民俗博物館編 2023）。

このリレーショナルアートの理念を支えてきたのは、フランスのアートキュレーターであるニコラ・ブリオーが述べた関係性の美学（Relational Aesthetics）という概念である（Bourriaud 2002）。これは展示活動に参加する人びとが関係性を形成すること自体に意義を強調するものであり、アート空間における開かれた住民参加が、既存の権威的な美術へのアンチテーゼとなることを示し、現在のアートと地域の関係を考えるうえでのバズワードとなった。アートの価値を作品ではなく、観客を含む参加するすべての人びとの関係性＝協働やコミュニケーションそのものにあるとした、生活と芸術の融合とも言ってよいだろう。

だが、閉じた展示を社会に開き、ファインアートや文化財制度の権威性を乗り越えるという当初の理念は形骸化し、住民が参加するイベント性や「にぎわい」創出が目的になり、行政による地域活性化事業の一環に取り込まれる事態も生じている。従来のアート空間を特色づけてきた「住民参加」や「公共性」「社会に開かれた博物館」等の概念も使い古され、地域振興策あるいは予算獲得のためのラベルとして流布する倒錯状況が生じている。

これに対してクレア・ビショップや藤田直哉らから批判的な検討がなされた（ビショップ 2016; 藤田 2016）。前衛的で社会批判性を有した当初の参加型アートが、地域振興策の道具として地方自治体のロジックに回収され、思想性を欠いたマイクロユートピア、「安定した調和的な共同体のモデル」、わかりやすく言えば「内輪の盛り上がり」になってしまったことが批判的に捉えられている。これはたんに、参加者だけが内輪で盛り上がっている、というだけの話ではない。藤田は田中功起の以下の言葉を引用している。

プロジェクトは完結せず常に進行形で見せられる。そこには複数の人たちが関係するため、誰も全体像を把握することができない。それは継続した体験が連続しているようなものです。「全体が把握できない」という作品のあり方は、その外見が開かれているように見えて、ある一点において、実際はとても閉じられている。それは暗黙のうちに誰かによる批評や分析を封じているからです。ぼくらが何を言っても全体像に到達しない。［中略］言ってみれば、他者の言葉が閉め出されている状態にあるとも言えます（藤田 2016: 30）。

閉じた状態において「他者の言葉が閉め出される」状況は、岩本が述べたように、社会変革を求めた文化運動が保守主義的イデオロギーに固執するあまり、既存のアカデミズムと対話を閉ざすだけでなく、徐々に社会とのアクチュアリティーを失うことで衰退していった状況をパラフレーズする。さらに興味深いのは現在見られるアートプロジェクトが「六八年的叛逆の精神」を出発点とし、既存のアートを打破していくことで社会変革を狙っていたにもかかわらず、そのような変革の精神が現在の「地域活性化」に回収されていったという、宮本的開発論と軌を一にするような藤田の指摘である。その例を藤田は日本を代表するアートキュレーター、北川フラムに求めている。

北川は自身がプロデュースする「大地の芸術祭」の目的に「地域が元気になる」ことを込め、「そこにいるじいちゃんばあちゃんが元気になるために何かできないだろうか」ということを述べている。その言葉を引いたうえで、藤田は以下のように述べる。

もちろん、「中央‐地方」の問題や、グローバリゼーションと均一化への抵抗、地球や大地の価値の擁護などの、思想的な背景があってである。ここで問題にしたいのは、それらの思想の経緯があってなお結果としては、非常に素朴である、ということである。［中略］「美」ではなく、理論や思想、イデオロギーなどの、芸術に固有ではない原理が先導してしまったとき、そのジャンルは、存在する固有の意味を喪失してしまう（藤田 2016: 37-41）。

こうした「六八年の革命的で新しいものだった「叛逆」が、国策による地方活性化に利用されてしまう」（藤田 2016: 38）事例は、まさに同じ時期に佐渡の尖端部から離島の窮状を訴え、地元の生活者の参加と自立性の回復を主張した宮本の開発論、そしてその実践性が素朴な古い共同体賛美に支えられながら徐々に吸引力を失い、マスツーリズムの論理に回収されていったことと大差がない。北川フラムは一九四八年生まれの団塊の世代であり、宮本から島や大学で薫陶を受けた世代にあたる。実践に至るまでの思想的な共通項があるとすれば、その限界もまた共通している。

本章が見てきたのは、生活、参加、民衆的世界への審美的な態度が時に意図せず消費社会や政治的なものへの回収を後押ししてしまう逆説である。関係性の美学、あるいは参加型のリレーショナルアートの議論は、「参加」だけに意義を強調していてはもはや出口がないことを示す。参加や協働が誰に何をもたらしうるのか、といった観点で次なる議論が求められる。宮本の博物館計画や開発思想もまた、参加や協働に意義が置かれ、たしかにある時期に盛り上がりは存在した。だが運動であるがゆえの限界は隆盛の一時性であるとともに、「参加」の次にいかなる目標や理念を打ち出すことができるのかという、日常化、つまり生活のなかに運動をランディングさせる手法の欠如であったと言える。このことは、「地方創生」や

「社会創成」が行政・地域・大学を挙げて行われ、もはやそれ自体が自己目的化しつつある二一世紀の状況に対しても、クリティカルな視点を与えてくれる。

第4章　速度と身体性――フィールドワークの移動手段と見える世界の拡張

1　オートモビリティと現実の拡張

本章では宮本常一のフィールドワーカーとしての特性を、インフラストラクチャーと「移動する身体」に着目して明らかにする。とりわけ前章で見たような、宮本の開発観におけるインフラストラクチャーや動力源、輸送機械への肯定的な態度は、彼のフィールドワークの仕方や身体にどう関わっているのだろうか。この問いに取り組むに当たって、いささか奇妙な角度から話を進めたい。

一九九九年に公開された映画『マトリックス』は、人間の脊椎から神経回路に直接電波を送り込むことで、マトリックスと呼ばれる電脳空間に侵入することを描いたSF映画である。のちに三部作になり、近年になって続編も公開されたが、第一作が公開された時代はインターネットが急速に拡大する二〇世紀末であり、その時代を背景に、『アンドロイドは電気羊の夢を見るか？』（一九六八年）や『ニューロマンサー』（一九八四年）のようなサイバーパンク小説の世界観がよりリアルになった作品として話題となった。

マトリックスはプログラム化された「仮想現実（virtual reality、以下ＶＲ）」を指すが、そこに暮らす人びとはそうと気づかず、あたかも本物の世界であるかのように暮らしている。他方、侵入した主人公たちはそれがＶＲだとわかっているために、自らの動きや服装を自在に操作することができる。だが思念だけで操作可能な世界にもかかわらず、登場人物たちはたびたび自動車で移動をする。自動車は自由な移動手段である一方で、思念に逆らいストップしたり、思うように速度が出なかったり、不自由さを与える機械としても描かれる。

それまで知覚できなかった現実をより広く捉え、価値観を刷新し、自己にとって新たな世界を切り拓くことをここでは「拡張現実」（Augmented Reality、ＡＲ）と呼んでおこう（山田 2021）。周知のとおり、拡張現実といえばＶＲが現代の主流であるし、航空機もまた二〇世紀後半においてその有力な手段だった。こうした技術が浸透する二一世紀の現在から見れば、時に不自由な程度の速度しか出ない自動車は、もはや拡張現実の手段としては時代遅れかもしれない。しかし、この乗り物は鉄道と並んで人類史上きわめて重要な大衆的移動手段であったし、作中でも描かれたように、限定的とはいえ人間に自由な移動性《モビリティ》を与える点でいまだ希有な存在である。社会学者のマイク・フェザーストンらは、自動車が可能にする移動性を「オートモビリティ」と呼び、それは身体と機械、道路や交通記号のハイブリッドな集合体であると述べた（フェザーストンほか編 2010: 41）。自動車は旅行者や通勤者だけでなく、他者の世界に出向き、その土地に最も近い位相で現地の人びとと共に生きるフィールドワーカーにも多用される移動手段であり、身体スケールでの世界の把握を大きく変容させることになった。

本章は移動する身体に、自動車という「中程度」の速度の移動手段がどのような効果をもたらすのか、いかに世界の捉え方に作用するのか、フィールドワーカーとしての宮本常一を例に考えたい。世界の捉え方を拡張させる移動手段といえば、まずは徒歩移動であり、歴史的に見ても巡礼やグランドツアー、探検など徒歩を中心とした旅は、人びとに新たな世界との出会いと価値観の刷新を可能にしてきた。

いうまでもなく宮本は、「旅する巨人」のイメージを纏い、歩くことによって人びとの生きる姿を捉えようとしてきた。同時に、宮本はとりわけその晩年において自動車移動を頻繁にするようになり、好んでしていた汽車や飛行機移動と並んで、彼のフィールドワークの「速度」は上がり続けていた。

身体スケールでの世界の把握に高度な動力機構がいかなる差異を与えるのか考えることは、すなわち速度の差異に着目し、それを身体や感覚のレベルで捉えるということである。若林幹生が言うように、オートモビリティは人間と環境とのインターフェイスを変え、身体と社会との感覚や経験のされ方にラディカルな変容をもたらした（若林 2017: 84）。だとすればこうした変容は、従来最も環境や社会にべったり結びついていたとみなされているフィールドワーカーにいかなる変容をもたらしたのか考えることで、クリアな解答が導き出せるに違いない。それを考えるうえで、宮本以上に適切な人はいないだろう。

本章ではまず、身体性のレベルにおいて移動が現実を拡張させる仕方について、人類学的身体論や速度に関する研究をもとに整理しつつ、後半では宮本の自動車移動と車窓からのまなざしに着目し、フィールドワーカーの身体性と速度の関係を明らかにしていきたい。この関係を明らかにすることは、離島振興の一環で道路整備が進む佐渡と宮本の関わり方の変化を、インフラストラクチャーの観点から浮き彫りにすることに繋がるだろう。

2　旅と移動身体

多元的現実をスイッチする

徒歩か自動車かにかかわらず、日常を脱して他者の世界へと移動することが新たな発見や価値観の転換を促し、再帰的にアイデンティティの刷新や自己認識の再定義を果たすことは、現象学の影響を受けた観光人類学のなかで議論されてきた（土井 2015; 橋本 2022）。他方、観光社会学では、近代観光の発達は視覚（まなざし）偏重の移動経験をもたらし、新たな現実を受け入れる器官としての「目」の特権化に帰結することが指摘されてきたが、近年では視覚に加え、全身体的な体験としてのパフォーマンスの意義にふたたび注目がなされるようになった（アーリ、ラースン 2014）。

目や身体を媒介に、移動は自己にとっての新たな世界をもたらすという意味で原初的な拡張現実の機会であることは確かである。しかし、現実の拡張は個人の身体だけで可能になるものではない。移動者は道路、交通、産業やメディアなどルートに規定された存在であり、「そのルートならではの風景／まなざし」（高岡 2014: 37）の体験がもたらされるからである。どこかに出かけること自体が拡張現実をもたらすとすれば、ルートや移動手段の多様化・増大は、拡張の質量を大幅に促進したと言ってよい。二〇世紀初頭、自動車が耐久消費財として生活に入り込み始めた頃の北米の文学作品には、人びとの経験の領野を切り拓く存在としての自動車がたびたび登場するようになる。

たとえば、スコット・フィッツジェラルドの『グレート・ギャッツビー』（フィッツジェラルド 2009）は、ニューヨークの富裕層の豪華で空虚な生活を描いた小説だが、ここで成金の主人公ギャッツビーはオープンカーでロングアイランドの高級住宅街から、「灰の谷」と呼ばれる荒廃した土地を通過し、マンハッタンへと猛スピードで往復する。フィッツジェラルドや同時代のウィリアム・フォークナーの「都市小説」に登場する自動車は、米国の消費社会や男性性の象徴として解釈されてきた（Yokoyama 2017; 上西 2017）。それとともに洒脱な郊外から猥雑な都市へという移動は、表向きの上流階層から放蕩的な姿へと富裕層自身を変える機会として描かれており、車は多元的現実をスイッチする機械としても捉えられる。

電脳世界というもう一つの現実への動きを描いた『マトリックス』では、現実とVR世界との往還を可能にするのは神経機器やネット回線であり、自動車は現実をスイッチするデバイスではない。しかし、VR世界で登場人物たちはビザール的服装に身を包み、レトロな街並みを〝アメ車〟で移動する。この映画がトランスジェンダーのメタファーであったと後年ラナ・ウォシャウスキー監督自身が述べているように[*1]、ここで車はファッションや超人的な身体能力とともにメタモルフォーゼ（変身）を物質的に表した、拡張現実の一つとして描かれている。

社会身体

これらのフィクションで描かれたように、自動車と身体のハイブリッドな集合体が身体変容を伴う現実の拡張を可能にするとすれば、既存の身体論の観点に接続して考えることが可能である。とりわけ近年の人類学的身体論においては、人間が外界や環境と切り離された存在ではなく環境の一部であると捉え、人間は身体という物質を媒介に環境と相互作用をとり持つと議論されている。ここで身体は、環境からの影響を受けて変容する受動的物質であるとともに、環境に働きかける能動的物質でもある。箭内匡は、人が生を営む際に周囲の事物や自然と交渉する身体のことを「社会身体」と呼ぶ。社会とは人間同士の関係だけでなく、自然や非人間的存在など「人間を取り囲む事物を含めた」ものとして捉えられ、社会身体は境界を持つものではなく、社会に向かって開かれたものとして位置づけられる（箭内 2018: 117）。

このアイディアを本章のテーマに沿って言い換えると、身体は移動を可能にするとともに、それによって身体自体もまた変容するものである。そのとき身体は自動車、道路などの移動環境に開かれ、手足や皮膚、聴覚などの諸器官を通じ、つねに移り変わる環境と接点を持っている。こうした諸器官は、人間が社会環境と相互に交渉する際のメディアとして変化を受け入れるとともに、諸々の道具（移動手段）を動かし、環境との関係を調整する能動性を併せ持っているのである。

移動に伴う現実の拡張は、このように外の世界との回路となる身体を経由することで可能になる。ここではそのような身体性を箭内の社会身体の概念に倣って、仮に移動身体と呼んでおこう。では、外に開かれた移動身体がつねに変化し続けるものだとすれば、それに影響を与える変数は何か。道路の形状（古川 2020）、自動車の操作性などさまざまな観点がありうるなかで、ここでは速度に注目をしたい。なぜなら鉄道や自動車の発明以降、移動の速度こそが人びとの現実の捉え方を質的に大きく変容させたと言ってよいからである。

3　速度の人類学

「時速六〇㎞のスケール」

自動車の普及に伴って、都市が自動車のスケールに合わせて建設されるようになったことは建築学でしばしば指摘されてきた。高速道路沿いやラスベガスのような人工都市では、高速移動中にも認識できる巨大なサインや建物が増え、瞬時に読み取れる単純なものになっていった。「自動車からの景観《オートスケープ》」が新たな秩序になったのである（ヴェンチューリ 1978）。都市計画学者のヤン・ゲールによると、徒歩での移動が基本の古い街並みは「時速五kmのスケール」で設計されており、狭い路地に建物が密集し、景観のディテールや人びとの表情・動きが一体となった知覚を生み出す。一方、自動車での移動が中心の街は「時速六〇kmのスケール」で設計されており、一つひとつの区画や建物が巨大に作られ、街のディテールや多面的な知覚が人びとの経験からあらかじめ失われているという（ゲール 2014: 52）。「時速六〇kmのスケール」は日本においてもロードサイドやニュータウンなど、新たに整備された都市空間に典型的に見られ、そこでは徒歩移動と自動車移動とでまるで違う世界が広がっている（若林 2017: 82）。

このように速度が上がることによって移動身体が知覚できる範囲や物質のスケールが広角化し、わかりやすいものに収斂するという状況は、すでに鉄道の誕生時に経験されていた。一九世紀のさまざまな手記から鉄道旅行者の知覚経験を描いたヴォルフガング・シヴェルブシュによると、鉄道の速度は目の前の風景を移動者の視界から即座に消し去り、比較的緩やかに過ぎ去る遠くのもののみが知覚される（シベルブシュ 1982）。そうすると奥行きが平面的になり、人びとはまるで車窓から絵画を鑑賞するような感覚で景観を捉え、それ自体単調であった土地が審美的になっていく。シヴェルブシュがパノラマ的眺望と述べた移動身体に特有の視覚的経験は、美的感覚の生成や旅行メディアの誕生などとともに、近代に特有の感覚の表れであると言ってよいだろう（佐藤 1994）。

高速移動の機関が発達したことによって旅人は全体空間から切り離され、もっぱら対象を客観視する鑑賞者へと分離される。このように鉄道や自動車の浸透に伴う速度の向上は、移動身体と環境との関係を「車窓」を介した大雑把なまなざしへと変容していく。ただしそれによって逆に、徒歩では把握できないような土地の全容を一望でき、違う領域にある土地の事物や景観を結びつける発想が可能にもなっていく。後述するように、こうした全体的把握はフィールドワーカーの視点と結びつくものでもある。

速度が生み出すリズム

速度の向上は道路や線路などのインフラの拡大とともにあり、土地の制約をほとんど受けないスムーズな直線移動という人類史上希有な経験を生み出した。そこでもたらされる新たな感覚は単調なリズムである。人工都市や高速道路に設置された街路灯や標識、線路の継ぎ目や架線柱、そして走行音といった事象は、一定の速度で走り続けるかぎりほとんど規則的に訪れるビートのようなもので、ときどき現れるトンネルや駅は、その単調なリズムにくさびを打ち込む。こうした車窓の映像を楽譜に見立て、単調なリズムの音楽をかぶせれば見事に同期する。それを実際に行ったペットショップボーイズのミュージックビデオは、音と物の動きが重なった時、聴覚と視覚という異なる感覚が相互に作用し合う効果をもたらすことを示した（荒川 2016: 219)。

では、単調なリズムによる聴覚と視覚の相互作用は、実際の移動身体にどのように経験されるだろうか。一つには間違いなく眠気である。次に陶酔的な感覚の訪れがある。私は現代日本の巡礼研究を行っていた際、バスでの四国巡礼ツアーの参与観察を実施した（門田 2013)。一日に多くの札所を参拝するため、巡礼者の一日の動きはバスの乗降、札所での読経、バス内での賽銭や納経の収集といったルーティンの繰返しであり、車窓には四国山地の険しい山林と長閑な集落が順々に訪れる。最初の数日こそ巡礼者たちは物珍しい車窓の風景や寺院に感銘を受けるが、単調な景観と疲労とで徐々に口数が少なくなり、車内では熟睡する人が多く、淡々とした参拝が続くようになる。

しかし、このルーティンがただ眠気を誘うだけでなく、物言わずとも疲労と信心と満足感の交錯した一種の自己陶酔につながっていくことは、巡礼地の宗教的な雰囲気だけによるものではなく、同じような風景やバスの乗降、読経などを含み込む、日々の単調なリズムがもたらすからだと言ってよい。もとより巡礼は日々同じような繰り返しであり、スペインの徒歩巡礼においても、歩いて宿に入り、また歩き続けるという単調なリズムが反復されることを土井清美が指摘している（土井 2015）。しかし、徒歩巡礼者が道端の石積みに引き寄せられたり、時折訪れる木立をペースメーカーに見立てたりと、些細な事物を媒介に環境と相互交渉している一方で、バス巡礼者たちが埋め込まれている環境はあくまで車内であり、「自然」の事物へ開かれた回路は少ない。徒歩での巡礼に比べ圧倒的な速度で進むバス巡礼は、それでも宗教的達成感やカタルシスを人びとに与えはするが、巡礼地の土地や人びととの暮らしは断片的にしか記憶されないものとなる。

速度が生み出すリズムとともにあるバス巡礼者との比較で見えてくる、徒歩による移動身体の特性は、かつて歩いてフィールドワークを行っていた民俗学者の身体性を比喩的に言い当てているかもしれない。実際、ゆっくりとした歩みで移動しながら道端の些細なものに関心を持ち、人びとの生活の細部や物と人の関係を微細に観察する民俗学的まなざしは、バスではなく徒歩巡礼者のそれに近い。そこで次に、自動車や高速の移動身体とは最も遠い存在であったと見なしてもよい、民俗学者の代表例として、宮本常一についで考えていく。

4　宮本常一の身体性

歩くイメージの形成

口承文芸研究の観点から移動媒体による感覚の変容を論じた野村典彦は、徒歩の時代には、峠が人びとの生活感覚のうえで重要な意味を持っていたことに注目し、「身体を自らの足で一歩ずつ運ぶとき、峠は一人一人の人生と重なってくる」と述べる。それは峠で出郷者の見送りや帰還兵の出迎えをしてきた地域の生活者にとってだけでなく、旅人として訪れる民俗学者にも言えることだという。近代交通の浸透によって廃れつつある峠をあえて歩き、山を隔てた二つの土地を比較する重要性を述べる柳田国男に、初期の民俗学者の典型が見出される。野村は「「あるく」行為は限りなく土に近い」とし、次のように続ける。「視覚として聴覚として触覚としてあるいは筋肉の疲労として、体のなかに取り込まれた情報・経験が、言葉として表現されていく中でその人の世界を描いていく」（野村 2011: 343）。ゆえに民俗学者のような土地を相手にする人にとって、徒歩こそが基本的な行動様式だったのだ。

私が佐渡で調査をし始め、地元の民俗学者・佐藤利夫に教えを請いに行った頃、佐藤さんに「最近の若い学者は歩かん。すぐ車に乗る。歩かないと分からないことがある」とお説教をいただいたことがある。港でレンタカーを借りて島を走るたびにこの言葉を思い出す。たしかにフィールドワーカーたるもの、フィールド（土地）に足を置き歩くことが理想である。しかし、歩いて初めてわかることが本当にあるのだろうか？

これを考える際に宮本常一は最もふさわしい事例になるだろう。彼こそが各地を歩き「旅する巨人」と称され、民俗学者＝徒歩のイメージを強化してきたからである。といってもこのイメージの強化は本人だけによるものではない。恩師である渋沢敬三が一九六一年、『文藝春秋』にエッセイストクラブ賞を受賞したばかりの宮本を称えた随筆「我が食客は日本一」は、まだ知名度の低かった宮本の名を広めることになった。

> よく歩き廻った宮本君の旅はその範囲も日程も道筋も普通一般ではなかった。約三千の村々を、汽車も利用したが足で歩いた方が多いので、大げさに云えば日本中ベタベタと歩いた感じがする。その土産ばなしは私の勉強になった。又時には同行さして貰い、辺境の漁村や田園の篤農家のうちにもしばしばとめて頂いた思い出は多い。〔中略〕この人ぐらい日本中に友人を多く持っている人も少ないであろう。どこの土地へ行っても親しいお百姓がいる。彼の学問は活字からも充分吸収されているが、一面いろいろな土地を歩き、眼で見、耳に聴いたものが強くものをいっている。〔中略〕もし宮本君の足跡を日本の白地図に赤インクで印したら全体真っ赤になる程であろうが、同時に彼の労作にして既に活字になったものも大変な頁数である（渋沢 1987: 319-324）。

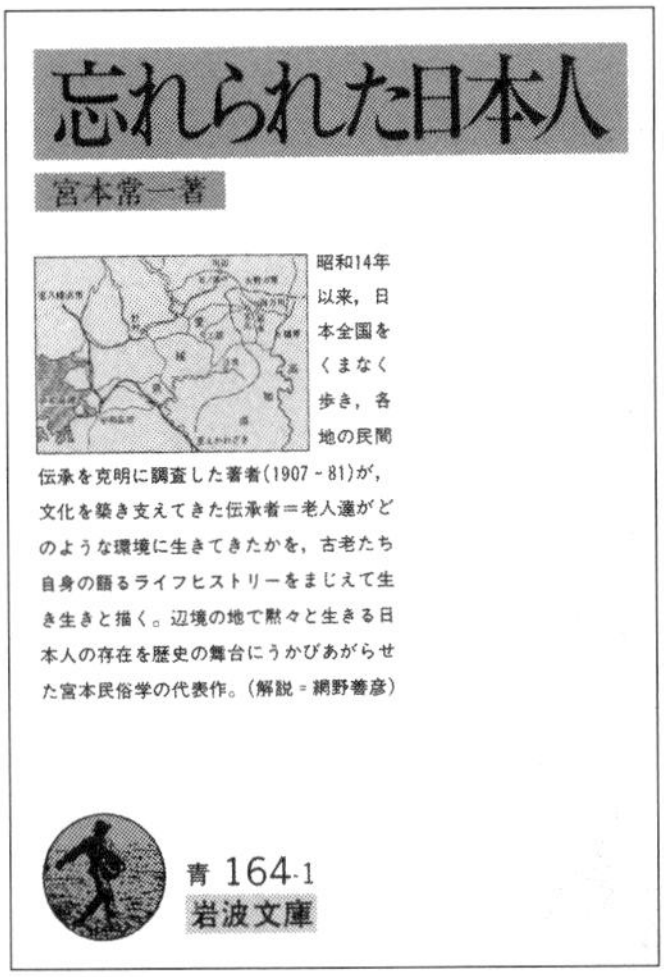

図1　宮本常一『忘れられた日本人』

特に赤インクのくだりは、後に佐野眞一のルポ『旅する巨人』（佐野 1996）に取り上げられたことで有名になり、その後宮本を紹介する枕詞のようにもなっていった。さらに宮本の書籍『忘れられた日本人』の岩

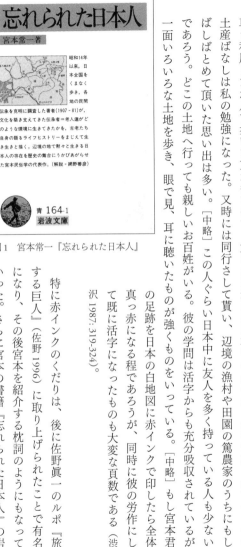

波文庫版（宮本1984、図1）では、カバーに「昭和14年以来、日本全国をくまなく歩き、各地の民間伝承を克明に調査」というリード文が書かれており、宮本とともに日本常民文化研究所で資料収集の旅を行った歴史学者、網野善彦が解説を記している。徒歩のフィールドワーカーのイメージは、宮本の著作として最も読まれた本書とともに人口に膾炙していく。

離島を歩く

ただ渋沢が「大げさに云えば」と付け加えていたように、超人的な徒歩のフィールドワーカーという宮本常一のイメージは、それらしい数字を添えられ後年誇張されてきた可能性が否めない。とはいえ、宮本がとりわけ若い頃によく歩きながら調査をしていたことは確かである。ここで、宮本が徒歩で現実を認識することでいかなる発見を行ったのか、佐渡での彼のまなざしを拾ってみたい。

田野浦から低い丘を西へこえると江積《えつつみ》であるが、浜にいた老人から海岸を行った方がよいときいて、崖下の道をゆく。波が崖の根をあらっている。そこで岩にへばりついて、一足ずつ歩けるようにあとをつけたところをたどっていくのだが、そういう芸当をするよりは海水の中をざぶざぶあるく方が早い。潮が干ておれば、ここも磯が出ているとのことであるが、満ちていてもそれほど深くないので渡渉して行くのである。しかしそれにしても日本の中に、なおこうした道がのこされていることは深い感慨をおぼえる。そこには文化からおいてけぼりにされた人生がある。［中略］部落の中の道はせまく、家がぎっしりつまっている。入口には魔除けにカサゴなどの吊りさげてあるのを見かける。部落の背後の崖は田野浦よりはずっと高くなっているので、耕作にいくにも骨の折れることであろうが、背後の耕地はせまい。この窮屈な世界にじっと身をちぢめて生きて行かねばならぬということは容易ならぬ忍耐とあきらめが必要になる（宮本 1969: 112-113、傍線筆者）。

いささか告発調になっているのはこの文章が離島の窮状を訴える『日本の離島』収録だからであるが、宮本が離島振興法成立に立ち回り、離島開発のシンボルになっていくのは、たんに彼が所得再配分をロビイスト的に訴えただけではなく、自らの足で道ならぬ道を歩き、その身体感覚を持って「文化からおいてけぼりにされた人生」を中央に伝えたからである。田野浦から江積に至る道筋は二一世紀の現在でも佐渡のなかで開発の遅れている地域だが、かつては佐渡の至る所にインフラの乏しい同様の生活困難地域があり、それは日本の周辺部全体の縮図であった。そのリアリティを伝えるには自ら歩き、たまたま出会った地元の老人に助言を受けながら、海水に浸かりながら崖下に歩みを進める以外に方法はなかったのである。

方法としての偶発性

先述したように、宮本は九学会連合佐渡調査に予備調査を含め一九五八〜六〇年の三年間参加しており、牧畜や労働慣行など生業経済の調査を行っている（宮本 1964b）。その際の歩みは行き当たりばったりであり、時折バスに乗車しながらも集落で下りてはその辺の人を見つけて話をし、家に上がり込んで農具や古文書を見せて貰っている。生業経済を捉えるという大きな問いはあるものの、その動きは無計画にも見え、いまだ大学での職を持っていなかった宮本の自由な時間の使い方が見えてくるし、偶発的に出会うことになった周囲の人びとや自然、事物との関係性を蓄積していく方法からは、まさに周囲の環境に開かれた移動身体としてのフィールドワーカーの姿を見ることができる（宮本 2009a）。

宮本は日本観光文化研究所の雑誌『あるくみるきく』（一九六八～八八年）を監修していたことに窺えるように、徒歩が自身の特徴であることに十分自覚的であったし、そのことは自伝『民俗学の旅』などにおいて繰り返し述べられている。

私自身にとって歩くというのはどういうことだったのか。歩くことが好きだったのである。歩いていていろいろのものを見、いろいろのことを考える。喉がかわくと流れの水を飲み、腹がへると木の実やたべられる植物をとってたべた。人にあえば挨拶をした（宮本 1993: 76）。

ここでは周囲の環境や些細な事物への関心が語られているが、彼にとって歩くことは、人に向き合う民俗学上の「方法」であったことも述べられている。

歩きはじめると歩けるところまで歩いた。そうした旅には知人のいることは少ない。だから旅に出て最初によい人に出あうまでは全く心が重い。しかし一日も歩いているときっと次のよい人に出あう。そしてその人の家に泊めてもらう。その人によって次にゆくべきところがきまる。その人の知るよい人のところを教えてもらう。そこへやっていく。さらにそこから次の人を紹介してもらう。しかしその先が続かなくなることがある。そうすると汽車で歩いてみたい場所までいく。そしてまた同じように歩きはじめる（宮本 1993: 113）。

宮本は山口県で書店を営む松村久に触れた文章のなかで、自動車移動の速度について語っている。

松村君の自動車に乗ると実に用心深い。後ろから大きなトラックが来るとかならず道の際に車をよせて通りすぎるのを待つ。また制限速度をこえるようなスピードは出さない。それでいて実によく各地を歩く。この人ならきっとよい本を出してくれるだろう（宮本 1993: 220）。

車の移動を否定はしないが、用心深くゆっくり運転し、車から出て歩くことを評価する。そのような速度感覚を持った人物は良い本を出すのではないかと宮本は期待する。彼にとってフィールドワークとは地に足を付けた低速移動だったし、そこから生まれる周囲の些細な環境や事物との相互の関係構築、人との偶発的な出会いによる物の見方や知識の獲得、それらによって見えてくる民俗学上の課題といったことを統合したものだった。

そして自伝でも繰り返し述べられているように、宮本にとって原初的な徒歩経験は、彼に多大な影響を与えた祖父市五郎とともに故郷周防大島を歩き、糧を得て、世界を広げたことであった。その意味で宮本は近代知識人でありながら、移動身体のありようは一八四六年生まれの祖父から受け継いだ「直近の過去」の普通の人びと、すなわち近世農民の旅そのものだったのである（篠原 2011）。

5　速度とパノラマ的眺望

車窓の巨人

このように宮本の自己認識、また巷間の宮本イメージは、まさに徒歩のフィールドワーカーのお手本のようなものであった。行く先々の土地の物、人と相互に関係を取り結ぶことによって得られる民俗学者としての内在的な理解は、徒歩が生み出す全身体的な知覚と、動力を用いないことで生まれる蛇行的で偶発的な動きによってもたらされていると言ってよいだろう。しかし、このフィールドワーカー像は、宮本の全体を見た時、部分的な事実でしかない。

宮本の年譜（毎日新聞社編 2005a; 2005b; 田村編 2012; 門田・杉本 2013）や調査記録を見るかぎり、彼は一般的なイメージ以上にはるかに汽車や自動車で移動しているし、キャリアの後半になると偶発的で蛇行的な邂逅がもたらされる徒歩の旅という意味では、ほとんど歩いていないとも言ってよい。一九六五年に五八歳で武蔵野美術大学の専任教員として就職してからは、忙しさや年齢もあって歩かなくなっていくが、それに加え従来のように綿密な生活史調査をもとにしたエスノグラフィックな文章を書き表すことから、文化財政策や地域振興の指導や講演へと、学問的方法や地域との関わり方にも変化が訪れたことが関係している。つまりたんに自動車に乗ることによる速度の変化だけでなく、周囲の環境や社会と取り持つ身体性の変化、学問観の変化が絡み合ったものと理解すべきである。

「車窓の民俗学者」宮本のまなざしが顕著に表れているのは、論文やエッセー、あるいは晩年あまり取ることのなくなったフィールドノートといった文字媒体よりも、むしろ彼が「メモがわり」（香月 2013: 16）として大量に残したスナップ写真である。宮本は戦前からカメラを愛用していたが、周防大島文化交流センターに残されているネガは主に一九五〇年代以降のもので、フィルムが高価な時代に一〇万枚とされる写真を残している。

ここでは佐渡で宮本が撮った写真を何枚かピックアップしてそのまなざしについて考えてみたい。図2は外海府《そとかいふ》と呼ばれるエリアで宮本が撮影したものである。このとき宮本は七泊の予定で佐渡を訪れている。写真は未舗装の道路端の墓石群を撮ったものと思われるが、手前の草や肝心の墓石は一部がピンボケしており、動く車から撮影していたことが明白である。当時宮本が使用していたオリンパスペンは露出計が内蔵されておらず、肉眼で測った距離を手動で設定しなければならなかった（赤城 2014）。時速三〇キロメートルの走行だとしても咄嗟に合わせる余裕はない。もとがモノクロ写真なのでわかりにくいが、もしカラー写真であれば盛夏の青々とした稲田と日本海が映え、見る人の視線は墓石ではなく後景に引きつけられただろう。

図3を撮ったとき、宮本は三泊の日程で視察や講演、太鼓芸能集団・鬼太鼓座《おんでこざ》（現鼓童《こどう》）の指導を忙しく行っている。被写体はハサ（ハザ）と呼ばれる稲穂を干す木組みで、映り込んだミラーやワイパーの向きから、助手席からフロントガラス越しに撮った写真と思われる。宮本は自分で運転することはなかったらしく、民俗調査を行っていた若い頃は島内バス移動も行っているが、講演会や指導で招聘される地位になってくると鬼太鼓座の若者や小木民俗博物館の職員が車で送迎を行っていた。[*2] 少し後方から撮っていることもあって焦点はおおむねハサに合っている。しかし、被写体に車のミラーが被るということもさることながら、かつての宮本であれば降車して自ら歩み寄り、ハサの周囲をつぶさに観察したであろうことを考えると懸隔を感じる。

図4、図5のように車窓から人物を捉えた写真も多くなる。図4の女性はゴム手袋をはめ、魚介類か農

図2（1973年7月18日、宮本常一撮影）

図3（1977年3月17日、宮本常一撮影）

図4（1977年3月17日、宮本常一撮影）

図5（1963年12月2日、宮本常一撮影）

作物が乗ったリヤカーを押している。図5の女性は芝を背負い、宮本らの乗った車を慌ててよけている。宮本が佐渡の道端で撮る人物には、道路工事に従事する女性、薪や肥桶を担いで歩く高齢女性のように、重労働を行っている人の姿が多い。かつて「この窮屈な世界」で生きていくことの「容易ならぬ忍耐とあきらめ」を全身体的な知覚で掴み、都市住民や統治権力に窮状を訴えたまなざしはここでもいくらか残ってはいるだろう。

しかし、図5の撮影時、六日間の佐渡滞在中宮本は毎日講演会に呼ばれており、次の予定に急ぐ彼にとって車から下りて女性と直接対話する時間はなかったのかもしれない。第2章で述べたように、宮本の佐渡での関わりは九学会連合調査のときと、その後の時期とで内容的に大きな変化がある。九学会後、宮本が佐渡に向かう目的は地域振興に関わる講演会が主であり、有識者として招聘されるようになると、時間的な制約があり、一気にフィールドからは離れていく。九学会連合調査で佐渡を歩き回った際は道端の人びとと向き合い表情を引き出した写真が多いことを考えると（図6）、宮本の速度変化は他者との関わりにも変化を与えているのである。

佐野眞一は宮本の写真からフィールドワークのスピード変化について、次のように述べていた。

昭和二〇年代から三〇年代はじめにかけては、ほとんど船の上から島を撮った写真で占められている。それらの写真に示されているのは、ゆっくりとした時間の流れである。それが昭和三〇年代のなかばになると、列車のなかから撮った車窓風景が多くなる。写真の時間は少しスピードをましてくる。昭和四〇年代になると車のなかから撮ったものがふえはじめ、写真の時間はますますスピードをましてくる。そして昭和五〇年代にはいると、空撮写真が目立ちはじめ、写真の時間はもはや人間の手の

図6（1959年8月7日、宮本常一撮影）

図7（1971年8月1日、宮本常一撮影）

届かないところまでスピードをあげている。私は宮本が撮影した写真を眺めながら、戦後の日本人が歩んだ速度というものがここに凝縮されていると思った。戦後の日本については百人百様なことがいわれるが、一言でいえば、より速く、というテーマに向かってまっしぐらに突き進んできた歴史だといえよう。宮本の写真はそのことを如実に物語っている（佐野 2000: 178-179）。

佐野の指摘のように、宮本が車窓の人となっていくのは決して彼自身の変化だけではなかった。図7は一九七一年に三泊四日で学生指導のため来島した際、道端の車列を撮影したものである。駐車場の花輪から見ると何らかの店舗が開業し、客が殺到している様子と予想される。あるいは中古車屋の開業で、車列自体が商品の可能性もあるし、花輪の色が紅白ではなく白黒だった可能性もあり、だとすれば葬列である。しかし、いずれにせよ離島社会へのオートモビリティの到来が明示された写真であり、撮影者自身もまた車から映し出している。佐渡も宮本も「自動車からの景観《オートスケープ》」に埋め込まれつつあったのだ。

全体へのまなざし

このように宮本は巷間で思われている以上に自動車や鉄道の速度で移動しており、そこでの移動身体のありようは古典的なフィールドワーカーのものというより、自動車を入手し自由なモビリティを手にした同時代の日本の人びとに類するものだった。ゆえに「宮本＝徒歩のフィールドワーカー」という図式でのみ理解することは、人びとの願望が生み出した宮本像だと述べてよい。当の宮本自身も、自己定義として徒歩を強調するにもかかわらず、彼の言説にはそれと相反するかのように当初から速度を伴う知覚経験への関心が多く語られている。たとえば自伝に記されている、出郷の際に父善十郎から宮本が言われた十箇条は汽車の重要性から始まる。

汽車へ乗ったら窓から外をよく見よ、田や畑に何が植えられているか、育ちがよいかわるいか、村の家が大きいか小さいか、瓦屋根か草葺きか、そういうこともよく見ることだ（宮本 1993: 37）。

車窓からの観察を促す父の助言は、宮本の著作において民俗調査の基本として言い換えられている。子ども向けの教科書として書かれた『日本の村』では、民俗事象の観察方法として汽車から見る意義を次のように述べる。「遠くはなれている二つの土地で、たいへんよく似たことがおこなわれていたり、すぐとなりの村で、まったくちがっていることがおこなわれていたりするものです」（宮本 1968: 183）。この本の挿絵として、国鉄鹿児島本線と長崎線の車内から見て宮本が描いた民家のスケッチが掲載されているが、これはまさにシヴェルブシュが述べた、鉄道が異なる二つの地点を結びつけ、新たな考えを生成するパノラマ的眺望に他ならない。さらに「汽車は走っているのですから、すぐゆきすぎてしまって、ていねいにはかけません。それでもたくさんたまると参考になることが多いのです」（宮本 1968: 183）と述べ、速度が逆に観察事例の量的蓄積を可能にすることが示唆されている。

パノラマ的眺望に窺える宮本の関心は、徒歩の速度では把握することのできない「全体」への欲望であると言ってよい。このことは宮本が航空機に乗って空から土地を把握することに並々ならぬ関心を持っていたこととも繋がっており、フィールドワークを通じて社会のホリスティック（全体論的）な把握をしようとする近代的知性の発露である。

言い換えるとフィールドワーカーとしての彼の視野は、全体論を基礎的概念としてきた社会人類学とも相似している。浜本満はマルセル・グリオールやブラニスラウ・マリノフスキを例に、人類学者における全体把握への欲望について論じている。西アフリカでドゴンの人びとを調査したフランスの人類学者グリオールは、フィールドワーカーが把握できる社会的事実が部分的で限界があることに苛まれ、航空写真の活用や地元の共同研究者との対話的関係を通じ、ドゴンの知を見渡せる観察地点の確保に躍起になる。グリオールは「外来の観察者の視界が部分的で制約されているという事実の上になされる特権的な立脚点」を追求しようとしていた。この立脚点は「そこに立ったときに社会がまさにその全体性を一望のもとにあらわす」（浜本 2005: 110）特異点である。

インフラへの親和性

このように全体を見渡すための特異点へのこだわりは、宮本における航空写真[*3]や動力移動へのこだわりに加え、高い山に登る意義としてさらに強調される。宮本は子どもの頃から父と周防大島の山に登り、薪を集める傍ら、見晴らしの良い山頂から中四国の山々や島を見渡し、父から各地の伝説や産物、交通など、「在来の地理教育」を受けたと述べている（宮本 1986c: 107）。この教えは宮本の民俗学教育に変換され、次のようにパラフレーズされる。

> 民俗の調査の中でいちばん大切なことはまず見ることだと思う。あらゆることを見るのである。その中でも、とくに大切なことは高いところへ上って自分の調べようとする村と、村をとりまく自然環境を見ることである（宮本 1986c: 54）。

だとすれば宮本は、低速度の徒歩で土を踏みしめながら人びとや動植物と相互の関係を取り結び、細部の観察や経験則に基づいたヴァナキュラーな知を生み出すことに絶対的価値を置いているように見えながら、実のところその移動身体のありようは、速度と不可分な、離れた場所の結びつきを見出し全貌把握を行い、時速六〇キロメートルのスケールでなければ想像できない全体像を描くことにも強い関心があったのではないだろうか。より正確には、篠原徹が述べたように、宮本の移動身体は確かにある部分で近世農民的な環境に埋め込まれた徒歩の旅に裏付けられていると同時に、速度や高度を得て遠景を眺望し、抽象化された審美眼で風景をマクロに捉えようとする近代のフィールドワーカー的なまなざしが、若い頃よりきわめて強く志向されていたのだ。

この一見相反するパースペクティブの同居は、宮本が農山漁村の人びととのローカルな暮らしをエスノグラフィックに捉えながらも、道路や港湾、電気、社会教育などの近代的なインフラストラクチャーや制度の導入を求める開発主義者的スタンスが同居していたことにも窺える。実際宮本は、フィールドワーカーとして道なき道を歩く意義を強調する一方で、そのような道しか存在しない離島地域に一刻も早く本土並みの道路が整備されることを訴えてもいた。直線的で速度の出る高規格の道路や交通網の整備を求め、「資本主義経済機構へ正しい仲間入り」（宮本 1969: 37）を訴えるそのスタンスは、離島や地方が国土開発で軽視されてきたことへの義憤だけでなく、彼自身がオートモビリティのもたらす恩恵に親和性がなければ出てこない発想である。

したがって、宮本がキャリア後半になって歩かなくなったのは、地位や忙しさによる環境との関係の変容というよりも、むしろ若い頃から彼のなかに同居していた動力機械や近代的インフラストラクチャーへの肯定的思考が発露したものであると言ってよいだろう。宮本はフィールドワークを通じて「世間」という名の新たな現実を切り拓こうとしていた。その世間＝全体は広大なものである。限られた時間と資力のなかでそこに至るには速度が必要で、それを支えるインフラも不可欠であり、こうした志向性にはオートモビリティ時代のフィールドワーカーの祖型を見出すことができるだろう。

しかし、現在そこからわれわれが学べるものは実はそれほど多くない。人とモノが地域を遙かに超えてグローバル化していく時代に、車のような中速度の動力で動ける範囲を見たところで「全体」把握にはなりえない。そもそも人びとの生活やそれを支える制度、インフラストラクチャー、知識、財が脱空間化していく時に一体何を「全体」として位置づけるべきか、自明ではない。宮本が想像した「全体」が仮に「日本」や「日本文化」の範疇として想像された空間と重なりあっていたとすれば、古典的民俗学の限界を宮本もまた引き受けていたことになるだろう。むしろフィールドワーカーとしての宮本から建設的アイディアを引き出せるとすれば、速さと遅さの相矛盾する速度が奇妙に同居するその移動身体のありようである。それは以下で述べるように、本章の結論になるだろう。

6　徒歩と輸送

人類学者のティム・インゴルドは、『ラインズ』のなかでイヌイットやオロチョン、バテクなどの民族集団に関する民族誌を参照しつつ、「何かに沿って進んでいく」散歩のような徒歩旅行（wayfaring）と、「何かを横断していく」輸送（transport）という二つの移動の違いを指摘している（インゴルド 2014）。食料確保の移動を含む徒歩旅行は、最終目的地を持たずに絶えず動いている状態であり、道に沿って開けてくる土地、風景、動物などと積極的に関わる。目・耳・肌など全身体で環境を知覚し、ふるまいを調整する。徒歩旅行は生活の道に沿って成長する「生きるための方法」で、そのラインはねじれて絡み合い、ゆえにその絡み合いの踏み跡（trail）は野生の塊根にも喩えられる。このような身体経験は、インゴルドのフィールドであるラップランドの、サーミの人びとがスノーモービルを使っていても機械を身体の一部のごとく扱っているように、動力の有無は関係がないという。

これに対して輸送は目的地志向で、ある位置から別の位置へ道路や空路を直線的に横断してゆくことである。近代の旅行のように、移動者は客室に閉じこもり目的地以外では場所の事物や人びととの関係構築を避ける。目的地の連鎖から成る近代観光もまた輸送の一種である。「機械的手段を使用するかしないかではなく、徒歩旅行に見られる移動と知覚とのつながりの消失によって区別される」（インゴルド 2014: 129）。このように、インゴルドは最終目的地点の有無、環境との相互作用、ラインの形状によって徒歩旅行と輸送を分けている。速度に関しても、徒歩旅行ではスピードを問うことは無意味だが、輸送においてはスピードが際限なく向上されると述べる（インゴルド 2014: 164）。

いうまでもなくインゴルドの述べる移動の二分法は、宮本常一における二つの相反する移動身体のあり方を別様に表現したものだ。だが宮本が特異なのは、インゴルドの理解では決して交錯することのない二つの移動の仕方が、本人にどの程度自覚されていたかはさておき、一つの身体のなかに併存していたということである。これはたんに、日頃忙しく航空機や高速鉄道で出張を行っている人がたまの休みに都市を目的なく遊歩したり、里山で動植物に触れ合いながら散歩したりするといったような、一人の人間が徒歩旅行的な移動と輸送的な移動とを意識的に切り替えて経験するのとは異なる。インゴルドが言うように徒歩旅行が「生きるための技法」であるとすれば、それは自覚以前の根源的な移動身体のありようなのであり、そのときどきに「コト消費」的に選択できるものと同じではない。

近代的知識人の一種としてのフィールドワーカーは、方法として「徒歩旅行」を学習して身につけ、フィールドと日常との往還のなかで意識的に移動身体を切り替える必要がある。それに対して、宮本常一のフィールドワーカーとしての特異性は、そのような徒歩旅行的な身体性が幼少期からの生活のなかで身につき、自覚以前のものとして内在化していた。加えて宮本は、近代主義的な離島振興のロビイストとして、速度やインフラに肯定的な志向を有していたし、旅における「全体」への欲望もまたその志向性を後押ししていた。その両極が宮本において同居していることは彼のフィールドワーカーとしての特異性であり、いずれかの側面だけを過度に強調することは不可能である。

現代社会では、インゴルドが述べたように移動がますます二極化し、それぞれの極で新たな解釈を経て進展している。とりわけ移動の高速性や多動へのバックラッシュは、ツーリズムにおいては環境保護的な Flight Shame 運動[*4]やスロートラベルの提唱、徒歩巡礼の見直しなどで顕在化している。また「全体」の不透明性の高まりとグローバル化する社会を背景に、人類学や民俗学などフィールドワークの学問においては、宮本のような「動きすぎる」調査手法よりも、むしろ定点観測的に一地点から見上げることの意味もいまだからこそあるだろう（高橋 2019: 141）。

その際にやはりフィールドワーカーが自覚するべきは、自らの移動身体を支える動力やインフラの問題である。本章で示してきたように、人間が世界を知覚し、表象するあり方はその人がどのような手段を使い、いかなる速度で動いているのかと大きく関わっている。自動車やバイクに乗る人と歩いている人とでは、世界の把握の仕方が異なるだろうし、描くエスノグラフィーにも差異が出てくるはずだ。近年、フィールドワークのプロセス自体を再帰的に書き表す書籍が増えつつあり、極北研究者が犬橇《いぬぞり》をどう習得し、その移動経験がフィールド調査にどのような影響を与えるのかなど、興味深い議論が増えつつある（的場2014）。しかし、極北の犬橇やスノーモービル、砂漠のラクダなどいかにも特徴的な移動手段だけが論ずるに値するわけではない。移動身体がモビリティの手段に開かれたものだとすれば、移動手段について描くことはフィールドワーカーが自身の身体性を再帰的に取り込んだエスノグラフィーを描くことにも繋がるに違いない。

第5章　博物館と住民参加――「佐渡國小木民俗博物館」にみるローカルな文化運動

1　近代化から内発的発展へ

前章まで宮本常一という視点を通して、島々が国土開発の一環に取り込まれ、資本主義やインフラストラクチャー、あるいはモビリティといった「近代」を経験しつつあったことを描いてきた。それは「遅れ」を取り戻そうとする島の人びと自身の望みでもあるとともに、宮本が離島振興を通じて中央に代弁してきた声でもあった。

一九六〇年代後半に至る頃には宮本は離島振興法のような高率の補助金に依存した地域開発は失敗だったという論調に転換し、現実政治から意識的に距離を取るようになっていく。政治と宮本を繋いでいた渋沢敬三の死去（一九六三年一〇月二五日）はそのきっかけの一つだろうし、六五年から武蔵野美術大学で教えるようになったことも無関係ではない。しかし過疎地域振興の打開策と期待した離島振興法や山村振興法が思ったとおりの効果を上げず、依然として周辺地域の劣位構造が変わっていないという自覚がなければ、政治との距離を取ることもなかった。

代わりに宮本が期待を抱いたのは、「地域住民の自覚と実践力を主体にした振興対策」であり、「自分たちの住む社会を見直す運動」（宮本 1993: 216）だった。これは補助金や政治家といった外部の権力に頼る地域開発ではなく、同時代の日本や欧米で展開した社会運動や内発的発展論（鶴見 1989）に共振する活動であり、宮本はそれを支援するというかたちで関わっていく。ここで宮本が言う「運動」とは、社会運動や住民運動などとして使われるのと同様に、現状の変革のための組織的・集団的行動である（道場・成 2004: 4）。佐渡に暮らす人びとの日常生活や文化をめぐる運動という意味では、文化運動と称してもよい。

では、そのような動きを取ったことは、宮本自身にとって従前の「政治的」な地域振興策に携わったこといかなる一貫性や連続性を持っていたのだろうか。また、文化運動はもとより、地域開発や政治的な動きにも特段関わってこなかった佐渡の人びとはどのようなプロセスで、この動きに関わるようになったのか、またそこで宮本はいかなる役割を果たしたのか。第2章で述べたように文化をめぐる運動や開発を直接支援するようになる晩年の宮本の変化は「文化運動への退却戦」と言えるかどうか、従来民俗学や思想史研究において十分に検討されてきたとは言いがたい。評伝や新聞記事などでは宮本を語る際の中心的な話題としてしばしば取りあげられ、〝地域づくり指導者〟として持ち上げられるわりに学術的検討の俎上に上がってこなかったことは、そこに学術的な意義が見込まれていなかったということでもある。はたして、そうだろうか。

本章では一九七〇年代初頭に、住民が参加して佐渡の廃校舎を活用し、民具を集め、民俗博物館を開館するまでの動きをローカルな文化運動の一例として取り上げ、離島における民俗学的実践と広義の政治との関わりについて考えたい。

2　運動拠点としての学校

小さな博物館から

佐渡の南端、旧小木町の宿根木《しゅくねぎ》という集落の段丘上に博物館がある（図1）。佐渡國小木民俗博物館と言い、生活文化（民俗）を中心とした展示を行っている。内装を見ればわかるように、この博物館はかつて宿根木小学校として使われていた校舎をそのまま転用したものである。実際に展示室となっているのは元教室であり、木の廊下や小さな椅子・机など、展示品だけでなく建物の作りもまた見学者の心を捉えている。

展示室は新旧二つに分かれており、南佐渡の民具が三万点あまり展示されている。旧校舎を利用した旧館は教室と廊下を展示室にしており、それぞれに「衣」「信仰」「陶器」「生活道具」「大型展示室」と名づけられている。展示室に入ると品数の多さと、まるで骨董品屋に入ったかのような雑然とした物の配置に圧倒される。たとえば「信仰」の部屋では、仏壇や御札、数珠、年中行事で使う太鼓、石の大黒様、神棚など、きわめて多種類の展示品がぎっしりと並べられている。体育館として使われていた少し広い展示室には、二階建ての木製展示棚が作られ、カメラや時計といった工業製品も並んでいる。

新館は一九八四年に建設された国指定重要有形民俗文化財の展示室である。その他に白山丸と名づけられた原寸大の復元和船の展示場もある。近世末期まで宿根木では弁財船という和船が多く建造されたが、後年になって集落の家の修繕板として使用されていた船の板図（設計図）が発見された。白山丸はそれを元に復元され、博物館の一部として展示されている。

図１　小木民俗博物館の内部

図２　北前船で佐渡に運ばれてきた伊万里焼

佐渡には博物館・資料館と名のつく施設が八ヶ所あるが（二〇二三年現在）、年間一万七〇〇〇人が訪れる小木民俗博物館は「佐渡奉行所」に次ぐ集客数がある。[*1] ただ、この博物館をたんにレトロな文化施設と捉えるだけでは不十分である。それだけなら、より洗練された展示やカフェを併設した今風の施設は他にいくらでもある。むしろこの博物館の特色は「住民参加」の概念が今のように人口に膾炙するかなり前に、地元民が関わることで立ち上がったその歴史にある。

加えて興味深いことに、この博物館では同種の物が複数配置されている（図2）。一般に博物館では同種のものは複数展示しない。美術館と異なり、民俗博物館ではモノそれ自体にではなく、モノに刻まれた人びとの日常や歴史に価値があり、モノはあくまでそれを訪問者に伝えるための媒介であるからだ。ここで同種のモノが複数並んでいる理由は設立時のコンセプト作りにおいて宮本常一が関わり、彼の思想が実際にモノを集めた住民に共有されていたからである。このように宮本や都市部の若者と佐渡の若者との交流のなかで博物館の構想と活用が練られた点を考えると、小木民俗博物館は文化運動のなかで立ち上がった場だと言ってよい。

過疎化と廃校

小木民俗博物館の歴史性そのものに運動的な意義があるならば、その前提となる廃校舎について時代状況と照らし合わせながら整理する必要があるだろう。二一世紀の文脈では廃校の再活用は地域活性化やコミュニティデザインにおいて頻出するものであり、過疎地域の少子化と廃校舎の増加を背景に、地域住民が主体となって管理やリノベーションを行い、簡易宿所やカフェ、販売所にするまでのプロセスが一種の型になっている（農文協 2010）。それは住民参加型の地域開発における中心事業の一つだと言ってよい。

近年は学校数が減少している。現在日本には約三万校の小中学校があるが[*2]、すでに一九六〇年代以前より学校数の減少は始まっている（村井 2007）。平成の大合併以降はそれが加速し、二〇〇二年から二〇二〇年のあいだに初等・中等教育の計八五八〇校が閉校した。この間の閉校の多い地域は北海道、熊本、広島、新潟の順であり、その前の時期の一九九〇年代にはこれらに加えて東京や千葉でも閉校数が多く、少子高齢化の著しい山間部を多く抱える地域と都心部で顕著となっていることがわかる（杉本 2023: 4）。

杉本によると、新潟県内の学校は減少が顕著である。たとえば、小学校は一九九二年の七六九校が二〇二一年の四四四校にまで減少し、二八年間での県内の小学校閉校数は三二五校に上る（杉本 2023: 4）。いわゆる僻地教育は、戦後しばらくまでは分校を設置することで実施されてきたが、少子化の進展やバス送迎等のできるインフラが整備されたことで、小規模校は統廃合が進んだ（若林 1999）。

統廃合を加速させたのが自治体の再編である。佐渡では一市七町二村に分かれていた行政区分が二〇〇四年三月末に統合され、新制佐渡市となった。その時点で、三七校の小学校（分校を含む）、一六校の中学校が存在していた。合併の目的の一つが行政のスリム化にあったため、市は二〇〇六年、一二年後の二〇一八年までに小学校を一七校に、中学校を一〇校に統廃合する計画を打ち出した（佐渡市 2006）。統廃合は地元住民の反対もあって計画どおりには進まなかったものの、二〇一八年度までに小学校は二一校に、中学校は一三校にまで減少している。島にはかつて、分校を合わせて実に八二の小学校が存在し、一九六〇年代後半よりすでに統廃合が始まっていたのだが（新潟県教職員組合佐渡支部編 2015）、二〇〇〇年代の統廃合計画はかつてない大規模なものとなった。一五歳未満の市域人口も一九六〇年から二〇二〇年の五五年間で三万四七七七人から五一五一人に減少しており、この間の減少率八五パーセントは、総人口の減少率五五パーセントを大きく上回っている。学校の統廃合が少子化に起因することは明らかで、残っている学校でも小中連携校として規模を保ったり、さらなる統廃合が計画されたりしている（佐渡市 2022）。

統廃合計画が市民に与えたインパクトは大きく、学校が近隣になくなった場合、在校生の通学をどうするかという通学の問題が中心的に議論された。同時に、閉校後の校舎はどうなるのかという問題も関心を集め、それは保護者だけでなく年配の地域住民の関心事となった。過疎地域の学校は、多くの場合集落の中心部に立地していたり、複数集落が集まって一つの学区を形成している場合、校舎は各集落の中間点にあったりする。つまり学校は人びとの生活空間の中心地点にあって、子どものいない人にとっても学校の存在は大きい。ゆえに校舎問題とは、地域のコア施設を閉校後も何らかのかたちで残すには、どのようにすれば良いかという課題だった。

広井良典は、離島や農山村においてかつて学校は地域のハブ（結節点）であったと述べ、それが現在では病院や高齢者施設に移りつつあると指摘している（広井 2009）。たしかに現在、佐渡では総合病院とその周辺が一番の「賑わい」を見せている。ハブとは車輪の細いスポークが一点に集まった車軸のことを指す。かつて学校はコミュニティのハブとして機能し、子どもと保護者、それに学区（校区）をつなぐ場所にもなっていた。ゆえに閉校は地域住民に強い喪失感をもたらすものであり、二〇一〇年代以降、増え続ける廃校舎の再活用とコミュニティ活性化の取り組みが官民を挙げて見られるようになった。

村と教員

廃校舎の再活用は経費面に加え、合意形成や維持管理の面で過疎地域には負担が大きく、話題になるにもかかわらず実際に成功している取り組みはそれほど多くない。それを考えると、一九七〇年代に旧宿根木小学校の校舎を転用し、住民参加によって民具を集めて民俗資料館として開館し、事後的に公立の博物館になった小木民俗博物館は二一世紀の廃校ブームの遙か前の再活用例であり、ひとまず成功例だと言ってよいだろう。

ただ、その事例を宮本だけの「手柄」として表現することはできない。私たちは二〇一〇年から佐渡でコミュニティ・ハブという概念を軸とした廃校舎の再活用に関わる人類学的なアクションリサーチに取り組み、その一環として小木民俗博物館の歴史、地域との関わり、活性化に向けた取り組みを図ってきた(小西・門田・杉本 2014; 小西 2018)。研究チームの一員であった岡田愛により、現在の博物館のかたちができるまでには閉校以前から積極的に地域と関わってきた教員の社会教育活動があり、そうした歴史的な文脈の上で宮本らの活動が展開したことが明らかとなった。

宿根木小学校は一八七八年に小木小学校分校として開校した。当初は現博物館から三〇〇メートルほど西にある宿根木集落のなかで、寺院を校舎としており、分校から本校への昇格を機にその脇に新校舎が建てられた。だが狭い集落内では十分な学習環境が得られないことから、一九二一年に高台へと新築移転した。したがって現在博物館に使われている建物はすでに築一〇〇年を超えることになる。宿根木小学校は宿根木、琴浦、強清水《こわしみず》という近隣三集落の児童が通い、最盛期には一四〇名の児童がいたが、ベビーブーム世代が卒業すると減り始め、一九六八年には複式学級となった。道路整備とバス路線開通に伴って町場に通学できる体制が整ったことから、一九七〇年三月に閉校した。

自動車通勤が一般的でなかった時代、教員が学校付近に下宿することが珍しくなかった。岡田は集落での聞き取りや史料調査から、旧宿根木小学校では地域社会と教員が密接に関わりながら、学校教育を超えた社会教育や啓蒙活動が行われていたことを指摘している(岡田 2019)。たとえば、教員であった佐々木健次は一九四八〜六二年のあいだに夫婦で赴任し、放課後の児童補習や中高生対象の無償の夜学を開き、勉強だけでなく碁や写真術なども指導した。また青年学級を開いて耕作指導を行ったり、岩波書店の雑誌『世界』をテキストとした演習も行ったりし、住民としばしば酒を交わしたという。また酒川哲保《さけがわてつぽ》は一九四九〜五四年に赴任し、宿根木の自治組織「部落振興会」を設立支援したり、同じ学区である隣の琴浦集落において養豚の導入を促したり、知人の地質学者を呼んで横井戸発掘を指導し、開田や灌漑施設の拡充を促したりした。

ローカルリーダーの誕生

こうした教員たちの活動は、地元にとっては外部の知との接続機会であった。昭和二〇年代の佐渡の漁村では、酒川に言わせると「旧中等学校[*3]の卒業生が一人もなく、新制中学に進むと殆どが学問が嫌いになる」傾向にあった（酒川 1953: 64）。ゆえにそのような住民は「抽象的なまわり道」を経た思考ができず、地域の課題を認識したり解決のための議論を行ったりということが不得手であったという。赴任した教員たちが行った地元住民への社会教育は啓蒙主義的な色彩が強く、現代のまちづくりの観点から見ればトップダウンの色彩が強いが、膝をつき合わせた夜学や青年学級での議論を通じて、琴浦や宿根木の住民は農漁業や地域を「経営」や「制度化」といった観点で考えることができるようになった（岡田 2019: 26）。

加えて、佐々木や酒川らの社会教育活動は地域社会のリーダー層を生み出すことにも繋がった。特に宿根木・称光寺の住職であった林道明《はやしどうみょう》は、酒川らが支援した部落振興会や新しい農作物の耕作指導などに共同で関わるなかで児童や青年層への指導を行い、青年たちが発行するようになったガリ版刷りの広報誌『つくし』の刊行支援を行うなど、地域のリーダー、あるいはローカルな文化人として、社会教育への目を開いていく。愛媛県内子町の寺に生まれ、浅草や藤沢で修行をしたあとに宿根木に入山した林もまた、地域にとっては外部の知であった（林 1981）。こうしたリーダーが育ち、当該地域の住民が「新時代の社会性や科学技術」（酒川 1953: 64）を取り入れるようになったこと自体、岡田は「その後訪れる宮本常一など外部者の提言を柔軟に受け入れる次のまちづくりの素地」になり、主体的な住民参加へと繋がっていったことを指摘している（岡田 2019: 26）。そのような視座で、廃校となった宿根木小学校校舎をめぐる運動を見ていきたい。

3　小木民俗博物館

住民による民具収集

一九七〇年三月に宿根木小学校が閉校し、小木小学校に統合されることで、廃校舎の利用をどうするのか地元で議論され始めた。当初はメリヤス工場に転用されるのではないかといった噂が流れ、地元からは母校を工場にするより文化施設へ転用したいとする意見が出るようになった。こうして徐々に博物館へ転用する方向へと議論が向かっていった（鼓童 1989: 8）。

それと前後するように、一九六〇年代末になると林道明や、小木町役場の職員である中堀均《なかぼりひとし》らが中心になって民具を収集し始めていた。その背景には古い生活道具が省みられなくなった時代状況がある。高度経済成長期の当時、古い生活道具が大量に捨てられており、南佐渡も例外ではなかった。その一方で全国的に骨董品ブームが起こり、その経済的価値を見抜く古物商が佐渡にもやってきて二束三文で買い取り、島外に散逸する状況があった。地元紙には「民具の流出を防ごう」という記事が載り、両津市では業者の買い占めに対して社会教育課職員が散逸防止を住民に訴える事態になっているという記事が掲載されている。[*4] 当時の惨状を林は次のように訴える。

やくざ同様な買い出し人が出稼ぎ後の女の世帯に上がりこんで、自分たちで代価をきめ、もって行った例もある。最近は行商人をよそおって衣服や台所用品等、女や子供の喜びそうな品と交換して伊万里のそばちょくや、神棚のおみき徳利をもって行く。そのうえいやなことは、土地の人達が古道具屋のような真似をはじめて、ますます民具等の収集を困難にしていることである。佐渡は観光地として特に人の出入りが多く、観光客やキャメラマン、雑誌の取材等と自称して僻村へ入り込み辻の石地蔵から、堂内の花瓶に至るまでさらって行く（林 1976: 9）。

佐渡には北前船の長い歴史によって西日本の陶磁器などがかなり使用されていたが、島の人びとの目は古いものよりも新しい商品に向いていた。離島における商品経済への憧れと、都市における古道具の商品価値向上がバーターとなり、民具は急速な勢いで流出した。抗しがたい流れのなかにいた「古道具屋のような真似」を行う地元の人だけを責めるのは難しい。その人もまた、都市的な消費社会の仕組みに取り込まれていたのである。こうした人びとの根底には自分自身の暮らしを低く見て、価値のないものとして見なす考えがある。たたき売られる民具は、島の人びととの自分たちの暮らしに対する、自己評価のアナロジーである。逆に考えると、民具を集めて地元に留め置くことは、生活への意識転換につながる可能性がある。

戦後、教員らと協力し部落振興会を立ち上げた林は、一九六〇年代には小木公民館長となって町の老人クラブとも関わるようになっていた。そこで老人クラブや中堀均らの協力を得て民具収集を開始する。はじめ、民具は檀家の蔵などを借りて保管していたがすぐに満杯になり、小木町長・金子繁にちょうど閉校した宿根木小学校の校舎の使用を依頼した。金子は次のように回想する。

宿根木部落の老人クラブの数人が町長室へ現われた。用件は老人クラブでは趣味で、各家庭で不要になった民具を集めているが、すでに置く所がない。部落の個人の土蔵を一時借用したが、それも〝満杯〟になって困っている。広い小学校舎は廃校になるので一部を利用させてくれとのことであった（金子 1990: 558）。

金子は三教室の使用許可を出したが、すぐにそれも埋まってしまうほど多くの住民が民具を提供した。許可を出して数日後に校舎を見に行った金子は、六つの教室に「ギッシリと持ち込まれた民具の山」に驚き、「約束が違うと言いたいが、案内してくれた人びとが意欲的であることと、真剣なのに心を打たれ、既成事実の前に遂に黙認」し、校舎を資料館として使うことを認めることになった（金子 1990: 558）。金子によると、老人クラブが民具収集に奮起した理由として、「国中や羽茂に比較して約十年位開発の遅れた岬の村々にも、戦中戦後の苦難な時期に放置された住宅や作業場の新築機運が漸く高ま」るなかで、「愛着をもっていた昔からの使い道具が焼かれたり、海へ捨てられて、一掃されることが必至となったことが直接刺激になった」（金子 1990: 558）という。

林の片腕として民具収集に当初から関わった中堀均は、「はじめは、選定しながら物を収集していたが、途中から——くれるものは、なんでももらいます」となり、当初のもくろみどおりの完全な自主的供出は困難であったため、自ら足を運んで収集したと述べている（中堀 1983: 59-60）。この頃佐渡では民家の建て替えが急速に進んでいたため、取り壊された家から不要な道具を集めることにし、大工から情報を得てトラックで乗りつけて収集した。ある程度集まって一部を展示すると、周辺住民がやってきては自分の家にもあると言って自主的に提供してくれるようになったという。一九七〇年五月に小木町教育委員会が博物館設立準備委員会を立ち上げる頃には、隣の琴浦集落で研究活動をしていた武蔵野美術大学の学生グループも協力するようになった。このように宿根木の博物館は地域のリーダーと住民たちが主体的に取り組むことでスタートしたのである。

ハブとしての宮本と「場」の形成

では、そこに宮本はどのように関わったのだろうか。宮本は六二年から宿根木を含む南佐渡の農業指導や青年層への講演活動に携わるようになる。一九七〇年五月二～六日に相川町史監修[*5]のため相川町を訪れたあと南佐渡を一巡し、宿根木にも立ち寄った。そこで集められた民具を初めて見て、「海に関するものを中心に集めてはどうか」と意見を述べたと言う（中堀 1983: 60）。宮本は宿根木小学校が閉校し、校舎の再活用をめぐって議論がなされ民具収集が始まった頃には、病気のため佐渡に渡っていなかった。さまざまな媒体で博物館は宮本の発案であるかのように書かれることがあり、また小木町の金子町長も博物館建設運動に「この頃宿根木部落へしばしば立ち寄っていた武蔵野美術大学教授・民俗学者宮本常一先生の影響が、直接あった」と書いているが（金子 1990: 559）、宮本が民具関係で進言や指導を始めるのはこの五月の訪問以降であると思われ、最初の動きは地元の人びとからのものであったと言ってよい。

一九七〇年八月、宮本はかねてより交流のあった田耕《でんたがやす》に依頼され、彼が九月に佐渡で開くイベント「おんでこ座夏期学校」の「校長」として招かれた。田がのちに設立する鬼太鼓座については次章であらためて論じるが、田が島の芸能を継承し、若者たちと文化復興のために集団を結成しようとしたときに頼ったのが宮本や、宮本が九学会連合調査でともに活動した佐渡の高校教員、本間雅彦である（本間 1994a: 11-13）。翌一九七一年は佐渡で芽生えつつあったさまざまな運動体が有機的に結びつき、同時多発的に動きはじめた年だった。この年八月一日〜四日のあいだに佐渡を訪れた際の行動を、宮本の日記からまとめるとそのことが窺える（毎日新聞社編 2005b: 268）。

［一九七一年八月一日］宮本は港で田耕に迎えられ、畑野町にあった本間雅彦の妻の生家を宿舎に練習を行っていた鬼太鼓座へ行き励ます。その後、琴浦集落で民家調査を行っていた武蔵野美術大学の学生、林道明らが合流した交歓会に参加した。
［八月二日］佐渡の青年たちを相手に地域づくりに関する一時間ほどの講演を行う。小木町役場で助役に挨拶をし、琴浦に行き、学生指導。その後、旧宿根木小学校に集められた民具を視察に行った。宮本の日記には「よくあつめている。大工道具面白し」とある。
［八月三日］学生が調査を行っている琴浦で民家を三軒ほど見物。午後、林道明が住職を務める称光寺で休み、夜は琴浦で地元の青年や武蔵美の学生、鬼太鼓座の若者とともに深夜二時まで酒を飲みながら議論を交わす。同様のメンバーでの議論を同年一一月二八日にも行っており、博物館の開館について話し合っている。

ここに出てくる鬼太鼓座、琴浦集落の青年たち、武蔵美の学生、宿根木集落の林は、もともと接点があ

図3　博物館に集められた写真を見る宮本（右）と林（左）。1972年3月18日、石塚邦博氏撮影、小木民俗博物館所蔵。

るわけではなく歩いて行ける距離に住んでいるわけでもない。外来者である宮本がやってくることによって互いに行き来が生まれている。とりわけ結成されたばかりの鬼太鼓座には、宮本がたびたび激励に訪れており（河内 2004: 453）、宮本を通して宿根木や琴浦の若者とつながりを持つことは彼らの定着を左右する重要な出来事であった。

民具の殿堂

民具の集められた旧宿根木小の廃校舎は、二年の準備期間を経た一九七二年六月一四日に「佐渡國小木民俗博物館」として開館した。館長には林道明が就いている。目立たない記事ではあるが、地元紙は「民具の殿堂オープン」との見出しで、「町が二年がかりで収集した民具約五千点が展示されており、島内では珍しい大規模なもの。すでに大工道具、日用品、農機具類、神事、仏事、陶器などに分類が終わり、連日見物者が訪れている」と報じている。[*6] 博物館の記念祝賀会には宮本も訪れ、記念講演を行った

（金子 1990: 560）。

一九七三年三月までにさらに船大工道具・和船資料一〇三四点、一九七四年三月に南佐渡の漁撈用具一二九三点を集め、これらは一九七四年一一月一九日、「南佐渡の漁撈習俗」として国の重要民俗資料に指定された。その関係で地元の若者や宮本を執筆陣に含む『南佐渡の漁撈習俗』というこの地域に関するエスノグラフィーが急遽発刊され（第9章）、一九七六年三月には文化財のための収蔵庫が完成し、次いで一九八四年三月には宮本が生前指導した新館（小木民俗資料館）も開館している。新館は農林水産省・農業構造改善事業の補助事業で建設された。[*7]

以上のような一九七〇年代のさまざまな活動の集大成とも言えるのが、一九七四年九月七日〜一〇日のあいだに博物館や宿根木公会堂で開かれた「第一回日本海大学講座」だった。「佐渡を考える」を掲げたこの講座は島内だけでなく東京や新潟から集まった一〇〇名超の若者が、連日深夜まで島の農業、仲間作り、生きがいなどについて討論を行った。また講座を契機として、地元の若者が現代版の「若衆宿」を作り、日常的に集まり討論できる場を形成した。[*8] 博物館設立運動を通じて形成された人材やネットワークが、こうして次なる活動を生み出す土台になっていたのである。日本海大学講座など文化運動としての「学び」については次章であらためて取り上げたい。

民俗博物館設立の動きが見られた一九七〇年代はじめの南佐渡、特に小木町は武蔵美の学生たちや、鬼太鼓座、地元青年が多数出入りする場所になっていた。開館前後、小木民俗博物館では展示用の民家移築作業があり、そこでは彼らが所属組織を越えて共同作業をしている様子が写真に残されている（図4）。当時、都市部での学生運動は七〇年安保を経てすでに終息しつつあり、政治の季節は急速に冷めていく時代にあった。離島のなかでも「発展」から取り残された尖端部に、若者の運動体が生み出されたことは注目に値する。こうした都市部からの若者と地元の若者、住職や教員などの郷土知識人が交わるハブに、宮本がいたのである。

4　宮本常一の博物館指導

図4　博物館への移築民家を作る若者たち。1971年頃、石塚邦博氏撮影、小木民俗博物館所蔵。

往復書簡から見る民具収集運動

小木民俗博物館はしばしば宮本の地域振興の成果であるとして描かれることがある。[*9] しかし、以上の歴史的な経緯を見ていくと、旧小学校を拠点に積み重ねられた教員と地域住民の社会教育的な実践、林道明や中堀均などローカルリーダーの活躍、民具を集めた老人クラブやさまざまな地域住民、博物館やその周辺に集った鬼太鼓座や武蔵美の若者たち、というようにさまざまな人が相互に関係を持ちながら参画していたことが明らかである。校舎や民具といった物質は個々の人びとを取り結んでおり、このように人とモノとのネットワークが形成されること自体が小木民俗博物館の設立のプロセスであったと言える。そう考えると宮本一人によって「成功」を説明してしまうことはできない。ある現象を一人の人物の活躍として描く英雄史観は、しばしばこうしたネットワーク状に展開する社会の生成を単純化し、個人崇拝につながってしまう。

他方で宮本はさまざまなアクターのうちの一つではあるものの、彼の果たした影響力や役割を過小評価することもまた適切ではない。それは宿根木や琴浦の人びとから見れば、かつて佐々木や酒川などの学校教員がもたらしたような、外部の知や抽象的な思考につながる機会である。ただ宮本の関わりを、語りや指導内容にまで踏み込んで具体的に実証することはそれほど簡単ではない。地元の人の日記を見ても、「宮本先生から助言を受けた」といった程度の記載しかなく、健在の人に当時の関わりについて話を聞いても同様に、ディテールに迫ることはできなくなりつつある。語りからのみ活動の内実を詳細に再構成するのは難しく、ゆえに注意深い先行研究は、宮本の佐渡における業績を羽茂における八珍柿の栽培やブランド化の支援、鬼太鼓座の設立支援、そして小木民俗博物館の設立支援を挙げ、いずれも「支援」としてまとめる傾向がある。

宮本の役割を矮小化せず、また彼を「地域振興家」として物語化せず、あくまで実証的に明らかにするにはよりディテールに触れた資料が必要である。私は歴史学者の杉本浄らと二〇一五年度から、宮本たちが残した佐渡での文化運動史を掘り起こす研究活動やさまざまな調査を行ってきた。その一環で宿根木・称光寺の住職で、初代博物館長、林道明の残した記録を整理しており、庫裏や蔵に残された膨大なメモ、日記、ノート、手紙、写真類を発掘し、データベース化してきた。それにより、博物館の設立前夜における宮本から林への助言の具体的な資料が明らかとなった[*10]。林は尋常ではない量の日記やメモを残しており、博覧強記の宮本からも「筆まめ」と称され、出先で帳面がないときは箸袋に覚え書きを記して日記帳に丁寧に貼り付けるほどの記録オタクであった。

以下の事例1〜3は一九七二年の開館を前に、宮本が博物館のことなどに触れながら林に送った書簡の概要である。この頃すでに、勤務先の武蔵美の学生が佐渡調査に通い、おんでこ座夏期学校で宮本も講師になるなど、さまざまなかたちで南佐渡と関わりを持っている。書簡にも誰々が佐渡に行くのでよろしく、といった連絡事項も多いが、折に触れて民具収集について書いている。また事例4は一九七一年八月に鬼太鼓座（畑野）と琴浦集落で宮本が行った講演や座談会の内容を林がメモしたノートの抜粋で、そこでは博物館のあり方を具体的に指導をしている箇所が見られる。こうした林のメモや宮本の書簡から、完全ではないにせよ、博物館に宮本がどう関わったのかをある程度復元することができる。

事例1　宮本常一から林道明への書簡（一九七〇年五月二五日、図5）

民具を集め始めた林に対する助言であり、「問題は民具その他のものの集め方にあり、また陳列の仕方にもあるかと思います。［中略］民具は集めるのが容易でないけれど、集めてみると佐渡の特色がよく出るかと思います。いま私の学校（武蔵美）にも二〇〇〇点あまり集めてありますが、一万点を目標にしています。御地の場合でも五〇〇〇点程度は欲しいものです。町民のご協力によれば可能になると思います」とある。ここでは宮本が民具の収集の数にこだわっていたことがわかる。五〇〇〇点という部分に林が傍点を打っており、住民主導で点数を重ねていった背景に、この助言があったことが窺える。

事例2　宮本常一から林道明への書簡（一九七〇年九月二八日、図6）

宿根木や琴浦集落で調査を終えた武蔵美の学生たちが、地域の模型を作成し、博物館に展示してはどうかという提案をしている手紙。調査でお世話になったお礼として研究成果で還元したいという宮本の考えが示されている。文中には真島俊一、赤木紀子、吉田節子、町井夕美子、相沢韶男《つぐお》、工藤員功《かずよし》らの名前が

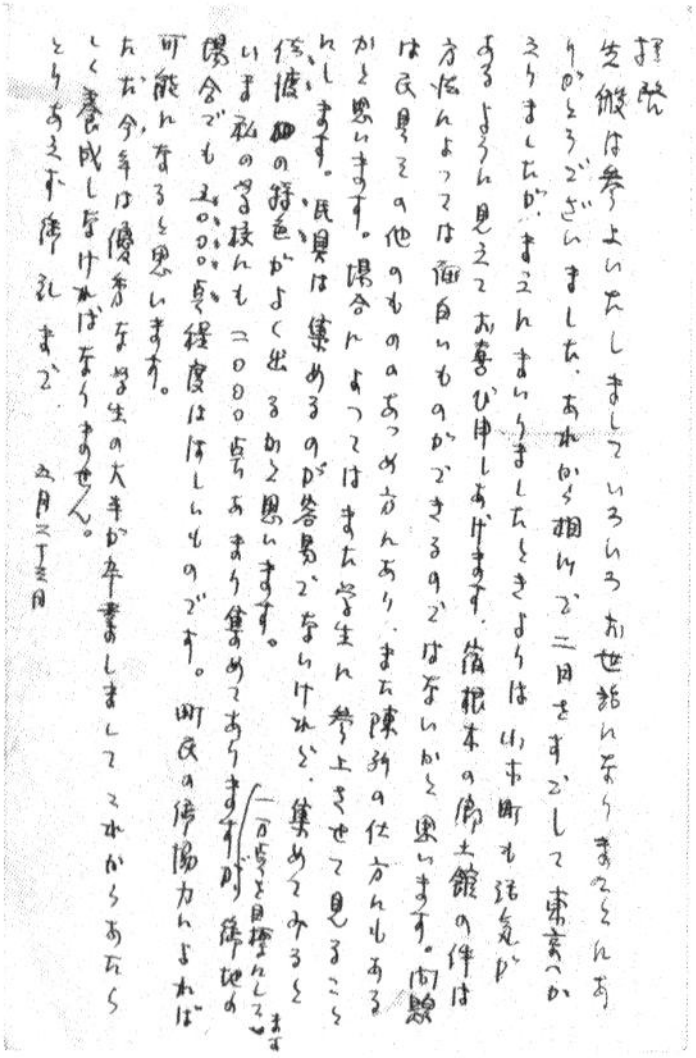
拝啓
先般は参上いたしましていろいろお世話になりましてありがとうございました。あれから相川で二日をすごして東京へかえりましたが、まえにまいりましたときよりは小木町も活気があるように見えてお喜び申しあげます。宿根木の郷土館の件は方法によっては面白いものができるのではないかと思います。問題は民具その他のもののあつめ方にあり、また陳列の仕方にもあるかと思います。場合によってはまた学生に参上させて見ることにいたします。民具は集めるのが容易でないけれど、集めてみると佐渡の特色がよく出るかと思います。
いま私の学校にも二〇〇〇点あまり集めてあります（一万点を目標にしています）。僻地の場合でも五〇〇〇点程度はほしいものです。町民の御協力によれば可能になると思います。
ただ今年は優秀な学生の大半が卒業しまして、これからあたらしく養成しなければなりません。
とりあえず御礼まで
五月二十三日

図5　宮本常一から林道明への書簡（称光寺所蔵）

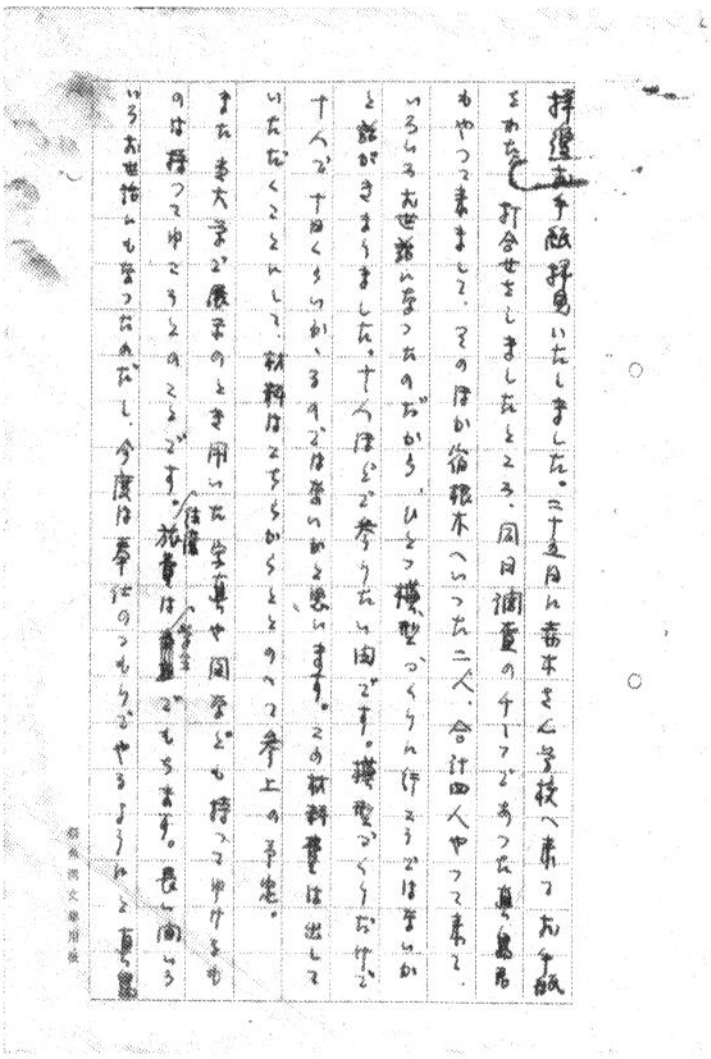
拝復 お手紙拝見いたしました。二十五日に森本さん学校へ来てお手紙をわたし 打合せをしましたところ、同日渡辺の千丁があった真鍋もやって来まして、そのほか宿根木へいった二人、合計四人やって来て、いろいろお世話になったのだから、ひとつ模型つくりに行こうではないかと話がきまりました。十人ほどで参りたい由です。模型づくりだけで十日でできるかどうか、それでは無理かと思います。その材料費は出していただくこととして、材料はこちらからととのえて参上の予定。
また東大学で展示のとき用いた写真や図表なども持ってゆけるものは持ってゆこうとのことです。往復旅費は学生自弁でもちます。長い間いろいろお世話にもなったのだし、今度は奉仕のつもりでやるように言

図6　宮本常一から林道明への書簡（称光寺所蔵）

図7　集まった民具（1972年7月）

見える。いずれも宮本の教え子たちで、のちにＴＥＭ研究所や観光文化研究所の中心メンバーとなる人びとである。南佐渡の民具調査では、これらの学生が集落調査を行い、そこで民具の寄付や借り受けをできればよいということが書かれている。また三枚目には全国離島振興協議会の時代から宮本の秘書だった神保教子を紹介するということが書かれており、宮本が林を、自身の研究ネットワークにつなごうとしていたことがわかる。*11

事例３　宮本常一から林道明への書簡（一九七一年六月一九日）

開館一年前に送られた手紙で、民具の分類や整理に役立つ書籍を林に対していくつか紹介しており、宿根木で民具がかなり集まってきていることを窺わせる（図７）。しかし、宮本は陳列や整理などには「そういうことはあまり心にかけず」、「何よりも数多く、集めておくこと。おなじようなものがいくつあってもかまいません」とハッパをかける。同じものであっても構わない、また数が多いほどよいというのは宮本の一貫した民具収集のコンセプトであり、何度も林に伝えられている。前述のとおり小木民俗博物館には一つの用途のモノが複数展示されており、全体で大量の民具が展示されているが、それはすべて宮本のこの指導に基づくものであったと言ってよい。

事例４　林道明による宮本常一の講演メモ（一九七一年八月一日）

林は宮本の講演会や座談会にも積極的に参加し、話を極力メモしていた。鬼太鼓座、琴浦集落の若者を相手にしたこの講演では、博物館の開館を目の前にして運営に関するかなり具体的な助言があったようだ。たとえば「展示品にナンバーを打つ」、「専任管理人を置く」、「民具はケースに入れぬもの」、「陳列、解説をよく考えてやる」、「入場料をとるべきだ　無料では無責任となる」、「いずれ分館の建設を考えるべき」等、博物館とはそもそも何かということが聴衆に対して語られている。また同じ民具を「一〇〇単位で集める」ことを指導し、今後もっと集めるべきものとして、セミ（滑車）、木彫り品、祝儀ふとん、さしこ、いそねぎ等が挙げられている。*12

実際、これらの運営や展示方法は宮本の指示どおりに実施されたことが、現在の小木民俗博物館でも確認することができる。加えて宮本は、民具が「他国との交流」を示すものであり、とりわけ佐渡の文物は西日本由来のものが多いことに注目している。たとえば「やきもの」には関西圏内、伊万里、九州のものが多いとしているが、ここで指摘されていることも現在の展示において、キャプションなどでそのまま表現されている（図2）。博物館の名称が「小木民俗博物館」になったきっかけもこの講演だったようだ。

文化政策への接続

興味深いのはこの講演会で、宮本が文化財保護法に基づいて、収集された民具の民俗資料指定を進言していることである。「民俗資料審査委員」としてかねてつきあいのあった文化庁調査官、木下忠の名前を挙げ、「労働着、船関係、大工道具のうちより一つは国よりの指定を受ける」ことを助言している。講演の一ヶ月後、林が宮本に送った礼状では以下のように書かれている。

> メモをくり返し読んで、勉強しています。ご教示の通り早速収集品の整理に取りかかる予定でおります。［中略］九月頃に、お話のありました文化庁民俗資料の木下忠義《ママ》先生に下見をお願いしたいと思いますので、先生から木下先生宛、予め概略を話していただくと好都合と存じます（先生から御返

信ありましたら早速出張願いの手配をいたします)。[13]

宮本がつないだ文化庁と林たちの関係はスムーズに進んでいった。博物館開館から四ヶ月後の一九七二年一〇月には「南佐渡の漁具と使用法」として「重要民俗資料指定申請書」(の下書き)が書かれている。すぐには指定が認められなかったのか、一九七三年の林から宮本に宛てた書簡でも「ご指示のとおり漁具の指定申請の支度を本格的に開始、収集と整理をやっております」とある。[14] そして一九七四年二月一八日に「船大工用具及び磯舟」九六八点が、一九七四年一一月一九日には「南佐渡の漁撈用具」一二九三点がそれぞれ国指定重要民俗資料となった。収集しはじめてわずか数年の民具がいきなり国指定となったのは文化政策における宮本の影響力を示している。

一九七四年一〇月の宮本宛書簡で、林は、小木町長・金子繁から聞いた話として「文化庁にて木下先生に逢って中々補助金もむづかしく政治的な運動をしないとダメらしいという話でした、一一月より愈々関係先へ猛運動ということです」と書いている。これは指定文化財専用の収蔵庫や展示施設を建設するための補助金の話のようであり、事例4の講演で宮本が「いずれ分館の建設を考えるべき」と述べたことに対応している。[15] ただ、難しいと言われていたにもかかわらず、金子町長からの陳情は実って収蔵庫・新館ともに完成に至った。

以上からわかるのは、まず宮本が博物館のコンセプトだけでなく、民具収集の方法、何をどれだけ集めるべきかという数値目標、展示方法、博物館の運営方法から入場料金、文化財保護法に則って国指定を受けるべきことなど、きわめて具体的な助言や指示を与えていることである。加えて、文化庁への民俗資料への指定や展示施設建設に関わる補助金申請に関しても、自身のネットワークをフルに活かしてそれらが

図8　小木民俗博物館（1976年4月、称光寺所蔵）。職員も公務員然とした人ではなく、地域住民と地続きだったことが伝わってくる。

実現するように動いていることもわかる。こうして小木民俗博物館に集まった民具、またその運動体は、文化政策に接続された。そして重要なのは、それらの具体的な助言が小木民俗博物館において概ねそのまま実現し、多くが現在の展示に確認できるということである。つまり宮本の関わりが曖昧な意味での「支援」ではなく、きわめて具体的な助言・指導で、達成された博物館のかたちは宮本の理想の実現であったということでもある。

民俗博物館の役割

宮本、また佐渡の人びとは民俗博物館にどのような可能性を見出したのだろうか。第3章でも触れたように、当時宮本は民俗博物館の設立や民具学の体系化の論陣を張っており、各地で博物館の開設を支援[*16]したり民具収集の意義を説いたりしていた。その理由は第一に博物館を通した地域活性化への期待があり、第二に民俗学から生活学へという興味の変化のなかで、マテリアリティを通した生活の把握や表現に関心が高まっていたことが指摘できる。前者は「観光資本」の開発に対抗する手段として住民主導型の文化観光の一例として博物館を位置づけようとしたことに表れている。後者の点には宮本が武蔵美に就職し、造形という視点を得ていたことも無視しえないが、戦前よりアチックミューゼアム（日本常民文化研究所）に関わったことで、渋沢敬三や宮本馨太郎ら初期の代表的民具研究者から多大な影響を受けていたことによる。[*17]

博物館をたんなる展示施設としてではなく、より多面的機能で宮本が捉えていたことは各地の講演で示されており、たとえば「公民館とか青年の家とか、あるいは博物館というような、われわれが教養を身につけつつ、やがてはそれが娯楽になるというような施設が、もっとあってもいいのじゃないか、そういうものを中心に地方文化と生産を育てていきたい」と述べている（宮本 1967c: 187）。また離島や農山村では離島センター、地域センターなど人びとが自らの生活を省みて討議する施設の必要性を述べており、図書館や博物館もまた同じような使命を持っているとしている。

産業的な開発をやると、Aの視点とBの視点とでかならず利害が相反するから両方が対立するようになる。大事なことは文化的な開発だと思います。つまり、そこへ行ってみんなが話し合いをする場がある。あるいは図書館があり、研究機関がある。あるいは博物館のようなものがある。そしてたとえば、お祭りをするとなると、ゾロゾロみんながそこに集まっていく。そういう心のよりどころになるもの、そして利害がともなわないということ、それが大事なことだと思います（宮本 2014a: 167）。

文化施設が利害をともなわないという見解は、地方自治体の文化予算削減が続き、学芸員の雇用が不安定化している現代から見れば牧歌的である。また博物館を観光施設とする見方は民俗学や歴史学においては否定的に見られているが、宮本が述べていることはむしろそれを促していく発言だと言ってもよい。丸山泰明によると戦前から戦後において構想のあった「国立民俗博物館」設立をめぐって、宮本も所員として所属していた常民研などから、同博物館が文化財の研究だけでなく国際的な観光と親善に資するものであるという声明が出されたことがあるという（丸山 2006: 64）。宮本にとって博物館は過去の文化を展示するだけでなく、地域住民が自省的に自らの生活に目を向けて文化を再発見し、他者に見せる場所であった。それによって文化を軸とした自己決定的な地域開発を訴えたのであるが、文化施設としての博物館が来たるべき新たな観光の拠点になるというのは、常民研以来の発想であった。

加えて「民具試論」のなかで、一九六八年に種子島西之表市を訪れた際に民具展を見学し、集まった民具の内容以上に老人クラブが集めたという方法に注目している。「近頃、各地に老人クラブが結成せられているけれども、それは老人の交歓会程度に終っている。しかし、老人クラブの事業として民具調査や募集をおこなうならば、大きな成果をあげるであろう」（宮本 2005a: 107）。博物館設立の過程で住民参加を重視し、老人会が主体となって民具収集を行う過程は、そのまま小木民俗博物館で用いられた方法であり、それが宮本流の博物館方法論として意識されていたことがわかる（矢沢 1981; 1983）。

ところで事例4のもととなった、鬼太鼓座および琴浦集落で行われた宮本の座談会は、林の講演メモを見るかぎり博物館関係が主要な話題というわけではなく、当時の佐渡におけるホテル建設など大規模な観光開発にどう対抗するかということが中心議題となっており、博物館の話題は、そのような産業主導型ではない観光のあり方をめぐる話の一つとして出てきている。その場には地元紙記者もいたようで、座談会の内容が後日新聞掲載されており、林はノートに切り抜きを挟んでいる（図9）。記事の見出しは「観光という名の開発」となっている。南佐渡の小木町でも道路が良くなって観光客が車で来るようになっており、集落の若者のあいだでも外部資本誘致の期待が高まっているが、観光化や工場誘致は地元民が低賃金で搾取されるだけであり、農業など自立的な経済を確立するとともに、資料館や植物園などを作って観光客に金を落とさせることが大事である、と説いている。地域住民主導の観光のあり方を述べた部分に林は赤線を引いており、宿根木の博物館構想とその部分がリンクしていたことを示唆している。

思想の拡大

武蔵美における宮本の初期の教え子である相沢韶男は、小木民俗博物館だけでなく奥会津歴史民俗資料館（福島県）、久賀町歴史民俗資料館（山口県）など宮本が助言・指導した博物館に携わっている。彼もまた佐渡で大規模資本主導の観光開発を懸念し、「少しばかりの利益を得んがために、観光客に媚びを売るようになって、島の自主性が次第になくなっていく」現状を指摘し、民俗博物館はそれを打開する方策だと述べている（相沢 1973: 27）。では博物館で見学料を得ることは「少しばかりの利益」を目指した観光関連の商いと何が違うのか。相沢は、民具は祖先が生きてきた証拠を物的に示すものであるとしたうえで、それを住民自らが集めて展示することで自分たちの暮らしを捉え直すことの意義を述べているが、むしろ主眼は集めることそのものだという。つまり五〇〇〇点なり一万点といった民具の収集目標を定めたプロジェクトを立ち上げ、周囲を巻き込みなが

昭和46年(1971年)8月21日 (土曜日)　文化 (8)

観光という名の開発

―佐渡での宮本常一氏のアドバイスから―

農業を犠牲にしちゃいけない

図9　林道明が切り抜いて保存していた宮本常一座談会記事（新潟日報、1971年8月21日）。のち著作集に収録（宮本 1975a）。

ら運動体にしていくことの意義を強調している。林道明もまた以下のように述べている。

> 自慢話になるようであるが［中略］収集品の内で購入、依托《ママ》品は極くわずかで、購入した覚えのあるのは、島内の縁日市で求めた竹工品二、三点に過ぎぬ。殆ど善意にもとづく無償の寄贈品によるものである（林 1976: 12）。

これらは宮本の思想と同様であり、うち捨てられていた古い暮らしの象徴である民具に住民が関心を持ち、博物館運動に参加することによって文化を省み、それが一種の自信に繫がり、外部資本に依存することのない自立的な生業や生活を確立することに至るという考えである。博物館はある程度の収益を上げられるため、観光客と観光産業による一方的な収奪に陥らないマイナーサブシステンス（副業的生業）へと繫がっていく可能性を有している。二一世紀の日本では博物館をもっぱら観光や誘客に資するかぎりにおいて評価し、学究に励む学芸員はそれを疎外する「癌」だと言って憚らない政治家が現れたように[*18]、文化政策の評価軸を収益に還元する貧困な政治文化が蔓延している。しかし、宮本や林にとって民俗博物館の経済性は二次的な効果であった。博物館はあくまでローカルな領域から立ち上がってくる文化運動の拠点であり、設立の動きは、宮本にとっても、また佐渡の住民たちにとっても一種の反「観光資本」運動の一環であったことがわかる。それは同時に、権力や資本への抵抗を通じて離島青年の主体性確立を促す、宮本なりの実践だったのである。

5　運動における「主体性」

本章ではしばしば宮本常一の文化運動の実践例として語られる、住民参加の民具収集をはじめとした小木民俗博物館の設立過程について論じてきた。宮本は一九六〇年代後半になると、グラスルーツの地域開発を推し進めるべく住民参加に基づく文化運動的な動きを展開していく。その過程では従来行ってきた「民俗」の記述を中心とした学問から、人びとの実生活全体に視野を広げた生活学や民具学へと宮本の興味関心が移り変わっていったことが関係している。生活の変遷を表象する生活道具は、たんに博物館で展示される文化財としてではなく、それを集めることによって住民が自らの生活の来歴や意義を捉えかえすための道具となる。

ゆえに博物館においてそれを展示することは、地元の人びとにとってはいわば生活をそのまま開示するということであり、観光客が来て多少の見学料を払ってまでも見ていくならば、近代化から「遅れた」離島生活に対する島民の劣等感を排して生きるための自信となる。宮本の博物館に対する見方は、離島の人びとの主体化のための基盤になるという考えだったと言ってよい。本章で博物館設立に至るまでの一連の動きを「文化運動」と措定して議論を進めたのはまさにこの点においてである。序章で述べたように、そもそも民俗学という学問の拡がりを「野」において捉える際に運動概念は有効であるが（小国 2001）、さらに本章からは二つの示唆を引き出したい。

第一は、「運動」の集団性、あるいは組織性に関してである。従来の文化運動研究で取りあげられてきたサークル運動や生活記録運動、また社会運動研究で取り上げられてきたプロテストや直接行動などでは、集団性（集団的な動員）やそれを可能にする組織のあり方が重視されてきた（猿谷 2021: 18）。それと比較すると、民具収集の流れで明らかなように、南佐渡で行われた博物館設立活動には特段の組織があるわけではなく、中央機関との関係やリーダーの存在も不明確である。非組織的で動員体制がないにもかかわらず運動的な盛り上がり（ムーブメント）となり、人びとを巻き込んでいった民具収集活動は現代の地域づくりに近く、コミュニティを拠点とした住民参加型開発の祖型である。[*19]

また従来の運動概念と比較した場合、宮本や複数の有志、行政の担当者、農民や島内外の若者らがネットワーク状につながることで現実化してきたということも特徴として見出される。このネットワークには人だけでなく廃校舎や若衆宿、民具といったモノが不可欠に繋がっており、うち捨てられていた古い生活道具が収集すべき価値ある存在として人びとを活動に惹き付けてきた。民具を集めた人のなかには、一度だけ関わったような人もいるだろうし、活動に日々携わった人もいるだろう。ネットワークの外延は見えず、運動体とそうでないものの境界線は存在しない。それを学術的に記述する場合には一個人や組織に運動の発生や動力源を収斂させるのではなく、オープンエンドなネットワークのかたちをとって展開する現象として捉えることが不可欠である。[*20]

第二に、佐渡の人びとの主体性をどのように捉えるかである。それは宮本の立場に関わってくるものであり、書簡のなかで林道明がしばしば「ご指示の通り」「ご教示の通り」と繰り返していたように、小木民俗博物館の設立に至る住民参加の過程は、佐渡の人びとが宮本という島外の知識人に誘発され、さらに具体的な道筋を用意されながら進んでいった側面がある。その際に宮本の思想や指導内容を「翻訳」して地元に伝えるのが林や中堀均らの郷土知識人であった。宮本の言葉は「知識人」というほどには抽象的でも難解でもなく、座談会や講演会において農漁業に従事する人びとも直接その言葉を受け止めることができたが、なぜ博物館を作る必要があるのか、また民具収集という活動が将来的に何に繋がるのかといった言外の理念や将来的なビジョン、また展示手法や文化財指定といった専門的なことに関しては、こうしたローカルな知識人を媒介にすることで地元の人にも広がり、収集・展示の仕組みも整っていった。

もちろん、宮本の指導は絶対的なものではなく、取捨選択も可能であったかもしれないが、林を含め携わった人のほぼ全員が文化政策の素人で、彼らから見れば、宮本の情報や人脈なくしては民具の分類や文化財指定を進めていくことは困難であり、一種の準拠枠であった。その非対称性を踏まえると、ここでの住民の主体性とはあらかじめ道筋を定められ、「コースワーク」を用意された側面があったのは事実である。他方で、民具集めの発端は宮本ではなく地元の人びとであったし、組織面や動員力などの面で「運動」としての強度がそれほどなかったからといって、彼らが行ってきたことが演出された主体性と言うのもまた事実ではない。

以上を踏まえると、小木民俗博物館の設立運動はいずれにせよわかりやすいストーリーとしてまとめることはできない。従来議論されてきたように（佐野 1996）、宮本常一個人の資質やカリスマ性に関連づけてこれらの運動を説明づけてしまうことも、また宮本自身が述べていたように「民衆の持つエネルギー」（宮本 1993: 218）のみを原動力として描くことも、いずれも運動の面的な拡がりや関係性の網の目を単純化し、その時々で受け入れられやすいストーリーに変質させてしまうことになる。外延のない運動体として地域開発を捉えることは、そうしたストーリーを踏襲することでしばしば見えなくなっていた、フィールドにおけるそれぞれのアクターの位置づけを相対化する。宮本は面的に拡がる運動の一部を構成する一主体であり、その立場は住民や行政を啓発し、運動の主体へと変換していくことに役割があり、住民はその刺激に対してリアクションを起こしたのである。

その後の博物館は脆弱な予算措置のなかでも地域の高齢者を巻き込んだ「郷土大学講座」や「ふるさと

学習」を実施し、独自の研究冊子を発行するなど、登録博物館としての役割を十分に果たしてきた。郷土大学講座は一九八〇〜九〇年に開催され、林の元で博物館開設に奔走した中堀均が中心となり、地元青年向けに文化・自然・歴史などを講義した（越前・倉田・佐藤編 1989）。都市祭礼研究で著名な社会学者・松平誠が講演する写真などが残されており（岡田 2019: 29）、博物館を舞台としたさまざまな学会で得た伝手をもとに、研究者が招聘されていたことが窺える。ふるさと学習もまた林とともに民具収集にあたった高藤一郎平が主軸となり、長岡造形大学の研究者や学生が共同で、子どもを対象に一九九五年から行われた地域学習講座である。二ヶ月に一度の開講で年間一〇回前後のプログラムを設け、たとえば一九九七年度は半島めぐり、竹を使ったおもちゃ作り、天草とり、ところてん作り、土器焼き、下げ紙作りなど、日常の環境と連結した具体性のある学習が用意されていた。これらの事業は一九七〇年代の設立に関わった（元）青年たちが遂行し、かつ宮本や林がいなくなったあとにおいて理念が引き継がれていたという面では、運動は日常に帰着したと述べてよい。

ただ自治体の財政的疲弊は、学芸員や職員個人では乗り越えられない文化政策の衰退をもたらした。二〇〇四年の自治体合併後、文化施設の統廃合や職員の削減が続いており、制度改革の結果博物館館長や学芸員が複数の文化施設を兼任することになった。小木民俗博物館においても職員の正規雇用職員の常駐が減り、特に学芸員資格を有する市職員は常駐しなくなったため、講座や企画展、継続的な資料収集・整理は十分に行えない状況となっている。展示物は一九七〇年頃に老人クラブが集め、林道明らが並べたものがそのままとなっていて、リニューアルはなされていない。設立の経緯が明示されていないため、そこを訪れた研究者でさえも「ただ羅列されているだけ」に感じるようで、宮本の意図とは逆に「一点ものの資料としてのストーリーを来訪者に伝える」方向への転換を訴えてしまう状況にある（福永 2015）。

第3章で述べたように、南佐渡では博物館を含む文化施設が数多く建設されており、自治体の規模の割に、かなりの予算が文化政策に注がれてきた。それは宮本から啓発を受けた小木町政の成果でもあるが、予算の行き先がほとんどの場合建築構造物（いわゆる箱物）であり、学芸員や研究・展示など成果を物質化しにくい部分には十分な予算が割かれなかった。建設時の国庫補助事業が終了すると、持続的な運営費捻出に小さな自治体は四苦八苦する。宮本が離島の自立を妨げるとして後年距離を取った振興策と同じ構造は、文化政策においても見られたのである。他方で、自治体の予算配分は市政執行部の判断に左右されるものであり、端的に言えば、二〇〇四年以降の新制佐渡市は文化・教育予算を優先的に削減するという明確な意思を有し、実際にそれを実行したということでもある。

そのようなほころびが表面化する二一世紀のことを一九七〇年代の若者たちが予測できなかったからと言って、彼らを責めるわけにはいかない。彼らが当時できることは、過疎化や産業の空洞化という予測される未来に抗する、島のビジョンを探究することだった。幸い博物館という箱物は、たんなる展示施設ではなく、地域を語り文化を用いて活動を行っていく場＝拠点となる可能性を秘めていた。次章では博物館という拠点から、日本海に大学を作ろうという文化運動のさらなる拡がりについて検討したい。

第6章　鬼太鼓座と幻の大学構想――日本海からの叛逆

1　「地方に大学を作る」

宮本常一の考える、地元の人びとの主体的で自発的な地域開発の一例として前章では博物館設立運動を取り上げたが、本章では博物館を拠点の一つとして盛り上がった、佐渡における「大学」構想を検討したい。一九七〇年、学生運動から転じた人びとが中心となり、佐渡で鬼太鼓座という和太鼓の芸能集団が作られ、宮本も支援者の一人として活動を行った。その活動の目標として掲げられたのが佐渡に大学を作るということであった。それらは壮大な絵空事と現実的な計画とのあわいを行き来し、宮本もまた地元にアジテートし取り組みをメディアで盛んに書くなどしていたが、一九八〇年代に至る頃には熱が冷めるように消えていった。

ローカルな運動として立ち上がりながらも、いまとなっては忘れられたこれらの「大学」構想は、その時代の政策や言説とどのような関係にあったのだろうか。地域活性化のために自治体が大学を誘致したり私立大学を公立大学化したりすることが当たり前になった現在から見れば、「地方に大学を作る」という発想はいささか凡庸とも言えるかもしれないが、一九七〇年代においてそのような企てが地方からの叛逆を企てる運動体としての推進力を持っていたとすれば、それはどのような意味においてなのか、時代状況と照らし合わせて考えたい。特に本章では、一九七四年と七六年に南佐渡の小木町で行われた「日本海大学講座」をはじめとするさまざまな「大学」構想の運営や思想を資料から記述することで、近代的学校およびそこで生み出される既存の知のあり方に対する一つの抵抗の実践を振り返りたい。

2　鬼太鼓座と「大学」構想

田耕と佐渡の太鼓

現在では鼓童として活動する音楽集団のベースとなった鬼太鼓座《おんでこざ》（当初は佐渡国おんでこ座）の生成は、きわめて時代がかった興味深い現象である。和太鼓を中心とした芸能の公演を通して収入を得るプロの音楽グループ、と単純に言ってしまうことも可能ではあるが、それだけでは、世界的に拡がる同種の創作和太鼓集団としての先駆性や、設立当初のオルタナティブな性格を言い表すことは難しい。特に革新的だったのは強いて佐渡を拠点にしたということである。誰もが都市に目を向けていた経済発展の時代に、離島に根ざして芸能で身を立てるために、佐渡の山中に自給自足の生活拠点を構築していこうというのは近代批判の強いメッセージとなり、その文化運動としての挑戦は企業経営者や文化人を惹き付けた。

当時はちょうど南佐渡の人びとが民具を収集したり博物館設立の運動を行ったりしていた頃であり、佐渡においても近世以来の「民俗」的な生活が大きく掘り崩され、戦後の生活変化に曝されている変動期であった。島外から来た人びとを中心に立ち上がった鬼太鼓座は、当初、地元の年長者にはすんなりと受け入れられたわけではなかったが、林道明や本間雅彦などの郷土知識人、そして島の現状に不満を抱いていた青年層に強い刺激を与えることになる。

鬼太鼓座もまた宮本常一の地域開発の実践例の一つとされている。[*1] 設立者・主宰者である田尻耕三、通称田　耕《でんたがやす》（一九三一～二〇〇一年）と宮本が最初に出会ったのは座の設立一二年前の一九五八年のことで、宮本の日記には次のように著されている。

［一九五八年三月一八日］夕方田尻耕三来てはなしていく。放浪性のあるおもしろい男。
［三月二七日］午后、田尻耕三来てはなしていく。この男すこしおちつきがないようである。じっくりした仕事をさせたいものである。夜までいてかえる。
［四月五日］朝、田尻耕三来る。東北へ本をうりにいくという（毎日新聞社編 2005a: 114）。

宮本のもとにはさまざまな人が訪れてきたが、たまに訪れては、またふらっといなくなる田に、宮本は少なからず印象づけられたようだ。しかし一〇年後にふたたび記述があるまで、田と宮本のつながりはしばらく途切れる。

田は東京・浅草に生まれた。佐渡の郷土史家・本間雅彦の回想によると、早稲田大学に入学したが、全学連の学生運動にのめり込み、早大事件（一九五二年）を契機に除籍にあった。その後親の故郷である鹿児島や奄美、与論島を旅し、島の太鼓や宮本の著作に感銘を受け、宮本の弟子を自称しながら放浪を続け、一九五八年、佐渡に行き着いた。そこで島の古老から佐渡の民俗芸能、鬼太鼓の迫力や呪術性を教わった一方、ホテルで観光客向けに上演されているのを見て、観光化された太鼓にもはや生気がないと感じて憤慨し、鬼太鼓の「先祖返り」を考えるようになったという。田は毛沢東『農村文芸講話』を愛読し、「文芸的なエネルギーの源は、農村にある」と考え、[*2]佐渡を去って宮本に会って知遇を得た後は、宮本の名刺を持ち歩いて東北やわらび座（秋田県）などを転々とした（本間 1994a: 10）。一〇年間の放浪の後、宮本の元をふたたび訪問したのは一九六九年三月末のことである。

［一九六九年一一月二九日］夜、田尻耕三（田耕）君来る。一〇年目。佐渡でおんでこ座をやっている。いろいろ構想をきく。三時まではなす。……おんでこ座設立の資金集めに協力（毎日新聞社編 2005b: 222）。

［一九七〇年二月二四日］八時半デン君、西洋軒に来る。家までいっしょにいって朝三時まではなす。

［三月一五日］夜、デン君来てはなし夜半になる（毎日新聞社編 2005b: 237）。

一〇年ぶりに宮本のもとを訪れたとき、田はすでに佐渡に渡っており、本間の勤務校生徒に太鼓を教えたり、本間の勧めで青年運動として「おんでこ座」を立ち上げようとしていた。そしてより本格的に人形劇や和太鼓を中心とした一座にしたいと考えていた。先述のように、宮本は大学教員になってからは以前ほど自由な旅をできなくなっていたが、そのかわり田のような放浪癖のある自由人をたき付けては、地方における文化の復興と振興を託していた。宮本が佐渡で調査や地域振興に携わるようになってすでに一〇年が経った一九七〇年前後は田と会う機会が多く、田としても、新しい芸能集団の確立に向け宮本に相談をしていたようだ。田の芸能に対する理念は宮本にも響いたようで、彼の思想を宮本が以下のようにまとめている。

民俗芸能復興といっても、今日みられるような郷土芸能保存会的なものではダメだ。［中略］大切なことは古い芸能に若い者が情熱を傾けて取組むかどうかである。幸いにして民俗芸能をじっくりと身につけた古老たちがまだ生きている。そのすぐれた芸と気魄は若い人たちの心をゆさぶるものがある。そこでそういう古老達の芸を若い者に受けつがせる（宮本 1987d: 18-19）。

田は佐渡の祭礼に登場する「鬼」が島流しの罪人にルーツを持ち、様相や風体の恐ろしさ、ときおり里に下りてきて民衆を驚かせ、瞬時に去って行く異人性があったと考えていた。そして、鬼が太鼓を打つということに民衆的芸能の根底的なエネルギーがあると考え、肉体や精神を鍛えることが、観光による堕落した太鼓を復活させる手立てだと考えていた（田 1994）。こうしたアイディアは本間雅彦の鬼研究（本間 1997）に影響されている。ただこの時点で、佐渡では勧誘にもかかわらず地元の若者はさほど関心を示さず、いまだ田夫妻以外には座員がいなかった。毛沢東を学びわらび座などで「文化工作」に触れ、近代批判の観点から佐渡の民俗芸能を見出した田と、高度経済成長期真っ只中の佐渡で一刻も早く島から出ることを夢見ていた若者たちのあいだに、大きな断絶があったのは明らかである。

そこで一九七〇年八月、田は「おんでこ座夏期学校」というイベントを佐渡で開催し、全国から若者を呼びこもうと企て、そこに宮本は「校長」として三日間参加することになった（後述）。この学校は佐渡で芸能や地域の文化を学ぶ、現代的に言えばスタディツアーのようなイベントであるが、田はここに集った島外の若者を主体に鬼太鼓座を立ち上げようとしていたのである。

図1　［上］田耕（左）と林道明。1970年代初頭、鬼太鼓座にて。背後の写真は『無法松の一生』。［下］右から田耕、柏木薫（鬼太鼓座）、藤本吉利（同）、宮本常一、真島俊一（TEM研究所）。1974年頃相川にて。宮本を媒介にさまざまな文化運動が相互に関わり合っていたことがわかる。いずれも石塚邦博氏撮影、小木民俗博物館所蔵。

翌一九七一年二月には「夜、田君一行来る。去年の夏の仲間が佐渡へゆくという。収入もほぼきまったようで、一〇人くらいの仲間をやしなうもとができるようである。一二時まではなしてゆく」とあるので、「去年の夏の仲間」というのが夏期学校に集まったメンバーであることがわかる。この一〇名を中心に鬼太鼓座が設立された。

彼らは生活基盤の整備や太鼓、衣装などを揃えるのに活動資金を必要としたが、支援者獲得の方法は宮本が教えたとされる。それは田の活動に共鳴する人には後援者として一〇〇〇円の寄付と、さらに後援者になりそうな人を紹介する、という方法である（高松 1981: 41）。田は返礼として、佐渡の版画家で高校教員の高橋信一が子どもに教えて描かせた版画を送った。この手法により田は、大口のパトロンを含めてまたたくまに支援のネットワークを構築したが、そのムーブメントは、高度経済成長の産業発展と逆方向に向いた目新しさが感じ取られたからこそであろう。

佐渡は祭礼などの年中行事、真言宗や日蓮宗などの法事、また、いまでは廃れたトイギキ（拝み屋）でも、何かにつけて太鼓が登場する。祭礼では「鬼」の面を被った人物が踊りを舞いながら太鼓を打ち鳴らす芸能があり、鬼太鼓と呼ばれている。佐渡の方言では「おんでぃこ」「おんでこ」と発音され、当初彼らが名乗った「佐渡国おんでこ座」は、佐渡の土着の芸能に根ざすことを表明した集団名である。鬼太鼓座の太鼓は佐渡の鬼太鼓をそのまま上演するというよりも、秩父の屋台囃子や三宅島の三宅太鼓など、各地の民俗芸能を習得し、独自にアレンジしたり、また新たに作曲した創作太鼓を上演したりと、新たなスタイルを確立していく。

本間雅彦と手ずから思想

鬼太鼓座は何を目指していたのか。それはたんに太鼓や笛といった芸能を修め、人に魅せることだけではなかった。座員は体力作りのため真冬の佐渡の海岸沿いを半裸で二〇、三〇キロメートルを走り、ボストンマラソンなど国内外の公式フルマラソンに出場し、プロと競って上位に入る。かと思えば農作業をして食料を自作し、廃校舎を借りて集団で生活をする。テレビは禁じられ現金は使わず、まさに自立的なコミューンを作りあげようとしたのであり、そのストイックな集団生活は鬼気迫るものがあった。[*3] 佐渡で活動を始めた当初は住民から「ソ連のスパイ」ではないかと噂されながらも、そのラディカルな生活から打ち出される太鼓が、時代を超越した魅力で人びとを惹きつけた。彼らの、というよりも主に田の最終目標は、学校を作ることであった。一九七〇年八月のおんでこ座夏期学校に参加し、そのまま鬼太鼓座の座員にもなった大井良明は、田のビジョンを次のように回想する。

（夏期学校の）最終日の打ち上げ会のときには、「来年から太鼓や三味線の稽古を始めて、何年かしたら海外を回る。日本も回る。そして何十億という金を集めて、佐渡に職人塾のような大学を作る。コミューンみたいな村を作る。で、最後にはどんでん山の上で、ウッドストックみたいな太鼓のコンサートを開いて、世界中からいろんなドラマーを招いてうち比べをして、そして解散しよう」と（大井・太田 1989: 22）。

田の大言壮語は、学生運動が終わり、どことなく将来がおぼろげで停滞ムードの浪人生や若い世代に響いたようだ。夏期学校に参加し、鬼太鼓座に入った柏木薫は田の構想を以下のように語る。

嘘とは思いながらも、どこかしら信じたかったのかもしれない。けど、やめた時に、1銭ももらわなかった。だから自分より後に座をやめた（鈴木）晴美さんも（高野）巧も本当に困ってしまい、僕の方が先にやめたので、行く場所が決まるまでお世話したこともあった［中略］。（最初は）太鼓を打とうなんて思いもしなかった。むしろ、学びたいことを実現するために佐渡に先生を招いて学校を作るという、そちらの方に僕たちは魅かれたので。太鼓はそのための手段でした。太鼓をたたいて世界を回って、学校を設立するための軍資金を集めると捉えていました。[*4]

夏期学校経由で鬼太鼓座に入ってきた人びとは、柏木が語るように特段太鼓をやるという目的があったわけではない。むしろ田が掲げた大学や職人塾の構想、およびそこでの学びに彼らの関心はあったようだ。前述のとおり、当初佐渡では住民になかなか受け入れられないなか、活動拠点を提供し熱心に支援をした一人である本間雅彦は、次のように述べる。

体力を必要とする太鼓打者は、将来の体力の限界を念頭に置いて「生業」を身につけておくべきことを（田は）配慮していた。そのため、いずれは「職人村」をつくり、「職人塾」を、できれば「職人大学」を建てるという構想を鬼太鼓座の最終的な目標としていた（本間 1994a: 12）。

「コミューンみたいな村」や「職人大学（塾）」を作るというのが田の野望であった。田は鬼太鼓座を主宰するなかで、自分たちで自分たちの生活を作りあげることを重視し、食料だけでなくさまざまな生活に必要な道具もまた自分たちで自作することを座員に教え込んだ。それがすなわちローカルな環境に根ざすということなのである。

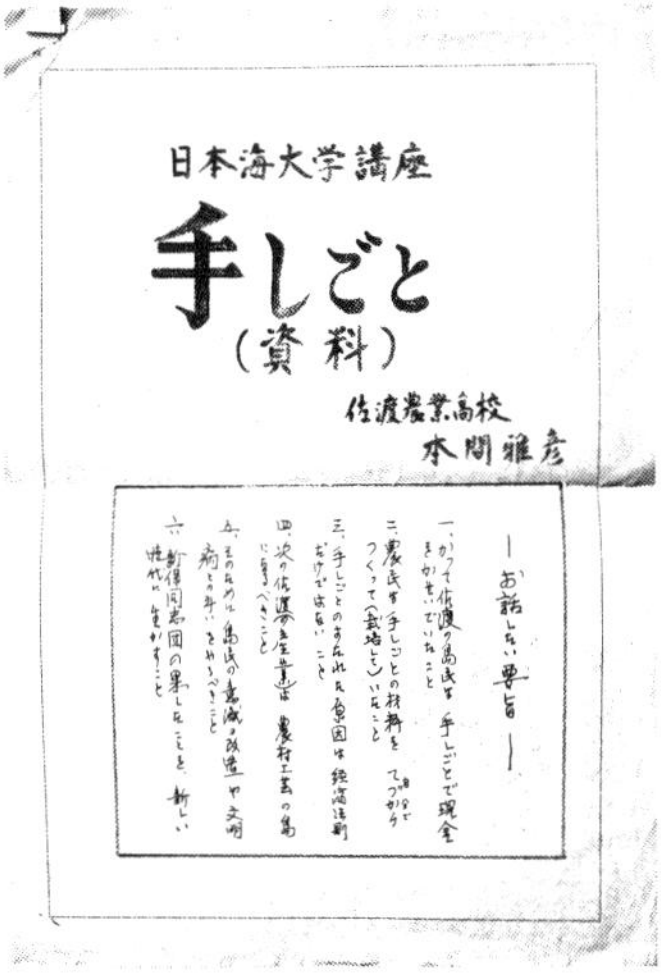
日本海大学講座
手しごと
（資料）
佐渡農業高校
本間雅彦
—お話したい要旨—

図 2　第 1 回日本海大学講座で本間雅彦が配布した「手しごと」レジュメ。

本間雅彦は自宅で、みずからの手で生活道具を作り、その意義を伝承する「手ずから工房」という試みを行っており（図 2）、この実践は自給自足の生活という面で田に大きな影響を与えた。また本間は宮本とも旧知の仲であり、宮本もまた武蔵美に就職したことで民具学・生活学を構想し始めており、本間の問題関心と通じあっていた。「手ずから」の思想を媒介に、田、本間、宮本がつながったのである。

田における学校へのこだわりは特筆すべきであろ

おんでこ座の夏季学校
「性ってなんだろ」
民俗芸能から真剣に探る

タライ舟"大学"ブカリ
小木港 おんでこ座が開く

図3 ［左］おんでこ座夏期学校を報じる記事（新潟日報、1970年9月1日）。左上の写真は永六輔。「夏季」「夏期」表記は揺れがある。［右］夏期学校内のイベント「日本海洋上大学」（新潟日報、1970年8月29日）。

う。鬼太鼓座の発端となったおんでこ座夏期学校は、イベントであるが「学校」と名が付いているだけあって、島にやってきた若者が佐渡の習俗に関する講義を受ける時間を設け、地元の協力を得ながら見学や巡検を行った（図3）。夏期学校には「普通の」若者たちが都会から約四〇名集まったが、時代を反映し、学生運動の元運動家も含まれていた。イベントの告知時点では太鼓の芸能集団をやるという話はなく、ファッション雑誌『an・an』に情報が掲載されたり、永六輔のラジオ番組で紹介されたりした。その様子を杉本浄は以下のように述べている。

> 深夜放送の「パックインミュージック」で「生きる望みを失った」若者たちからの投書が急増したことを（永が）リスナーに伝えると、たまたま赤坂付近で車を走らせていたおんでこ座の田耕が聞きつけて、すぐにTBSにやって来た。守衛室の電話から「生き甲斐がないなんていう若者がいるのであれば佐渡に来い」と永に申し出たらしい。

当時、盛んであった学生運動が退潮期に入った頃でもあった。翌週に永はこの田の申し出をラジオで伝えると、六三通の申し込みと問い合わせの手紙が来たので、「本当に若者達を受け止めてくれるのかどうか……」を確認しに佐渡を訪れることにしたのだった（杉本 2021: 51）。

「生きる望みを失った」若者像は「政治の季節」の終焉とともに一種のアノミー状態に陥った人びとの存在だと理解してよい。彼らがその代償行為のように島に向かうのは、ちょうどこの時期に始まる国鉄のディスカバージャパンキャンペーンとも相まって、都市から地方への若者の流れに乗った出来事だったと見なすこともできる。永六輔はそれ以前から宮本に傾倒しており、宮本が校長を務めた夏期学校にも講師として参加している。図3右は「日本海洋上大学」と称された巡検の一コマで、川添登（建築学者）、竹田扇之助（人形芝居師）、永六輔を囲むと記事にある。今和次郎に学んだ川添は、のちに生活学の中心として宮本や門下生との関わりを強めていく（川添 1996）。当時の先端的文化人を呼び、佐渡という離島で何か新しいことをやろうという発想は、ほとんどの人びとが都市に目を向けていた高度経済成長期の日本にあって新しい試みであったと言ってよい。

一九七〇年一〇月二～四日には同じ佐渡で、評論家・守誠の主宰する「日本海時代の祭典」というイベントがあり、「公害王国ニッポン」の体制・権力・強者の象徴たる太平洋時代の打倒を目指して、「反体制・民衆・弱者を象徴する日本海時代」の到来を語り合った（図4）。[*5] 夏期学校、日本海時代の祭典の両イベントを地元紙は「人間回復を目指す集会」と表

図4　日本海時代の祭典（1974年）ポスター（称光寺所蔵）

現しており、佐渡／日本海が反都市的な文化運動の文脈でシンボライズされていくとともに、そこが近代の疎外から救済される場になることが強調されていたのである。

さまざまな学校構想

その後鬼太鼓座は、本間雅彦や林道明など郷土知識人の支援もあって佐渡に根付き、また対外的にも佐治敬三（サントリー社長）など、有力者の支援を得て財政基盤を固め、国内外で太鼓の公演に活躍するようになる。しかし田と座員との確執が深まり、一九八一年に田が太鼓など楽器一式とともに佐渡を去る。残った団員たちは新たに鼓童という座名を付け、現在に至っている。その発足の年、一九八一年八月に彼らが開いたのもまた「学校」であった。「鼓童・夏の学校」と称されたイベントは鼓童の主催で「ものづくり」を学ぶイベントであり、以下のように記録されている。

小刀づくりやわら細工、裂き織りなどの体験、講師陣の対談など、島内外の人と鼓童メンバー合わせた四三名が四日間の密度の濃い体験を共にした。「夏の学校」は、人を招き、受け入れ、お世話をしつつ学びあうイベントとして五回続き、のちに鼓童が様々な形で行う「ワークショップ」の萌芽となった（鼓童文化財団 2011: 68-69）。

鬼太鼓座から鼓童に継承された、「学校」や「大学」への憧憬とも言える強いこだわりがここに見受けられるが、はたしてこれが田の思想なのか、それとも他の人の影響なのかは、いまとなっては判断できない。しかし、あきらかに学校や大学に関する鼓童の思想には、宮本の強い影響が見受けられる。宮本は各地で行った離島振興の講演会で佐渡の「大学」構想のことをしばしば語っている。以下は郷里の山口県周防大島での講演の一部である。

これ（文化や暮らし）を守るのは単にこれだけの問題ではないんだ、我々全体の知識を高める以外にないんだ、そういう施設をこれからやるんだ、そこで今私は佐渡の人たちに奨めているんです。あそこに日本海大学を作りたい。日本海大学っていうのはどういう大学かと申しますと、今日大学はたくさんあるんです。山口大学っていうのがあるし広島大学っていうのがある。しかしそれは山口大学っていうのは山口にある大学なんです。広島大学っていうのは広島にある大学なんです。山口を研究する大学じゃないものです。

目的を持った大学を作ったらどうなんだ。日本海大学というのは日本海を研究する大学です。日本海が抱えておる無数の問題を解決するために大学を作ったらどうなんだ。その話を出したんです。そしたらとたんに、四、五十町分の土地を提供しようっていう、土地の地主が現れたんです。「地価は現在の地価で結構でございます。提供したいと思います」。ある一つのことが動き始めますと、全体が動きはじめます。このことはそのまま大島郡でもいえることじゃなかろうかと思います。媚を売るのではなくわれわれの知恵を集めて、それを人に示す。例えば先ほど申しました大学にしましても、目的を持つ、地方開発のための大学。そういうものがあっていい。それが出てくれば、日本だって今日のような過疎問題は起こっていないと思います（宮本 2013c）。

過疎や一極集中で周辺部の文化や暮らしが衰退しており、それを守るには「我々全体の知識」を高める必要がある。そのためにはその土地の抱える課題を研究し、解決する大学をつくるべきである、と主張する。そのような「地方開発」のための大学は、他の大学と異なり「目的」を持っているのだとも述べる。二一世紀になる頃に、大学の社会連携や地域貢献が謳われるようになり、ここで言う「山口を研究する大学」のような新たな学部が次々に設立されるようになったが、たしかに当時において研究を介した地域貢献は大学人の興味の埒外にあった。

すでに佐渡では土地の提供の話が出ているが、これは後述のように鼓童の居住する「鼓童村」のための土地と思われ、大井良明が述べていた「コミューンみたいな村を作る」構想のための土地であろう。ともあれ地域に根ざした大学を設立しようという宮本の考えは、おんでこ座夏期学校や「日本海洋上大学」などの名称で鬼太鼓座にも影響を与えていたし、武蔵美の学生たちにもまた別のかたちで影響を与えていた。武蔵美で宮本の教えを受け、佐渡を初めとした全国の民家・集落調査を行った人びとがいる。のちにTEM研究所という建築デザイン事務所を結成することになる真島俊一らは、宮本が武蔵美に赴任して結成した生活文化研究会に出入りし、一九七〇年のあいだに佐渡南部の白木・宿根木・琴浦などの調査を行った。田耕から依頼されて彼らが作成した「佐渡芸術大学」の一二枚にわたる構想図が周防大島に残されており、これを見れば宮本の日本海大学構想、鬼太鼓座の職人大学構想が入り交じった、未来予想図が議論されていたことが窺える（図5）。

佐渡芸術大学の構想はきわめて独創的である。芸術大学と言いつつもそこで学ぶ芸術はいわゆるファインアートではなく、太鼓や三味線など民衆的な民俗芸能であり、そこには美術大学で学んだ彼らなりの変革思想が読み取れる。この構想は鬼太鼓座の活動をベースにしており、太鼓だけでなく、早朝からマラソンを初めとした身体鍛錬に時間を割いたり、畜産・稲作に従事したり、集団生活で自ら生活を組み立てて

図5　佐渡芸術大学構想（田耕企画、TEM研究所作成、周防大島文化交流センター所蔵）。真島俊一によると、田は12枚の図を宮本と梅棹忠夫に見せたが、梅棹からは、大学としての実現可能性は低いので、太鼓に専念するよう言われたと言う（2023年7月インタビュー）。

いくところなども、鬼太鼓座の座員の生活そのものである。「海のみえるキャンパス」として想定されている場所は、一九七〇年代後半に鬼太鼓座が拠点を置いていた佐渡の旧大小《だいしょう》小学校校舎の近隣であり、職人大学の構想をより体系的に図示したものであることが窺える。

他方で鬼太鼓座とは異なる思想として、アジアを主とした諸外国に開かれた国際性や言語習得、旅の意義を強調するカリキュラムが示されたパネルもある。そこに影響を与えたものとして考えられるものは、観光文化研究所から宮本常一監修で発行されていた雑誌『あるくみるきく』の示すポリシーである。また「なんでも見てやろう」という文言は言うまでもなく、バックパッカーという言葉がまだない時代に世界を放浪し、「ベトナムに平和を！　市民連合」（べ平連）を立ち上げた小田実の著書『何でも見てやろう』（小田 1961）へのオマージュであろう。ここからは既存の観光や旅の秩序を打破しようとするノマド的、ボヘミアン的な価値観が見て取れる。その時代性は、なぜ佐渡で既存の大学とは異なる「大学」が構想されたのかを考察する際に重要な要素となってくる。

このように鬼太鼓座やＴＥＭが芸能や職人に特化した大学を構想する一方、宮本の考える大学構想、「日本海大学」構想はよりジェネラルな、当該の地域研究を全般的に行うものとして考えられていた。宮本の語る構想はあくまでも夢物語だが、一九七〇年代には徐々に、佐渡でこの大学を実際に実現しようという動きに結びついていく。

3　日本海大学講座

大学設立に向けた実験

一九七〇年に田耕が職人大学の設立を目標に鬼太鼓座を結成してからも、大学構想はなかなか進捗しなかった。しかし一九七二年に南佐渡で宮本の支援もあって小木民俗博物館が開館し、その運営メンバーを中心として大学の準備講座のようなかたちで、一九七四年に第一回日本海大学講座が開かれた。講座の趣意書はこのように宣言する。

日本海大学は参加者によってつくられる大学であります。今回の企画は昭和四七年九月「しま」に宮本常一先生が書かれたのがきっかけであります。その中に一・島の為の島の大学、二・日本海を研究する大学、三．島に残った者がどのように勉強するかについてもっと真剣に考えねばならない。という、三つのものが骨格であります。それから二年、今回の講座を実現することができました。これからは肉付けの段階であります。今回の「佐渡を考える」という大きなテーマを掲げたのも、まず全体を考え、その中から上がった問題を第二回からは詳細に検討し、このような講座を続けていくことが、日本海大学の学部なり学科へ具体化されていくものであります。日本海大学はいわゆる〝大学〟とは異なる大学であります（第一回日本海大学講座案内状より）。

「しま」は全国離島振興協議会の機関誌で、いわば宮本にとってはホームのような媒体である。その文章（宮本 1972）は宮本が初めて佐渡の小木を訪れた一九五九年のことから始まっており、観光バスが来始めて小木でも県の指導で「むやみにベニヤ板をはった」民宿が急ごしらえでオープンされていると書かれている。この状況は宮本に言わせれば「何かが狂って」いる状況で、かつて北前船で栄えた文化には誰も見向きもしないのに、団体旅行客向けに生活が再編されていくいびつな状況があると言う。日本海大学はこうした課題を前に、島に残った人が地元のことを自ら考えるための教育機関であり、それを作るようにと宮本はハッパをかけていたのである。

学校をつくるにしても目を外に向ける人を育てるのではなく、目を内に向ける学校を作ってみてはどうかと言っている。［中略］これまでの大学は例えば新潟大学、富山大学などといっても新潟にある大学、富山にある大学ということで、新潟を対象とし、富山を研究することを目的とする大学ではない。日本海大学というのは日本海研究を目的とする大学である。日本海のかかえている問題は実に大きい。そうした具体的な問題と取り組む大学を佐渡に作ってみてはどうであろうかと考える。「おんでこ座」の連中は面白がって大学問題に真剣にとりくもうとしている。あるいは出現するのではないかと思っている。官立でなく私立がいい。おなじように離島問題ととりくむための離島大学だってできるだろう（宮本 1972: 78-79）。

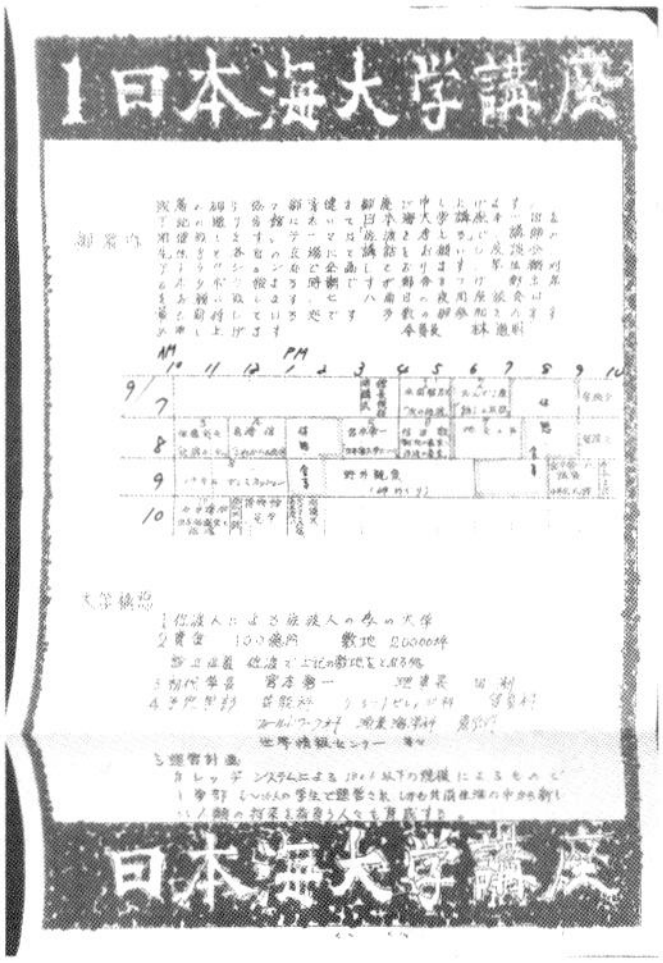

図6　第1回日本海大学講座案内

先の講演と大学名を入れ替えただけの内容だが、宮本はしばしば他地域で同類の話を繰り返している。良く言えば普遍的課題として地域開発と教育研究を結びつけて考えていたということであり、悪く言えば「金太郎飴」の論法だが、当時このような趣旨のことを離島で主張する知識人は皆無であり、地元の人びとの驚きと、行動力を引き出したのも事実である。

日本海大学講座は小木町教育委員会、および小木町公民館の主催で、小木民俗博物館や宿根木公会堂を会場にした一般向けの講座として、一九七四年九月七〜一〇日に行われた。チラシ（図6）を見てもわかるように完全に手作りの講座であり、宮本のアイディアを受けて地元の人びとと島外の若者とがチームになって作りあげたイベントであった。チラシには「佐渡人による佐渡人のための大学」と謳った「大学構想」が記され、資金一〇〇億円、敷地二万坪という勘定は、佐渡芸術大学構想のパネルにも書かれていたし、「予定学部」や「運営計画」もほぼ佐渡芸術大学と同じである。日本海大学初代学長に宮本常一、理事長に田耕と、博物館を中心としたこの講座が、鬼太鼓座のムーブメントを引き継ぐかたちで実施されていたことがわかる。

日程表（図7）を見ると、「佐渡を考える」という趣旨のもと四日間に講義がぎっしり詰められており、講師には佐渡在住の研究者、在京研究者の双方がバランス良く挙がっている。[*6] 出席名簿によると、参加者は島内外から一三三名（講師、運営側スタッフを除く）であった。離島で行われる学術的なイベントとしては大規模なものに思われるかもしれないが、実は佐渡で類似した講演会やシンポジウムが行われると、人口が減少した現在であっても一〇〇名を集めることは珍しくなく、郷土の歴史など関心を集めやすい主題となれば二〇〇人近い人が聴講に訪れることもある。博物館や教育委員会、大学などが開く一般市民向けの教養的な講座は全国で行われているが、佐渡の知識欲はひときわ高いように思われる。

9月7日	開校式、本間雅彦「次の佐渡」、おんでこ座「話と太鼓」、座談会
9月8日	佐藤利夫「佐渡のくらし」、島崎信「これからの佐渡」、宮本常一「日本海大学について」、信田敬「越後の農業と佐渡の農業」、地元の声、座談会
9月9日	パネルディスカッション、野外観察（岬めぐり）、宮本常一講演、おんでこ座
9月10日	石井謙治「日本海運史と佐渡」、念仏太鼓、博物館見学、閉校式

図7　第1回日本海大学講座プログラム

二重の辺境
参加者数をグラフに表すと、一三三名中一一三名が佐渡島内であることがわかる（図8）。東京からの参加者は武蔵美の学生や卒業生など、ほとんどは宮本の関係による参加者だ。佐渡の参加者の多くは小木、羽《は》茂《もち》など、博物館のある南佐渡の人びとであるが、島内では遠隔地にある相川や両津からの参加者も多い。他方、国中《くになか》と呼ばれる島の中心部からはほとんど参加者がいないことも注目される。旧町村で言えば佐和田や金井など国中にある地区は平野に位置し、島のなかでは生活条件が良いことから現在でも人口集積地域であり、商業施設や公共施設が集まって

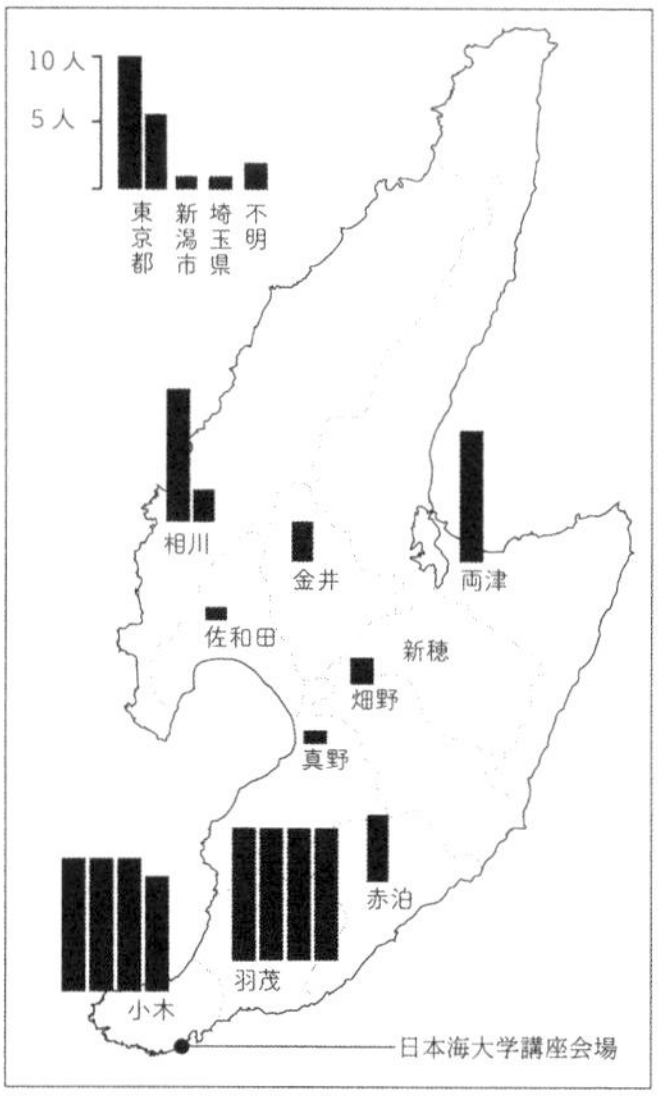

図8　日本海大学講座居住地別参加者数

いる。

他方小木や羽茂など、戦後佐渡の経済的構造のなかでは周辺に置かれていた地域の人びとを惹き付けた点には、たんにイベント会場への距離的な遠近を越えた、島のなかでの意識差が見受けられる。つまり、「佐渡を考える」という主題が比較的恵まれた地域の人びとを惹き付けなかったのは、この主題が自らの生活や環境への危機意識や問題意識と不可分であるということだ。佐渡は離島とはいえ、全体は広く多様性のある島であり、そこでも格差が見られる。変革の思想が抑圧された人びとや困難な状況にある人びとから生まれるものだとすれば、日本全域からは「辺境」に位置する佐渡のなかにも中心と周辺の構造が入れ子構造のように存在し、日本海大学講座はこうした二重の辺境から生まれた思想なのである。

宮本は日本海大学のことを新聞記事で次のように語っている。

> そういう生活でなく、自前の文化を大切にし、自分たちの生活を大切にし、向上させていくような生き方を立てられないものか、しかもそれを佐渡のみの問題でなく、日本海沿岸住民の問題として捉えていく。そういうことについて住民が集まって考え工夫し、研究してみる機会を作ってみようではないかということで日本海大学講座を、小木民俗博物館で企画した（宮本 1974）。

記事によると「そういう生活」とは「太平洋的」な経済発展を軸とした生活であり、「日本海」はそのような進化主義的な、高度経済成長の価値観からの転換を目指すシンボルとして読むことができる。またものづくりや手仕事、民俗芸能などローカルに根ざした生活の思想を学ぶことが謳われており、文化や生活を生かした島づくりという、宮本の言う「地方開発のための大学」が前面に出ている。また記事では「島を愛する島外人」が参画し、地元の若者と知恵を組み合わせる重要性が述べられ、このような「夢」に可能性を持たせてくれるのは鬼太鼓座であると述べられている。実際、講座のなかでも鬼太鼓座は太鼓を演じているし、日本海大学という発想そのものも田耕の職人大学構想と重なり合うものがあり、宮本にとっても彼らとの交流からこのような発想に至ったことは間違いない。

4　島からのリアクション

ローカルリーダー

では日本海大学を地元の側はどのように受け止めたのだろうか。宮本にせよ鬼太鼓座にせよ、彼らは佐渡の島外から目的を持ってやってきた人びとであり、その目的を佐渡において叶えようとしている人びとである。佐渡の人びとにとっては地元の言葉で言うところの「旅のもん」（島外者）である。この言葉には、ふらっと外からやってくる者への期待と少しの警戒感があり、いつかまたいなくなる一種の他者性が込められている。現在ではこのように地域振興なり環境保全なり、新たな教育なり文化研究なりと、島の外から目的を持ってやってくる若者や研究者、さまざまな団体はとても多く、そのかなりの部分が少しの期間佐渡でプロジェクトを行っては去って行くが、一九七〇年代初頭において、純粋な研究というよりも地域社会に積極的に関わり、地域の課題を解決しようとする人びとはきわめてまれであった。

地域との関わりということで言えば、日本海大学講座を根幹で支えた実行部隊は佐渡の人びとであった。とりわけ、最も主体として動いたのは、林道明[*7]（佐渡国小木民俗博物館館長）、中堀均（同職員）、高藤一郎平（同職員）、真島俊一（TEM研究所）などである。

事の発端は宮本と林が前年の一九七三年に講座のことを話し始めたことによる。「しま」の文章のとおり、宮本はすでに一九七二年の時点から佐渡の島民に対して日本海大学の設立をけしかけていたが、これを林に伝え、さらに一九七四年一月の宮本来島時、同年の夏にひとまず夏期講座として大学構想を進めていこうということで話がまとまった。林は民俗学に対して勉強熱心なだけでなく、筆まめな人物であった。前章で述べたようにレシートや食堂の箸袋にもそこで購入した物品の印象や店主との会話がメモされており、林のメモを辿るだけでも、戦後の佐渡の暮らしが再構成可能となる。ゆえに、日本海大学講座の準備や事後についても膨大なメモがあり、そこから島の人びとがどのように見ていたのかがわかってくる。

林が残した関連書類の表紙には「おんでこ佐渡芸術大学講座」とあり、講座名が定まるまでに紆余曲折あったことが窺える。そもそも林は鬼太鼓座やTEMとは宮本を介して知り合うまでそれほど面識はなく、鬼太鼓座やTEMの考えていた職人大学、芸術大学の構想も当初はピンときていなかった様子がある。林は博物館の開設にこぎ着けたことから、この講座に関しても当初はあくまで博物館活性化のための夏期講座を実施することだけを考えていたようだ。しかしながら、七四年一月の宮本との懇談では、宮本がたんに民具を学んだり民俗学の講座を開いたりするだけではダメで、大人や子どもが集まることのできる「アジト」を作ることを勧め、できるだけ広いテーマで人を呼べる講座にするよう指示している。

この懇談では宮本から、日本海大学講座の講師候補としてさまざまな名前が挙げられている。小久保明浩（教育学、武蔵美）、星川進（社会学、武蔵美）、齋藤昭嘉（ガラス工芸、武蔵美）といった宮本の同僚だけでなく、村武精一（社会人類学、東京都立大）、宮田登（民俗学、東京教育大）、川喜田二郎（人類学、元東京工大）、米山俊直（人類学、京大）といった研究者の名前が挙げられており、宮本の人脈が垣間見られる。メモによると、宮本は「東京の大学の先生は皆こすい、京都の大学の若い先生はこの点良い」と林に話していたようで、川喜田や米山を挙げるあたりに、京大系の生態人類学者に対して宮本の好みが表れている。[*8]

このとき林は、人類学や民俗学などのアカデミズムの動向にそれほど通じていたわけではないことはメモの誤記からも窺える。たとえば「川北」と書かれたメモは川喜田のことだと思われるし、「フォークラ」はフォークロア（民俗学）、「米沢」は米山のことだと思われる。むしろ林にとっては宮本との会話が耳学問の機会であり、彼を通して学問的な思考や学術の世界について学んだと言える。後に林は民具研究の分野で活躍し、新潟県民具学会長を務めたり、共同執筆した佐渡のエスノグラフィーで日本生活学会賞を受賞したりと、研究面でも活躍し始める。郷土知識人へと成長していく過程では、佐渡に来るたびに称光寺に泊まる宮本から、夜な夜な酒を飲みながら「講義」を聴いていたことが発端になった。

講座に関する懇談のなかで、講師候補は徐々に、外部から佐渡を見て語ってもらうよりも佐渡のなかの人に佐渡を語ってもらうのが良いのではないかということになり、田中圭一（日本史）、佐藤利夫（地理学、民俗学）、本間雅彦（人類学）の名前が挙げられた。この三名はいずれも高校教員をしながらそれぞれの学問を行っていた人びとである。日本の多くの地方では、歴史学や地理学、民俗学などの分野を支えてきたのは高校をはじめとする学校教員で、とりわけ佐渡のように大学のない地域では彼らが研究の主体であり、時に中央の学会においても大学所属の研究者と同等に評価されてきた。[*9]

宮本常一のネットワーク

一九七四年一月に宮本と林が話し合って講座の実施を決めて以降も準備はあまり進んでおらず、同年七月になって具体化していった。しかし、その時点でもまだ登壇の講師は確定しておらず、開催一ヶ月前の八月になってようやく登壇依頼をするという、現代のイベントでは考えられないのんびりした進行であった。講師陣として、一月に名前の上っていた田中は予定が合わなかったのか除外され、本間、佐藤の二名が確定し、それ以外に海運史を専門とする歴史学者の石井謙治（水産庁漁船研究室）、工芸デザインの島崎信《まこと》（武蔵美）、羽茂町で八珍柿の生産指導に当たっていた信田敬、それに宮本が登壇することになった。石井は宮本がかつて水産庁資料室で働いていた際のネットワークであり、島崎は宮本の同僚で、信田も宮本の農業指導を通じて知り合った人物である。したがって日本海大学講座はほとんど宮本の発想で、かつ人脈も宮本のネットワークに依拠したものであった。その意味では講座全体が全面的に宮本の思想に依拠したものであったとも言える。

実際の運営にあたっても宮本の人脈が活用された。林とともに博物館職員であった中堀均に加え、「実行部隊」として宮本の教え子でもある武蔵美の卒業生、真島俊一、坂倉真人が講師への連絡やさまざまな準備にあたった。また鬼太鼓座の座長であった柏木薫の名前も挙がっており、座員たちが公演だけでなく講師陣の送迎など多くの点でサポートしたことが窺える（図9）。また一〇〇人余りの参加者は多くが近隣に宿泊をしたため、複数の民宿が協力をしている。当時はレストランなども皆無であったため、昼食は宿根木集落の女性たちが用意した。地元紙新潟日報の佐渡支局にはあらかじめ情報を流し、複数の記事が出た。林は講座を「アドバルーンを上げる」機会だと捉えていたようだ。この講座が実際に世論形成に寄与したかというと、動きとしては小さなものだったかもしれない。しかし、林など郷土知識人が宮本の人脈と交わることで、これまでの事務的な博物館運営から、より地域の課題を変革させる運動へと結びつけることができたことは大きなポイントである。

図9　宮本常一を中心に、林道明、佐渡の若者、鬼太鼓座、真島俊一らが集まる様子。小木民俗博物館にて（1972年3月18日、石塚邦博氏撮影、小木民俗博物館所蔵）。

5　拠点主義と若衆宿

青年たちの連帯

日本海大学講座ではどのような議論が交わされたのだろうか。講座の記録は林によるメモの他、佐渡在住の民俗学者、柳平則子[*10]が詳細なノートを残しているので、そこから本章の主題に関わる部分を中心に見てみたい。

柳平のメモによると、三日間の講座のうち「佐渡を考える」という主題に最も関連し、また地域の課題を受け止め人びとが真剣に将来の佐渡のことを考えるきっかけとなったのは、宮本と島崎の講義であり、それをもとに連夜、遅くまで参加者が熱い討議をしていたことがわかる。宮本の話は要約するとこのようなものだ。佐渡は離島振興法により島民の生活が平均化され良くなったが、現在では観光資本による開発が進んでおり、島民もまた島外からもたらされる補助金なり観光客の落とす金なりを当てにするようになり、いわば借り物の思想で暮らすようになっている。その反面自分の村の課題や強みをきちんと把握する者は少ない。佐渡の本当の良さとは何かを考え抜き、自前の文化を発見し、自分たちで暮らしをよくすることを考えねばならない。観光に頼らない暮らしを守れ。日本海大学はそのための学ぶ場である、と。

他方、インテリアデザインを専門とし、若い頃にデンマークに留学してものづくりと社会デザインを結びつけて研究する島崎の話も、同様に主体性と地域への再帰的なまなざしである。曰く、「これから佐渡がどうしたらいいのか他人に訊くことではなく、こうしたいのだと個人が考えるところから行動の原点が始まる」。そのためには現在を形作っている過去を知り、知識を発展させ行動を誘発させることが肝要である。題材は何でも良く、たとえば佐渡には豊かな伝統工芸があり、郷土史の掘り起こしも盛んであるが、こうした伝統を再検討し新たな価値を付与することによって未来の基礎とすべきである。そこで風土や歴史に根ざした職人技を広げる職人村（手作り村）を作り、地元民の手仕事に精神的な位置づけを図るとともに、来島者にも開いていく。こうした「拠点」こそが伝統のルネッサンス、国作りの基礎となる、と。

これらの考えには、本間雅彦や鬼太鼓座の思想が入り交じっている。あるいは、鬼太鼓座もまた島崎の影響を受けていたのかもしれない。いずれにせよ将来のために職人技や工芸のような伝統を再認識し、それを実践する拠点（職人村）を構えようという考え方である。

これに対し地元の聴衆からは次のような意見が出された。「生活改善運動で地域の暮らしが平板化し、過疎化もあって元気がなくなっているところに、観光会社が来て島がのっとられた。この状況を改善するために、具体的に自分たちは何をなすべきか、佐渡の人でないとできないことは何かを考えたい」。また「余所の人にどうにかしてくれと問いかけるばかりであったことを戒められた。町村の壁を破って、全島の動きとすべきだと思う」。「どの村も青年層、中間層がいない。佐渡に同じ問題で悩む仲間がいる心強さを感じた」と、十市町村に分かれ、共通する問題があるにもかかわらず分断されていた青年層の連帯が生まれつつあることが垣間見える。議論は連日深夜まで続き、酒も入って盛り上がったようだ。鬼太鼓座の三味線に合わせて唄う肌着姿の宮本の写真も残されている（須藤編 2004）。

議論の場

第一回日本海大学講座の熱い議論を受けて実際に実現したこととして、現代版の若衆宿を作るというプロジェクトを挙げることができる。近世の年齢階梯制集団である若衆は、「宿」と称される共同の家を持つ集まりで、一定年齢になった男子が寝泊まりしながら先輩から仕事や人生、遊びについて訓導を受けた。女子には娘宿などの名称で、同様の集まりがあった地域もある。明治以降、若衆は青年団という国家の統制を受ける制度へと変化していき、若衆宿もまた徐々に消えていった。講座のディスカッションでは佐渡の若者から、日頃から島の問題を話し合える仲間との場所がほしいという声が上がり、これに対し宮本から他地域の先例が紹介され、ぜひとも若衆宿を実現するようハッパがかけられた。

宮本が参考情報として紹介したのは八丈島にある青ヶ島会館という施設で、青ヶ島に帰る人びとが船待ちを行う宿だった。その運営は青年三人によってなされ、運営を通じて島にとって大事なことを学び、「人並みになる」ことができるのだという。これを参考に、現代の若衆宿は近世のように地元の若者だけで構成されるだけでなく、外部の学生、またＴＥＭや鬼太鼓座のような「遊民」を取り込みながら、オープンな空間にするよう助言があった。

のちに島崎は私に対し、当時の講師陣は佐渡の若者に対して「拠点主義」の意義を説いたのだと述べた。都市における文化運動や学生運動の雰囲気を感じさせるこの言葉は、人びとが自由に集う空間が闊達な議論を誘発し、ひいては問題解決や自己変革に至ることを期待させる響きを持っている。島崎は講座のなかで職人村の構想を説き、宮本も日本海大学の設立を促した。そのような施設の実現可能性がこの時点でどの程度見積もられていたかどうかはわからない。しかし地元の若者がひとまず若衆宿を提案してきたのは現実的で、それは宮本や島崎の考える拠点主義の実現であったと言ってよい。

現代ではまちづくりプロジェクトにおいてフリースペースを用いた場作りがごく一般化しているが、若衆宿を「拠点」として設ける思想は一九七〇年代の離島では先進性を持っていた。宮本は戦前に過ごした大阪での小学校教員時代、澤田四郎作の家で開かれる大阪民俗談話会での研究会を通じて、自由な討議のできるサロン的な「空間的な拠点」が重要だと認識していた（鶴見 2021: 368）。若い頃の経験が若衆宿構想に繋がったのである。

若衆宿は日本海大学講座での発案に加え、同じ一九七四年一〇月に佐渡の新穂村で行われた「第五回日本海時代の祭典」でも同様の趣旨の提案があったことから、それらの動きを結集した「若衆宿を実現させる会」が主体となって開設に動いた。直接的に宮本常一や日本海大学講座とは繋がっていたわけではないにせよ、同じような価値観を持った若者が佐渡に集い、「日本海」を看板に掲げて「太平洋」や東京一極集中への是非を問うていたのだ。

若衆宿はたんに日本海大学実現のための基礎としてだけでなく、このような文化運動の結集点として進み、一九七四年一二月に地元の四〇名の支援者を得て、宿根木集落の空き家を借りてスタートした。地元紙には「「若衆宿」ナウに〝開店〟六人、まず語ろう。〝生活の原点〟昔にある」[*11]との記事が出た。六人はいずれも講座に参加した佐渡の二〇代・独身・男性で、生まれは一九四五年〜五四年にあたる。いわゆる団塊の世代の前後であり、多くの若者が島を離れ都市に向かったなかで、あえて島に残った者同士が島の課題を話し合うことを目指していた。新聞記事ではその課題として、人口流出、出稼ぎ、観光開発、飛行場建設運動が挙げられている。

飛行場とは、一九七〇年代当時、佐渡でジェット機の発着可能な空港建設が構想され、地元が賛成と反対で揺れていた事態を指している（詳細は第7章）。若衆宿のあった小木岬半島でも、台地上の金田新田集落を削って滑走路が建設される可能性があったことから、若者を中心に勉強会や反対運動が行われていた。言うまでもなくここには、当時の社会運動の象徴である千葉の新空港建設反対運動（三里塚闘争）や、公害を受けた環境運動の影響を認められる。若衆宿に集う人びとにとって飛行場の問題は卑近な話題であり、彼らの関心は日常生活や文化財の問題から、空港反対運動まで幅広いものであった。宿には最初の六名以外にも多くの若者が出入りし、また島外からも宮本やその周辺の若者がたびたび行き来をする、まさに拠点として輝きを持っていた。

6　都市のまなざしの壁

自己決定

第一回日本海大学講座の議事録を見ていると、熱の籠もった議論が交わされる反面、全体的に宮本や島崎の気迫に押され、地元側が問題を認識しつつも、具体的な反応に戸惑っているという印象が拭えない。ここでいう問題とは佐渡の人口減少や産業の空洞化、また海上交通から陸上交通への変化に伴って海運業中心だった佐渡の周辺化・離島化、そこから来る将来的なさらなる地位低下と閉塞感、劣等感など、離島の課題総体のことである。

このような問題は一〇〇年単位で佐渡や日本の島嶼部全般にもたらされた変化で、東京を中心にして進んできた日本の近代化の負の側面であり、仮に課題の存在を認識できたとしても一朝一夕ではどうしようもない構造化された課題である。ゆえに外部の知識人や学生から正論を指摘されても、解決が容易ではないことは何より島民が最もよくわかっている。加えて「何をすべきか」という話になると、全般的に「自主性」「自前の文化の確立」に収斂していったことも、島の若者の困惑に繋がっている。

宮本の自己決定論の核心は『しま』に連載された離島振興論に述べられている。「それぞれの土地の人々の自覚をまつというようなきれいごとを言っていたのでは土地の発展はありようがない。いつまでたっても人のあとをついてゆかなければならない」。ゆえに、「周囲からその欠点を自覚させ、忠告し、ためなおしていく以外に、欠点をあらためることはできない」(宮本 2013b: 114)。島の孤立が往々にして革新性の欠如に繋がっていくことを瀬戸内海の島で生まれ育った宮本はよく理解していた。しかし、外部からの刺激をつねに必要とする自己決定論は当初から矛盾を孕む論理でもあった。

外部の知識人や学生が問題提起をし、地元の人びとの自主性によって解決策を探究していくという手法はその後、ワークショップと町並み調査を基礎にしたコミュニティデザインや「まちづくり」において洗練されていく。宮本たちが仕掛けた議論はその原型のようなものであるが、まちづくりのプロが市民と伴走していく現代のコミュニティデザインと異なり、宮本らの提起はある意味「丸投げ」状態だった。佐渡の若者にとっては課題とともに自己決定や自主性の困難を突きつけられた講座であった。

ただ、戦前から始まる日本の国土開発の歴史を省みると、離島に自主性が促されること自体は新しさがあった。近代日本の開発では地方や離島はもっぱら中央や都市の末端に位置づけられ、一九六〇年代に始まる全総においても太平洋ベルトを中心とした分業体制下に組み込まれるのみで、「地方の時代」が掲げられながらも、意志を持った主体として位置づけられることはほとんどなかった。それを考えると自主性や自己決定を促され、鼓舞されること自体、島に残った若者にとっては判断する主体であることを取り戻す希有な機会となったことは確かである。宮本はたびたび、離島の青年たちが政府や制度に従属するのではなく自分で物事を判断し、自前の経済や文化を確立することを講演会などで促している。したがって地元の若者は、主体性の回復には当事者として自己決定することの難しさも同時に学んだのである。

第二回日本海大学講座

日本海大学講座の運営も順風満帆だったとは言いがたい。佐渡側の責任者であった林のメモを見ると、彼が住職を務める称光寺が立て替えた経費の精算がうまくいっていなかったことが不満として書かれており、予算処理のことをはじめとして決してスムーズではなかったことが窺える。もちろんイベント運営に慣れているわけではない佐渡の青年層がこの種の大規模な講座のマネージメントに苦心することは想像に難くない。むしろ課題は、次回以降、何をどうやっていけば良いのか明確なイメージと計画が、筆まめな林のメモからもあまり窺えないということである。講座の翌年、一九七五年七月に開かれた今後の運営に関する林道明・中堀均・本間雅彦・TEMなどの話し合いにおいては、「昨年度の反省」として日本海大学に向けた目標が「大きすぎ、バクゼンとしすぎている」ことが述べられており、初期の目標に立ち返り、次回以降の講座では生活の実態を知るようなフィールドワークや地道で具体的な議論を重ねる必要性が述べられている。しかし結局、この年は鬼太鼓座が不参加ということもあって講座は開かれず、一九七六年に持ち越しとなった。

　第二回にして実質最後となった日本海大学講座は、一九七六年七月一七〜一九日に日本生活学会の研究大会と合同開催のかたちをとって、同じように小木民俗博物館、宿根木公会堂や小木町の施設を用いて行われた。運営は真島俊一をはじめ、生活学会の会員として活動する人が多く在籍したＴＥＭ研究所が主軸となり、佐渡側（日本海大学講座）の事務局として、中堀均や高藤一郎平、柳平則子が携わった。第一回と異なり林道明の関わりは少なく、鬼太鼓座も関わっていない。大きく異なるのは佐渡の若者や市民が集まるというよりも、生活学会の会員が主な対象だったということだ。東京から三泊四日のツアーが組まれ、「佐渡見学会」と銘打たれた学会員の佐渡巡検と佐渡側の知識人による講義や案内が中心となった。

　巡検コースは南佐渡をフィールドとし、海班・職人班・山班の三コースに分かれ、小木岬のイソネギ漁、舟大工や鍛冶屋などの職人仕事、小木民俗博物館、佐渡の芸能であるのろま人形・文弥人形、味噌工場、柿畑を見学した。講演や案内の講師として宮本、本間、林、中堀、高藤のほか、羽茂町で文化活動のリーダーとして活動していた葛原正巳の名前が挙げられている。佐藤利夫など地元の知識人の関わりは第一回よりは少ない。また最終日には講演会として、生活学会会長であった建築学者・吉阪隆正と建築学者・川添登、および工業デザイナー・栄《え》久《ぐ》庵《あん》憲司の講演があり、これらは主に島内参加者向けであることが謳われている。

　昼は老人会の手打ちそば、夜は地酒と焚き火と座談会となっており、全般に佐渡の人びとが学会員を案内し、楽ませるスケジュールとなっている。書記を務め、一八日の見学会に参加した柳平のメモには「観光旅行的フンイキ……」とあり、加えて、「見学会を終わっての印象は何もなし。何が問題なのか、島の暮らしの経緯、橋渡しをする役割がいなかったためではないか」と厳しいコメントを残している。宮本らの講演も、メモによれば樽や桶の作成・利用に関する仔細な民具学的内容に徹しており、島の課題を内外の参加者が議論し合う場ではなかったことがわかる。

このように第二回日本海大学講座が熱気を欠いたイベントだったことは拭えない。しかし夜の座談会をレポートした新聞記事[*12]には、第一回講座とは違う意味で議論が白熱したことが伝わってくる。ある生活学会員が「位牌を持たず、いずれ故郷に帰るつもりで田舎から上京する人が大挙押しかけており、迷惑している」と、東京人の立場から都市の過密状態について不平を述べたことに対し、佐渡の青年が「島の若者は土地は手放したくないが村に残りたくない。その気質につけこんで都会は都合のいい時だけ村から人口を集め、不景気になると逆戻りさせる。村は都市のための銀行」になっていると反論する。

記事によると、見学会では島外から参加した学会員が漁師にインタビューをしたという。そこで南佐渡の漁師たちが「思ったより明るく、銭の分配が民主的」だったことに対して学会員たちは「いささか〝アテはずれ〟の表情」だったと言う。またある学会員は、その勢いで地元青年に対して「金で物を考えると、人間落ち着かなくなる」と畳み掛け、「佐渡の人に言いたい！　もらうことばかり考える乞食根性を出すな、と。われわれがここにこうして集まっているのも、この佐渡にそれだけの〝磁力〟があるからだ」と主張する。

この記事には見出しとして、学会員と地元青年との「意識に大きなズレ……村は都市の安全弁じゃない」と付けられているように、新聞の見方が強く出ている。しかしそれは地元紙記者の個人的印象というよりも、地元青年の反感や怒りの代弁であると言える。第一回講座で「自主性」や「自前の文化」の確立を強く促され、地域運営に取りかかった島の若者たちから見れば、佐渡に「都会人好み」（記事）のイメージを押しつけ、その期待が崩れるとがっかりし、民宿のおかずが東京と同じだったと言って「そんな物を求めてここへ来たのではない」（記事）と怒る学会員を見ることは、マスツーリズム的な価値観へと引き戻されていく経験だったに違いない。しかもそれが観光客ではなく、人びとの日常的な生活を研究していくことを謳った生活学会の会員から示されたのであり、自らの持つ都市的視点を相対化できていない研究者の態度に、前回講座との落差を感じ取ったことだろう。

このような都市のまなざしは強固である。宮本の影響によって佐渡が研究者を惹き付けるようになると、都市にはないものを佐渡に期待する研究者を引き込んでいくことにもなった。その期待は、都市生活者の望む離島イメージを押しつけ、イメージどおりに島民が演じることを強制する態度へと容易に転化する。日本海大学講座は、この隘路に陥った議論を引きずったまま第二回を最後に開かれず、大学構想もいつのまにか消えていった。

宮本の没後、「大学」と名の付いた佐渡での取り組みとしては一九八四年と二〇〇一年の二回開かれた「佐渡芸能大学」が挙げられる。初回は鬼太鼓や春駒など、佐渡と全国の民俗芸能に関する講演・実演を中心としたイベントであり、後に書籍として刊行されている（北川ほか編 1986）。イベントには宮本常一が今西錦司などとともに復活を支援した周防猿まわしの会の村崎修二や、宮本と常民研の同僚だった網野善彦などが参加して盛況だったようだ。第二回は「宮本常一没二〇周年記念　祭りはええもんじゃ」と銘打たれ、宮本と親交のあった岩井宏實、田村善次郎、本間雅彦、村崎修二、米山俊直の五名を世話人に、二〇〇一年八月に一〇日間にわたって行われた。口上書きには「生前祭りはええもんじゃと、しきりと口にされていた宮本先生の言葉をそのまま冠してのつどいとし、芸能の庭に伴う食や匠の文化も見据えた生活文化としての〝祭り〟の存在価値とその伝統に目を向けて行きたいと願い、島内外の研究者、伝承者の熱心な討議も要請している」と述べられ、芸能実演だけでなく、宮本の離島振興との関わりなどに関する研究発表も多数行われた。佐渡芸能大学はイベントとしての「大学」だが、これだけの大きなイベントを島で運営するのは大きなエネルギーを要する。宮本の記憶も薄れていくなかで、「大学」と銘打った大きなイベントは、いまのところ佐渡ではこれが最後となっている。

7　社会開発論と大学構想

権威としての「大学」

若衆宿はしばらく続いたようである。若衆宿の設立メンバーの一人である高藤一郎平は、隣の琴浦集落の実家から布団を抱えて宿に引っ越し、そこから小木民俗博物館に出勤していた。宮本が主導し、林や高藤も寄稿した民俗調査報告書『南佐渡の漁撈習俗』（一九七五年）の執筆過程では、高藤の原稿が上がるまで宮本も若衆宿に夜中まで張り付き、宮本の納得いかない文章を書くと何度も原稿用紙を捨てられるという厳しい指導を経てようやく脱稿したという（第9章）。若衆宿は日本海大学のプロトタイプとして確かに機能していた。

また、地元青年と生活学会の会員とのあいだで意見の相違や論争が起こった第二回日本海大学講座ではあるが、参加した青年たちには遺産を残した。「山班」として関わった葛原正巳は、宮本から、「お偉方」が見学に来るので丁重にもてなすよう言われたため、急遽空き家に民具を集めて即席の民俗資料室を作った。宮本からはどういうわけかさほど褒められなかったが、榮久庵憲司には好評を得るとともに励まされ、のちの二〇一一年、葛原の地元集落で廃校舎となった旧大滝小学校校舎に近隣の民具を集めた民間の文化施設「大滝学舎」を開いた。かつて日本海大学講座に参加した経験がそのベースになっていたという。[*13] 大滝学舎は葛原や移住者が運営し、民具の常設展のほか、手芸の工房やカフェ、企画展示室などを併設し、観光客だけでなく移住者、地元住民がつねに集まる拠点となっている（杉本 2023）。

ただ、肝心の日本海大学はハードルが高かった。第一回日本海大学講座のあと宮本は、講座が毎年開かれ、やがて大学に発展していくと述べた（宮本 2014a: 73）。しかしその予測とは裏腹に、人びとの熱はジグムント・バウマンが言う「クローク型共同体」（バウマン 2001）のごとく、まるで芝居の幕が下りるかのように急速に冷めていった。前述のとおり鬼太鼓座のメンバーは主宰者の田耕と座の運営方針の違いから袂を分かち、メンバーは佐渡に残って鼓童を設立する。班長（リーダー）の河内敏夫は、芸能や職人の大学を作るという鬼太鼓座設立時の理念を引き継いで、自分たちの「村」を作るという構想を練り、一九八八年に「鼓童村」（小木町）として実現させた。ただ鼓童村はあくまでメンバーの生活と練習の場であり、「アースセレブレーション」などの音楽イベントを除いて恒常的に外部から人が訪れるものではなく、教育の機能を持つものではなかった。宮本が述べた「日本海を学ぶ大学」というよりは、太鼓で結びつく人びとの共同体であった。

日本海大学の記憶も消えつつあった一九九〇年代初頭、にわかに佐渡を賑わせたのは、元農水大臣で佐渡選出の自民党衆議院議員・近藤元次《もとじ》らが先導する「職人大学」設立の活動である。もとは工学者の三浦裕二が掲げた大学案に近藤が乗っかり、佐渡の市町村長もまた「職人大学誘致促進協議会佐渡市町村会」を結成し、設立支援が始まったのである。時代はバブル経済の余波で浮ついており、佐渡にも年間一〇〇万人の観光客が訪れていた。「職人大学」の名称を用いたとき、政治家たちの頭にはかつて宮本が本間雅彦や鬼太鼓座とともに夢想していた職人村や日本海大学の構想がちらついていたはずだ。

この佐渡の大学構想は国会内に「国際技能工芸大学設立推進議員連盟」が結成されるなど盛り上がりを見せたが、一九九四年の近藤の急逝によって主導権が同連盟会長の村上正邦（自民党参議院議員）に移り、紆余曲折を経て、埼玉県行田市にものつくり大学として開設されるに至った。[*14] 大学誘致の過程では村上らが収賄罪に問われたKSD事件が起き、政界やメディアを賑わせたが、騒動の頃には佐渡はすっかり蚊帳の外になり、以後現在に至るまで大学設立の機運は見られない。この職人大学構想は地元選出の大物政治家が関わっていたために、佐渡への誘致が実現する可能性があった。しかし近代日本の象徴である太平洋ベルトへのアンチテーゼとして掲げられた日本海大学構想にルーツを持つ「職人大学」が、中央政治の力により結果として関東地方に創られたことは強烈な皮肉であるし、その意味において宮本らによる一連の運動は結果的に「敗北」に至ったと言わざるをえないだろう。

日本海大学は幻に終わった。一時的な熱狂で冷めていった佐渡の青年たち、設立に向けた運営体制や予算構築をなしえなかった事務方、島の自主性に「丸投げ」した宮本ら外部知識人など、指摘すればきりがないが、その要因や責任の所在をいまになって探ることはそれほど生産的なことではない。むしろここでの関心は、なぜ島の人びとは「大学」や「学校」にこだわったのか、ということだ。一九七〇年のおんでこ座夏期学校から日本海大学、職人大学、佐渡芸術大学、鼓童夏の学校、佐渡芸能大学と、佐渡では多くの「大学」が生まれては消えていった。もちろんイベント名に「大学」を冠することはいまでもよくあることだが、それにしても佐渡におけるそれへのこだわりは、たんに島内に高等教育機関がない（ゆえに熱望する）ということだけでは説明できない熱意が感じられる。社会状況と照らし合わせ、ここではその意義を二つ指摘できるだろう。

一つは、学生運動に代表される当時の変革への風潮が、権威の象徴としての「大学」を解体することに主眼を置いていた点である。おんでこ座夏期学校が佐渡で開かれた一九七〇年前後は戦後の学生運動の最盛期である。沖縄返還問題、ベトナム戦争、七〇年安保などをめぐって行われた社会運動は、やがて大学における旧来的な制度解体や学費値上げ反対、権威主義的な知への批判などへとその主張を拡大する。夏期学校の直前には多くの大学でロックアウトや全共闘による紛争が吹き荒れ、東京大学では学部入試が中止された。小杉亮子によると、東大闘争などの学園紛争は「大学の境界を問う営み」であったとし、それは「誰が大学で学べるのか、誰がキャンパスへのアクセス権を持つのか、大学的知とはなにか、あるいは知が展開される場はどこであるべきか」をラディカルに問い直す動きであったという（小杉 2021: 143）。その意味で、既存の大学にはない大学を作るという日本海大学のスローガンは、きわめて強く、同時代の知をめぐる集合的な問いに突き動かされていたと言える。

実際、大学の外に「大学」を生み出す動きは宮本だけでなく、同時多発的に起こっていた。宮本とも交流のあった川喜田二郎が立ち上げた移動大学[*15]、政治学者・後藤総一郎の常民大学[*16]のように、大学の外部＝在野において知を探求する試みは、当時少なからず存在した[*17]。後藤の常民大学は柳田国男の著作を市民が学ぶ講座である。それはローカルな場に根ざした生活者の学問であることや、郷土の歴史を学んで自己反省・自己省察を行うことを主眼とし、最終的に地域変革の主体確立を目指すものであるとされた（杉本仁 2021: 356）。宮本の思想と近いところにある後藤の考えもまた、全共闘運動以後の挫折と、知のあり方を問い直す動機に支えられるものであった。宮本自身、武蔵美を退職してから故郷の周防大島で郷土大学を始めたが、それは最終的にうまくいかなかった日本海大学の反省や失敗を糧にした実践であった（林 2004:

203)。

大学を批判することが運動体に強力なエネルギーを生み出していたとすれば、逆にそれだけの権威を当時の大学が有していたということでもある。さらに、大学を否定しながら別種の「大学」を作ろうとする宮本や同時代人の抵抗的な実践には、依然として彼らに学校的なものへの強い憧憬や期待が備わっていたことを照らし出す。おそらくこのような反発と憧憬の入り交じった感情は、言論や文芸など「知」への関心が近世から明治・大正期を通じて一貫して高いにもかかわらず、高等教育機関を持ってこなかった佐渡において一層強まったに違いない。

以上からは、本章で示してきたさまざまな活動が決して同時代から切り離されたものではなく、学生運動など一九六〇~七〇年代の社会運動の風潮を共有していたことがわかる。おんでこ座夏期学校やのちの鬼太鼓座に学生運動を離れた人びとが加わっていたように、佐渡における「大学」構想には、都市的な運動とは別種の運動を目指した人びとを引きつける側面があった。両者は既存の大学を批判するという点では同じだが、学生運動が都市計画と消費のシステムで埋め尽くされた都市的な環境を前提にしたものであったとすれば、日本海大学構想や職人村構想はそれを自然・民俗文化的な環境をフィールドに、市民主体で経験的なローカルナレッジを前提とする運動であった。ただいずれにせよ佐渡の「大学」をめぐる運動は、大学に象徴される都市的な知の権威システムの裏返しであり、両者はネガとポジの関係にあったと言えよう。

佐藤栄作政権と社会開発

もう一つ重要な点は、当時の政府主導の社会開発のあり方に宮本が批判的見解を持っており、佐渡での実践は政府主導の開発政策に対する彼なりの抵抗のあり方だったということである。宮本は一九六五年に建設省（当時）の外郭団体・国土計画協会の雑誌『国土』に記した「社会開発の諸問題」という文章のなかで、地方の過疎化を指摘しつつ、「いま田植えをしている人の数でも、五年前に比べて非常に少なくなっております。谷間となると道すらろくにない。社会開発という勇ましいかけ声が一体何を意味するのか」（宮本 1967c: 183）と述べている。そのうえで、「どんなに社会開発をしますと言ったところで、その対策すら立てられていない。［中略］地域開発や社会開発に携わっている方々には反省していただきたい」という。

これに対する宮本の対案は前章で述べたとおり、離島や中山間地域における道路などインフラの整備だけでなく、博物館や図書館などの文化施設、社会教育施設の整備であり、「こういうものが知的レベルを上げるとともに観光資源にもなる」と述べている。それに加えて、学生のように「これといって仕事も持たない、うろうろしている者がいて、これがただで飲み食おうという魂胆を持ってくれたおかげで、地方が開発されている点が大きい」（宮本 1967c: 190）と記しており、こうした点は、島民と都市の若者が交流しながら博物館や大学を拠点とした地域作りを行っていくという佐渡での目論見に顕著に示されている。

ここで宮本が佐渡で実践しながら批判した「社会開発」とは何であろうか。それは当時、革新政党の躍進を背景にリベラルな政策を取り入れ、社会開発を看板に組閣された佐藤栄作内閣（一九六四〜一九七二年）の開発政策だと言ってよい。雑誌『国土』で宮本が執筆した号は佐藤新内閣の政策が特集テーマであり、宮本以外の多くの論者が佐藤の名を挙げつつ書いていることから、宮本が強いて実名を挙げず反省を促した「社会開発に携わっている方々」が、当時の政府・自民党であったことは間違いない。

岸信介・池田勇人内閣の経済成長路線の歪みを受け継いだ佐藤は、当時、市民運動が拡大を見せ革新政党への支持が拡大し、実際に革新自治体が多く生まれていたことを強く意識しており、自民党のそれまでの国土開発一辺倒の政策に、どちらかと言えば革新政党の公約であった社会政策を加味し、左右のバランスを取る「社会開発」を看板に掲げる（村井 2013）。社会工学的な発想に基づく社会開発論はもともと一九六〇年代を象徴する国連用語で、人間尊重や貧困是正を理念としていた。佐藤もそれに沿って低家賃の公共住宅を増やす住宅政策や公害対策を進め、公害対策は環境庁の設立（一九七二年）に繋がっていく。村井良太によると、佐藤政権の社会開発に関連するこれらの政策は本来は社会党の得意とする政策であり、自民党がそこに手を広げていくことは結果的に都市部における無党派層の支持を取り込み、一九七〇年前後の社会運動の広がりを背景に、自民党が支持を拡大することに繋がっていった（村井前掲）。宮本が佐藤政権の社会開発に反対の姿勢を持っていたことと、離島において「大学」構想を練ることとは実は密接に繋がっていたのである。

8　抵抗の時代性

前段の議論では佐藤内閣の社会開発は都市が中心となり、地方の立場を擁護する宮本とはそもそも立ち位置が異なることがわかる。両者がさらに対立するのは、中央主導か当事者による自己決定かという部分であろう。宮本は、社会開発は「地元民に主体が置かれると言うことに根本問題がなければならない」とし、現状では外部の政治や資本がそれを牛耳っていると指摘する。政治主導では「観光資本」などが地元民を抑えている「国内植民地」の状況を変えられないので、「その地方の事情が一番良く分かっている人たち」によって遂行されるべきだと主張する。宮本、および彼の同僚であった島崎信など島外の文化人がしきりと島の人びとによる自主性を主張し、その拠点を作ることを促した背景には、当事者の動きによってしか「国内植民地」的状況を変えることが難しいと考えたからである。

しかし、佐渡の青年層から見れば、それは強く自主性を促される経験でもあった。内発的な発展が外部からの強力な働きかけによって生み出されるという本質的な矛盾は、具体的に何をすれば良いのかという戸惑いや熱気の急速な冷却というかたちで現れた。その意味でもまた、宮本の社会開発的実践は政府主導の社会開発の裏返しであったと言える。

宮本が中心となって盛り上がったさまざまな住民主体の「大学」構想は、たしかにその時期において斬新な発想と権力に抗する理念を持っており、日本海からの抵抗を企てる運動体としての熱量を有していた。だが大学を作ることによって地域活性化を図るという発想は現代では決して珍しくなく、行政による地域開発手法として定着している。さらに宮本たちが促した住民の自己決定もまた、住民参加やまちづくりなどにおいて、形式的には実現しつつある。それによって過疎化等の克服が成功しているかどうかはともかく、宮本らの実践は、彼らが批判していた側と実はそれほど距離が離れていたわけではなかったのではないだろうか。

その点に鑑みると、主体性や自己決定という手法が二つの意味で政府や行政主導の社会開発の裏返しだったことは実に示唆的だ。宮本をはじめ日本海大学構想に関わった人びとは、政府や行政主導の社会開発と対極にあることを実践していたと認識しているし、私もまた、両者が線分の両極に位置するものであるように二分法的に考えている。しかし、両者が依って立つ土台は実は円柱のように繋がっており、思わぬところで接合する。喩えるなら柱の別方向に走って行った二人が柱の裏で出くわすかのごとく、宮本らの

「大学」構想は彼が「反省していただきたい」と述べた政府・行政の開発手法と、半世紀の時を経て図らずも同じ（ように見える）アプローチに行き着いている。批判する側の手法がいつのまにか批判される側の手法に「回収」され、抵抗的な理念も含めて換骨奪胎されるというのは、第3章で述べた宮本常一の文化運動、および彼を手本とする地域振興の「敗北」の過程である。それは本書全体のまとめにおいてさらに検討されることになるだろう。

第7章　自前の生活——佐渡空港建設をめぐるデモ・水・自己決定

1　借り物の思想と自前の思想

一九七四年九月一七日、宮本常一は新潟日報に「自前の文化、生活を　佐渡の若者と「日本海大学」」という文章を発表した（宮本 1974）。同じ月に佐渡で行った日本海大学講座（第6章）での議論を踏まえ、これからの離島社会が諸課題を解決していく際に地元の若者が主体となり、外部の若者と関わりながら問題を認識し、都市的な価値に寄りかかるのではなく自分たちの地域の価値観を基準として独自の文化や生活を再構築していくべきだと訴えた評論である。自らも成立に尽力した離島振興法や、国内旅行ブームを背景とした観光開発は、離島社会に雇用や補助金などの経済的恩恵をもたらしたが、反面、補助金頼みの地域作り、外部依存の社会を生み出した。これらは宮本に言わせると自分たちの工夫を欠いた「借り物の思想」である。そこで「これから佐渡がどうしたらいいのか他人に訊くことではなく、こうしたいのだと個人が考える」ことが必要だ、と訴えた。

この評論は佐渡を事例に書かれてはいるが、同じように過疎や若者の閉塞感に苛まれる山村や離島全般に向けて書かれた檄文であったとも言える。当時は宮本の教え子である武蔵美生や観文研の若者たちが佐渡にやってきて、島の若者たちと交流をする場面が増えていた時期である。宮本は遊民のように諸国を旅する「旅の者」が離島や山村社会の若者に刺激を与え、化学反応のように地域を変革させていくような内発的発展の図式を理想像として描いた。南佐渡の宿根木集落の空き家を利用して、現代版の「若衆宿」を作らせ、島内外の若者が寝泊まりしながらさまざまな課題を自分たちで話し合うように促したことは、彼なりの地域開発であった。また宮本が主導し、若衆宿の若者や武蔵美での宮本の教え子たちが中心となって執筆した報告書『南佐渡の漁撈習俗』（一九七五年）の刊行も、「自前の文化、生活」の探求の実践として報じられている。[*1] 評論は宮本の考える内発的発展や文化運動の考えを端的に表した文章であった。

ここでいう「自前の生活」、つまり地方における主体性の確立に宮本が心血を注ぐようになったのは、彼のキャリアにおいては晩年にあたる一九六〇年代末から七〇年代のことである。この時期、都市部では学生運動が一段落し、徐々に世間はポスト高度経済成長期にさしかかりつつあったが、他方全国各地で公害問題や大規模開発に対する市民運動が盛んに行われていた時代でもある。宮本が評論を書いた一九七四年、あまり知られていないが佐渡でも社会運動が起こった。それはジェット機が就航可能な新空港の建設計画に対する、小規模ながらも激しい反対運動である。

当時も現在も、佐渡には八九〇メートルの短い滑走路を持つ空港（佐渡空港）がある。一九七〇年代初頭、それを拡張して大型機を導入することが来たるべき島の「二〇〇万観光」時代に不可欠であるという主張に基づき、県と市町村が主導して新空港建設計画が立ち上がった。これに対して生活環境悪化を訴える住民の反対の声が挙がり、最終的に計画は撤回されることになった。建設候補地の一つとなった南佐渡の小木町では、新聞に「農民一揆以来」とまで書かれたデモが行われ、若者を中心としたムーブメントは地方政界に驚きを与えた。

そこに参加した若者のなかには、座談会や民俗調査を通じて佐渡の人びとと交流を深めていた宮本から、直接啓発を受けていた人が少なからず含まれている。建設計画に対して彼らが取ったアクションは、「自前の文化、生活」の確立を訴える宮本の思想を体現したような運動であった。佐渡では社会運動の重厚な歴史があるが、戦後は佐渡鉱山の労働争議以外に目立った運動はなく[*2]、とりわけ静かだった南佐渡で突如立ち上がったこの運動は戦後における離島社会の急激な変化を考えるうえでも興味深い事例である。なぜ離島青年は立ち上がったのか、また「自前の文化、生活」を確立するという課題はどのように受け止められたのか。本章では佐渡空港、および次章では同時期の成田空港建設反対運動という、戦後日本の開発主義を象徴する動きを事例に、離島の若者における「主体性」について論じたい。

2　政治の季節と民俗学

社会運動との距離

高度経済成長や戦後体制の歪みから多数の学生運動や労働運動が勃興した一九五〇〜六〇年代を経て、七〇年代は一般に、政治的なものへの関心が退潮し「しらけムード」の漂う「三無主義」の時代だとされている。しかし、開発の歪みは地方で深刻化し、公害に対するさまざまな住民運動や反対のデモが日本各地で頻発していた。とりわけ本件と近いところでは成田空港（新東京国際空港）建設に反対する運動は多くの関心を集めた。佐渡の尖端部で行われた空港反対運動は、それらの社会運動と違って「赤旗なし」[*3]、つまり革新系の団体の支援やイデオロギーを抜きにした住民主体の運動として行われたが、住民が立ち上がること自体、一九七〇年代前半がいまだ十分に「政治の季節」であったことを示している。

序章で述べたとおり、民俗学は保守的な言論人を惹き付けたり、文化政策を介して政治遂行側に立ったりする一方、西洋近代のなかで見れば英仏に端を発すヘゲモニーに対峙し、政治権力に迎合しない民衆の自立的な世界を積極的に捉えたりする学史も有してきた。相反する政治思想を併せ持った二面性は宮本常一自身にも見て取れ、そのことに彼が自覚的であったかどうかにかかわらず、彼の学問的実践自体にこの両面が顕在化していた。

古くは柳田国男の公民論や、橋浦泰夫のように政治への関与を学術と切り離さない姿勢を示す民俗学者は存在し（鶴見 2006）、一九七〇年代の民俗学も決して政治に無関心だったわけではないが、[*4] 社会運動や現実政治に直接的に発言したり、それを研究主題にしたりすることは寡少であったと言える。一九六〇年代の学生運動の影響をダイレクトに受け、本質主義や民族主義とすっぱり縁を切って学問の再定義を行ったドイツ語圏の民俗学と対称的である（法橋 2010）。そのことは一九七〇年前後において民俗学の主たる研究関心が都市の文化や生活ではなく、農山漁村のどちらかといえば変化の少ない社会構造や伝統文化にあったことと無縁ではないだろう。

しかし、民俗学がフィールドとしていた農山漁村にも一九七〇年代に社会運動があったことは言うまでもない（庄司編 2017）。社会問題の「所在地」はむしろ都市よりも地方にあり、原発や高速道路、石油化学コンビナート、基地、産廃処理施設、ダム、リゾート施設、鉄道といった大規模な建設計画は地方への再配分として、経済的振興と人口対策のために行われた。ゆえに高度経済成長期以降の社会運動・市民運動の少なからぬ部分が、そうした開発計画やそれによって引きおこされた公害問題に起因していた。一九六〇年代の学生運動は大学の所在地ゆえに都市中心であったかもしれないが、その後急速に拡大していく市民運動や社会運動は地方を含む全域に拡大していった。『季刊 地域闘争』などのメディアは、各地域に点在する運動をネットワーク的に結びつけ、社会運動の現場の地理的隔絶性を超えようとする試みとなった。これらを踏まえると、同じフィールドで展開してきたこうした状況に民俗学はさしたる研究関心を示さず、埒外に置いてきたと言っていいだろう。

宮本常一と飛行機

宮本に関しても、この時期の運動に積極的な関わりを持っていたわけではない。宮本は佐渡新空港建設反対の運動にも直接関わったわけではないし、理論的指導者だったわけでもない。それどころか彼は空港や飛行機という近代的な動力にどちらかといえば賛成の立場を取っていた。[*5] 一九七六年の講演「本土における離島振興について」では、離島振興協議会事務局長時代に鹿児島選出の自民党衆議院議員・床次徳二《とこなみとくじ》から離島の空港整備を後押しするよう促された話を述べており、宮本は早速離島の首長に呼びかけ、八丈島に飛行場を建設したエピソードを紹介している。八丈ではそれによって観光客が増加し、島民の飛行機利用も増えたと述べつつ、「これから先、離島にいちばん大切なものは飛行場ではないか」と言い切っている（宮本 2014a: 94）。また離島振興への自身の関わりに関する総括とも言える一九六九年の論考「離島振興の諸問題」では、「島嶼性の解消」すなわち「本土化」が離島振興の根本であるとし、「飛行場のもうけられる島には飛行場をもうける」ことが重要だと述べている（宮本 2013b: 162）。

佐渡新空港に関する宮本の発言として公刊されたものはないが、一九七四年九月の第一回日本海大学講座の座談会の議事録には残っている。そこでは一九七五年の開港を前に建設の進む対馬空港を例に出しつつ、「岩山の上をブルで開いて空港を作った際、反対は一名もなく、完成したら島の人たちは皆驚いた」とし、佐渡でも「真野湾を埋め立てても良い。やるやらぬは島の人が決める。佐渡は島の実験場だ」と述べている。[*6] 地元青年たちが空港反対で固まっている状況でこれを述べるのは、宮本にとって空港による交流の促進や経済発展、そして自己決定というプロセスが重要な考えであったことが窺える。

宮本は時に天皇への敬意を口にして憚らなかったという評伝もあるように（毛利 1998b: 186）、政治的には保守的な心情を持ち、左派系の社会運動に対しては一定の距離感を持っていたようだ。大学紛争は彼が武蔵美に就職した一九六〇年代後半に全国的にピークを迎えていたが、それに関して述べた文章も多くはない。安保闘争[*7]に関して、「近頃の学生運動は理論的には先端を行く」一方で、「デモそのものはおまつりの神輿かきとほとんどかわらない」と述べており、外形的にも思想的にも「百姓一揆への連想」を呼ぶような前近代における抵抗実践との連続性を感じ取っている（宮本 1967c: 200）。こうした民衆の熱量の発露に肯定的なまなざしを持つ時もあるが、批判的な見解も有していて、別のところでは「学生たちは正義と平和を口にしてのデモであったが、そのとき口々に警備している警官をののしっていた。きくにたえぬ罵詈であった」と書いている（宮本 1967c: 210）。ここで宮本は運動側ではなく「ののし」られる若い警官を思いやっており、学生デモという抵抗の手法に関して必ずしも好感を抱いていないことが窺える。

空港に関しては、そもそも宮本が汽車の旅だけでなく飛行機の旅を好んだことがよく知られている。汽車では車窓から風景を注意深く見ることで、土地ごとの生業の違いや暮らし向きの違いを見て取ることができるのと同じように、機上から眺めることもまた彼にとって民俗学的な視点で土地を把握することに繋がると考えられたからである。たとえば、このように語っている。

飛行機で日本の耕地を上空から見おろすたびにその感をふかくする。たとえば大阪空港を出発すると眼下に条里田が展開する。その条里田が市街地によってとぎれることがあっても、市街地が古い条里の上につくられていることをはっきりみとめ、さらにそのさき六甲の山地にかかると水田は平地から谷間へとつづいて最後は一ばん奥に池があって田がなくなる。つまり条里田の外側に不条里田がひろがり、さらにそのさきが蛸の足のように山中に入って終っている（宮本 1987b: 10）。

もう一つ引用しよう。

昭和三六年八月、私は高知から大阪まで飛行機で飛んだことがある。徳島県へはいって雲が多かったために十分観察はできなかったけれど、空から見下す自然と、その自然のなかでの人間のいとなみの姿にはいろいろと考えさせられる問題があった。平坦なところはすべて水田であった。その水田は土佐湾の沿岸から平地のすべてをうずめつくして、山と山の間の谷へ食い入っている。谷のあるところどこまでもつづいていてきれるところがない。どの谷もどの谷も平地からずっと田がつづいている（宮本 1987c: 20）。

宮本は飛行機を、土地が一望でき、その特性を見て取ることができる調査手法の一つとして捉えていた。それは一つのパースペクティブであり、歩くことでは得られないモノの見方の確保であった。宮本において飛行機からの視点は景観を把握することにあった（伊藤 2016）。もしもいま宮本が生きていたならば、Googleアースは彼の恰好の調査ツールになっていたに違いない。もちろん宮本が飛行機を肯定的に述べる際には経済的利点も踏まえられており、特に離島の隔絶性を解消し、本土並の環境を入手できる点はしばしば強調されるところである。

（大分県の）姫島では、クルマエビを養殖しているが、これを生きたまま東京まで飛行機で運び、たいへん高い値で売っている。朝早く大分の空港まで運び、そこから飛行機に乗せると、午後には、まだ生きたままのエビが東京で取引きされる。飛行機の輸送費が年間だいたい二七〇万円くらいかかるが、それでも中間マージンがないため十分採算が合っている（宮本 2013a: 170）。

このように飛行機を肯定的に見る一方、あまりに短い移動時間は、彼が培ってきた徒歩のフィールドワーカーとしての身体感覚と乖離していたのも確かで、次のように書いている。

羽田と那覇の間よりも自宅と羽田の間の方が遠く感ぜられるのである。そういうものは旅ではないと思っている。しかも、そこから来る錯覚がいろいろの誤謬を生むことにもなるのではないかと思う（宮本 1970a: 3）。

宮本にとっての「旅」が大地に足を付け、住民と生活時間を同期させる徒歩と不可分であったこと、そして、そのような感覚とは別に、車や飛行機での高速移動の価値を十分に感じ取っていたことは、第4章で述べたとおり、宮本のなかで矛盾なく並立していた。そしてこのような高速移動を可能にする開発に対する、日本の人びとの感覚は、その当時賛否が大きく二分していたと言ってよく、空港に関しては各地で騒音公害や強引な建設に反対する運動が盛んになされていた。佐渡の空港問題もその最中に立ち上がった。

3　佐渡新空港建設反対運動

ジェット機導入テストの波紋

現在の佐渡空港は加茂湖の湖畔にあり、一九五八年に建設された全長八九〇メートルの地方管理空港である（佐渡新航空路開設促進協議会 2022）。旧空港整備法では第三種空港と呼ばれており（国土交通省 2022）、佐渡空港はそのなかでも、滑走路の短さや空港のキャパシティに基づいて最下級のH級に位置づけられていた。佐渡空港は一九六〇年に滑走路一一〇〇メートルへと拡張されるはずであったが、付近に建物や集落があり、運営側と住民の側で問題が解決されなかったため、やむなく八九〇メートルのまま認可され、建設から一三年経った一九七一年にようやく正式運用が開始された。[*8] 一三年のあいだ、認可外ながら定期路線が一時的にあったり、[*9] 管理者と住民との撤去交渉が進められたりしたが、住民は移転絶対反対の姿勢を崩さず、運営主体の両津市や地元メディアも住居を「じゃまな障害物」と表現するなど、融和的な雰囲気は皆無であった。

認可待ちであった六〇年代末、佐渡の行政や財界、メディアは将来的に拡張の見込めない佐渡空港に早くも見切りを付けるようになる。地元紙新潟日報は一九六九年三月に「佐渡の未来のために」という社説を掲載した。その内容は佐渡観光の停滞原因がインフラにあるとして「本格的な大飛行場を作る計画を島民が持つべきである」と呼びかけるものであった。一一四人乗りボーイング７３７型機の名を挙げ、島内にも同規模の航空機が発着できる空港を「有史以来の大事業」として建設すべきだとし、「空路の開設こそ佐渡の未来をつくるもの」だと力説する。しかも観光誘致だけでなく、住民にとっては「首都圏との一体化」が図られるという。

> 佐渡島民十万人が、一挙に首都圏内の時間距離に入り、首都圏の持つすべての機能と利福を受けることができることを意味するのである。利害打算を越えた社会文化的な変革をもたらす、その恩恵ははかることができないほどのものであろう。〔中略〕立ち上がろうとする意志があるならば道はおのずから通じるであろう。まず地域のリーダーたちの意識の変革が要望されよう。[*10]

関越トンネルの建設で北陸と関東の直結を訴えて日本海側住民を熱狂させた田中角栄を持ち出すまでもなく、明治以来、東京一極集中のあおりを食らって「裏日本」に位置づけられてきた地域にとって「首都圏直結」の響きはマジックワードである。離島の隔絶性を一挙に打開するその言葉は甘言と言うほかない響きであり、近代の国土開発において劣位に置かれた佐渡島民の、最も琴線に触れる部分を持ち出しながら新潟日報は訴えかけたのである。

これを受け、相川町長・西野善兵衛は相川町二見半島の山林に新空港を建設する計画を提起した。「離島の悪条件を完全に克服できるのは空路しかない。それにしては両津の空港はチャチすぎる。八丈島も、すべてYSやジェット機で大都市と直結している」[*11]。町長はこう述べるとともに、一八〇〇メートルの滑走路を持つ空港開設に向け、東京のコンサルティング会社・クリエートに調査を委託した。ちなみに同社は成田空港の設計にも携わった会社である。その後、一九七二年九月には佐渡島内市町村長、観光関係者、空港関係者からなる佐渡空港拡張整備期成同盟が結成された。これに先立つ同年三月に、宮本は二見半島と、同じく候補地となった小木岬半島を見学に訪れており、日記には「飛行場予定地を見る」とだけ書かれている(毎日新聞社編 2005b: 289)。小木では町長や町議が同行しているので、一九七二年は政財界が積極的に建設を進めようとしていた時期だとわかる。

このような動きを受け、新聞は「将来の〝二五〇万観光〟に合わせ、東京、大阪、北海道などとの空路を想定しており、その他各地からの臨時便を含め最低二〇万人から一五万人の利用が見込めれば経済的に就航可能とみている[*12]」と煽った。当時離島や地方の空港では六〇人乗りの国産プロペラ機、YS11が重用されていた。しかし同機は一九七二年に製造中止となり、佐渡に新空港が建設されてもジェット機に絞らざるをえなくなった。そこで一九七四年三月、佐渡上空でジェット機の飛行実験を行い、ふさわしい空港建設場所を調べることになった。三月三日に羽田空港から東亜国内航空のボーイング727が佐渡空港に加え、二見半島、小木岬半島の上空を低速・低空で飛行するという計画であった。ところが、テストは政界や観光業界には歓迎されたものの、市民からは強い懸念の声が上がり始め、空港建設を煽る新潟日報も反対の声を同時に取り上げざるをえなくなる。

「「降ってわいたような問題。試験飛行は分かるが、現実に佐渡にジェット機が飛ぶとは思えない。騒音がひどいそうで」(公務員、三六歳)」。「「そんなものいらん。騒音問題は当然だと思うし、大体観光客のための公害発生源を持ってくるようなもの。ジェット機でやってくるような駆け足観光客は来てほしくない」(会社員、二八歳)」。「両津市民の中には、「この住宅密集地を低空で飛ばされたらどうなります。騒音どころか恐怖心が先に立つ。両津はゴメンですよ」と背筋を寒く[*13]」。

飛行テスト当日は革新団体が反対ビラをまくなど、ちょっとした騒ぎとなった。加えて地元の団体からも反対声明が出されるようになり、とりわけ当時既に個体数の減少が危惧されていたトキの保護団体が強い反対姿勢を明らかにする。佐渡トキ保護会は新潟県に反対を申し入れ、次いで新穂朱鷺保護会、両津トキを愛護する会、佐渡の自然を守る会、佐渡考古歴史学会、佐渡史学会の六団体が分野を超えて「連合体を作るなどして強力な反対運動を繰り広げよう」と結束を図った。[*14]

市や県の思惑とは裏腹に、ジェット機テストが住民の強い拒絶反応を引き起こしたのは、同じ時期に大阪空港や新潟空港で騒音公害に対する住民運動がなされ、連日新聞報道がなされていたことも関係している。新潟空港では一九七三年に初のジェット機定期便となる新潟・ハバロフスク便が開設され、周辺にある東船江集落では騒音が激しくなった結果、新潟市や新潟県に対して対策を要望し、その結果、市の全額補償によって全一一戸の移転が決まった。大阪（伊丹）空港の騒音公害訴訟はさらに大規模なものであり、住民二二六四人が国を相手取って夜間飛行禁止や損害賠償を求めた。折しも佐渡のジェット機飛行テストを目前に控えた一九七四年二月二七日に出された一審判決は、午後一〇時～午前七時までの飛行禁止及び一部賠償金の支払いを認めたものの、住民の要求には及ばず、新潟日報も「住民側に厳しい判決」「環境権より公益性重視」という見出しを掲げている。[*15]

この騒音公害訴訟は佐渡の人びとに大きな影響を与え、ジェット機テストに際しても「「あんな騒音はいやだっちゃ。この前裁判のあった大阪の人たちの気持ちがようわかった」」と、「大阪」に言及する島民の声が新聞に掲載されている。[*16] しかし反対の声が高まるなかにおいても、県や佐渡の市町村会はジェット機が就航可能な新空港案を進めており、小木と相川という二箇所を予定地とする案を出すことになった。

一九七四年四月九日、佐渡市町村会は相川・小木の二箇所を候補とし（図1）、一九七五年着工、七八年開港の二〇〇〇メートル級滑走路を持つ新空港案を示した。それに伴い、同年六月までに住民のコンセンサスをまとめ、建設予定地内の文化財の保護にメドを付けるということを目指した。[*17] 三月にジェット機テストを行ってわずか三ヶ月後には建設案をまとめあげるという異例の急ピッチでの策定作業は、一九七五年から始まる国の第三次空港整備計画（のちに一九七六年に変更）に名前を連ねてもらうというのが前提になっていたためである。

　空港整備計画とは、戦後の急速な民間航空需要の増加とジェット機の普及などに伴って空港を新たに建設したり、拡充したりする国（管轄は運輸省）の整備計画であり、一九六七年から七次にわたって実施された。羽田・伊丹の整備や国際空港整備に力点のあった第一～二次整備計画と打って変わり、一九七〇年代の公害問題を反映した第三次計画は騒音などの環境対策推進に力を入れるものであり、その後、一九八〇～九〇年代初頭まで続く第四次～第六次整備計画では、「三大プロジェクト」と呼ばれる成田、羽田、関西の三空港の拡張や国際化に伴う建設整備計画が主になっており、中部国際空港開港を主眼とした最後の第七次整備計画を含め、国家プロジェクトのための予算配分だった（長谷川・波多野 2002）。

図1　佐渡新空港建設予定地（新潟日報、1974年10月4日に基づいて筆者作成）。

　地方空港に関しては、第一次・第二次

整備計画において羽田・伊丹をハブとして全国にあまねく空港を建設し、空のネットワークで国土を繋いでいくことを目指していた。実際、第二次整備計画の終了時（一九七五年）までに日本国内の空港数は飛躍的に伸び、それに沿って旅客数も飛躍的に伸びた（岩谷 1973）。そこでは、従来民間空港のなかった、あるいは供用に堪えない状況だった三宅島、八丈島、壱岐、隠岐、福江、対馬、種子島、屋久島、奄美、喜界島、与論島、徳之島の離島でも空港が整備されたが、このリストには、島の規模としてこれらの離島よりも大きい佐渡は入っていない。前述のとおり佐渡空港は存在したものの、その時点では国の認可を得られていない状態だったからである。整備計画の対象に入ると、国の予算で巨額の新規空港建設費が与えられるとあって、既存の佐渡空港の拡充をあきらめた新潟県や佐渡市町村会はなんとしても第三次整備計画に新空港計画を乗せられるよう、短期間での合意形成に走ったのである。

「農民一揆以来」の反対運動

佐渡市町村会による「合意形成」は、言うまでもなくグラスルーツではなく「上」からの押しつけであった。開発や公害に関する社会運動が吹き荒れるなかでそれがうまくいくはずもなく、候補地二地区の住民や文化財関係の団体は反対の声を強めた。行政は「「大型機就航は観光開発が最大の眼目。毎年二〇〇〇人ずつ減る過疎現象にストップをかけるためには交通ネットワークの確立が急務[*18]」」というものの、住民軽視の雰囲気は、強い拒絶反応となって立ち現れた。特に反対の反応が強かったのが小木で、一九七四年四月二六日の新潟日報には以下のような記述がある。

反対運動は、三月三日の試験飛行以来、小木半島一帯に広まっている。宿根木部落は七一戸全部が反対。理由は「空港の法線内に集水区域の八割が入っている。水だけでなく、空気、土地、沿岸漁業、人の心を破壊してしまう」という。惣代らは「住民生活を軽視し、観光ばかり考えている」と、行政に不信感を持っている。［中略］小木町農業委員会も「せっかく家を継いだ農業青年の経営意欲を失わせる」と、反対の立場をとっている。[*19]

小木町内の青年は分校などに集まり、反対運動のためのビラ作りや請願運動の準備をしていることが新聞でも述べられている。ここにある水の問題とは、小木岬半島の取水手段である横井戸のことである。後述のようにこの地域では横井戸を掘って農業用水や飲料水を確保しており、段丘上に空港が開設された場合水源の多くが影響を受ける可能性があった。小木岬半島の集落ではワカメなどの漁場をめぐって対立することもあったが、空港問題では対立を超えて利害が一致し、「ジェット空港に反対する会」（代表世話人・菊池勘左ヱ門佐渡博物館館長）を結成して四月三〇日に大規模なデモを行った。菊池はもとは理科の教員である。デモの様子は「静かな町も江戸後期の農民一揆以来の反対運動が日増しに強くなっている」[*20]と言われるように、日頃の長閑な漁村にとって青天の霹靂であり、〝4・30デモ〟は一連の空港をめぐる騒動のメルクマールとなった。

記事によるとデモは二五〇～三〇〇人が集まり、四月三〇日午後一時から小木港埠頭広場でまず演説が行われた。

地元部落など七団体でつくっている「飛行場誘致に反対する会」の若いリーダー堀口一男さん（二七）が、「私たちの自然と土地と文化、生活を守るために力を合わせましょう」と力強く呼びかけた。

会場には佐渡史学会、佐渡自然を守る会のメンバーも応援にかけつけた。はるばる東京からかけつけた評論家の守誠さん（四二）。「私は佐渡の自然が大好きで、もう一〇回も来ました。島外にも私のように佐渡を愛している人がたくさんいます。ジェット機がやって来れば環境が破壊されるのはもちろん、佐渡観光さえ荒れることになる。酒を飲み、マージャンをし、ドンチャン騒ぎする観光客がふえ、ゆっくりと自然を楽しむ人が少なくなったらどうでしょう。佐渡が熱海のような単なる歓楽地になってよいものでしょうか」と訴えた。[*21]

その後、自作のプラカードやのぼりを持ってデモ行進を開始し、小木町役場に計画撤廃の申し入れを行った。一九七四年五月二日の新潟日報は「熱海になったら終わり　孫を背のおばあさんも」という見出しで、空港建設反対デモに参加した人びとの声を伝えている。「熱海」は大規模な開発によって温泉街の風景が一変し、観光客中心の街へと変貌してしまった場所の象徴として語られている。また「腰の曲がったおじいさん、孫をおんぶしたおばあさん、若い農業後継者など地元住民三〇〇人が、慣れぬ手つきでプラカードを持ち、シュプレヒコールを叫んだ」とあるように、誰もがデモなどは初の体験である。

マイクを握りしめて七二歳の農家のおじいさんも演説をぶった。真っ黒に日焼けした菊池勘栄さんで、「町長や議員は観光に来る遊ぶ人が大事か、ワシたちのように働く人間が大事か。町政はワシら住民の声を聞かんでは間違った方向へ行ってしまう。どうしてもジェット機を飛ばすなら、みんなで議員の不信任案を出そう」と明治の〝気骨ぶり〟をみせた。[*22]

記事にはこの反対運動が新左翼セクトなどの政治団体の支援を抜きにした、日頃はどちらかといえば保守的な政治的立場の人びとを中心とする活動だったことが記されている。[*23] 先の記事に出てくる守誠は商社マンをしながらイベント「日本海時代の祭典」を開催していた若手評論家で、新穂で開かれた同イベントのために何度か佐渡にも訪れたことがある。多くの評論家が東京中心志向で、日本海側や離島に目を向けることが少なかった時代において希有な人物であった。デモはセクトの政治運動よりも、生活者の市民運動と言えるもので、その雰囲気は切実な訴えでありながらもどこか牧歌的な様子が窺い知れる。そのことは小木民俗博物館に残されているデモの写真からも窺い知れる。以下の写真は早々に全戸の反対で意思統一され、運動でも中心を担った宿根木集落の活動の様子である[*24](図2)。

宿根木集落では公会堂において集落総出でプラカードを作り、「金はその時、土地は末代　小木半島改造反対」「土地と農業をまもろう」などの文言を書き入れた。町村会で空港候補地として積極的な態度を見せる金子繁町長に対し、非常に辛辣な意見が見られる。四月三〇日のデモにはバスを貸し切りにして小木まで出向き、集落ごとに集まってシュプレヒコールを上げながら町内をめぐり、小木町役場まで辿り着いた。

滅多にない機会に記念写真を撮った様子や、役場内では町長や町議が不在だったこともあってやや拍子抜けした様子で、職員と対峙する場面が記録に残っている。ただ小さい町ゆえに職員も同じ町民で互いによく知った仲であり、同時代の市民運動や学生運動のような先鋭的な行動に出ることもなく和やかな雰囲気すら感じられる。庁舎前ではデモに参加した鬼太鼓座が得意の演目「屋台囃子」を演奏する様子が映っており、新聞にも、「過激派と違ってのんびりムード」「警察も「静かでいいですよ」と、ニコニコ顔」と記されている。[*25]

図2　小木町で行われた合同のデモに参加した宿根木の人びと（1974年4月30日、石塚邦博氏撮影、小木民俗博物館所蔵）

ただ雰囲気は和やかでも空港計画に対してデモ隊は一切の妥協はなかった。彼らの強い反対姿勢を前にして、早くも五月一八日の新聞には「建設は不可能か」との見出しが躍った。同じく候補地になった相川町ではデモこそなかったものの、町が開いた初回の住民説明会で「『もう説明にも来てくれるな』と、強い反対に遭い、その後一度も開かれていない」[*26]という状況だった。六月半ばには第三次空港整備計画への組み入れ期限が迫っており、市町村会は県の判断に委ねる意向となったが、ここから舞台は政治の場に移っていく。

新潟県は一九七四年六月二二日、建設予定地を二見半島にすると発表した。同時に、佐渡市町村長、議長会、旅館組合、観光協会、商工会などは佐渡を訪れた県の担当者に対して、二見半島への誘致陳情書を出し、発表を追認する姿勢を示した。このような地元政財界の支持を受け、運輸省は二四日、県関係者を同省に呼び付け、一九七五年度予算請求に関するヒヤリングを行った。そこで運輸省は一九七五年度概算要求で二〇〇億円を想定し、その内訳を作るように県に指示をした。工事費は九〇パーセントが離島振興法による国庫補助となるため、それ以外の用地買収に関わる費用を計算するように、という指示が下ったのである。

県と国が話を進める一方、地域では反対の声がやまず、地元の理解が得られないと考えた相川町議会は七月一日に全員協議会を開き、空港問題を白紙に戻すという決議を行った。市町村会や議長会など政界要職は賛成ながら、より地元住民の声を反映しやすい町会議員たちは、支持者の声を無視できなかったのである。このような住民や議会の反対を受けて、西野町長は「住民の大部分が反対しているため二見地区には造りません」と記者に話し、それによって新聞は「住民側の勝利で事実上の終止符を打った」と書いた。[*27]

柳沢新潟県副知事はこの相川町の決定に対し、「町長の二転三転の意思変更は無責任だ。地元の強い要望で計画したものだけに、このようなことでは今後責任を負えない」と述べ、これに対して西野相川町長もまた「佐渡に大型の空港が必要なので、二見地区の名前を貸しただけです」と反論した。町長はあくまで県の事業と述べ、県は地元が造りたいというから運輸省に申請したと言い、双方が責任逃れを始めており、そのことは事態の終焉を明示していた。

七月二一日には君健男新潟県知事が県議会で二見案を完全否定し、相川町二見半島での空港建設計画は完全に頓挫した。[*28] 当時新潟県議会議員を務め、のちに衆議院議員（自民党）や農水大臣を務めた地元選出の近藤元次は、経営する建設会社を通じてあらかじめ二見半島の土地買収を進めていたが、用地転売の目論見は外れ、買収した土地の一部は現在でも同社の資材置き場となっている。地元住民の反対をよそに、政財界ではある程度現実的な話としてそこに「賭ける」動きがあったのである。

その後、県や市町村会は第三の候補地として地元自治体から名乗りのあった真野町と赤泊村の村境域を検討したが、みたび住民の反対により実現しなかった。[*29] その時点で新聞には「「佐渡のジェット機空港」振り出しへ」[*30]との見出しが躍り、事実上計画は消滅した。これ以降新空港の話題はぱたりと消え、八九〇メートルの佐渡空港に数人乗りのセスナ機が定期便として就航したり、経営難で休止したりの繰り返しで現在に至る。

4　なぜ住民は反対をしたのか

水と自己決定

最終的に住民の勝利に終わった佐渡新空港建設反対運動は、政治的には保守寄りの人が多く、社会運動も決して盛んではなかった南佐渡の歴史において画期的な出来事だった。一九七四年九月、新潟日報佐渡版は新空港建設問題の総括記事を掲載している。[*31] 記事は「保守性が強いと言われる島でありながら、拒絶反応は野火のように広がった」と言い、「爆発した住民パワーの〝怒り〟」が住民勝利を導いたという。その怒りは「強い環境保全意識」にあったとされる。

同時期には全国各地で環境保護や公害に反対する住民運動が頻発しており、環境保護を訴えることは一種の時代の風潮でもあったが、革新団体やセクトの支援を断り、自分たちだけで行ったという小木の反対運動は、生活防衛的な保守意識の延長であった。「一見、小木両半島の住民は「札束をいくら積まれても、先祖の土地と静かな環境は売らない」」という記事の言葉にそれが表れているように、佐渡の空港反対運動は同時代の地域闘争でしばしば言及される「地域エゴイズム」(安田 2002)に基づく住環境維持の訴えであり、当事者を軽視した意思決定プロセスに異議を唱える活動であった。

加えて小木岬半島で重要なのは、空港予定地に近隣集落の水源が含まれていたということである。佐渡では海岸段丘が発達し、多くの集落はもともと段丘の下の狭い谷戸に密集していた。小木岬半島では段丘の上は空港建設が可能に思われるほど比較的平坦な土地が広がり、柿畑や水田があるが、段丘ゆえに水の確保には長く苦労してきた。宿根木集落では大正時代になって地元の教員であった酒川哲保の指導や篤志家の寄付があって段丘の斜面に横井戸を掘り、水田に引くという事業が住民主導でなされたことがある(琴浦集落 2005; 神蔵ほか 2013)。通常の井戸が地面に対して垂直に掘り下げるものであるのに対して、横井戸は崖面や斜面に向かって水平に掘り進むものである。水の通る地層がちょうど途切れる斜面に水源を探し当て、坑道のように岩盤を掘り進めるものである。

宿根木では九本の横井戸が掘られ、それぞれの井戸から水道が引かれて割り当てられた水田に水を供給している。そのすべてが現在でも現役であり、横井戸は当地域の農業にとって死活問題であった。ところが小木岬半島に計画された空港の法線はそのいくつかの水源を含む可能性があり、そうなると水源の自主管理ができなくなるばかりか、造成によって水が出なくなる恐れもあった。農業を継ぐか都市に出て工場などで働くかの選択に苛まれ、覚悟を持って農地を継いだ若者たちにとっては、人生を賭けた戦いだったと言える。多くの住民が反対を示した小木岬半島のなかでも、とりわけ宿根木で全戸が早々に反対の立場を示し、小木町でのデモでも中心的な位置を占めたのはこのような経緯があったからである。

とはいえ、多くが中学・高校しか出ていない地元の青年には、空港計画の法的な複雑さ、またスケールの大きさは彼らの想像力の範囲に収まりきらないこともあった。そこで青年たちは、たびたび佐渡に訪れていた宮本常一に、空港建設問題について相談に行ったという。すると宮本は、「反対か賛成かの前に、まずその計画がどういうものかよく知り、何をすべきか考えなさい」と言った。青年たちはそれを確かめようと運輸省にまで抗議に出かけていったが、運輸省はその時点でまだ計画を把握しておらず、「あまり相手にされなかった」(Tさん)。前述のとおり空港整備計画の進捗とともに、県と国は空港計画について議論をしていくのだが、この時点ではまだ国にまで話が上ってきていなかったのだと思われるが、青年たちは、運輸省が関知しない空港ならば自衛隊基地の建設計画ではないかという疑念を持つようになり、なお反対姿勢を強めていったとのことである。そこで彼らは村で議論し、プラカードを作り、他集落の人たちと協働したのである。

冒頭で述べたように、宮本ら外部の知識人が佐渡の若者にしきりと述べたのは、自分たちの地域や生活に関する課題の認識と解決に向けた協働的な実践であり、言いかえると主体性の確保と自己決定である。

空港整備計画がどういうものであるかまず調べよ、という宮本の助言に対して即座に霞ヶ関に出向く彼らの行動は、ある面ではリテラシーの欠如の裏返しかもしれないが、結果的にその熱量が青年層を越えた運動の広がりを生み出した面もあると言えよう。

「観光」の象徴性

行政、および誘致に動いた経済界は、このような空港予定地付近の住民の痛切な危機意識をほとんど考慮することなく、ただ空港整備計画に間に合うことだけを念頭に進めた。環境アセスメントや住民の合意形成などという概念ができる以前であるが、政治の強引さについては当時も指摘されており、佐渡の郷土史家・佐々木勇は、連載する新聞コラムにおいて次のように指摘する。佐々木は水に苦労した佐渡島民のことを述べ、行政は「段丘農民の水の意味がわからなかったのである」と指摘する。続けて「このジェット空港の問題が立ち上がってから、いったい観光とは何であろうか、観光の将来はどうあるべきかを考えてきた」と振り返る。[*32]

他方、同じ日の紙面には佐渡の町村が民間調査会社に委託した空港計画のことが触れられている。「委託調査によれば、昭和六〇年には（佐渡の）観光客が三一一万人と今の四倍になり、このうち空路利用客は五・二％の一六万人になるという。この観光客増に対応するにはどうしても大型機就航が必要条件だとの将来予測が根底にあった」。[*33]ここで三一一万人の観光客と示されている数値はその後一度も達成されなかったばかりか、最盛期でも佐渡の観光客は年間一二〇万人である。観光客数の将来予測値は実質的に希望的観測であり、「一〇〇万人」「二〇〇万人」「二五〇万人」「三一一万人」といった数字がそのときどきで大雑把に語られてきた。このコンサルティング会社の調査結果も、空港建設を前提とした行政側にとって都合の良い数字だったことがわかる。

さらにこの調査結果は大きな矛盾がある。新空港ができたら観光客が三一一万人になるのではなく、観光客が（現状のインフラでも）三一一万人に増えるので、それに対応する新空港が必要だ、というロジックになっている。現行の空港と船のみで三一一万人が来島できるのならば、なぜ新空港が必要になるのだろうかという疑問が当然浮かぶが、こうした杜撰な論理は、空港整備計画を追認するための方便であったことを隠さない。

新空港建設を推し進めた佐渡の市町村会、小木・相川の両町長、建設請願を行った財界、事業主体であった新潟県、そのいずれもが建設推進ありきで出発し、なぜ必要なのかという根本的なことに関しては「観光」の名を借りて論理を後付けし、その結果、建設予定地の住民生活や騒音公害、水や生物を含む生態環境への影響など、空港という大規模施設がもたらす負の波及効果についてほとんど考慮することなく進められた。そのことが、計画失敗の根幹であった。

佐々木がコラムにおいて「観光とは何であろうか」と憂うのは、当時の「観光」という現象が権力による大規模開発の代名詞であり、経済効果と引き換えに生活世界を破壊する象徴だったからである。宮本もまたしばしば、「観光資本」により蹂躙されていく地方や離島の問題を述べているように、「観光」は権力、資本、植民地主義といった概念を代替する用語だった。このように考えると佐渡新空港建設計画は、当時の日本を賑わせていたさまざまな大規模開発、特に住民の生活や事情を無視した国家や大規模資本による強引な開発手法とほとんど同じだったと言ってよい。同じ時期の大阪空港騒音公害訴訟や四日市公害訴訟、また新潟空港[*34]の騒音公害訴訟では、国家や行政が遂行する開発において事業の公益性を重視するのか、住民の福祉を優先するのかという大きな主題が問われた。佐渡でもジェット機テスト以来、騒音というのが最初の拒絶反応だったというのはその影響である。

同時代の社会運動の影響

佐渡における空港建設反対のムードが同時代の新潟空港、大阪空港の騒音公害訴訟に影響を受けている点はすでに指摘したとおりである。他方、一九七〇年代における空港建設反対運動というと真っ先に想起されるのは、新東京国際空港（成田空港）建設に関わる一連の出来事である。反対派からは三里塚闘争と呼ばれたこの反対運動は、一九六九年に当時の佐藤栄作首相が千葉県の自治体幹部との密室での協議を経て、突如、三里塚・芝山地区に新空港を建設することを発表したことに端を発する。急な発表に地元の農民は賛成派と反対派に分断され、反対派は空港公団の測量調査や重機での造成に対して文字どおり体を張った抵抗運動を繰り広げた。国家権力対農民という圧倒的な力の差を背景に、多くの国民が権力の横暴に驚き、徐々に、左派学生団体や政治団体が支援に加わるようになる。

戦後日本の学生運動のピークである一九六八～六九年以後、いわゆる新左翼系の運動団体は大学以外の場に活動を広げつつあった。三里塚では早い時期から農家の作業を支援する「援農」というかたちで多くのセクトやノンセクトの学生、運動家が集まり、小屋に住んだり農家に住んだりして日常をともにするようになった。そこからの数年間はまさに血みどろの戦いになっていき、公団側の強制執行に対してセクト側も先鋭化し、徐々に国民の支持が離れていった。最終的に一部の反対派を残して多くの支援者や反対農家は撤退し、一九七八年に新空港は開港した。佐渡で空港反対の運動が盛り上がった時期は、まさに三里塚闘争の最盛期でもあった。

三里塚闘争の直接的なつながりや人的な影響はないが、小木のデモにおいては三里塚など同時代の運動の影響を感じさせる言葉や形態が見受けられる。彼らの自意識としては「保守」であり、ローカリティに根ざした「赤旗抜き」「セクトなし」の運動ではあったものの、宿根木の石塚邦博が撮った写真から自作のプラカードの文言を拾ってみると、「断固反対」「絶対反対」「業者ベッタリの金子町政断呼《ママ》粉砕!!」「金子町長やめてしまえ」といった学生運動でよく見られた強い表現が流用されていることが窺えるし、一部のフォントはいわゆるゲバ文字に近い。集落の青年団の旗は労働運動の組合旗を彷彿とさせるし、幟は水俣病運動などでもよく見られた、市民主体の運動のシンボルである。鉢巻きにシュプレヒコールは言うまでもなく、こうしたスタイルは同時代の都市部における運動に強い影響を受けていると言える。

佐渡の空港問題ではほとんどの人がそれまで社会運動に関わったことがなく、また政治思想的にも新左翼とは距離があったとはいえ、異議申し立ての場になると当時隆盛の市民運動・社会運動がモデルとなっていたことがわかる。一九七〇年代の社会運動の広がりは、政治的行動に不慣れな人びとであっても生活に根ざした異議申し立てをせざるをえなくなった瞬間、模倣する判型を与え、誰もが「形から」運動に入っていく道筋を開いたと言ってもよいだろう。

5　運動が終わるとき

宮本常一『日本を思う』(宮本 1973)は、このタイトルからナショナリスティックな内容をイメージすると意外な筆致に溢れており、本章冒頭で引用したように七〇年安保に関わる学生運動とかつての農民一揆との連続性を述べたり、減反政策から農村開発に至る流れを批判したりするなど、国家や資本主導の開発に対する民衆の抵抗を肯定的に描く論考が続く。そのなかの論考の一つ、「抵抗の場として地域社会」は、もともと『朝日ジャーナル』一九七三年一月号の地域闘争特集に掲載されたこともあって権力批判の色彩が強い。言うまでもなく同誌は一九六〇年代の学生運動をリードした社会派雑誌であり、全盛期を過ぎたとはいえ、まだまだ存在感の大きな雑誌だった。

そこで宮本は政府による減反政策で希望を失った農民の擁護から話を始め、チッソによる八代海の汚染と水俣病、瀬戸内海の観光開発に伴う海洋汚染と漁業補償などに言及しつつ、次のように述べる。「地域開発というのは膨大な力を有するものが、自分たちの立場から開発をすすめ、その余恵を地域住民に垂れてやるという意識がきわめて強い」。しかし、「本来里はそこに住む人たちのための土地である。したがって、そこに住む者がその土地をどのようにして開発し、振興してゆくかについての主体的な決定権をもっているはずである」（宮本 1973: 310-311）。そして巻末に、「主体的な決定」を行っている地域の例として南佐渡に言及しつつ、次のように述べる。

この半島は風景がきわめてよく、土地ブローカーがたくさん入り込んでいるが、まだ土地を売ったものはない。それよりもむしろどのように土地を開発し振興してゆくべきかについて、住民の一人一人が考えはじめている。そういうことから地域社会の真の開発振興がはじまってゆくものと思う（宮本 1973: 317）。

宮本がこの文章を書いた時期は、佐渡新空港建設反対運動がすでに始まり、小木でのデモの直前にあたる。宮本が空港問題に関して直接的にデモの指南や議論の主導をしたわけではないが、土地を外部の資本に売らず、その活用を一人ひとりが考えるという地域的な自己決定のあり方を述べたこうした文章や、本章冒頭で示した新聞紙上での檄文は、その「模範」としてあげられた南佐渡の若者にとっては自己規定の源泉のようなものであった。宮本の主体論は南佐渡の青年たちを事例に語られ、当の青年たちもまた、その言論を読み込むことで、再帰的に自己形成を行った。一九六八年以降の地域を舞台とした多くの社会運動は、旧来型の地域組織を中心に住民結合がなされ、参加する一人一人が個人としての生き方や自治のあり方を根源的に問い直す「主体形成」の運動であった（荒川 2012）。宮本は、佐渡の若者に倣って主体的な地域運営の仕組み、また主体的な生き方を確立するよう全国離島・山村の青年層に訴え続けたが、その訴えを最も真に受けたのは当の佐渡の青年たちだったと言えるかもしれない。自分たちの切り拓いた土地や水源地を空港用地として渡すことを拒否した彼らの運動は、まさに「自前の文化、生活」を模索する実践だったのである。

ところで、佐渡新空港建設反対運動の勝利後、立ち上がった人びとは徐々に日常に回帰していく。この運動はあくまで佐渡新空港の建設計画にのみ焦点化したシングルイシューの集合体であり、恒常的な市民団体として立ち上がったわけではない。文化財保護やトキの環境保護などを目的とするいくつかの団体も運動に加わったが、終了後は従前の目的へと帰って行った。中心的な役割を果たした青年層も党派色やイデオロギーは強くなく、日常への回帰はスムーズに行われた。言いかえると、運動の熱は急速に冷めていった。そのことが、運動の現場を連鎖的に繋いでいった同時代の学生運動や社会運動との違いであると言ってよいかもしれない。

ここまで述べてきたように、南佐渡を中心に展開したさまざまな文化運動は、島外からの知識人や学生が島に刺激を与え、それを受けて島内の青年が立ち上がり、協働しながら「自前の生活」を打ち立てるという内発的発展のかたちで進んできた。その主たる出来事としては一九六九〜七〇年の鬼太鼓座の立ち上げ、宿根木小学校の閉校と一九七二年の小木民俗博物館設立運動、一九七四年の第一回日本海大学講座や若衆宿の立ち上げ、そして同じ年の空港建設反対運動などが挙げられるが、ピークは一九七〇年代前半であったと言ってよい。こうした一連のムーブメントには幾人かのキーパーソンがいるにせよ、固定的な団体があるわけではなく、関わる人も出入りが多かった。

社会運動論では運動を離脱する契機や理由に関する研究もなされている。富永京子によると、運動の離脱は決して思想的な相違や変化だけで説明できず、運動内外の人間関係が大きく作用しているという（富永 2013）。その一例には内ゲバ的な隘路に至ったものもあるが、少なくないのが、家族ができたり就職したりし、運動での価値観と日常生活での価値観が乖離し始め、後者を選ぶケースであるという。たしかに佐渡新空港反対運動で先陣を切った青年たちも、その後少しずつ年齢が上がり職場である程度の地位を占め、家庭を持って父や母として生きていくようになった。また地域の主力として、青年団活動や自治会、祭礼などを進める立場になっていき、それぞれの生活を確立していくときには運動からの離脱を否応なく伴った。同時に、南佐渡に大勢の若者を引き入れ、文化運動をもたらした宮本常一も晩年は体調を崩しがちになり、一九七九年の第二回日本海大学講座および翌年の短期巡検を最後に来島しなくなった。

しかし、こうした日常への回帰や島外からの刺激の低下は、必ずしも過去の状態への逆進というわけではない。運動的な実践は表向きにおいてはたしかに終息していったが、言いかえるとそれは、青年たちがそれぞれの持ち場において「自前の生活」を進めるようになったプロセスでもある。第6章で触れた鬼太鼓座は、一九七〇年に立ち上げられ、八〇年に鼓童になったのち、かつて目指したコミューンを「鼓童村」として建設することで佐渡に生活者として根づいていったし、宿根木では宮本や林道明によって進められた文化財の保護と活用が日本海大学講座に参加した青年たちによって継承されていき、のちに同集落が重伝建に選定される際や二〇〇〇年代の町並みガイド活動などでも重要な役割を果たした。一九六〇年代後半~七〇年代前半の佐渡を文化運動期だとみるならば、七〇年代後半から八〇年代は、運動を通して探究された思想や実践が日常に埋め込まれていくステージだったと言ってよいだろう。

第8章　三里塚から佐渡へ——ある運動家における民俗学的実践と〈父〉

1　島を離れて

第7章で述べた空港建設反対運動の青年たちは、佐渡に暮らし、佐渡の生活環境の護持のために戦った人びとである。他方、島のなかには脱地域的な運動に関わってきた人も少なからず暮らしている。本書の主題である離島をベースとした文化運動は、「中央」から外れた場所にありながらも自分たちの事柄を地域の歴史的、社会的環境のなかで捉え直そうとするものであり、ローカルな枠組みで展開するという意味では地域文化運動と言ってもよいかもしれない。そのような運動は外部からやってくる知識人や学生、運動家、あるいは雑誌やメディアを通して他地域と間接的に繋がることはあるが、基本的にはローカルな人びとを中心に行われた小規模な運動であった。これに比べると同時代の大規模な社会運動のなかには、脱地域的に展開し、関わる人びともより広いネットワークに結びつけられていた公害運動・開発反対運動も少なくない。その代表例が成田空港建設反対運動、いわゆる三里塚闘争であろう。佐渡の空港建設反対運動を調べるなかで私が出会った島出身・在住の林道夫は、第7章で触れた運動の時期には佐渡を離れ、長く三里塚で運動に身を投じており、佐渡の地元青年たちとは異なるスタンスを有していた。本章は第7章の補遺のようなかたちで、林の生活史から「空港問題」を対比的に示すことで、離島から出た青年が「自前の文化、生活」をどのように発見し、実践していったのか、またそこに民俗学的視点や宮本の影響がいかに介在しているかを明らかにする。

林道夫は一九四六年に佐渡の寺院に生まれ、中学から時宗総本山遊行寺のある神奈川県藤沢市に学び、早稲田大学のロシア文学科に進学する。入学早々学生運動に傾倒するようになり、一九七〇年夏から八年ほど三里塚で援農や運動に参加し、八〇年代前半まで三里塚闘争に起因する同志の裁判支援のため千葉に住んだのち、佐渡に帰島する。林は、佐渡の住職で、小木民俗博物館初代館長・林道明を父に持つ。帰島後は自身もまた僧侶として住職を務めている。彼は佐渡新空港建設反対運動には直接関わらなかったが、三里塚闘争を通して長く社会問題としての空港建設に関わってきたし、かつ、帰島後は被差別部落と時宗の関係に関する歴史研究、佐渡鉱山への朝鮮人徴用工問題などへの取り組みを通じて、日常生活においても社会運動を継続してきた。だがそれゆえに、佐渡新空港問題の解決後、運動以外の日常生活に回帰していった地元の元青年たちとは、地域開発や文化運動に関して距離感のある見方を持っている。

前提として三里塚闘争の概要を見ておこう。一九六〇年代前半、ベトナム戦争に向けて離陸する米軍機がかなりの発着枠を占めていた羽田空港は明らかなキャパシティオーバーであった。しかも一九六四年には東京オリンピックを控え、本格的な国際化の時代において航空需要はますます高まることが明らかであり、それに対応すべく日本政府は一九六二年頃から首都圏第二の国際空港建設を模索し始めていた。千葉県内のいくつかの場所が検討された結果、富里村（現富里市）が候補地として決定された。しかし富里案は地元の強い反対に遭ったため頓挫し、一九六六年、政府は密室での会議を経て突如、三里塚・芝山地区への空港建設を発表する。この地域には国有地の下総御料牧場が含まれていたほか、戦後の引揚げ農民による開拓地を多く含んでいたことから、歴史の長い集落よりも用地交渉が容易だという目論見もあったとされる（福田 2001）。

新空港建設計画に対し、事前に何の説明もなく突然土地を取られることに反発した成田市や芝山町の農民は、すぐさま反対団体を設立する。それぞれの団体が統合されることで結成された三里塚芝山連合空港反対同盟は、以後反対運動の拠点となっていく。佐藤栄作を首相とする政府・自民党の強硬な建設計画に対して、反対同盟だけでなく、すでに富里案の反対運動に関わっていた三派全学連（中核派・社青同解放派・社学同）の運動家・学生たちが一九六七年から共闘しはじめ、七〇年代にいたる頃には機動隊や空港公団側と農民・学生の連合からなる反対派とが全面衝突の様相を呈する。林は早稲田時代から、セクトに属さない活動家として黒ヘルメットを被った一群にいたようだが、こうした学生や運動家たちが大挙して押し寄せた三里塚での激しいぶつかり合いでは、機動隊に死者が出たり、反対側の住民にも自殺者や大量の逮捕者が出たりした。

一九六〇年代末から七〇年代に巨大な社会運動の磁場になった三里塚闘争は、同じ時期の佐世保エンタープライズ寄港阻止闘争、王子野戦病院反対闘争、羽田闘争などと並んで、全共闘運動が大学外に拡大し、メディアを通じて国民にその過激なスタイルとともに知れ渡る出来事だった（小熊 2009a: 462）。林が三里塚に入ったのは一九七〇年で、当地での空港建設反対運動開始から少し時間が経っているが、翌年からの第一次・第二次代執行による土地の強制収用を前にした三里塚闘争の最も激しい時期だったと言える。次の二つの節は林のインタビュー抄録である。[*1]

2　三里塚にて

援農

七〇年の安保闘争で僕らは国労（国鉄労働組合）と一緒にやっていて、それこそ国会の前でぐちゃぐちゃにやられたりなんかしていた。それで一九七〇年の夏に（三里塚で）測量阻止闘争[*2]があった。僕らは千葉の中央公園の集会の時に顔を出していて、そのうちに援農に来なよと誘われて手伝いに行って。

そのころは早稲田のノンセクト[*3]で、黒ヘルとか落っこっているヘルメットをかぶっちゃやっていたから、赤も白もないわけ。本当は民青（日本民主青年同盟）に対する反発というのがあった。大衆団交をやっても学校側がボス交[*4]をやったり、普通に影でこそこそ動くようなまねをやっていて、お金をもらっていたりなんかした。そのうち革マル[*5]というのが出てきて、それが下宿まで来るようになったんだ。それで、呼び出されてぶん殴られるは、その時に角棒だったらそのままポキっと折れたりなんかするんだけれども、釘を打つやつはすごいんだよ。頭をやられるとヘルメットを通しちゃうんだから。

それで危なくて下宿にもいられなくなって、三里塚で援農をすれば飯を食わしてくれるし、泊まるところもある。それで一日、二日でもいいけれども、一ヶ月でも一年でも二年でもと言うんだ、先輩によると。社会党系の青ヘル[*6]とか、ブント系の赤ヘル[*7]とかと一緒にやっていたんだけれども、そういう連中が、三里塚に行くと飯が食える、と[*8]。一日田植えをやったり、草取りをやれば飯を食わしてくれて、泊めもしてくれると。

僕が最初に入ったのは、天神峰[*9]。中核の連中と親しくて、紹介してもらって天神峰に行っていて、それで次に取香《とっこう》[10]。東峰《とうほう》[11]とか古込《ふるごめ》[12]とかもそうだけれども、あそこらは結構反対派と賛成派が入り混じっているところで、すごいんだ。農家同士の対立という。そこでは内ゲバみたいなのがある。

東峰にお手伝いに来ていたすごい年寄りの人で、元気のいいおばあちゃんがいた。小泉[13]さんってところに嫁に行って、それこそ田んぼも畑もねえような、小作をやっていたりする。それがよく東峰に手伝いに来ていて、俺の援農先のおばあちゃんとすごい仲が良かった。独り身だから一人で住んでいたわけで、小作をやっていて。そうすると千葉に出てくるにもひょろっと一緒にくっついてくるわけで、それでえらい元気のいいおばあちゃんがいるなと、個人的に親しくなった。

木の根[14]とかは反対派が三人ぐらいしかいなくて。菱田[15]とか横堀[16]というのもいろいろ賛成派と反対派があったけれども、どっちかというと部落ぐるみで反対運動をやっているところだった。

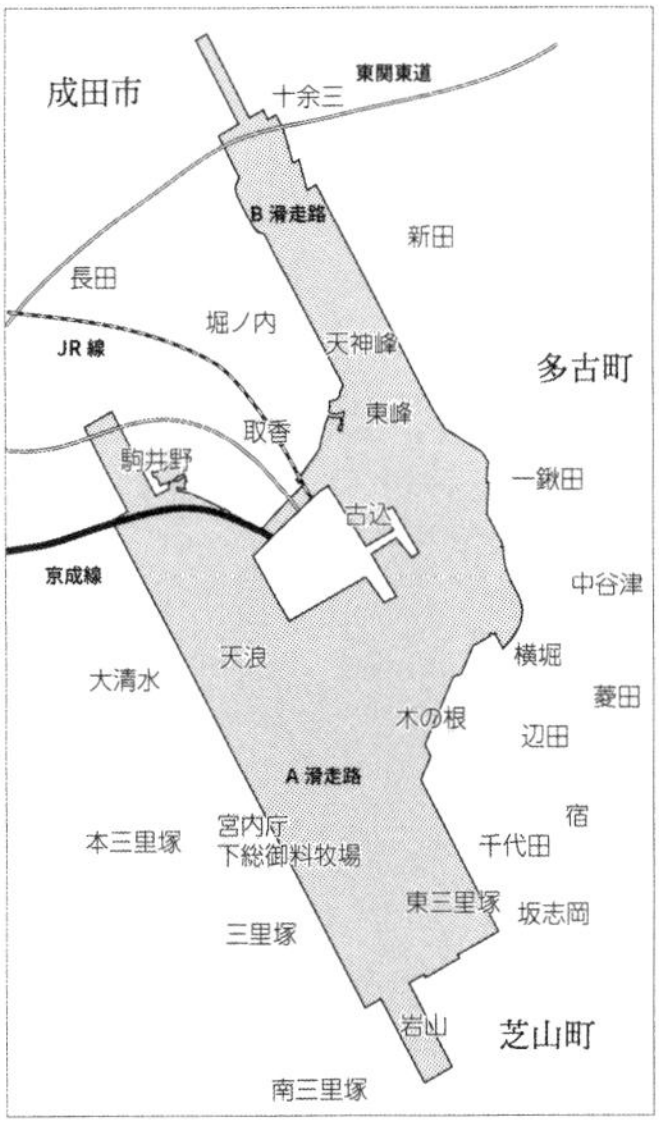

図1　三里塚・芝山地区地名。滑走路は現在のもの。

辺田部落

小川プロ[17]があそこらに入って、三里塚を撮っていた。小川プロはしょっちゅう、デモをやっていると写真を撮ったり映画を撮っていて、「おまえはあそこに行ってくれないか」と言われたりすると僕も一緒に行って被写体になったり。仲良かったからお酒も一緒に飲んだりすることがあった。僕らも早稲田の時の黒ヘルをかぶって、公団[18]

が崖のところでやる最初の[19]……ノンセクトの入ったところが、小川プロの写真に大きく載って。そのあとに三留さん[20]という写真のなかにも出ていたりする。

『辺田部落[21]』という映画が小川プロにあるけれども、そこの辺田《へた》という村に僕らは入っていった。辺田というのはすごい元気のいい部落で、平気でおやじが火炎瓶を作って投げるは、おばちゃんたちもスクラムを組んで突っ込んでいくは。元気がいいから仲良くなるわけだ。酒を飲みに行くと元気がいいおばちゃんたちがいる。「林君たちのグループは田植えが上手だから来なさいよ」ということになって、僕らは村に入っているうちに親しくなって、百姓仕事が上手だって言われていた。

それはたしかにそうだよな、田植えとか稲刈りなんていうのは競争だから。僕らのグループはすごい評価をされて、「あいつらはよく畑仕事とか農家の仕事をよくやる」と。ただし酒ばっかり飲んでいたので、援農に来てあんまりにも酒を飲まれると困るから小屋を一つやろうじゃないか、ってなって、隠居場を辺田部落のなかでもらって、それが僕らの早稲田の連中の拠点になった。隠居小屋は木の根に行く途中の田んぼの脇の、昔は電気も水道もないうちで、田んぼの脇の井戸水をくんで飲んでいるようなそういう場。隠居だから本家じゃないわけで、そこで隠居をしていたおじちゃん、おばちゃんが死んじゃうと家が空いちゃうわけ。

そこをもらった僕ら早稲田の連中がいると、他の大学のノンセクトのグループも来て、それで結構なグループになって、僕らのグループだけで動員をかけると、四〇〇～五〇〇人集まるようになった。僕らのグループは「酒乱同盟」で酒ばっかり飲んでた。食べるほうもすごくて、農家の人と競争したりした。

農家のおばちゃん

他のセクトの連中はデモとか警官との対立の時だけ出てくるんだけど、僕らは闘争ばっかりではなく、日常的に農家の人と接している。田植えをしたり稲刈りをしたり、草取りをしたり。そうすると、なんで、こういうおっさんとかおばちゃんたちが熱心に闘争をやるのか、というのが興味が出てきたわけです。①なんでおばちゃんたちは、公団が来ると石を持って追い掛けたり、鎌を持ったりして追い掛けるんだろうって。だって、自分の生まれた佐渡のおっさんとかおばちゃんを見ていると、そんな気配がないわけで、学生と一緒に石を持ったり鎌を持ったりしてぶつかっていくなんていうのは、ちょっと理解し難いところがあるわけ。だってけがをしたりするわけだから。千葉県の役所に行って抗議運動をしたり、東京まで出ていったりとか、ドラム缶が鳴るとみんなで集まってスクラムを組んで公団の連中が入れないように、村の中に入れないようにするとか。

たとえば、労働者がストをやるとか、そういうのはわかる。賃上げとかそういうのもわかる。でも彼ら（農家）は一銭にもならないわけで、土地を売るか売らないか、（お金を考えると）売ったほうがいいんじゃないか、とかがある。賛成派の人たちは、それこそ狭い小さなところでやるより、印旛の開拓地に行って大きい畑をもらったり、田んぼをもらったりして生活を切り替えていくほうが楽じゃないかと、そういう選択をした人だっているわけだから。そういうことをしないで小さなところにみんなでまとまって反対運動をやっているなんて、損得勘定から言えばやっぱり合わない。僕らが来ると酒を飲ましたりするわけだし。

そのなかで、②僕らの知っているおやじとかおふくろとか、農家のばあちゃん連中とは何が違うんだ、と興味が出てきたから、調査をしようということになった。③畑がいくらある、田んぼがいくらある。年収がどのぐらいあるんだろうと。そして、どういう日常生活のなかから戦いというのが生まれてきたか。そういう調査をし始めた。

調査に入ったのは辺田や菱田。菱田は谷間の谷津田だから、（佐渡の）宿根木と同じ。辺田部落というのは古い村だけど、天神峰は戦後満州帰りの人ばかりだった。元は御料牧場って言って、天皇の牧場、馬を飼ったり牛を飼ったりするところで、戦後開放して、開拓で入ってきた人たちがつくったような村。東峰とかも。手伝いに行くとみんなやっぱり、満州からどうやって帰ってきたとか、そういう戦争の話ばっかりする。僕らはそういうのに興味があった。④そのなかで、なんで三里塚の闘いに加わったのだろうか、というのがわかるわけです。生活史みたいなかたちで。

木の根の人たちはまた、古い村だから違うわけで。それこそ部落意識というか、みんなが集まって一緒になって動かないと駄目。いいも悪いもそういうのがあって、それでそういう村の歴史とか生活史なんていうのはものすごい興味があって、それを勉強するきっかけになったのは、柳田さんとか宮本さんなんです。

フィールドワークという方法

俺はもともと民俗学の人たちと接触があった。[*22] その頃（一九七〇年頃）は家（称光寺）に帰ると武蔵美の連中が宿根木公会堂に合宿してフィールドワークをやっているでしょ。夜になると酒を飲んで、「おまえらは何で佐渡まで来て、こんなことをやっているんだ。」誰にオルグされて来ているんだ」と聞くと、「宮本常一さん」という。武蔵美の学生らが宮本先生と一緒にフィールドをやっていたわけですよ。帰省中にそういうのに付き合ったり、夜になるとお酒を飲んで「これからの百姓は食っていけるのか食っていけねえか」とかそういう話を公会堂や社務所でするわけで。

うちのおやじもそうだし、宿根木や琴浦（集落）なんかの青年も、みんな宮本先生に感化されているわけ。なので俺は酒を飲みながら、宮本さんに突っ掛かっていくわけだ。学校と同じようにつるし上げができるかな、と思うと、ところがどっこい。宮本さんはそんなに単純じゃない。それで、先生のところに行って酒でも飲もうかということになるんだけれども、そのなかで、いろんな話を聞いた。⑤その経験があって、三里塚で僕らはただ百姓仕事の手伝いをしたり大衆運動の手伝いをするよりも、何か残るようなものはないかと言うときに、フィールドワークというのを思いついて、僕は機関紙、援農日記を作った。

援農に行くたびに自分たちがどういう人たちと接触して、何でこの人たちは三里塚で農民闘争に立ち上がったかみたいな、そういうものをお互いに情報交換しなきゃいけない。大学からは突然手伝いに来る人たちがいるわけです。あそこの家はこういうことを言っちゃ駄目だとか、気をつけなさいよとか、これこれこういうことがあった、そういうことを前もって打ち合わせしなきゃいけない。援農に行って帰ってきたら、おまえの行ったところはこれこれこういうことで、村の中ではどういう位置にあって、どういう人たちが中心になってやっているんだということを、帰ってきて小屋のなかで酒を飲みながら話をするわけです。そういうのをただ話しているだけではしょうがないので、援農日記にした。それが結構評判になって、早稲田でもみんなが集まると三里塚でこんなことをやっているんだとか、そういうことで呼び込んだり、まとまったやつをパンフレットにして、模索舎[*23]とか新宿の学生運動の機関紙のあるところへ持っていったりして、軍資金にもした。

僕らの学生運動の流れのなかで出てきたのが三里塚闘争なんだけれども、六〇年代もそうだけれども、七〇年代も柳田国男とか、宮本常一というのがやっぱり重要だった。その頃は「大衆の原像[*24]」と言ったけれども、⑥僕らが最初いつも考えていた「プロレタリアート」とか「大衆」というものは、具体的な接触がないわけです、観念だけの世界で。だから現実というのは、せいぜい自分のバイト先の賃上げ運動ぐらいで、これもいわゆる労働者という言葉でくくれば生活者だ。だから柳田国男さんとか宮本常一さんみたいなフィールドワークをやっているようななかから出てきた「生活者」とか、「大衆」というのに対して具体的なイメージを紡ぎ出して、自分のなかでイメージしていく作業というのをやっていた。

七〇年代も同じような動きがあったわけで、大学から出る時も。大衆の原像とか、生活者とかというそういう言葉が僕らの日常的な関わりのなかから出てくるわけで、そうするとそれは実態としてはあるんだろうけれども、やっぱりあくまでも観念だから、もう一度柳田さん、柳（宗悦）さんとか渋沢（敬三）さん、宮本さんなんていうのが、具体的な日本の生活者とか大衆というものをつかむ一つのきっかけになったわけで、だからそういうのを読むようになってきた。

3 佐渡で生きる

闘争の終わり

（門田：林さんはいつまで三里塚にいたんですか。）

辺田の外れに小屋だけ残してあとは千葉での裁判闘争[*25]をやっていた。みんな二〇代の終わりから三〇すぎぐらいの人だったから、飯を食わなきゃいけないし、所帯を持つやつもいる。ただし所帯を持つとそこのアパートが拠点になる。それで同盟の人たちや青年行動隊[*26]がやっぱり千葉なんか行くと、一緒に栄町（千葉市）に飲みに行って遊んで、そんなことばっかりやっていたよ。一九八〇何年ぐらいまでいたかな。

そのあと（三里塚を出たあと）は千葉で下宿をしてた。食えなくなっちゃったから。機動隊が日常的に入るようになったから小屋にもいられないし、千葉のアパートで共同生活をしたり。

（門田：そういう動きをしているのに対して、お父さんはどういう態度でした。）

無視だよ。おやじ（林道明）はやっぱり治安維持法のトラウマがあるから、何もしない。宮本さんのところに行くと「早く林は家に帰ってお父さんの跡を取って寺に入りなさい」ということをしょっちゅう言われるわけで、それに対して俺が反発して先生と言い合いになったりすると、真島（俊一）君たちが、あいだに入ってくるわけだ。学校の時のクラトウ（クラス闘争）と同じで助手とかが止めに入ってくると大げんかになるわけで、それと同じような調子で宮本先生だって大学の教員だろう、このやろう、とか言って。[*27] ともかく、千葉時代はアルバイトです。土方をやったり、ゴルフ場のキャディーの手伝いとかキャバレーのボーイとか、栄町でビラ配りとかプラカード持って歩いたりとか。三里塚で、援農したって金が入ってくるわけじゃない。風呂と酒と話だけは聞けるんだよ。

だけれども、柳田さんとかやっぱり柳さんや渋沢さんたち、⑦宮本先生の動きを見ていると、やっぱりそれは社会運動的なことをやっているわけです。ただしそれを行政を使ってやっているわけで、いろいろやっていてお金を中から引っぱり出して産業を興すとか、宮本先生なんかそうだよな。若い衆を集めてあしたらいいんじゃないか、こうしたらいいんじゃないかとか。それで農水省とかに言ってそういうふうに基金の基になるようなのをつくったり。

（門田：じゃあ林さんは、あの博物館の民具の収集なんていうのは……）

僕は最初は批判的だった。宮本先生とかうちのおやじのやり方に関して。民間で動くんだったらいいんだけれども、公民館運動とかそういうのは行政の仕組みとしてやっているから。うちの⑧おやじは宮本先生の影響で、公民館長やっていたり、農業委員会との接触があったりとか、そのおかげで動けた。それに対して俺は批判的で。

ただ、⑨いくら火炎瓶を投げて爆弾を作っていたって、それで世の中が変わるなんて、それを一〇年もやっていればわかるわけで。変わるわけねえと。いくらも変わらない、現実にぼこぼこにやられているんだから。それじゃあやっぱり、真島君とか宮本先生の言うように行政を使って地道にやっているほうが、⑩確実な目に見える運動だったのではないかと。

僕らの運動のなかでは百姓のおやじと酔っ払って話をしていても、彼らには生活とか自分の体験とか、そういうのがぼんぼん出てくる。僕らはそういうところに自分自身がいないわけ。一緒にやっている連中も親から金をもらって大学に入って、アルバイトで食っている。そういうなかで、やっぱり日常の生活とか社会での自分の動きとか、それに対してちゃんと捉えていく視点というのが必要だなと思うようになって。一〇年も経てばこれは大衆運動だけで乗り切れるわけじゃないなとわかって。

佐渡のおばあちゃん

そのうちTEMから電話がかかってきて、何月何日に宿根木のおやじさんたちと一緒に行くから、と。千葉まで来た理由は、おやじが喉頭癌になって、もう声が出なくてお経を読めなくなって、宿根木のじいさん連中から「道夫、おまえは、いまのままでいいのか」と言って説教をくらって。運動のなかで飯を食うなんていうのはもう嫌だから、これはやっぱり自分の生活とかそういうのをやろうと思った。そうするとやっぱり宮本さんとか、柳田さんの言っているようなことが正しいんじゃないかと思うようになった。日常的な生活という、自分自身の生き方から、ちゃんと見つめていかないと駄目なんじゃないかなと思うようになって。

それで裁判（の支援）が終わったから、裁判闘争のために集まった連中が解散をして、所帯を持ったり、大学に戻ったりするようになって。俺はいまさら大学でもねえし、一回家に帰って、本を読んだり、おやじの手伝いをしながら。そうするとTEMとか宮本先生たちがやっていることが本になったり、シンポジウムをやったりなんかするから、そういうのに行くようになって。坊主は普通に田植えをしたり、稲刈りをしたりするそういう生活じゃねえから、普通の日常生活でお経を読まないときは暇で、それこそ掃き掃除だけやっていればいい。

朝になるとばあちゃん連中がここ（寺）に来て座り込んで、ぺちゃくちゃ昼過ぎまで話している。朝五時か六時頃に来て、帰っていくのが一〇時とか一二時で、昼飯だから行かなきゃいけない。上の田んぼに行ってお花を摘んで。飯を食ってから来る人もいるし、朝飯を抜いてずっと昼までいる人もいるし、ここでぺちゃくちゃ隣近所の話とかそういうのをして、みんなそういうのに付き合っているだけ。それを俺も見ていた。

⑪そうするとやっぱりもったいないなと思うんだ、このおばあちゃんたちの話とかが。そういうのをやっぱりおやじたちが聞いていて、本にしたりなんかする。運動の、そういう聞き取りが基盤になっていたんだとわかって。それで博物館での民具収集の運動があったりした。

迷いと差別への問題意識

林は一九八〇年代末、父の後を継ぐべく遊行寺に再修行に出かける。学生時代に取得した僧籍は、三里塚での運動中も父が維持してくれていたが、ブランクがあるので読経や作法の修行に出たという。しかしそこでまたしても佐渡での家業と運動的な暮らしの狭間で揺れ動く。

まだ家を継ぐ気にならなかった。坊主をやめちゃおうかなと思って。それでまた（運動に）戻ろうかなと思って、デモがあると藤沢から新宿に行ったり、東京駅で何か集会があると行ったりなんかして。夜になると集会の後は必ず飲み会になるわけで、ゴールデン街とかああいうところに行っちゃう。そうすると朝方の五時頃、朝の太鼓がならないうちに帰って来るようになって。そういうのがばれて、林はいいかげんなことをやっているんじゃない、早く家の仕事をやんな、ということになって。俺も嫌だから、これは家に帰ってもしょうがねえなと思って、もう一回千葉に戻ろうかなと思っていた。

そうしたら三里塚で一緒になった同志社とか立命の人たちとたまたま会って、それで集会の時にいまはこれこれこういうわけで、また戻ろうと思うんだけれども、おまえのところで面倒を見てくれる？　とか言うと、そのなかの一人が浄土真宗の坊主で、「京都とか大阪の坊主は違う。社会的な、政治的な運動をやっていても、ちゃんと寺の中でやっている。そういう連中が現実にいるんだから一回ちょっと遊びに来い」と言うんです。で京都に行ったら居心地がいい。祇園というところに行って酒を飲むは、集会に行けば演説をこくは、坊主をやりながらこんなことができるなんて、と思った。それで時宗も浄土真宗も歴史的に被差別部落を抱えていたから、全国的な集会をやったりするときに、坊主もそういう話をするわけです。本当に寺といっても人によって違うんだな、やりたいことができるんじゃないかなと思って。それで浄土真宗大谷派の坊主の養成所で一年勉強して佐渡に帰った。

それで、なぜ佐渡に時宗のお寺があるかというのは、やっぱり差別の歴史と関係しているのではないか、時宗の人はきちんと考えてこなかったけど、そういうなかで少し自分の居場所があるなと。それで自分は宿根木の称光寺の歴史を調べて、新潟県の被差別部落、寺院の被差別部落の調査をやったりした。[*28]今度は自分自身の生きてきたことをやっぱり振り返ってみて、ちゃんと押さえておかないといけないなと思って。

4　社会運動と民俗学

運動と仏道

林の語りにあるように、一九六〇年代末の早稲田でのいわゆる七〇年安保、一九七〇年から成田空港開港（一九七八年）以降までの一〇年以上に及ぶ三里塚闘争のいずれの局面を見ても、苛烈な運動や生活を経験してきたことが推察される。成田空港問題を全国に印象づけた測量闘争、唯一現住の住居を強制代執行で収用されたことで知られる大木（小泉）よねとの交流、闘争のドキュメンタリー映画・写真を撮ったことで知られる小川プロダクションや三留三男との邂逅、引用では略したが、機動隊に死者の出た最も激しい衝突とされる東峰十字路事件など、三里塚闘争の主要場面に立ち会っている。

しかし、反対派学生が徐々に先鋭化するなかで、当初は政府の強引なやり方に対して怒りを共有していた国民の支持もなくなっていき、反対派は追い詰められていく。林ら早稲田のノンセクト学生たちも隠居小屋に暮らせなくなり、三里塚での生活を打ち切って千葉市でアルバイトをしつつ、仲間の裁判支援を行うようになる。開港後から八〇年代は闘争の行き詰まりが顕著になってきて、それとともに運動家たちも自分自身の人生を選択せざるをえない局面に立たされたことがわかる。

運動の隘路のなかで、林は父の病気もあって不可避的に佐渡に引き戻された。しかし、僧侶として生きていく覚悟を十分に持てず揺れ動きながらも、主に二つの契機があって佐渡での暮らしを受け入れるようになっていく。その一つである民俗学的視点については後述するとして、もう一つの契機は、運動で出会った京都の僧侶の影響である。林は時宗僧侶であるものの、真宗大谷派（京都）で一年間、真宗教学を学ぶなかで差別問題など社会活動を積極的に行う僧侶の生き方に触れることになり、僧侶としての生活と社会運動とが決して両立不可能でないことに気づく。

彼はのちに被差別民と時宗の関係を調べたり、佐渡鉱山の朝鮮人徴用工問題に積極的に関わったりするようになる。二〇〇〇年代以降の佐渡鉱山の界遺産登録にまつわる徴用工問題に関しても積極的に発言するようになったのは、若い頃に出会った浄土真宗の僧侶に倣い、運動と仏道の同時並行的な実践をしているということなのである。

生活者への興味

私が林と知り合ったのは二〇一二年頃だが、突っ込んで話すようになったのは二〇一五年に文化庁の補助事業で、小木民俗博物館の活性化事業に佐渡の人びととともに関わるようになってからである。そこでは一九七〇～八〇年代を中心に展開された博物館の設立運動や、その後博物館で行われた地域学習活動などについて、初代館長であった彼の父・林道明や、設立を後押しした宮本常一など外部知識人との関係に注目し、離島の文化運動の一例として資料整理やインタビュー調査を行った。博物館は林や中堀均など地元の人びとを中心とした取り組みの結果誕生したのであり、その文化運動的な歴史に焦点をあてようと試みたのである。このプロジェクト中、林道明が残した膨大な資料を私や大学院生が日夜整理している頃、林が夕方頃になるとしばしば酒を持って訪れるようになり、話し込むことが多くなった。

インタビューのなかにしばしば出てくるように林は酒好きであった。酒が入ると話の中心は必ずと言ってよいほど三里塚闘争の話になる（法事のあともしばしば檀家相手に闘争の話をしたという）。古刹の住職の息子として若い頃より藤沢の遊行寺で修行をし、東京の大学に入って順調に人生の歩みを進めていた彼の青春時代は、ちょうど大学紛争の真っ只中にあり、前章で見た高等教育を受けずに農漁業に従事していた地元青年たちとは異なるライフパスを歩んでいた。大学を出て島に戻り、いずれは住職を継ぐことが期待されていたという意味では、地域社会を支えるエリートとしての歩みである。

三里塚を中心とした林の運動譚は、ある面では自分探しのように聞こえるかもしれない。たしかに三里塚は彼個人にとっては「約束された人生」を大きく変化させた出来事であった。他方でその語りは、戦後史の重大局面を一人の人間の経験から見るという点において、個人を越えた生活史的な意味がある。特に社会運動が日常生活に回帰していくプロセスを見て取ることができ、そこに宮本常一や民俗学的思想が介在しているという意味では、民俗学と運動の関係を考える本書にとって興味深い事例だった。

そこで第二点目の契機である、運動のなかで民俗学的な発想に行き着くという点であるが、ここには宮本や彼の学生たちを媒介とした、フィールドワークという手法への親しみがあったようだ。もとより彼は、同時代のいわゆる全共闘世代の学生たちがほとんど例外なく読んでいた吉本隆明の著作、とりわけ「大衆の原像」論、また柳田国男の常民論や柳宗悦などに触れていた。しかし、「僕らが最初いつも考えていた「プロレタリアート」とか「大衆」というものは、具体的な接触がないわけです、観念だけの世界」（下線⑥）と述べていたように、学生運動に入っていった当初、「大衆」は読書を通じたイメージの世界であった。「大衆」の苦難に寄り添うことを謳いながら、実際に大衆的な生活を知らないというのは都市出身の学生も同じであった。[*29] しかし、援農を通じ、反対派住民として運動に従事する農家に出会い、彼は次のように感じるようになる（下線①）。

なんでおばちゃんたちは、公団が来ると石を持って追い掛けたり、鎌を持ったりして追い掛けるんだろうって。だって、自分の生まれた佐渡のおっさんとかおばちゃんを見ていると、そんな気配がないわけで、学生と一緒に石を持ったり鎌を持ったりしてぶつかっていくなんていうのは、ちょっと理解し難いところがあるわけ。

これは非常に率直な疑問である。彼自身は思想闘争として行っている運動ではあるものの、そうでない住民においては「損得勘定から言えば」賛成派住民のように農地を売る方があきらかにわかりやすい。そこで彼は「僕らの知っている佐渡のおやじとかおふくろとか、農家のばあちゃん連中とは何が違うんだ、と興味が出てきたから、調査をしようということになった」（下線②）。都会育ちの学生と違うとすれば、林には同じ農家の人びとを佐渡において直接知っているということであった。

しかし、当然のことながら三里塚の農家と佐渡の農家のあいだで決定的な差異はない。違うのは置かれた文脈である。彼はそのことを理解していたのであろう、その調査も「畑がいくらある、田んぼがいくらある。年収がどのぐらいあるんだろうと。そして、どういう日常生活の中から戦いというのが生まれてきたか」（下線③）という、地域調査のようなことであった。さらに菱田や天神峰などの集落で、戦後の引揚げや開拓の歴史が人びとの日常会話によく挙がっていたことに言及しつつ、「そのなかで、なんで三里塚の戦いに加わったのだろうか、というのがわかるわけです。生活史みたいなかたちで」（下線④）と述べている。要するに、人びとがどういう風に生活をしているのかという日常生活と、それまでに何があったのかという歴史との二方向で、反対派農家の人びとを理解しようとしていたのである。

三里塚闘争に従事した人のなかには林同様の地域調査を行ったり、反対派農家の生活史を聞き取ったりする人もいたので[*30]、彼の取り組みが決して唯一無二というわけではない。また、林自身の携わった冊子現物も残っていないので、実際に何が実行されたのかを確かめることはできない。しかしここで重要なのはこのような民俗学的な視点を一種の武器に林が自己と地域との関係を組み替えようとしていたことであり、その発端には、一九六〇年代後半から南佐渡や林の実家にしばしば訪れていた宮本や、彼の学生たちとの交流があった点である。

宮本を通した父との和解

林の生活史の語りはプライベートな部分をいくらかカットしているが、それでも語りに垣間見えるのは、宮本を佐渡に惹き付けていた父・林道明への一筋縄ではいかない見方だ。インタビューのなかで林はしばしば父が若い時代に共産主義運動に入れ込み、それが原因で特高警察に捜査されたり檀家から突き上げられたり、挙げ句の果てに生家である愛媛の曹洞宗の寺から近隣の時宗の寺に預けられたりして、それがトラウマになっていたということを語りつつ、父のそのような経験と自分自身を重ね合わせるかのように学生運動に傾倒していったことを述べていた。かといって林が父の背中を追いながら生きていたかというとそうではなく、むしろ父への反発があったことが強調されている。

林はまず、宮本ら民俗学者が学術活動を通して社会に働きかけていくスタンスを持っていた点を「宮本先生の動きを見ていると、やっぱりそれは社会運動的なことをやっているわけです」と評価する（下線⑦）。他方で自身は同じ社会運動でも、権力と対峙するかたちでそれを実践してきたこともあって、宮本の運動については「それを行政を使ってやっているわけで、いろいろやっていてお金を中から引っぱり出して産業を興すとか、宮本先生なんかそうだよな」というように、市民の協働で立ち上がり行政を動かした小木民俗博物館にも当初批判的な見解を持っていたと話す。その批判は父にも向けられる。「おやじは宮本先生の影響で、公民館長やっていたり、農業委員会との接触があったりとか、そのおかげで動けた。それに対して俺は批判的で」（下線⑧）。

ここから窺えるのは、若い頃は左派運動に傾倒していた父が佐渡では地元住民に尊敬される僧侶[*31]であるばかりか、公民館や社会教育活動を通じて行政と通じ合い、民俗学・民具学を専門とする博物館館長でもあるという、いかにも権威的、保守的な人物へと収まってしまった、思想的転向への反感だと言ってよいだろう。しかし、自身の運動は「いくら火炎瓶を投げて爆弾を作っていたって、それで世の中が変わるなんて、それを一〇年もやっていればわかるわけ」（下線⑨）と言うように、空港建設・稼働の阻止という目的を達成できなかったという意味ではあきらかに敗北だった（と、少なくとも自覚されている）。ゆえに宮本や父のように行政をうまく使って社会変革を起こすやり方に「確実な目に見える運動」（下線⑩）としての正しさがあったのではないかと考えるようになり、徐々に、佐渡で僧侶として暮らす自分自身を受け入れていくようになる。

別のときに林は私に対し、南佐渡の一九七〇年代のさまざまな動きについて「もっぱら下から立ち上がってくるような、草の根の動きというように美化してはいけない」と言った[*32]。これは、博物館建設や町並み保存、鬼太鼓座設立など佐渡で連鎖的に生じた動きを住民の主体性に収斂させて歴史化することは、それを支援した外部の知識人による恩恵や、彼らが媒介になることで可能になった補助金受給や文化政策等を隠蔽し、住民のパワーを過大評価することに繋がってしまうということである。こうした見方はしばしば「民衆」の自立性、反権力性を理想化する研究者の視点が生み出してしまう理想像であり、「反権力」の渦の中にいた林がそれを述べる背景には上記のような思想的な変化がある。

朝から寺にやってきて昼まで世間話をして帰る集落の人を見ては、「やっぱりもったいないなと思うんだ、このおばあちゃんたちの話とかが」（下線⑪）と思い、聞き取り調査をやってきた宮本や父らの活動を見直すようになっていく。林は語りのなかで、しばしば「宮本先生」に突っかかっていったということを述べているが、ここにおいて「父」と「宮本先生」は、民俗学を用いた地域への向かい方、権力や行政との関係のあり方などに関し、きわめて近いイメージで捉えられていることがわかる。宮本は晩年、老齢にさしかかる林道明をおもんぱかって、息子である林に運動から足を洗い、早く佐渡に帰って寺を継ぐように説教をする。若い頃の林にとって、父と宮本が重なり合って見えたとしても無理はない。ここから言えるのは、彼が三里塚で農民の暮らしに興味を抱き、民俗学的な視点を介して運動のあり方を反権力一辺倒のものから文化政策的なものを評価するようになっていくのは、父／宮本との和解のストーリーでもあるということだ。

おそらく林にとっては三里塚なくして父との葛藤を乗り越えることはなかっただろうし、佐渡という場所に帰ってくることもなかっただろう。そのような意味で、林にとっては宮本も佐渡も〈父〉なるものの一群である。三里塚の空港反対派の「おばちゃん」の姿と、宿根木の自坊に集う「おばあちゃん」たちの姿に同じようなところと違っているところに興味を持った瞬間、彼は半分佐渡に帰ったようなものだ。なぜなら、イデオロギーではなく目の前の農民とその生活に興味を抱いたのは、他ならぬ父と宮本が佐渡で行っていた地道なフィールドワークのパラフレーズであり、三里塚をフィルターにし、〈父〉なるものが彼にとって意味のある場所だと発見された瞬間だからである。

他方で林の生活史をすべて〈父〉なるものに収斂させることは適切ではないだろう。実際彼は自分自身の関心や問題意識を強く持ち、林道明とは別の人生を送ってきた。その一つが抑圧されてきた民衆への関心であり、差別に対する強い問題意識である。実際、佐渡鉱山朝鮮人徴用工問題や時宗と被差別民の問題への取り組みを考えても、若い頃に学生運動において原動力となっていた民衆の立場に立って反権力のスタンスを持つことはその後の生活においても何ら変わることなく、一貫して持っていた彼自身の思想であると言ってよい。

佐渡鉱山の元労働者やその家族の団体を韓国から佐渡に呼んで交流したり、宿根木の歴史と中世被差別民の系譜を検討したり、また時宗と同じように被差別民との深い歴史を有する浄土真宗でも修行をしたりと、自分自身の問題意識に基づいた思想的実践を行ってきた。また吉本隆明をはじめとして、柳田国男や柳宗悦など、民衆・常民の世界にも為政者とは異なる独自の文化や主体性があることを発見し、戦後の左派思想に大きな影響を与えた思想家に言及しているように、林自身、戦後日本の時代的影響を強く受けながら思想形成をしたことが窺える。したがって、父や宮本の民俗学的スタンス（行政や権力と関わりながら運動を進めるやり方）を受け入れたとしても、彼にとっては転向を意味するものではない。

5　生きるための民俗学

他方で本書の観点から見て興味深いのは、民俗学を実践するということは、ある人にとって受け入れがたい場所や心的距離のある場所に目を向けさせ、歴史を含めて地域を重層的に理解し、結果としてその場所に住まう自分を受け入れていく契機になるということだ。自己の選択を、自分自身で受け入れていくツールとしての民俗学である。林が佐渡に住む自分自身を認めていったように、これは故郷なり生育環境なり、ある人にとって時に素直に受け入れがたい場所やそこでの生活を、再帰的に選び取っていくということでもある。それは第1章で述べた『島のくらし』の同人が、島に生まれ島から出ないで鬱屈していることを、佐渡について民俗学的に調べることによって克服していった例とも共通する。

しばしば民俗学は「自省の学」とか「自己認識の学」と呼ばれ、慣れ親しんだ当たり前の文化や社会をあえて対象化することで、その「当たり前さ」を相対化していく学問だという風に説明されている。しかし、少なくとも林にとって生まれ故郷の佐渡は「慣れ親しんだ」というほど当然のように受け入れられる場所ではなかった。むしろ反発を抱いた父が名士として活躍する場であり、「慣れ親しんだ」場所であるどころか、逃走や忌避の場であったと言えるし、少なくとも当初は彼自身の思想的な闘争を行うべき場所ではなかった。

にもかかわらずまったく別の場所である三里塚において、目の前の農民の暮らしに目を向け、徐々に佐渡においても檀家のおばあさんたちの日常の語りや、博物館行政などに関心を向けるようになっていく。その変化は民俗学的視点を内在化していく過程でもあり、民俗学の先達である宮本や父への反発心が氷解していく過程でもあった。こうして自分自身にとって佐渡は面白く意味のある場所になると同時に、三里塚とは異なるかたちで思想的闘争の場にもなった。

Iターンや U ターン、また新たな移住者がその土地に興味を持ち、民俗学的な視点によって歴史と生活とを解剖していくような試みは現代では珍しくはない。昔で言う郷土研究、いまでは地域学習と呼ばれたり、「まちづくり」の一環としても行われたりする。ただどのような表現をとってみても、自分の住んでいる場所を調べることは多分に趣味的な余技とみなされがちだ。しかし、端から見て趣味に見えることが当人にとっては自らの生を賭けた取り組みだということもあるだろう。

少なからぬ人びとにとって、ある土地に根を下ろし生きていく覚悟を決めるのは容易な決断ではない。とりわけ一度都市に出た人が故郷に帰り、そこを生活の場として定めるのは、それが故郷や父・母、イエとの関係の再構築を伴うこともあって、しばしば出郷と同じかそれ以上の決断を要する。[*33] 民俗学的な実践はその際に、自己と場所との関係をこれまでとは異なるかたちで結びつける特異なツールになりうる。これは「抵抗の民俗学」とはまた違うかたちでオルタナティブを模索するもので、いわば「生きるための民俗学」と表現できよう。宮本が述べた「自前の生活」を確立することの意味合いは、突き詰めて言うところのような、自分にとって住むべき場所を覚悟を持って探究することであり、加えてその探究は場所へのフィールドワーカー的な視点を基礎にすることによって達成されるのだというメッセージなのではないだろうか。林道夫の闘争に関する生活史は、そのような苦難を伴う「自前の生活」探究の一つのかたちを示している。

第9章　モノを介したソーシャルデザイン——美大教員としての宮本常一と民家調査

1　産業調査とエスノグラフィー

一九六四年の六月と八月、宮本常一は林業金融調査会[*1]の田村善治郎・藤田清彦、全国離島振興協議会の大見重雄、それに経済企画庁離島振興課の加茂事務官とともに佐渡の前浜と呼ばれる南東海岸エリアの港町、赤泊村を訪れ、産業調査とそれを元にした政策提言を行った。当時の肩書きは日本常民文化研究所所員であった。その成果として村から『経済実態調査報告書』というくるみ製本一七五頁の小さな冊子が発刊されている（宮本 1964a、図1）。現代ならコンサルティングファームがとりまとめる仕事と言ってよいかもしれない。宮本は戦前の大阪府での食

図1　『経済実態調査報告書』（佐々木伸彦氏所蔵）

料調査、善隣協会や篤農協会での農家調査や農業指導、離島振興協議会における離島調査やロビー活動、林業金融調査会での山村調査など、社会改良のための活動を数多く行っていた。現在の用語を敷衍するならば「ソーシャルデザインの民俗学」と言ってよいかもしれない。

赤泊村での調査報告書は政策提言の前段となる地域の産業に関する、エスノグラフィックなデータ開示とその分析にかなりの分量が割かれ、提言のパートは少ない。使命自体は政策提言ではあるものの、内容は彼のフィールドワーカーたる性質を顕著に反映したデータの厚い報告書になっている。調査項目は土地概要、農林漁業、インフラ、教育施設、人口動態、産業組合、補助金など多岐にわたるが、興味深いのは、九学会連合佐渡調査（一九五九～六〇年）など過去の調査成果を踏まえ、産業や経済という概念からは一見かけはなれたエスノグラフィックな記述が多いことである。

たとえば農業をはじめとした産業が停滞しているのは、土地条件の悪さや道路整備の遅れだけでなく「嫁の地位の低さ」も関係しているという。そのうえで、宮本とともに九学会連合調査に参加し、農家の主婦について調査報告をした神保教子の論文（神保 1964）を引きつつ、「若い夫婦の多くは経済的にはその親に従属し、ことに若妻の方は夫の両親から十分小づかいももらえないので実家の応援をあおがなければならない」と述べる。こうした前近代的かつ差別的な待遇が経営体としての農家の合理化を妨げていると し、「佐渡の農業を新しくするためには夫婦中心の経済生活が確立し、若い夫婦の経済権が十分みとめられなければならない」と主張する（宮本 1964a: 9-10）[*2]。ここからわかるのは、社会の改良を行う専門家としての宮本の特色は、問題の指摘も政策の提言もすべてエスノグラフィックな記述を通じて行うということだと言える。

この報告書の元になった調査では過去の調査成果を引き継ぎつつも、地元の青年団の協力を得て一九六四年に短いながら調査が行われた。青年団員として参加した佐々木伸彦によると、当時宮本は隣の羽茂町で農業振興や青年団活動などに関する講演会をたびたび行っており、講演会に聴講に行っていた関係で赤泊の青年たちとの交流が生まれ、調査協力に至ったという。

この時期、宮本が講演活動をしきりと行っていた背景には社会教育の浸透が背景として挙げられる。社会教育とは学校外における社会人向け教育のことで、教育基本法でも位置づけられている。多くの場合公民館や図書館など、地域の公的施設で行われるものを指し、宮本も佐渡では、民俗学者としてよりも農業指導や地域振興の専門家として知られるようになった。戦後の急速な人口流出で離島社会の行く末を案じていた青年層は多く、彼らは宮本を頼ったのだ。

相川町役場職員の中村英雄は、教育委員会での職務を通じ、社会教育のやり方に四苦八苦していた。そこで宮本の話を聞き、自身が業務で関わっていた相川の公民館活動への助言をもらいに行った。

昭和四四〜四五年ぐらいに、カルチャーセンターみたいなものが非常にブームになりました。そのころ国はコミュニティー施策をはじめていました。たまたまそのころに公民館の職員になって、青年学級ですとか婦人学級とかをやるのだけれど、人が集まってこないわけです。「なんでだろうな、俺たちの企画はまずいのかな」というのでいつも悩みました。そこで、いろいろ見たり聞いたり読んだりしていたら、ふと、やっぱり貧しい場所ではそういう勉強するような時間的な余裕がないんじゃないか。経済的な余裕も含めて、環境が整っていないのではと、気づいたんです。地域が貧しいと、そうした学級に人が集まらない、来ない要因なんだとわかるわけです。じゃあ、地域はどうしたらいいのかと考えるわけですが、そこで行き当たったのが宮本先生なんです。［中略］（相川町の）町史編さんのときに関わっていたTEM研究所の真島（俊一）さんとある時一緒になりました。それでいろいろと話をするようになって、それで先ほどの話をしたら「宮本先生が小木に来るから、小木の職員に話をして会う機会をつくってもらうよ」と言われて、宮本先生に直接会ったんです。そうしたら、「私が相川で何回講演しても、相川で取り上げてくれない。相川は何も俺の言っていることをやってくれない」という言い方をされた。さらに「俺には先がない」とも言いました。「全く漠然とした話をして宙に浮くような時間は私にはない」とも。だから、もう先生がそう言ってから、自分のときには全然相川で講演をしてくれなかった。ただ、真島さんは「何かやれよ」と言ってくれた。何かやれば先生が心配になって絶対に来るから。そこまで立ち上げて「実は先生、こういうことをやってきたんだけれども、こういうところが分からない」とかなんとか具体的に動き出しておれば、先生は心配になって絶対に来るからと言っていました。[*3]

中村は宮本からあまり芳しくない反応を得たが、彼はその後、宮本とも旧知の仲であった本間雅彦を何度か講師に呼ぶことで、相川の社会教育を盛り上げていくことになる。困難な課題を解決しようとする離島青年にとって、宮本はその糸口に繋がる貴重な外部知をもたらしてくれる存在だったことがわかる。戦後の民主主義化の過程で日本に導入された公民館は、戦前の「上」からの施策に代わって市民主体の学びの場として機能するようになり、講師を招いて勉強会を行い、人びとが自分自身の暮らしを振り返り、観察記録を付けたり日記を付けたりするような、自己を省みる学習活動が盛んになった。それはフィールドワークを行いエスノグラフィーを書く民俗学と重なり合うところがあった。

調べて分析して書くという行為と、その知見を元にして社会を改良・計画していくというスタンスは、宮本の学問人生においてつねに併存していた。もとより宮本にとって学術と応用のあいだのジレンマや齟齬は少なく、民俗学の二元論（カーシェンブラット－ギンブレット 1996）として議論されてきた斯学の両側面が矛盾なく並立していたと言える。こうした特性は宮本が日本の民俗学の世界で異端視されてきた一つの理由であるが、現代の人類学や民俗学におけるエスノグラフィーの社会的活用や、人類学的な視点を基礎としたソーシャルデザインの拡大を見れば（伊藤 2015; 2020）、むしろ宮本の方法が先駆的だったと言える部分も少なくない。とはいっても「役に立つ」あり方は宮本にとってつねに同じわけではなかった。農業指導や産業調査は比較的彼のキャリア初期から一九六〇年代前半までに行われ、その後は徐々に「文化」をめぐる復興・保存・運動が焦点化されていく。たとえば、第7章で述べた「自前の文化、生活」という言葉に象徴される、地元の人びとが主体性を持って地域社会を調べ、文化の復興や他者への開示を行っていくムーブメントを巻き起こすことが彼の地域との関わりになっていく。こうした文化をめぐる運動体のエンパワーメントは、インフラ整備や産業育成といった従来の彼の地域振興策と趣を異にする実践である。そこで本章では、書くことと社会を変えることとが組み合わさった宮本の民俗学的営為が、地域社会にどのような影響を及ぼしたのかを考えたい。

特に注目したいのは、宮本の社会開発や計画論の特色と思われる物質主義的な観点である。冒頭で述べたように宮本のソーシャルデザインはエスノグラフィックな記述と統計的な数値を交えながら、経済面を含めた社会生活の改善策を論うことにある。それと同時に、道路や農機具といったモノへの強いこだわりがあり、もう少し言えば、民具・町並みの意匠や建築、ランドスケープなどを重視していた。

モノに関しては、渋沢敬三から民具研究の薫陶を受けたことが作用している。しかし、本書の観点から注目したいのは、宮本のキャリア後半の職場であった武蔵美において、建築学やデザイン研究の研究者、学生と近くなったことである。こうした分野は「町」や「人びと」を研究や計画の対象とすることもあり、そこにおいて宮本の民俗学と美大系の工学とが融合していった。つまり、宮本のソーシャルデザインの思想は、ある種の工学的思考を備えていたとも言えるのである。以下では工学系民俗学とも言える晩年の宮本の研究／実践の様相について、彼やその学生たちが町並み調査を主導してきた佐渡・宿根木集落を例に、地域の側から見てみたい。

2　ランドスケープと町並み保存

宿根木と修景

第1章で述べたように近代の佐渡の主たる観光地といえば、奇岩の並ぶ尖閣湾と順徳上皇の火葬墓のある真野御陵が中心だった。しかし現在最も人が集まる場所は、町並み観光の集落として知られる宿根木である。宿根木は佐渡島南部にある戸数約五〇戸の小さな集落である。谷地《やち》と呼ばれる海岸段丘の窪地に、隣家の声も聞こえるほどの密度で家が並び、その間を狭い路地が入り組んでいる（図2）。近世から明治初期までは北前船の寄港地として栄えた小木港の背後にあり、廻船業や造船で栄えたが、船舶が近代化されて以降その地位を失って久しい。しかし、いまではひっきりなしにレンタカーや大型バスが入ってくる。

現住住居だけでなく納屋や空き家を含めると、狭い土地に約二〇〇棟の建築物が高密度で残された宿根木のランドスケープは、船関係の仕事が廃れた後の生業転換によるものだ。近代以降、宿根木の人びとは回船業や船大工から農業に活路を見いだし、耕地を拡大させてきた（伊藤 2005）。その過程で空き家を納

図２　深野屋（三角屋）と宿根木の町並み

屋に転用したり、農地の多い海岸段丘上に移転したあとの家を売買したりし、建物の高頻度での転用や利活用を繰り返してきた。そして現在の観光業への移り変わりにおいても、公開民家や民宿に利用されるなど、そのときどきの生業に応じて所有や用途が柔軟に変化してきた。地域文脈の変化に伴うこうした適応性が建物の多様な利用を促し、結果的に集落景観の維持に繋がった（清野 2022）。

さらに伝統的な建物の残存に大きな影響を与えたのは文化財政策である。宿根木は一九九一年に国の重要伝統的建造物群保存地区（重伝建）に選定され、民家の修復や路面整備などが行われた（會田・岡崎 2010; 三上 2013）。この地域では屋根に瓦を敷く代わりに木羽《こば》と呼ばれる薄く切った檜の板を屋根に敷き詰め、その上に丸石をいくつも並べることが古くからの作りであったが、昭和期に瓦屋根へと新しく改良された家も、修景によってふたたび木羽葺きへと戻りつつある。集落の集会所である「宿根木公会堂」も、内部はエアコンが入り快適になったが、外観は一九五〇年代に作られたかつての意匠そのままに再塗装された。一九七〇年頃に集落中心部に建てられた近代的なドライブインはすっかり取り払われて、駐車場および板壁作りの飲食を供する伝統的な意匠の建物へと建て替えられた。

文化財として修復された景観を象徴する民家が、通称三角屋と呼ばれる舟形の家である（図2）。屋号で「深野屋」と呼ばれるこの家は、川沿いの路地の三角州のような狭い敷地に建っており、総二階の尖った建物は船を彷彿とさせる。内部は間取りを効率的に採っており、三角の先端部には小さい風呂がある。ここには二〇〇六年まで、深野さんという年配の女性が住んでいた。建物はもともと隣の羽茂町で明治期に建てられたものを、戦前にこの場所に移築したものである（TEM研究所編 1994: 148）。深野さんは夫を早くに亡くし、一人で子育てをするなかで、専売公社の販売委託で生計を立てていたため「塩」の看板が残る。彼女が転居したあと、市の補助事業で修復したのち、集落が引き継いで公開民家として開かれた。二〇一二年、三角屋の脇に有名女優が佇むCMがJR東日本によって作られ、この家は宿根木ばかりか佐渡を代表する民家として、また町並み観光の象徴として撮影スポットになった。

一九七〇年代、佐渡では古い家屋が次々に建て替えられ、古い生活道具が捨てられていた。道具は博物館に文化財として保存され、家や町並みは修復や修景を経て七〇年代以前の姿が生成されている。民家や町並みの保存修理事業は文化庁・新潟県・佐渡市から高率の補助金があり、こうした補助が住民を後押ししたことが、町並み保存に関する聞き取りでも語られる。

ここらの家はみんな瓦にかえたけれど、それが町並み保存をするために難しい木羽を復元しなくてはいけないので、瓦をおろして木羽をのせた。二〇年ほど前まではみんな瓦、それより昔は木羽だった。私の実家は毎年八月になるとおじいちゃんが屋根を葺いていました。今は防腐剤を塗っても、一五年くらいしかもちません。瓦なら何十年でももつんですけど、木羽屋根にすると一割補助〔負担のことと思われる」で済むし、木羽にしてみようと思いました（宿根木を愛する会編 2014: 65）。

重伝建選定に伴う再伝統化[*4]とも言える現象は、ノスタルジーを人為的に作り出してそれを消費する現代観光の仕組みと密接に絡んでいると言える。宿根木を訪れる観光客はこの伝統らしさを建物や景観から視覚的に取り込み、そこに懐かしさを看取する。もちろん、その「懐かしさ」は実体験と結びつけられた記憶の反芻というよりは、大勢が共有している曖昧な「昔の風景・暮らし」イメージに結びつけられたものだ（岩本編 2007）。だからこそ、そのような暮らしを実際にしたことのない人であっても観光経験を共有することが可能となる。

そうなると当然、住民の地元意識も他者からのまなざしを存分に受け止めたものへと変化する。「宿根木を愛する会」という団体が主となって、多くの観光客に応対するために集落のガイド活動や車の誘導にあたっているが、彼らが纏《まと》う揃いの法被《はっぴ》はかつての船大工や船乗りをイメージしてデザインされたものである。彼らは短時間しか滞在しない客の期待を裏切ることなく伝統イメージを纏い、集落の歴史や風習について解説を行っていく。また個人の生活においてもつねに外部から訪れる人の存在を織り込んだ営みが増加する。宿根木で人類学的調査を行った齋藤真智子と小西公大は、佐渡に寄港するクルーズ船の観光客や、鼓童の公演に訪れる観光客の多いシーズンに田んぼ沿いに鯉のぼりを多数上げている、ある住民に注目をする。この住民は、自身が幼少時に宿根木で感じてきた「楽しさ」や「豊かさ」を再演し、それを多数の人に見てもらうために、かつてのように家の庭ではなく道路沿いの目立つ場所に各家から集めた鯉のぼりを多く立てている。若い頃に宮本常一の村づくりに関する講演を聴いて感化され、その実践を行っているのだという（小西・齋藤 2020: 92）。

齋藤らはこう述べる。「宿根木集落は、民俗学者宮本常一の訪問と継続的な関わりを大きな転換点とし、外部世界に接続し、多くのヒト・モノ・カネ・技術・情報などが流入する、佐渡島では特殊な実験場となっていった長い歴史がある」（小西・齋藤 2020: 95）。観光客は、宿根木という一見「僻村」にも思える小集落が海上交易を通じて近世から上方や蝦夷とつながり、また戦後の町並み保存運動を経て、現在までランドスケープが維持されていることに感銘を受け、そそくさと大型バスに乗り込んで行く。

自己認識としての景観

家屋の密集する宿根木では防火に注意が払われており、毎晩二二時には拍子木が鳴らされる。かつては洪水も頻発した称光寺川という水量の多い川が流れ、低地であることから湿度も高く、総合的にみて住環境は快適というには難がある。小木岬半島と呼ばれるこの地域の谷地での暮らしを、佐渡の平野部の人びとは不便で条件の悪いものだと考えがちで、宿根木の住民自身もまたそう思ってきた節がある。いまでも住民は狭い土地に満足しているわけではない。しかし、かつてのように自分たちの集落をネガティブに捉えるのではなく、むしろその意義や良さを十分に認識するほど、価値観が転換している。

町並みに選定されたことを大変喜んでいます。宿根木は歴史から見ても、観光地としても地元に生まれて誇りに思います。町並みを実施してから、歩道は綺麗だし、街灯も整備され夜間の出入りも安心して出来るようになりました。観光客も多くなり、宿根木が多くの人から素晴らしい、伝統的な家並みが残っている、集落全体が別世界といった会話が聞かれています。宿根木地区が江戸時代に栄えたことが大昔ではなく、今現在も継続していることを観光客に示す大きな転換期だと思います（宿根木を愛する会編 2014: 61）。

もちろん重伝建に選定されるとさまざまな不便が出て、住民生活でも不満が出るようになった（伊藤 2019）。「愛する会」の聞き取り調査に対しては、「お客さんのマナーもよくないな。彼らはここに人がいないと思ってるから。戸を開けてくるからね」といった語りが少なくない。白川郷の景観を研究する人類学者の才津祐美子が論じたように、住民の土地・家屋利用に制限が加わったり観光客が生活空間に入ってくることによるプライバシーや静謐な生活が阻害されたりすることは、住空間全体の文化財化・文化遺産化ではしばしば起こる問題である（才津 2020）。宿根木でも「二〇数年前に町並み指定を受けるための集落会議が持たれ、結論に至らずに日夜、会合が積み重ねられた日々を思い出します」（宿根木を愛する会編 2014: 63）という意見があるように、当初から反対の声があり、現在でも観光客に対する不満は多いが、それと同時に自分たちの暮らしに誇りが持てるようになったというプラス面を語る声も大きい。

多くの人が訪れて驚きや喜びを口にすることは、それを受け止める側にも、集落の「良さ」や「意義」が再帰的に認識されていくことになる。「町並みが開始され、集落内の家の修復が進むにつれ選定前の囁きは何処へ行ったのだろうか。横目で修復された家を見つめ、我が家の出番は何年先かなと将来設計に目を向ける自分がいた」（宿根木を愛する会編 2014: 61）。観光客のまなざしを受けることは、このように「修景された家」を見つめる自己の目線とも重なり合うようになる。

だがこうした自己認識は一朝一夕で形成されるわけではない。それは次に述べるように、宿根木の家屋や町並みをめぐる一九七〇年代以来の外部からの建築調査と、その報告書がもたらしたインパクトである。

3　モノを介した地域調査

ＴＥＭ研究所の民家調査

宿根木の重伝建選定までにはさまざまな研究者が集落調査に入っている。主に建築学の研究者で、記録に残っているものだけでも以下のとおりである。

一九六八年　武蔵野美術大学によるデザインサーヴェイ、『南佐渡の漁撈習俗』（一九七五年）、「佐渡を訪ねて」（『あるくみるきく』一〇二号、一九七五年）

一九八〇年　東京大学工学部稲垣栄三研究室による保存対策調査実施。『宿根木　伝統的建造物群保存対策調査報告書』（一九八一年）

一九九〇年　町並み保全推進委員会、勉強会（ＴＥＭ研究所真島俊一）文化庁・益田兼房文化財調査官の講演会、現地指導

一九九三年　修理報告書『宿根木の町並と民家Ｉ』（ＴＥＭ研究所）

一九九四年　修理報告書『宿根木の町並と民家Ⅱ』（ＴＥＭ研究所）

一九九六年　長岡造形大学宮沢研究室町並み調査

二〇〇八年頃　新潟大学および長岡造形大学木村研究室による町並み調査。『重要伝統的建造物群宿根木見直し調査報告書』（二〇〇八年）。その後も木村は調査を続ける（木村 2008; 2014）。

これ以外に町並保存には直接関係のない社会科学系、人文学系の研究者や学生は随時調査に訪れており、文化庁審議官も定期的に現地指導に訪れている。加えて宿根木の自治会役員が他の地域の重伝建地区に見学をしたり会議に参加したり、逆に他の地域の文化財担当者が見学に訪れたりする。こうした研究者や文化財の専門家が宿根木の町並に関する多くの研究報告を残している。かつては船で、いまでは「町並み」を通じて宿根木は外部に開かれており、知識と人材が出入りしてきたのである。

ただし、重伝建指定後の調査研究や指導はきわめて専門的になり、かつ補助金や保存修復に関わる事務的・技術的な事柄が中心となり、住民との交流という意味ではそれほど記憶に残っていないようで、それに比べると宮本常一や彼の学生たちが行った初期の民家調査は住民との距離も近く、また外部の研究者が初めて集中的な調査を行ったという意味でも後年まで記憶されている。

町並みの選定を受ける前、小木民俗博物館を中心に集落の調査が行われ、宮本常一先生等により将来の構想が描かれていました。当時、私は町並み選定に向けて〇〇のじいちゃんたちと集落内の家を一軒一軒廻り、理解が得られるよう説明したことを覚えています。その頃集落の住民からは、今住んでいる家が昔の古い形に戻るものと思われ、規制が厳しくなる前にと、住宅の新築や改築などが進みました（宿根木を愛する会編 2014: 71）。

これは一九八〇年代の記憶であろう。町並み保存に至るまでには、重伝建選定に伴う不都合を厭う住民を推進派が個別に説得して回るなど、住民主体によって推し進められた。以下は一九九〇年前後になり、町並み保存が本格化し、文化庁との関わりができはじめた頃の回想である。

当時、集落にはテム研究所のスタッフが町並の調査に入っており、又集落の役員会の中で今後の集落をどの様に方向づけて行くか話し合いが持たれていたそんな中、テム研究所真島さんが集落内でその様な話し合いがあるなら思い切って文化庁に町並の陳情をして見たらどうかとの提案がありました。役員達の話し合いの結果、真島氏から文化庁との会合の場を持っていただき、文化庁町並保存担当の調査官のところへ、集落総代、宿根木を愛する会会長、博物館文化財課長、そして真島氏とで文化庁まで出向きました。そして、調査官との面談でした。ひと通りの挨拶の後、調在官の第一声は皆様方はいったい何をお願いに来たのですかと言われました。集落内でそのような意向があるなら一〇〇%の同意をもらって、もう一度来て下さいと言われました。その夜はテム研究所で一泊しました。集落に帰り常会を開き報告し、説明をして皆様方の理解を求めました。それから青年会、婦人会、名人会等々グループ毎に会議を持ち、説明をして最後にアンケートを実施しました。その結果、六七%の同意が得られました。結果を真島氏に報告し意見を聞きました。真島氏はこれ以上の結果は出ないだろうから、事実を報告して、結果を待とうとの事でした（宿根木を愛する会編 2014: 50）。

ここに出ているテム（ＴＥＭ）研究所は、武蔵野美術大学で建築学や工業デザインなどを学んでいた真島俊一、村山（真島）麗子、赤木紀子、里森滋、砂川康子、坂倉真一らが一九六九年に立ち上げた建築設計・文化研究を行う事務所である（以下、ＴＥＭ）。ＴＥＭは重伝建選定後に宿根木の保全事業報告書を二冊刊行しているが（ＴＥＭ研究所編 1993; 1994）、選定前からすでに、文化庁との関係作り等を行うファシリテーターであったことがわかる。彼らの活動は宿根木を外部の専門機関に繋ぎ、また集落の人びとと専門知とを媒介するものであった。しかし、ＴＥＭがたんなる建築設計事務所でも、またいわゆるコンサルティング会社でもなかったのは、次に述べるように、宮本常一の学問をベースにした、地域の文化・歴史・社会関係に対する視点を併せ持っていた点である。

間取りとモノ

宿根木を中心とする南佐渡ではいくつかの建築学の民家調査が入り複数の報告書を残しているが、とりわけ当時まだ武蔵美の学生だったＴＥＭのメンバーが行った一九七〇年前後のフィールドワークは、精密な集落図や民家実測図を含む報告書を刊行したり、地域の地形や民家を含む大規模な模型を作成し地元博物館に残したりし、現在でも多くの住民の記憶に残っている。その成果は工学（建築学）と民俗学の視点を融合したエスノグラフィーである。

ことの発端は武蔵美生・相沢韶男《つぐお》が大学の後輩である真島らに佐渡を旅することを薦めたことによる。[5] 相沢は学生時代の一九六七年、宮本とも交流のあった映像作家・姫田忠義とともに佐渡を旅し、[6] その後、一九七〇年にも宮本らと同行して佐渡を回った。真島ら数名が、一九六八年に白木《しろき》という南佐渡の小さな集落で民家調査を開始し、一九六九～七一年にその近隣にある宿根木、一九七一～七三年に琴浦集落でも調査を行った（テム研究所 1975）。七〇年安保に関わる大学紛争のため、武蔵美でも大学の授業は休講が多かったため、彼らは佐渡に長期滞在して、町並みや民家構造の実測調査をはじめ、親族や信仰、年中行事、日常生活などの調査を行ったのである。

すでに佐渡と関わりを持っていた宮本は真島らの活動を聞きつけ、学内で開いていた生活文化研究会で報告や展示会をさせ、直接指導を行うようになった。たんに建築構造物に留まらず、人びとの生活のディ

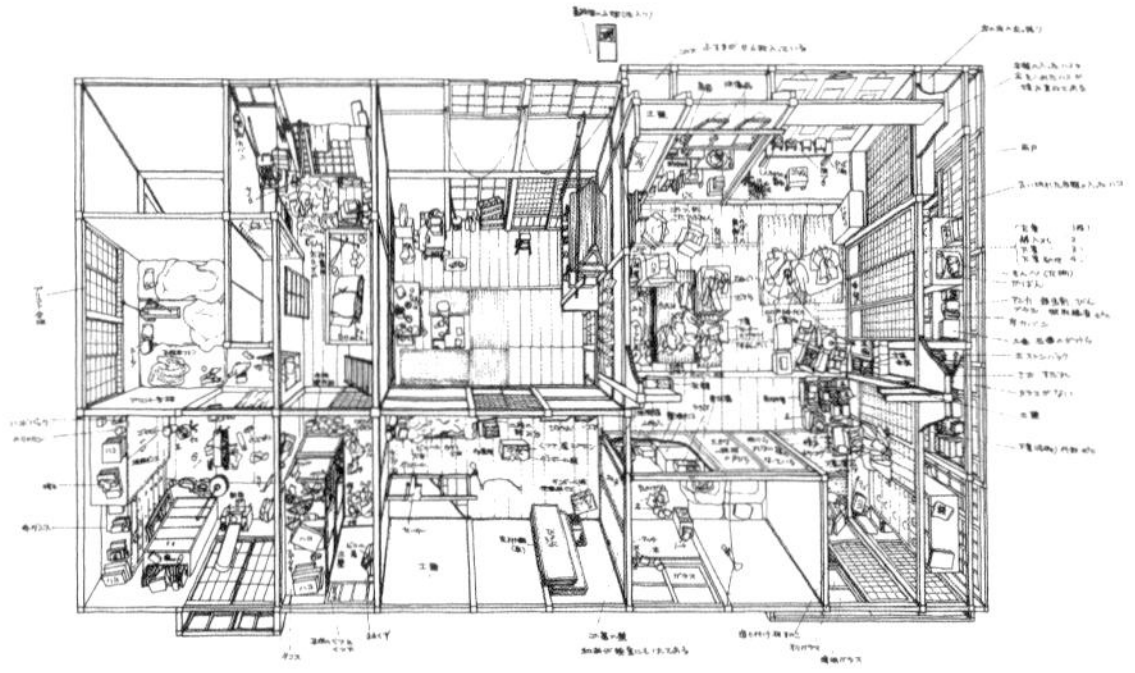

図3 『南佐渡の漁撈習俗』収録の民家図（真島 1975: 28）©TEM研究所

テールに迫ろうとした真島らの研究に宮本も大いに関心を抱いたようで、一九七四年一二月〜七五年二月に宮本を団長として文化庁補助事業で行われた南佐渡の生活文化調査では、真島らの研究が主軸を占めた。この調査は、一九七二年に開館した小木民俗博物館所蔵の漁撈習俗に関する民具の学術的意義を証明するための文化政策的な性格の強い調査であった。

その調査を元に地元自治体である小木町から発行された報告書『南佐渡の漁撈習俗』（新潟県佐渡郡小木町編 1975）は、主に漁撈に関わる文化財を中心テーマに掲げてはいるが、背景となる集落の基礎的データが書き込まれたエスノグラフィーとなっている。そこには宮本の民俗学的視点と、真島らの建築学的視点とがハイブリッドに示されている。とりわけ通常の人類学、民俗学ならばあまり行わない実測を元にした描写が多く含まれているのが特徴で、報告書には図3のような集落図や民家の構造、その使われ方への観察結果が精緻な図版によって描写され、住人の生活のイメージを強く喚起させる内容となっている（真島 1975）。

真島らは住人が漁や農作業に出る日中に家に上がらせてもらい、「生活の実情」を浮かび上がらせるために、建築構造だけでなくそこに置かれた直径一〇センチメートル以上の形ある道具はすべて描くというルールで描写し、かつ道具や場所を誰がいつどう使うのか網羅的に調べた。スケールは二〇分の一で、一部屋分をスケッチするのに四日ほどかけた。ある家では総数約六五〇〇点の道具があり、そのすべてを図面に落としたうえで、それぞれを「寝る」「食べる」「着替える」等の動詞で記号分類し、その記号を図面にふたたびプロットしていった。その結果、一見乱雑に置かれているように見える道具も、行為の手順に沿って床や棚に配列があることがわかったという。

たとえば「「食べる」ということは、洗うから食べ終わるまでの行程がはっきりと順を追い図面に出てきた」（真島 1976: 83）。つまり、台所からオマエと呼ばれる居間まで、炊事道具や食事道具が作業手順ごとに連続して置かれていたのだ。食べ終わると、今度はオマエから台所まで片付けの順番が道具の配列に表れる。この配列の中間的場所にあるのが、当時新たな家電として家庭に入ってきた冷蔵庫で、それは「食べ終わったものを、台所まで持って帰る順番の時、「ああ、これは残しておこう」と入れておく場所」として使われているということが窺えた。冷蔵庫には食べかけの料理が多く入っていたということで、それは当時家電メーカーが想定したような野菜などの食材置き場として使われていたわけではなかった。南佐渡では当時、こうした食材はムロ（岩に掘った横穴の貯蔵庫）に保管されていたのである。

モノがどういう形態をしていて、どこに配置されているかに始まり、モノと人が実際に日常生活でどう関わっているかを参与観察から捉えていく彼らの調査は、一九八〇年代に展開した生活財生態学研究（田村 2021）や、現在ではＵＸ調査と呼ばれる手法にも近いが、建築学の系譜的には今和次郎らの研究に連なるものである。こうした影響を受けつつ、民家をたんに伝統的な建築物として研究するのではなく宮本流の「生活文化」研究の一環として調査したＴＥＭの研究は、結果的に町並み保存や民具の文化財指定を支える基礎的なデータとなった。真島は南佐渡での調査や報告書について次のように回想している。

私たちが実測した間取りの情報は佐渡国小木民俗博物館館長（林道明さん）等に活用され、大量の船大工道具や民具の収集をし易くするきっかけとなった。また約千点近くの船大工道具は、国指定重要文化財になったり、宿根木で、私たちの調査活動のシンポジウムも開かれたりした。その調査資料がきっかけで廻船業の村が、町並み保存（重要伝統的建造物群保存地区）されることになったのはずっと後のことですがね（真島 2017）。

南佐渡の建築物や空間特性をエスノグラフィックに捉えた『南佐渡の漁撈習俗』は、さらにその後、宿根木が重伝建に選定されるにあたって幾度も行われた町並み調査の起点となった。加えて行政が出したこの種の報告書としては異例の評価を受け、日本生活学会第一回今和次郎賞（一九七五年）を共著の林道明とともに受賞する。[*7] 同賞は宮本も自身の著作集を対象に一九七七年に受賞しており、宮本や門下生が日本民俗学会よりも、今和次郎にルーツを持ち民俗学と建築学、家政学などとのハイブリッドな学問である生活学をメインステージとしていたことがわかる。[*8]

デザインサーヴェイ

一九七〇年代にＴＥＭが行った調査は、デザインサーヴェイと呼ばれる一九六〇–七〇年代の建築学的フィールドワークで流行した集落調査の手法に強い影響を受けた仕事であり、実際真島自身もその実践だったと述べている（真島 2004: 270）。日本の建築学には、考現学として知られる今和次郎の仕事の影響、また「住み方調査」で知られる建築家・西山夘三《うぞう》の影響を受けつつ、デザインサーヴェイに至るような、歴史を持った集落を中心的なフィールドに積極的にフィールドワークを行う系譜が存在する（加島 2019: 183）。こうした流れのなかで、デザインサーヴェイは、建築史家・伊藤ていじの影響を受けたアメリカ・オレゴン大学建築学の学生らが一九六〇年代に金沢で実施した民家調査に端を発する手法であり、それを伊藤や宮脇檀《まゆみ》、神代《こうじろ》雄一郎ら建築学者が、大学の実習などを通じて広めた民家や集落の実測調査の手法である（日本建築学会編 2018）。

旧来的な民家研究では民家を静態的なモノとして扱い、その地域性や歴史的変遷を収集してきたのに対して、伊藤は民家の動態を捉える「生態学的アプローチ」を採用した。言いかえると地域の環境・歴史・生活といった生態条件のなかで変化する家を一種の主体性ある存在として扱うのがデザインサーヴェイであり、既存の建築学に対する批判性を持つ新たなムーブメントとなった。

大学の実習で展開した具体的な作業としては、農山漁村などの集落や門前町などに集団で滞在し、集落や民家の実測を行い、集落全体の俯瞰的な地図を各民家の屋根や敷地などを含めてきわめて精緻な作図で表したり、集落および民家の断面図を表したりすることが中心となった（明治大学神代研究室・法政大学宮脇ゼミナール編 2012）。それは歴史的に長く存在する集落や民家の存立条件を建築構造や地域環境と連関させて明らかにするものであり、ヴァナキュラーな建築物の特性を、新たな設計や計画につなげていくための基礎研究として活かされた。

他方民俗学においても古典的な研究ジャンルとして民家研究があり、主に農家の建築などについて建築構造の地域性や村落構造を主題として研究が行われてきた。日本よりもむしろ北欧やドイツの民俗学で盛んなジャンルで、その成果が大陸ヨーロッパに多い野外博物館へと繋がっていった（杉本 2002）。ただ民俗学の古典的な民家研究は、家の形態から地域性を類型的に把握したり、親族組織や伝統的な信仰体系の反映を読み解いたりと、どちらかといえば、社会構造が物質化した「静かなもの」として捉える傾向があり、生態的アプローチのほうが「動き」のなかで家を捉える性格を持っていたと言える。

宮本常一もまた民家研究に興味を抱き、野外博物館に強い関心を持つ渋沢敬三の影響もあり、若い頃より民家に関するスケッチや文章を多く残している。谷沢（1999a; b）は宮本の民家研究の総レビューと言える論考だが、そこでは、宮本の民家に対する関心が共同体に関する史的関心だけでなく、家という物質文化を通して人びとの生活を見ていくような、のちの民具学の萌芽が見てとれる。実際武蔵美への就職後、美大の学生が民具や建物など、モノの形象の把握に強い関心を抱いていることを肯定的に記しており（宮本 1993: 199）、宮本のもともとの興味が学生の関心と合わさることで具体化したことが窺える。宮本の元同僚で、赤泊調査などで佐渡に同行した田村善次郎は以下のように語っている。

民具研究は美大の学生に向いていましたね。スケッチにしろ測量図にしろ、ものを見る力がありますから。宮本先生もそれで武蔵野美術大で物質文化研究を中心にしたとおっしゃっていました。一つの図面に二日でも三日でもかけられるくらい、非常に細かく書けるだけの眼がある（福田 2022: 127）。

測量をして図面を描出するというのはそれまで宮本の研究にはない方法であった。建築学的調査における実測は、主に集落と民家を分担して行う。宮本門下生の須藤護によると、集落の実測はレベルと呼ばれる実測器と赤白ポール、巻き尺を使用し、集落の配置図を測っていく。民家のほうは三角スケールと巻き尺を使って間取りを実測し、立面図と断面図を作る。そして「集落実測班が作成した全体配置図に各家の平面図をのせていくと、集落全体の配置平面図が出来上がる」（須藤護 2022: 193）。対象集落の集落平面図に、民家のそれぞれの間取りまで書き込んでいくという気の遠くなる作業である。

これに比べると民俗学の民家研究における描写は、きわめて素朴だ。たとえば、宮本自身が描いた農家のイラストは、民家のおおまかな形態や間取りを把握する程度のラフなスケッチであったし（図4）、モノそのものよりも、民家に現れる家族関係や生業の地域性のほうが重視された。文化財保護法で有形民俗文化財がカテゴライズされて以降の民俗学では、資料の収集・整理が重要な業務になっていくが、宮本が学び始めた頃の民俗調査の方法論では実測は重視されず、主に聞き書き中心で展開してきた。

宮本の研究に変化を及ぼしたのが武蔵美である。宮本はいわゆる教養科目を担当していたため聴講に来る学生は学科に関係がなく、とりわけ建物や民具に関心を持つ建築学の学生が多く集まった。当時の武蔵美建築学科には磯崎新をはじめ気鋭の建築学者が揃っていた。ゆえに最先端の手法として注目されていたデザインサーヴェイが学生を媒介に宮本にも伝わっていたことも日記から窺い知れる。たとえば、一九七一年の宮本の日記には以下のような記載がある。

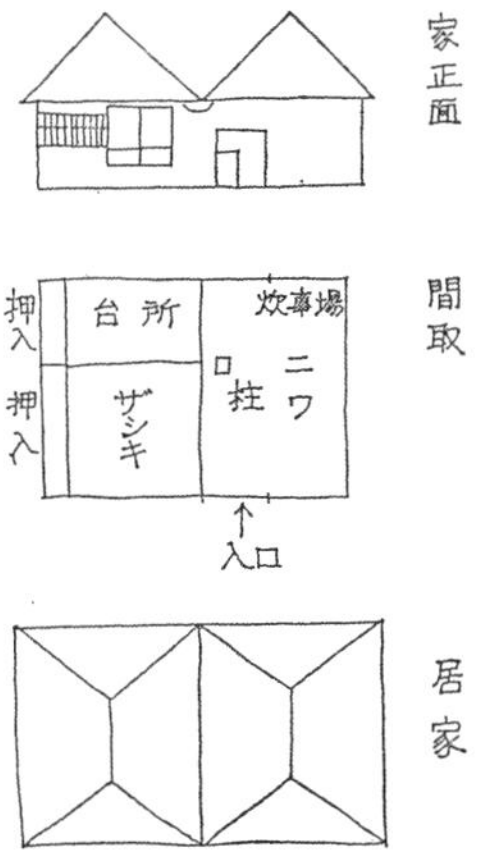

図4　宮本の民家スケッチ（宮本 1986d: 54）

［六月四日］明日、デザインサーベーのシンポジウムをするとてその打合せをする。真島（俊一）らと。

［六月五日］建築の製図室を借りてシンポジウム。法政の稗田、明治の菅島、武蔵工大、東大などあつまっての発表とそれに対しての質問、批判など。［中略］しかし学校からは星川（進）、田

村（善次郎）君が出ただけ。学外からは伊藤ていじ、村武精一来る。

［六月一一日］かえりに須藤（護）たちと国分寺の喫茶店でデザインサーベーについてはなす。人数が多すぎてはうまくいかない。やはりよい仲間つくりが必要であることについてはなす（毎日新聞社編 2005b: 267）。

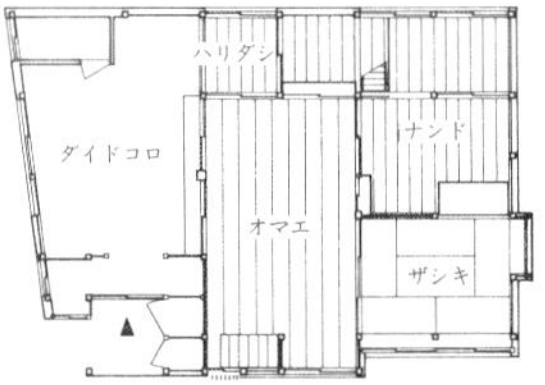

図5　東大建築学科による宿根木の民家平面図（新潟県佐渡郡小木町 1981: 23）

このように、真島らがちょうど佐渡で調査を実施していた一九七一年に、武蔵美でデザインサーヴェイに関するシンポジウムが開かれたようだ。文中の「稗田」は法政大学宮脇壇研究室が調査を行った奈良県の稗田集落、「菅島」は明治大学神代雄一郎研究室が調査を行った三重県の菅島を指す。伊藤ていじを含め、宮本や彼の学生がデザインサーヴェイのコア層と直接接点があったことがわかる。[*9] またこの学内シンポジウムから四年後に出版された『南佐渡の漁撈習俗』の手法が、すでにこの時点から宮本たちに注目されていたことが理解できる。[*10]

しかし、ＴＥＭや宮本の民家調査・町並み調査が、他の建築学研究室と同様のものであったかというとそうではない。たとえば、図5は一九八〇年に宿根木で東京大学工学部建築学科・稲垣栄三研究室が行った民家調査の平面図であるが、これを図3と比較すると違いは明らかである。真島らの調査では生活道具が緻密に描かれ、いまここで行われている人の暮らしが描出されている一方、稲垣研究室の図は民家の建物としての構造のみが描かれている。図4で示した宮本の素朴な民家のスケッチを、実測によって表現した図と言ってよい。こうした描写は民家や集落の生態的理解を目指した神代や宮脇のデザインサーヴェイでも同様で、彼らの図面にも生活で用いられる道具は特段描かれず、住民の生活の痕跡は薄い。そこに人の存在を描き加えるのがＴＥＭの特色である。建築史家の本間智希は、真島俊一へのインタビューから、ＴＥＭの調査手法の来歴を以下のように述べている。

道具に注目した調査は、（真島の）大学の先輩・大竹誠（一九四四年－）ら遺留品研究所の都市調査への参加から「状況証拠としての物への注目」に影響を受け、また道具の調査を民家から集落一帯に展開するアイデアには『日本の都市空間』（一九六五年）を共同編集し武蔵美大講師だった山岡義典（一九四一年－）による助言があり、1／10の縮尺で実測する手法は、船の木割を研究する石井謙治（一九一七年－）による板図の助言によるものであったことが明かされた（本間 2012: 3）。

要するに真島らの手法は建築学そのものに由来するというよりも、美大特有の研究環境に影響を受けて形成されたものであると言ってよい。さらに美大である特性はデッサン力に顕著に表れている。ＴＥＭのメンバーには建築学科だけでなくデザイン系の学生も多く、村山麗子や砂川康子らは特に「絵を描くのがうまかった」と回想されており[*11]、彼女らの技法が、たんに建築物だけでなく、人びとの生活道具や生活自体に調査で迫り、かつそれを図面で表現した独特の調査結果に結びついた。

こうした美大系建築学の観点に、民具を通して生活を捉えようとする宮本の民俗学はうまく融合したようだ。特に家の中のモノを家財道具だけでなく、消耗品や脱ぎ捨てた服に至るまで詳細に描く点は、建物や生活道具といったモノを人間の生活と切り離さず、社会的な存在としてみなしていたことが伝わってくる。そのことは一九九〇年代に真島らが行った、宿根木の保全調査事業報告書においてより鮮明に出ている（ＴＥＭ研究所編 1993; 1994）。これらの報告書もまた行政の委託事業として行われ、重伝建地区の指定前後における町並みの特性を記した典型的な行政調査報告書だが、その内容は建築物に留まらず、『南佐渡の漁撈習俗』で試みた生活文化研究がさらに追究されたエスノグラフィーになっている。彼らの活動は宮本流の民俗学を吸収し、建築学という当初の枠を越えて発展した。むしろ宮本はモノから生活を捉える研究を、建築学生たちに託したと言えるだろう。ＴＥＭのメンバーは大学を卒業する頃、宮本からもう少しＴＥＭとして研究を続けるよう促され、株式会社として研究所をスタートさせることになる。

4　エンパワーメントとしての調査

暮らしの相対化

ＴＥＭはこのあと、全国で集落調査や和船調査、展示設計等の業務に従事するようになるが、佐渡では佐渡鉱山の展示施設リニューアル事業、小木民俗博物館の新館設計を行うなど、文化観光や文化財行政に深く関わるようになった。本章の観点から重要なのは、まだ彼らが武蔵美の学生だった時代に行った集落調査や、そのプロダクト（図面やエスノグラフィー）が住民にもたらした影響である。

真島は佐渡での調査を回顧した文章を書いており、その回想が住民に対する彼らの立場性を知る上で興味深い。彼らの調査は民家の間取りを実測するもので、プライベートな空間に上がり込み、通常は他人に見せたがらない生活の様子をつまびらかにしてもらうことが必須となる。個人情報への意識の高まった現在では、国内においてこうした調査は難しく、真島らの調査では林道明による支援もあって住民の理解が得られた。[*12]

それでも調査開始当初はなかなか協力を得られなかったようだ。そもそも宿根木の人たちにとって自分たちが調査対象になるという、未曾有の事態への警戒心もあった。真島によると、東京の大学生という高学歴の人間に対する反発心もあり距離が詰められなかったが、漁の手伝いをしたり酒を飲んだりするうちに青年、トウサン（家庭を持つ壮年男性）、カアサン（トウサンの妻）の順に理解を得られるようになった。当初は何らかの商売だと訝しがられていたが、以下の経緯で疑いも晴れていった。

村の人たちは最初われわれが書いている図面が金になると思ったらしく、それが金にならないことがしだいにわかってきたことも、調査を理解してもらうひとつのきっかけになったようだ。われわれがアルバイトをしながら調査にきていること、村に滞在している間は一銭にもならぬこと、図面の売り場所がないことなどである。初めは「売り場所はないです。今度も売れないでしょう」といっても信じてもらえなかった。しかし、村での滞在期間がのびると、衣服がだんだんよごれ、ボロボロになっていくのを見ていて、やっぱり売れないのだということになっていったようで、お金にならぬことだとわかると村の人たちは親切だった。学生も勉強で大変らしいが、さぞ親も大変だろうと、あわれみみたいなものもあったのかもしれない（真島 1976: 68）。

東京の美大生が描く間取り図は精緻で、住民が見ると売り物のように思えるようなものだった。真島らは、高校や中学しか出ていない漁師が多い住民にとっては遠い存在であったと思われ、離島の生活を外部的なまなざしで「上から」見ているのではないかと感じられていたようだ。ところが右記のようなつきあいを経て、「あいつらも東京で偉そうな顔をしているやつじゃないというふうな認め方になってきて、どんどんつき合いができるようになった」（真島 1976: 69）。当初学生らの図面はおよそ日頃の村での生活では見ることのない表現物、つまり紛れもない他者のまなざしだった。その「他者」たる東京の若者が、住民と酒を飲んだり、金がないので漁師の手伝いをして魚をもらったりしているのを見ているうちに、住民からすれば他者性を感じられなくなった。すると途端に、我が家を図面にいくらでも描いてくれという住民が増えてきた。

村を貧乏旅で回りながら民家にお世話になり、家に上がらせてもらい、好きな調査をさせてもらうという真島の回想を読んでいると、まるで宮本常一の若い頃を彷彿とさせる。武蔵美に勤め始めて宮本が気づいたのは、いろいろなところに出かける「無用の徒」（谷沢 2009）の意味合いである。学生を中心とした「無用の徒」は金がなくとも好奇心は強く、村や島を外部の視点で見て、そこに住民や観光客の気づかない価値や面白さを発見し、それを考究していく力を持っている。これからの地域振興や観光にはそのような学生の視点が不可欠である、と説く宮本の言葉には、暗に、若き日々の自分自身がやっていた旅の意義を認識するようなところがある。定職を持たず渋沢敬三の元で長きにわたって過ごしてきた宮本にとって、武蔵美の学生たちの活動は物質文化への関心を結実させてくれただけでなく、旅を続けた過去の自分を捉え返す機会になったのではないかと思われる。

人類学者や民俗学者なら一度は、「こんなものを調べてどうするのか」とフィールドワーク先の人から言われたことがある。当事者には自明の日常をわざわざ調べていくことは理解の及ぶ範囲ではなく、学生なり専門家なりがそれをやっているのならば、自らの生活には当事者も知りえない「価値」があるのか、と思うこともあるだろう。実際真島らが調査した一九七〇年代の佐渡では、古い生活様式や建築は価値のないものとみなされ、宮本が言う離島性の象徴であった。狭く住みにくい家もあえて残してきたというより、前述のように生業転換のなかで経済合理性を追求した結果残っていたにすぎない。住民は「先祖代々の家」を守ろうなどという意識はあまりなく、少しでも良い条件の家があればどんどん買い換える（藤原 2019）。さらに、町並み保存事業の前にかけこみでコンクリート造りの納屋や家屋へと建て替えるケースも数多くあった。そのようななかで、都会の美大生が古い民家に調べる価値を見出し、それを図面で描いたことは、素直な驚きだったと思われる。

その後、佐渡では一九八〇～九〇年代にいくつかの集落で町並みや民家の保存に向けた機運が高まり、一九九一年には宿根木が文化庁の重伝建に選定された（高藤 2015）。町並み保存に際しては住民の意志に基づいて民家の修景事業が行われ、ここに至って家や町並みの「価値」が住民自身にも認識されるようになっていったのであるが、このような再帰的な伝統意識の形成を最も早い時期に喚起したものが先の報告書だった。学術向けに文字のみで書かれた硬質の報告書ではなく、何が表現されているのか誰にでも一目でわかる図面や模型を含む彼らの成果物は、それ自体が島の人にとって他者のまなざしが物象化したものであり、家や町並みという生活環境への省察を促す環境を作っていったと言ってよいだろう。

図6 『南佐渡の漁撈習俗（漁村と漁業）』刊行の報道。地元青年たちの活動として報じられた（新潟日報、1975年7月28日）。

一九七〇年代の南佐渡で行われたＴＥＭのデザインサーヴェイ、またそれを導いた宮本の生活文化研究は、外部からやってくる研究者による知識の一方的な収集ではなかった。実際、一連の研究の成果である小木民俗博物館は地元主導であったし、もう一つの成果である『南佐渡の漁撈習俗』には林道明、中堀均、高藤一郎平など複数の佐渡在住者が執筆している（図6）。漁業の章を執筆したのは、漁師だった高藤一郎平である。彼はフィールドワークや文章執筆の訓練を受けたことはない。宮本の講演会を聞きに行ったり、称光寺の林道明のもとに出入りをしているうちに宮本の知遇を得て漁撈習俗を調査し、一九七五年二月に短期間で報告書を執筆した。

いきなり（一九七四年）一二月の終わりぐらいに、とにかく報告書を作ろうという。これは、南佐渡の漁労用具という指定を受けた物を中心にして、漁村の生活、小木半島の生活。もちろん、漁具のことも書いてありますけれども、そういうものをまとめた報告書になるんですが。一二月ぐらいに、（宮本）先生のほうから、「文化庁から二〇〇万取ってきたから、本作ろう」というような、軽く言われまして、みんなが、「じゃあやってみるか」というような話にはなったんですけれども、私なんか全くそういうことは初めてのことですし、論文なんていうの、ラブレターさえ書いたことのない人間が、そんなもん書けるわけがないと。ちょっと尻込みをしていましたら、「とにかくおまえ、書いておけ」と。「また来るから」と言われて、次の年の二月に来た時に見せましたが、全然駄目で、破られました。それで、「じゃあ、これから俺がおまえを鍛えるから」というんです。私はその頃は、先生におだてられて、宿根木の空き家を借りて、若衆宿というのをやっていたんですね。そこへ先生に連れ込まれて、軟禁状態で二日二晩、原稿書きを指導されました。「これじゃあ駄目だ。これはこういうことなんだ」とか言いながら、分かったような、分からんようなことを書いては破られ、書いては破られ。先生と別の部屋にいたんです。先生はいろりのほうにいて、私はその奥で、目を盗んで眠ってやろうかと思う。眠ると必ず、ひょこっとのぞきに来る。今度は逆に、先生が寝とるかなと見ると、全然寝てない。本当に、（宮本は）ずっとものを書いている。そんなんでやっと書き上げました。[*13]

宮本は高藤に民具の見方を教え、他の地域の漁具と比較する視点を持たせた。また彼らを東京晴海の全国離島振興協議会に連れて行ったり、武蔵美の学生と引き合わせたりもした。島の若者に外の世界を見せたのである。高藤はのちに小木民俗博物館の臨時職員を経て小木町・佐渡市の職員となり、宿根木の町並み保存などに重要な役割を果たした。宮本の教え子たちは佐渡の文化財行政や農業を担う立場へとなっていったのである。

図7　小木民俗博物館に展示されていた集落模型

集落模型

加えて、宮本は宿根木の集落模型を作成させた（図7）。模型作成はしばしば宮本が採る手法で、集落を一つの全体として捉え、上空から地形や植生、集落形態を大型の模型で表現するというものである。それは旅に出ると小高い山に登って村を見渡し、未知の場所の概観を把握するという彼のフィールドワーク観を物質的に置き換えた手法であり、さまざまな地域で作成を促している。[*14] 真島俊一によると、一九七〇年に大学で作成し、学内での展示後に取り壊したが、のちにあらためて宿根木で作ったと言う。宿根木の模型は食卓大の大きさで、集落が緻密に表現されている。主にT

ＥＭのスタッフが作成にあたったため、集落と家屋の実測を元にした厳密な設計となっており、土台は石膏、建物は厚紙を切り出して作られている。小木町長の金子繁に三〇万円を出してもらい、大学四年の時、後輩たちと宿根木に滞在して一、二ヶ月かかって完成させたという。[*15] 模型はフィールドワーカーや住民が当該地域の全体像を捉えるためのもので、住民にとっては、自らの依って立つ文化的・社会的な根拠を認識する素材であり、その意味では生活文化調査の報告書や博物館における民具収集と同じ役割を持っていた。ただ技巧に富んだＴＥＭの主導による宿根木の集落模型は、制作過程で地元青年に手出しできる部分が多くなく、長らく小木民俗博物館に置かれていた割には制作の経緯や過程を記憶している人は多くない。民具収集がそうであったように、モノを介した参加型の地域開発は住民の参与する余地が大きく、主体的な取り組みを増幅する効果を引き出すことができる。しかし美大生のスキルの高さは住民のそれとの懸隔が大きく、宿根木の模型に関してはむしろ心的な効果はさほどもたらされなかったと言える。

参与の度合い

それに比べると町並み保存は現在でも住民の関心は高く、「宿根木を愛する会」は集落ガイドや駐車場管理、ウェブサイトを通じた広報や観光イベント、公開民家の管理や案内など、広義のまちづくりに関わる業務を精力的にこなし、町並み保存協力金も得て大きな収入を確保している。会の業務に関わらない住民も、重伝建や観光客に多少の不満はあれども、各自の民家の保存修復自体には肯定的である。それはもちろん町並み保存は集落にとっても大きな収入になるからであるし、民家の保存改修事業は、高率の補助金のおかげで、住民にとっては恩恵の高い事業であるということも関係している。

しかし、宿根木住民が熱心に町並み運動に携わる理由を、収入や補助金の面だけでは十分に説明できない。第一に、住民自身の生活に直結した「自分ごと」として参与し続ける余地があることと、第二に誇りの問題であろう。たとえば、住民が民具収集に積極的に参与することでできあがった小木民俗博物館では、たしかに博物館設立時には大きな盛り上がりがあり、しばらくは実験農場やふるさと学習に住民が関わるなど当初の機運が残っていたが、その後は積極的に博物館に関わろうとする雰囲気は少ないという声も聞かれる。とりわけ民具に関しては収納したらそれまでで、そこに興味を向ける住民は多くない[*16]。それはある意味致し方ないことだ。さまざまな生活道具は一度収蔵品になると通し番号を付され、国や自治体の有形民俗文化財として指定され、「民具」や「文化財」として生活の文脈から切り離されるからだ。

他方町並みや民家は、どれだけ修復が進んでも、そこに住民が住むかぎり日常の生活空間である。生活空間が文化財や観光対象になる以上そこにはコンフリクトも生じるが、だからこそ生活空間を防御したり自身の言葉によって他者に伝えようとしたりする。それは自らの生活の基盤を知り、「自前の生活」を確立していくべきであるとされた地元住民の意識であろう。彼らは地域について調べたり整備したり、それを他者に伝えようとしたりすることで土地と自分たちとの結びつきを再定義し、行為遂行的に「宿根木住民」になっていく。すなわち彼らは、自分たちの地域やそこで営まれるさまざまな文化的実践を調査しながら、自分の地域とは何か、そこに住む自分とはいかなる存在であるのかを彫琢しているのである。

宿根木の町並み保存運動は、初期には宮本やＴＥＭ、のちには東京大学や長岡造形大学など数多くの民俗学・建築学の研究者が関わってきたが、現在では住民主体でほぼ自走状態にある。他者によって「発見」された町並みと民家は住民に取り戻され、コントロールされているのである。

5　工学的発想と文化運動

永続的な運動

宮本常一が晩年、モノを媒介にしたフィールドワークを行うなかで住民に与えた影響は何か。佐渡での町並み保存に繋がっていく宮本や彼の学生たちの調査活動からわかるのは、住民が自らの住まいや集落に劣等感や引け目を感じなくなり、文化財や観光資源として価値を持っていることを認識し、ひいては誇りや自尊心を感じるまでに至ったことである。それはかつて「離島性の克服」を目指し、離島地域や農山漁村におけるインフラ整備や資本主義機構への組み込みを訴えながらも、そうした利益誘導型の開発が結局は中央の資本への従属を再生産するだけだと気づいた宮本が、研究者として最後に辿り着いた場所だと言ってよいかもしれない。

大規模な土木工事を基本にした開発や資本投下は、たしかに地方に残った人びとの働き口の確保と当座の現金収入にはなったが、同じような仕事ならば人はより条件の良い職場を求めて移動するものである。佐渡の人びとも、離島振興法の港湾整備事業が盛んになると漁業を離れて建設会社に入ったり、季節労働として出稼ぎに行ったりするようになった。漁業のための開発を始めたら漁師がいなくなったというのは宮本も悔やんでいたことである。ゆえに、ローカルな場所への愛着や誇りを持てなければ結局のところ離島地域がコミュニティとして維持されることはない、というのが宮本の考えには含まれている。それは「シビックプライド」等の概念で現在でも通用する地域開発のコンセプトであるといえ、佐渡の場合は、本章で見てきたように町並み保存運動がその点で大きな効果をもたらした。

街路や住居といったモノ、文化財や補助金といった制度、観光客や住民といった人、それらがつねに結びつきながら進んでいく町並み保存は、住民にとって継続的に携わらざるをえない永続的な運動体である。宮本の唱えた「自前の文化、生活」確立のスローガンは、民家や街路という物質を媒介にした文化運動として残ることになった。これは晩年の宮本やＴＥＭの大きな成果だったと言えよう。

武蔵美での経験と実測調査

武蔵美生が実践した物質性に焦点を置いたソーシャルデザインの手法は、宮本の学問にいかなる変化をもたらしたと言えるだろうか。まず、宮本が広い意味での物質文化研究に出会うのは、渋沢敬三との邂逅がきっかけである。渋沢はアチックミューゼアムの初期から玩具研究を進めてきたが、明確に民具研究を意識し始めるのは一九三六年に「足半《あしなか》」の報告を書いたことからで、この頃からアチック同人たちとともに民具概念や調査方法論が本格的に検討され始める（加藤 2020）。続いて『民具蒐集調査要目』（一九三六年）、『民具問答集』（一九三七年）が刊行され、アチックから改称した日本常民文化研究所で展開する民具研究の外形ができあがる。

渋沢やアチックの研究は、口承（言い伝え）や体碑（しきたり）を入り口に日本人の心象世界に迫ろうとしていた柳田国男や折口信夫の民俗学とは異なり、目に見える物象的な世界を歴史的変化とともに把握しようとしたもう一つの民俗学である。岩田重則は「宮本にとって、フィールドワークにおいてだけではなく調査対象全般に対する、形態学的かつ生態学的な観察との出会いでもあった」（岩田 2013: 93）と述べているように、それまでどちらかと言えば柳田流の聞き書き中心の民俗研究を行っていた彼の研究が、大きく転換していくきっかけともなる。

ただ、言葉や心に主眼を置いた柳田国男とモノや図像に主眼を置いた渋沢敬三が対立的に語られ、宮本の民俗学を後者の流れで説明されることがあるが、両者はそれほど対立的な関係にあるわけではない（佐藤 2023: 332）。岩田が言うように「宮本常一というと民具学とイコールのように認識されるばあいもあるが、民具学に積極的になるのは一九六〇年代半ば以降その晩年にすぎない」（岩田 2013: 276）。実際、宮本が民具に関する唯一の単著『民具学の提唱』（宮本 1987a）を上梓したり、民具学会の設立（一九七四年）に関与したりするのはキャリア晩年であり、若い頃に渋沢の影響を受けながらも、彼の研究のなかではさほどのプライオリティはなかった。その変化に影響を与えたのは前述のとおり、武蔵美への就職であり、造形文化・造形物への関心を高めたことであった（宮本 1993: 202）。

もちろんそれはたんなる文化財保存のための技術や方法としてのみ民具を考えるというのではなく、「宮本の民家研究はそれが実際の生活の場で、他の民具とともに、さらには、生活スタイルのなかでどのように機能しているのかをとらえようと」（岩田 2013: 278）するもので、インテンシブな調査を伴う民具研究であった。『民具学の提唱』のなかで、宮本は従来の民俗学の調査が短期間の聞き書き中心に行われてきたことを批判しつつ、真島俊一らが佐渡で行った民家調査の図面を引き合いに出しながら、「徹底して精緻な調査」をすることの重要性を主張する。そして、「聞きたいことを聞いて来ただけの項目主義的な調査でも十分ではなく、相手をして語らしめ、物をして語らしめること」が民具研究において重要だと述べている（宮本 1987a: 105）。こうした言い方からわかるのは、宮本が生活を全体として捉えたいという意識だけでなく、長期間の参与観察によってモノを精緻に把握する意識であり、従来の民俗学とは異なる実証性や客観性への階梯であると言ってよい。つまり生活者との信頼関係の構築を伴う民家の実測調査や道具調査は、資料的な実証性と、生活への理解という二方向を保証する研究だった。

宮本は戦前のアチックミューゼアム時代、同僚が収集した筌《うけ》の実測図作成を手伝っているが（加藤 2020:

283）、彼自身が実測したり、平面図や立面図を描いたりすることはなかったようだ。実際前述のとおり彼の民家や民具のスケッチは実寸を測るものではなく、あくまで用途や形状の概要を把握するものであり、図は最低限のメモであった。ゆえに戦後の調査で写真を大量に撮るようになると、スケッチから写真記録に変わっていくようになる。ただ、宮本はアチックにせよ武蔵美にせよ、つねに実測を行う研究者とつきあいがあり、そのことが彼の研究視点にも影響を及ぼすようになる。考古学者の潮田鉄雄は宮本の追悼文集で次のように回想する。

ある時、五年位前、常民文化（研究所）で先生と机を並べていた時、先生と民具学の作図で言いあったことがある。「これからの民具学はカット図は駄目ですよ。」と云ったら、先生は「民具学は考古学と違うのだし、物のもつ暖かさはカット図の方が良いし、その方が分り易いんだ」と反論された。私は信念があったからその意図は聞き入れず、話は平行線で終った。二〜三年して先生が、「やはり君のいうようにこれからは実測図でなけりゃぁ駄目だね」といわれ、私の考えが違っていないことを確信した（潮田 2004: 344）。

ここで興味深いのは、徐々に宮本が「物のもつ暖かさ」を求める素朴なカット図から、実測図の重要性を受け入れていくことが表れていることである。言い換えると資料の客観性や実証性を重視するようになっていったということである。他方で宮本が客観性や実証性そのものを重視していたのは、かなり早い時期からのようである。佐藤智敬はこれに関し、宮本が常民研や水産庁資料室での勤務から、漁業制度に関する近世文書を熱心に筆写し、読解しながら論文で引用するのが習い性になっていたことに触れている。

「（宮本は）客観的な資料としての古文書を重視し、筆写、活用することを考え」、「聞き書きよりもむしろ古文書を基礎とした」（佐藤 2019: 268）のだという。

宮本は『忘れられた日本人』のイメージで、聞き書きをベースに話者の主観的世界を把握しようとしていたように思われがちだが、佐藤に基づけば、従前より資料の客観性への信頼性とか、あるいは史料ベースの実証研究に対するこだわりのようなものがあった。モノを中心に据えた研究は、このような意味で実証や客観性を文字資料とはまた違うかたちで確保しやすい。であれば、宮本が晩年民具の集積と変遷によって生活の実相や歴史変化に強い関心を持つようになったのは決して突然のことではなく、従前からの実証性・客観性に対する信頼が、武蔵美への就職にともなって別のかたちで発露したと見てよいだろう。『民具学の提唱』でも武蔵美学生たちの図面を多く掲載し、実測の重要性を述べつつ、「測図そのものの秩序ある併列の中に技術や文化の発達の過程を辿ることができる」と断言している（宮本 1987a: 239）。図面の描写、民家や集落の実測、モノの保存や展示といった技術面だけでなく、民俗資料の客観的把握のためのデータ化という方法面でも、宮本はかなり武蔵美の学生に影響を受けていると言える。

武蔵美時代に宮本が離島や山村で展開した運動は、文化財や町並み、芸能など「文化」をめぐる運動であるが、そこに重要な要素として入っているのが建築学的な視点であり、その意味で工学的な思想を取り込んだ文化運動であったと言ってよい。それまでも宮本の地方開発の思想はインフラ整備や開発主義であり、これ自体も工学的な考えが多分に含み込まれているが、本章で述べてきた工学的な文化運動は、あくまで住民主体であり、「自前の文化、生活」確立を中心的なコンセプトにした草の根の運動体である。そこにおいてモノを媒介にすることは観念的にならずきわめて具体的な実践を促すことが可能であり、その意味で運動を引き起こしやすい。町並みや民家、民具を基点とした内発的発展は、それまでの民俗学にはない発想であり、ヴァナキュラー建築に関する工学の系譜と、宮本の民俗学が武蔵美的環境において結びついた方法だったと言える。

6　民俗学の文化財学化

宮本が武蔵美の学生を伴いながらモノに着目し、工学的な発想に基づく「ソーシャルデザインの民俗学」を展開する余地はどのような環境の元に形成されていたのだろうか。この点を考えるときに重要なのは、地方や離島をめぐるポスト高度経済成長の政策転換と、文化財制度の急拡大である。『南佐渡の漁撈習俗』のあとがきにおいて、宮本は本書が「新潟県佐渡小木町を中心にした漁業形態の習俗と生活様式等、有形無形の民俗質料を緊急に調査して記録を保存するため」に書かれた文化財保存調査事業であったと述べている。経費は小木町が国庫補助と県費補助を得て、文化庁の木下忠[*17]の指導のもとに行われたとも書かれている（テム研究所編 1975: 341）。ここでいう緊急の調査とは、一九六二～六四年に文化庁の事業として行われ、その後も継続的に行われた民俗資料緊急調査事業を指す。緊急調査は当時、ダム建設や高速道路建設等の大規模開発に伴う集落移転に際し、集落の民俗資料を記録保存する必要から始まったものであるが、同時に、過疎化や生活の近代化の進む農山漁村でも民俗資料として残しておく課題に迫られた喫緊の事業であった。集落移転等の大きな変化に伴って民具収集や民俗博物館建設が行われ、まずもって宮本やＴＥＭの初期の民家・集落調査がこうした文化政策上の一環として行われたことがわかる。

加えて重要なのは日本の文化財制度の大きな変化である。一九五〇年に従来の国宝保存法等を統合することで制定された文化財保護法は、一九七五年に大規模改正が行われ、それまでたんなる記録だけに留まっていた「民俗資料」が、重要有形／無形民俗文化財と改称されることによって、絵画や彫刻などと同様に保存の対象になった。生活のなかで変化し続けるさまざまな儀礼や祭礼、信仰行事などを固定化し、かつ、多くある同じような行事のうちどれかを「国指定」といったかたちでランキング化していくことになる。それは芸術品のように民俗に優劣を付けることであり、変化を固定させる不自然さやランキングの恣意性は、人びとの歴史的な生活変化を考えてきた民俗学の考えとは相対立する。しかし、民俗学自体が文化財政策の策定や遂行に携わる主要なアクターであったことから、民俗学の研究関心も、生活変化より「古くて変わらないもの」に焦点化されていくようになり、文化財として保存価値のあるものばかりを扱うようになっていく。岩本通弥は、文化財保護制度を追随し、伝統主義的になっていく事態を民俗学の「文化財学化」と表現し、その結果、人びとの生活の実情やそれに伴う民俗の変化に対応できなくなったと指摘している（岩本 1998）。

佐渡で宮本やＴＥＭが中心となって調査を行った時代はまさに民俗文化財が広がっていく時期と重なっていた。宿根木の廃校舎が小木民俗博物館になって二年後、一九七四年には収蔵資料の「船大工用具及び磯舟」などが国指定重要有形民俗文化財に指定されている（当初は民俗資料）。それは小木の人びとが集めた民具の一部であり、『南佐渡の漁撈習俗』は、それらの文化財としての意義を学術的に示すというのが重要な目的であった。文化財が国指定となると、今度は専用の収蔵庫が必要となる。小木民俗博物館では一九七六年に収蔵庫、一九八四年に博物館新館が建設され（金子 1990）、その都度、ＴＥＭを含む設計事務所や地元の建設会社が公共事業として携わってきた。文化財制度はこのように建物の建設や空間の整備を必然的に伴うものであり、設計から土木工事に至る、建築計画と不可分である。こうした仕事において民俗学や文化財と建築学の双方をカバーできるＴＥＭの存在はきわめて重要であった。

それがさらに顕著に出たのが町並み保存である。町並み保存の根拠となる重伝建の制度ができたのも一九七五年の文化財保護法改正時であり、都道府県が指定する同地区のなかで特に重要なものが国の選定による重伝建となる仕組みが定められた。ゆえに、宮本やＴＥＭが町並み保存に注目し始めるのは重伝建の制度化がなされてから早い時期であった。事業はたんに現状の建物や街路を維持するのではなく、民家の大規模な改修や、街路を石畳にしたり街灯を入れ替えたりといった工事を伴うものであり、いわば、公共事業として集落規模で行われる建築設計事業である（図８）。ここでもＴＥＭのスキルが用いられたことは言うまでもない。

重伝建をはじめとする景観整備事業や、民俗芸能の保存や人材育成などのソフト面への支援は、現在、農山漁村への国庫補助金型の開発政策の中心を占めるようになっている。それは港湾整備や道路・水道・電気などのインフラ整備が一段落し、そのような大規模開発型の公共事業に国民の批判が集まるようになった二〇世紀末以降ますます傾向を強めており、まさに現代の離島や農村は、広い意味での「文化」に資本投下がなされるようになっている（日本村落研究学会編 2005）。民俗学の「文化財学

図８　宿根木の文化財関係事業。［上］小木民俗博物館収蔵庫（1976年）、［下］屋根を木羽葺きに変更する工事（1994年）。施工会社はいずれも地元建設会社である。２枚とも小木民俗博物館所蔵。

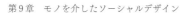

化」はしたがって、農山漁村に根ざした民俗学にとって、意図して避けなければ容易に回収されていく潮流でもあった。宮本の研究実践がこのような文化政策上の変化や地方開発の政策的転換をなぞるかのように、モノを介した文化の収集と保存に注目し、それを地元の人びとの主体性によって達成する回路の形成が主眼になっていくのは無論、偶然ではない。菅豊が指摘するように、「宮本は文化財保護行政を取り巻く関係者の人脈にアクセスできる立場にあり、その仕組みを自身の公共民俗学の活動のなかで巧く利用した」(菅 2018: 10)。『南佐渡の漁撈習俗』などを見ても、宮本のソーシャルデザインの思想はこうした文化政策の転換を大いに意識したものであったことは明らかである。それは民俗学の伝統主義化を促し、現代のまちづくりにおいて宮本が、保守主義やコミュニタリアニズムの象徴として参照されるようになった遠因でもあった。次章ではこうした離島や周辺地域に対する政治状況を見つつ、現代社会で宮本的文化運動をどう位置づければよいのか、本書の結論として検討したい。

結　論

1　それぞれの近代

本書は一九六〇年代後半から七〇年代にかけて、南佐渡で生じたさまざまな文化運動を事例に、「自立的」「主体的」な生活空間の獲得を目指す島の人びと、それをエンパワーメントした宮本常一、彼の学生や外部知識人の協働を描いてきた。宮本の言葉を敷衍するならば、海上交通の衰退や都市中心の国家形成が始まって以降、島は「忘れられた」存在となっていた。すなわち離島とは、近代国家において形成された「中心」から見たときの表現である。中央が地方から人口を吸い上げ、島でも人口減少が続くなかで、物質的にも精神的にも取り残される感覚が島を襲うことになる。したがって島に残った人びとが自らの考えを語ったり書き記したりすること、そして生活の来歴を書籍や博物館、町並み保存などのかたちで物質的に表現し、他者に開示していこうとすること自体が一種の自己肯定であり、主体性や尊厳を取り戻す運動としての性格を持っていたことが明らかとなった。

「自前の文化、生活」への着目自体が運動的な意義を持ち、近代化という大きな物語への抵抗の実践になるというのは、そうした実践を必要としない都市の人びとには理解されにくいものだったかもしれない。一九五三年施行の離島振興法によって、離島には高率の補助金が投下され強力なインフラ整備が進み、見た目の格差は解消されていくなかで、そのような国土開発や価値観から強いて距離を取ろうとする島の人びとの存在に、疑問を抱く向きもないわけではないだろう。しかし、佐渡の文化運動を支えてきたのは島の人だけでなく、彼らと協働した島外や都市の人びとであった。

その意味で、本書で取りあげた文化運動の事例は、佐渡という離島だけに生じた現象というよりも、明らかに同時代との連動を感じさせるものだった。たとえば、博物館建設や町並み保存運動は、大規模開発ではなくローカリティを活用した内発的な発展や下からの開発への転換という時代の思潮に影響されたものだと言えるし、高度経済成長期に省みられることがなくなっていた古い民具を集めて博物館に展示したり、町並みを保存したりする活動は、資本や消費を基軸とした経済発展一辺倒のなかで文化や伝統を見直す機運の高まりと連動し、かつ、文化財保護制度の変化とも関わっている。体系化されたアカデミズムではなく野に学ぶ「日本海大学」構想は、アカデミズム批判や権威主義的な知への批判と連動している。空港建設反対運動は言うまでもなく、同時代の公害運動や三里塚闘争などの社会運動からの影響を受けた動きであったと言えよう。日本だけでなく世界的に生じた「問い」に呼応するように、佐渡には都市の文化人や学生がやってきて文化運動に関わったり、エンパワーメントを行ったりしてきた。

ただ、都市から佐渡に関わりをもってやってくる人びとと、佐渡の人びととのあいだでは必ずしも同じ問題意識や目標が共有されていたわけでもない。たとえば「日本海時代の祭典」や「日本海大学」がいずれも「太平洋」あるいは「太平洋ベルト」との対比で名づけられていたり、佐渡で鬼太鼓座を立ち上げるべく呼びかけられた際に「生きる望みを失った若者」にメッセージが届けられたりしたのは、いずれも都市に暮らす人びとによる、都市的環境への一種の自己批判の現れだと言える。過密や公害、競争、疎外といった一九六〇－七〇年代の都市化が生み出した軋轢は、東京・太平洋ベルト一極集中の価値観を乗り越えようとする動きを作りだし、都市で市民運動や革新自治体の誕生を後押しした。他方で同様の問題意識を持った人が都市において立ち上がるだけでなく、都市中心的な価値観に従属することをやむなくされてきた離島へと向かったのである。

それに対して佐渡の人びと、とくに青年たちにとっては都市的環境の批判的検討自体が目的であったわけではない。むしろ島に残った自分たちがいかに生きるか、島の将来はどうあるべきか、というのが彼らにとっての問題であり、あくまで自分とその周囲の社会環境に対する問題意識が中心であった。ただ、島に住む自分たちが「主体的」に生きるためには、中央から発せられる画一的な国土開発政策やそれを支える価値観に従属し、縛られているわけにはいかず、そのこと自体をまずは相対化し、自らの価値観を新たに作り、その支えとなる文化的基盤を備える必要があった。そこに結果として、都市文明批判を行う都市の人びとと、都市的価値観を乗り越え「自前の文化、生活」を手に入れようとする佐渡の青年や郷土知識人との協働の場が生まれたのである。

したがってそれは、双方にとってそれぞれの近代の乗り越え方だったと言ってよい。東京の若者には彼らなりの近代の超克があったのと同様に、離島にもまた離島なりの仕方で、近代の問い直しがあったのだ。前者にとって乗り越えるべき近代が経済発展や合理化の過程であったとすれば、後者にとっての近代は都市への従属であり、かつその穴埋めとして行われた大規模開発や観光開発であった。一九七〇年代を中心とする佐渡、とりわけ連鎖的な文化運動が生じた南佐渡は「離島的近代」を乗り越えるための実験場だった。ただ同時代の離島のなかには廃村や無人化という苦渋の選択をしたところも少なくない。それを踏まえると、離島的近代の乗り越え方を経験した佐渡は、やはり島のなかでは相対的に恵まれた、それを成し遂げるだけの体力のある島だったと言える。

2 英雄史観を越えて

本書で取りあげた人びとは、いわゆる地域のリーダーが少なくない。彼らは日常的に活字を読む人びとでもあり、文中に出てきたものでは『世界』『文藝春秋』などの雑誌が彼らのリテラシーを支えていた。また何人かは自ら研究書を執筆する知識人でもあった。宮本が行った離島振興は、実質的に地域のリーダーの育成を狙った側面があり、本書において私も宮本から直接薫陶を受けた人びとから聞き取りや資料提供を受けて記述を行ってきた。山泰幸は現代の地域開発において、外部の支援者と協働する地域の人びとを「媒介的知識人」と呼んでいる。それは「地域の内部と外部を媒介し、有益な情報や資金、人材を外部から調達できる、ある種の知識や技術を持った人物」である（山 2020: 86）。山はそのタイプとして、文化教養系の取り組みを重視する文化人型と、事業を興し利潤拡大を目指す実業家型があると言い、前者としては「型破りな公務員」、後者としては商工会などに属する若手事業家がイメージされている。媒介的知識人は現代的な「まちづくり」で重要な役割を果たすが、このようなラベルが与えられ、かつ類型化がなされること自体、「まちづくり」の全国的な拡大や制度化、そこに携わる人びとの増加、タイプによる多様化が進んでいることを示している。

一九七〇年代の佐渡でも、山の言う媒介的知識人に相当するような地元の人びとが、宮本や島外からやってくる若者たちのカウンターパートとなることで文化運動が進んでいったが、役割が予め定まっていたわけではないし、類型化できるほど機能分化していたわけでもない。なにしろそれまで地域開発と言えば港湾整備や圃場整備など「上」から降りてくる政策だけで、住民が自分たちの地域や島の課題や未来に関わること自体がほとんど未知の取り組みであった。したがって、本書が描いてきた取り組みは、事後的に振り返った場合「住民参加型開発」や「まちづくり」と呼ぶこともできる自治的現象が、いまだ明確な形も体系性も持っていない段階の話であり、いわば未開拓の荒れ地になんとか小径を作ろうとした人びとの取り組みであったと言える。そこで結果的に役割を果たしたのは教員、僧侶、学芸員、農業指導員、町長、役場職員など、総じてリテラシーが高く、抽象的思考に長け、議論の場を形成して他の人びとと考えを共有し、外部の新たなアイディアを取り入れることができる能力を持っている人たちであり、彼らが宮本らの助言や支援を受け、仕組みも制度もない時代に「住民主体」なるものが模索されたのである。

もちろん日本海大学の構想など多くの事業が一時的な盛り上がりで終息したことは事実である。そう考えると、彼らが文化運動の成果という意味においては必ずしも「英雄」であったわけではなく、多くの「普通」の人間の一人である。ただそのことは決して、彼らの取り組みを過小評価することにはならない。都市と地方・離島の非対称性を乗り越え、島の抱える課題の解決を目指していた彼らにとって、開発の形や東京一極集中といった近代が生み出した構造をラディカルに変革させることの困難は見えていたであろうし、運動の終息後、彼らは家庭や職場という日常へと回帰していき、ある意味では「保守的」な人物として収まったという見方もできる。三里塚闘争で「尖った」生活を送ってきた元活動家ですらも地元佐渡に住む自分自身を受け入れていくという、人生の探究を行った。その一方で町並み保存運動、鬼太鼓座・鼓童、博物館活動など、現在も続くさまざまな地域活動は一九七〇年代的な運動をルーツにしたものである。ゆえに一九七〇年代に彼らが行った運動の成果や考えは何らかのかたちで継続しており、彼ら自身も、かつて企図した既存の社会制度や価値観への批判的精神を放棄したわけではないし、静かに運動を続けていると言ってよい。それは佐渡の文化運動が日常のなかから出発し、同じ地域の社会関係のなかで進展してきたということに依っている。自らの日常から立ち上がったプロジェクトや意思はふたたび生活に埋め込まれ、「平時」の社会関係や規範と齟齬のないかたちで日常化されたのである。

他方で文化運動の先頭に立つわけではないが、人生に苦難し、自分なりに答えを模索してきた人が大勢いたことを忘れてはならない。第1章でも取り上げた生活記録運動の同人誌、『しまのくらし』には、宮本の講演が人びとの日常生活でどう反芻されているのか窺うことができる。そこでは決して「英雄」的な媒介的知識人ではないが、日々を生きてきた人たちが宮本の講演会から受け取った意味合いを、自らの生活実感に沿って咀嚼していることがわかる。一例だけ挙げると、一九六三年にある農家主婦の投稿がある。姑との関係から自分の人生を悩みながらも、宮本の講演を聞きに行った彼女は次のように述べる。

「ずろうやみ」

この頃の若い人は少し「ずろうやみ」の様だと、八十になるおばあさんが口うるさい。おばあさんはとにかく朝早くから、夜遅くまで何かしら仕事をし、それをほこりとして居る。字はおろか、テレビが入ってもいっこうに見ようとしない。だから本、新聞を長く見て居ると、機嫌でない。でも若い私等が八十になる年寄りと同じ事をして居たら先が思いやられる。昨年の十二月のある晩、小倉公民館で宮本先生と云う、本を何冊も書いて居る又、離島で「かつやく」されて居る先生が講演されると聞いて、私は心の中でまよった。と云うのも昨年の七月に女児を生み、私はすでに二人の母親、あけてもくれても身体の暇などないのです。しかし、体のずろうはやめても、精神のずろうやみにはなりたくない。金を出して大学へ通うかわりに、良い知識人の話は少しでも多く聞こう、見ようと、子供を背負って出席。私は後のすみっこで先生の話をメモして見た。まず人間は、なまけ物になる様努力する事。即ち楽をする事、次に、次の世代の人をなまけさせるのにはどうしたら良いか。そして先生の熱意ある意見、即ち適在適所の話、協同事業。私は主人は外で働いてもらって、私は家の仕事を出来るだけ活発に生かして見たい。私達の部落で八珍柿の植えつけが盛んで、皆があちこち山を切り開いて、百本二百本と植えはじめ、昨年も共同防除共同選果と市場の商品価値を高める所へ、と進歩ある先生の話。私はこれから先、たのしみが出来た。肥育牛も割合盛んで資本があったらもっと〳〵伸びる様にとつくづく感じる。そして体のずろうやみと一緒に頭のずろうやみにかゝらぬ様、宮本先生のような話を時々うかがいたいものと思っている（二二号、一九六三年）。

ここで言うずろう（杜漏）とは粗雑、杜撰の意味である。宮本の講演会に行ったところ、「人間は、なまけ物になる様努力する事」という、たゆまぬ労働を美徳とする八〇代の義理の母（あるいは祖母）からの小言とは真逆の話を聞く。この若い主婦にとってその話は、少なくとも人前で経験談として語り、雑誌に記したいと思うほどには驚きだったようだ。そして「私はこれから先、たのしみが出来た」という彼女は、柿や肥育牛などの生育に精進すべく前向きに文章を閉じている。

島に残った人びとに対して、いかに生きるかという自己省察を促すことで個人の主体化を進め、それがひいては地域全体の向上に繋がっていくという宮本の考えを体現したようなこの文章は、決して教員や僧侶などの郷土知識人が書き手ではない点が重要である。宮本の関わる文化運動は、ローカルなリーダーに

図1 『しま』106号表紙

とどまらず波及的な拡がりを持ちえたということがよく理解できるからである。

一九八一年一月、宮本が死去した直後の全国離島振興協議会『しま』一〇五号は、「全国百二十万離島民」の声として「離島振興の慈父宮本常一先生のご冥福を祈る」との追悼文を出し、一〇六号でも四七名の寄稿者からなる追悼特集「宮本常一の道 離島への足跡」を掲載した（図1）。また小木町が発行する広報誌でも、地域の人たちが追悼文を載せたり、後になって偲ぶ文章が載せられたりすることがあった。[*1] 同様の追想は数多くの離島にあったことだろう（宮本常一を語る会・桜下義塾編 2017）。私たちが二〇一〇年代に三回ほど、佐渡で開かれる音楽イベント「アースセレブレーション」で宮本に関するセミナーを開いたときは、かつて日本海大学講座に参加したという年配の人が何人も聴きに来て思い出を語ってくれた。宮本が行ったのは離島に対するシンパシー、代弁、エンパワーメントである。彼の前にはほとんど誰も示さなかったそのような態度と実践に、離島に暮らす多くの人が勇気づけられ、実際に行動を起こすようになった。それは離島の存在などまるで気に掛けないかのような政策や国家づくりをしてきた「近代日本」への抵抗の実践であった。

3 ヘゲモニーとの距離

しかし、それは本書の結論ではない。宮本常一や彼の取り組みが地方の声を代弁し、佐渡をはじめとした離島の人びとをエンパワーメントしたのはまがうことなき事実である。そのことを踏まえてなお、宮本を主軸とする佐渡の文化運動を「自立した主体的」な取り組みと言い切ってしまうことも、また離島の人びとの実践が都市的価値観とは異なるオルタナティブであり、近代主義を相対化したと評価することもまた、素朴で不十分な見方である。

その理由は文化運動としての不徹底である。第3章で述べたように一九五〇年代までの宮本の離島への向かい方は、「遅れ」を取り戻すために港湾や道路といった基盤整備を促し、それによって劣等感を含めた離島性を克服することに主眼があったが、補助金依存の体質を招いた国家主導の離島振興策を批判し、一九六〇年代からは住民主体の文化運動を進めていくことになる。一見政治や権力から距離を取る対抗文化への転換と映るが、実際に彼が支援してきた多くの事業はポスト大規模開発時代の離島振興や文化政策の体系化と連動しており、むしろそのスキームは大規模開発型の離島開発予算を呼び込む一九五〇年代と同じであり、それを別の対象において行ったものであった。

それを踏まえて宮本の活動を通覧したときに見えてくるのは、「制度」への信頼である。たしかに若い頃にピョートル・クロポトキン『相互扶助論』(クロポトキン 1920) を愛読し、対馬の寄り合いに関する興味深い記述 (宮本 1984) を残したことなどで、国民国家や近代主義の相対化を図る民衆運動家やアナキズムの可能性を探究する人類学者に人気を博してきたが、そのような側面は宮本の一つの側面でしかない。村落の秩序を維持してきた伝統的な社会制度への信頼と同程度かそれ以上に、宮本が近代の国家・行政によって作られた制度 (の効果) を信頼していたと言えるのは、離島振興法や文化財保護法、山村振興法など、そのときどきのホットな法や政策に精通し、豊富な人脈とパッションでそれを十二分に活用し、地域社会にアプローチしてきたことからも十分理解できよう。

だとすれば、佐渡におけるさまざまな運動を仮に内側から立ち上がってきたグラスルーツの運動として描くことは、制度や政治と密接につながり、運動が補助金や法をバックボーンに「事業」として行われてきた側面を隠蔽することに繋がる。それはかつて「孤島」にコミューン的世界を過度に読み込んだユートピア論の焼き直しとなるだろう。一九七〇年代の南佐渡について、三里塚での闘争を経て佐渡で暮らす林道夫が言った、「もっぱら下から立ち上がってくるような、草の根の動きというように美化してはいけない」という言葉は、地域の自立性を強調し、そこに自己の理想を投影しがちな研究者に対する批判となる。

一九五〇年代に各地で起こった文化運動は、たとえば炭鉱の閉山に反対する実力行使に敗れた谷川雁がそうであったように（森 2020: 157）、権力との全面対決を経て、高度経済成長の到来、消費社会の浸透とともに衰退していった。それに対して「自前の文化、生活」を確立せよという宮本のメッセージは、つねに制度的なものの利用とセットであった。ゆえに宮本らの文化運動が、表向きの熱量としては終息しつつも、町並み保存や文化財保護などの形に姿を変えて日常にふたたび埋め込まれ、静かな運動として現在にまでその成果が受け継がれているのは、権力や制度との対決よりも、むしろ融和的関係を取り持ったからだと言ってよいだろう。

もちろんあらゆる運動的なものが権力や制度との全面対決という形態を取るわけではない。文化にまつわる運動においては、一九七〇年代のドイツで立ち上がり、現在に至るまで住民参加型の文化政策や地域開発を支えてきた社会文化運動があげられる。社会文化（Soziokultur）は文化的民主主義との意味合いを持つ市民主体の文化政策の理念であり、文化産業による商品化や植民地化から生活世界を防衛するために立ち上がった「新しい社会運動」の一つである。興味深いのは市場経済や行政管理と敵対するよりも、それらを客体と位置づけ、主体（市民自治・自主管理）がうまく付き合う関係を構築していることである（藤野 2021: 41）。社会文化運動が模索してきたこのような「手触りの公共圏」は、制度とのつきあい方における主客の関係性のあり方、つまり自分たちの理念の実現のために制度や補助金を「使う」という主体的あり方が重要だということを伝えてくれる。自治的世界と制度との距離感、文化運動と権力との布置をつねに自己モニタリングしながら進むことには重要な意義がある。しかしそれを見失ったり見誤ったりしたとき、「グラスルーツの取り組み」の支援やエンパワーメントは思いもよらない方向に回収されていく。この点は、いわば、現代において「抵抗の民俗学」がつねに曝されているリスクだ（重信 2010）。最後にこれに関する展望を述べて本書を閉じたい。

4　宮本常一の「敗北」、および抵抗の民俗学のゆくえ

現代日本において、かつて宮本や佐渡の青年たちが行ってきた文化運動はさまざまに制度化され、システムの一部に組み込まれている。たとえば、地域と外部とを結びつける人が自然発生的に生まれるのを待つのではなく、新たに雇用していこうとするのが総務省「地域おこし協力隊」事業である。その他にも同省では、「関係人口の拡大と個性を活かした地域づくり」「地域経済循環創造事業交付金」等の名称でさまざまな地域活性化関連の事業が展開され、トップダウンの開発ではなく、「地域づくりに必要な人材を育成」し、現場で「互助」がなされることが推進されている。[*2] 同種の事業は国交省、農水省、環境省などで

も展開しているし、博物館や町並み保存に関する文化政策は文化庁で予算化されている。

また、かつて宮本の周囲に集まった武蔵美生は、大学の授業でも仕事でもなく、もっぱら自らの興味に基づいて島でフィールドワークに勤しんでいたが、現在では地域課題解決を目指した正課科目が大学や高校で単位化され、地域創造等の名称を冠した専門の学部学科も増えている。「社会連携」「地域志向教育」の名の下に、自治体と大学が協定を結び、地域の側も受け入れ体制が整えられ、学生がやってくることを前提にした地域運営がなされている。さらに旅好きな人びとをボランティアやインターンとして人手不足の過疎地域に結びつける事業は、「関係人口」創出を看板に複数の中央省庁が予算化し、商機を見出す人材派遣業者も関わるようになっている（安藤ほか 2022）。加えてこうした取り組みでは、農山漁村の生業、民俗芸能、祭礼など、民俗学が研究対象として扱ってきた「民俗」が地域志向教育や観光の「資源」として再定位されている。

つまり、いまや一九七〇年代の離島文化運動で試みられたさまざまな運動が国家として／社会として奨励され、制度となっているのである。こうした流れは「新しい公共」や「ローカルガバナンス」の理念浸透と関わる一方、政府や自治体の財政悪化で過疎地域に従前どおりの予算措置ができなくなった時代において、「互助」や「自助」の名の下に課題解決を自ら行うよう促される状況があることを看過してはならない。大規模開発のような巨額予算が不要で、かつ政府や自治体に頼らず「互助」を進める「まちづくり」は、財政支出を削減したい側からすれば望ましい取り組みである。離島の若者にも影響を及ぼしており、地元を盛り上げたい、地元が好き、と語る高校生は年々増加しているように見える。このように社会的に張りめぐらされた主体化の仕組みは、「主体性」「自主性」といった言葉で離島青年のエンパワーメントを行ってきた宮本的な文化運動の流れを、実にスムーズに取り込むことができたと言ってよい。

自らに課された問題を認識し、行動する主体となる意味での「主体化」の概念は、戦後の労働運動、社会運動における重要概念であり、かつ一九六〇年代には一種のアイデンティティ探求の意味合いを持つ言葉ともなった（小熊 2009b: 167）。それは全体主義のあとにやってきて戦後民主主義とともに広まった、目指すべき自由で自立した個人の像でもある（中野 2001）。宮本や島崎信ら、外部の知識人に「主体的であること」を呼びかけられた佐渡の青年に戸惑いがあったことは第6章で述べたとおりだが、その戸惑いもいつしか和らぎ、町並み保存などにおいて元青年たちは自ら先頭に立ってまさに主体としてそれを担うようになった。一般論として、現代の「まちづくり」においては宮本のように「主体になれ」とわかりやすく呼びかけられることは少なく、人びとが自発的に課題に取り組み、制度を担う主体になり、責任を負うことまでもあらかじめ織り込まれている。[*3]

宮本の文化運動は、離島の存在をなきものであるかのように扱ってきた近代への抵抗の実践であった。その歴史自体は揺るがない。しかし、大きく変化したのは社会の側である。かつて彼が行った実践と同じことを現在行うことは、むしろ制度化されシステムに組み込まれている実践であり、政府、自治体、大学、地域社会など、誰からも歓迎される。しかも、それは財政支出削減を進めながらもコミュニティを維持したい為政者の思惑に合致する。彼らからすれば「まちづくり」を無償でやってくれるならばこんなに都合の良い話はない。宮本常一的な運動のアイディアや、それをたたえる人びとはいま、既存の価値観へのオルタナティブを模索する抵抗の実践でないばかりか、ともすれば「互助」や「自助」という名の自己責任論を謳う緊縮型政治の補完勢力と紙一重になりつつある。

権力を批判する側がヘゲモニーに回収されることは歴史上繰り返されてきた。しかもそれは、フランス二月革命における民衆の階級闘争が結果的に新たな権力者（ルイ・ボナパルト）を誕生させたと分析したカール・マルクスが言うように、一度目は悲劇として、もう一度は茶番として現れる（マルクス 2020）。まさにマルクスの描く劇画のごとく、かつて離島文化運動の目指したものが現在の「地方創生」政策に取り込まれ、一九六〇－七〇年代的な抵抗の民俗学の実践が、いまや地域の自立性を謳う政府見解を後追いするようになった。[*4] その要因は、たしかに制度や補助金、あるいは現実政治と緊張感のある距離を保てなかった宮本自身に由来するかもしれない。しかし問題は、そのことを知ってか知らずか「宮本常一の教え」があたかも現代の閉塞感を打開し、国家や資本に取り込まれないオルタナティブな世界を示してくれるかのように言うこの時代の人類学者、民俗学者の方にある。[*5] 私は第3章や第6章の結論部で、宮本常一の開発論が「敗北」に至ったと述べたが、ここまでの議論を踏まえると宮本の「敗北」は決して彼自身によってだけでなく、いまこの時代の私たち——人類学・民俗学者、また地域への「介入」を試みる知識人やメディア——が生み出していると言ってよいだろう。

「21世紀になってからの民俗学は、自らのトリビアル性を強みとして、社会の周縁の人びととともに、ヘゲモニーに対する挑戦に出始めている」（島村 2021: 203）。アメリカ民俗学の先鋭的な若手研究者について島村恭則はこう述べている。だがそれに対して日本の民俗学は、トリビアルな位置に居続けることに耐えかね、文化財しかり、「宮本常一の教え」しかり、直截的な意味で世の中の役に立とうと考える傾向が強まりつつあるようだ。しかし地域振興予算が拡大する現在、よりわかりやすい実効性と人的資源を持った計画系の諸学と競い合っても勝ち目はない。もはや道は限られている。宮本があいまいに伏してきたヘゲモニーとの距離感覚を取り戻し、周縁に立って「抵抗の実践」としての民俗学を再構築していくことも、いまならまだ可能だ。

註

序章　島の「遅れ」と文化運動

＊1　離島が多くの人を惹き付けているのと並行し、離島に着目したメディアも増えている。雑誌『島へ。』（海風社、二〇〇一年〜）や『季刊 ritokei』（離島経済新聞社、二〇一二年〜）等が挙げられる。

＊2　離島航路整備法（一九五二年制定）は本州・北海道・四国・九州を「本土」とし、「本土に附属する島」を「離島」と定義している。したがって離島とは、本土側に視点を置いた際の表現であり、離島振興法等、行政用語としてのニュアンスが強い（ただしすべての離島が離島振興法の対象ではない）。ニュートラルな表現をする場合は「島」、地理的条件にポイントを置いた場合は「島嶼」と表現されることが多い。最も包括的な概念である「島」の範囲は、定義によって多様である。島嶼研究でしばしば参照される『日本の島事典（新版）』では、従来は「満潮高水位１ｍ・周囲海岸線１００ｍ以上」を「島」としてきたが、近年はＥＥＺや国境離島の政策面での拡大から、干潮時に海上に露出していれば一〇〇メートル未満でも「島」に含むことができるとしている（長嶋・渡辺監修 2023: 1）。その基準でカウントすれば日本には一万五五二八の島があり、そのうち四四六が有人島である。本書は中央・都市と地方の関係自体を議論するために、「島」だけでなく「離島」という用語を、行政用語以外の文脈でも用いる。

＊3　柳田が執筆した唯一のモノグラフと言われる『北小浦民俗誌』は佐渡の集落が主な舞台となっているし（柳田 1949）、「南島」と呼んだ沖縄には特に関心を持ち、一九二一年に南島談話会を組織し、三三年には雑誌『島』にて、近世末の八丈島への流人の記録をもとに「青ヶ島還住記」などいくつかのエッセーを書いて、のちに『島の人生』として刊行している（柳田 1951）。

＊4　この点は、同様に離島での研究を蓄積し、「島嶼地理学」という名でその特色や研究の意義を自省してきた地理学との懸隔を否めない（宮内 2006）。

＊5　離島の文化運動は少ないながらも存在し、たとえば占領期奄美群島の文化運動をアーカイブ化した労作として間弘志の研究（間 2003）が挙げられる。

＊6　『現代思想』二〇〇七年一二月号の特集「戦後民衆精神史」、『思想』一一八七号（二〇二三年三月）における特集「雑誌・文化・運動――第三世界からの挑戦」が好例である。

＊7　欧州の民俗学では現在でも人びとの「抵抗」のかたちを描くことは研究テーマとして存在感がある。たとえばＳＩＥＦ（ヨーロッパ民族学・民俗学協会）の学会誌ではレジスタンスの民俗学が特集され、格差拡大、気候変動などのデモが取りあげられた（SIEF 2018）。そこでは社会運動に関わる若者のデジタルデバイスの使用やネットワーク化、創意工夫などがエスノグラフィックに記述されており、科学人類学の影響が色濃く表れている。

＊8　ファルケンシュタインの原則（Falkensteiner Protokolle）とは、一九七〇年にフランクフルトの南にある小さな村、ファルケンシュタインで行われた会議に基づいて示されたドイツ語圏民俗学の新たな定義。「*Volkskunde*（民俗学）は、文化的価値の伝達（移転）を、客体と主体において分析する。目的は、文化‐社会的問題の解決である」。第二次世界大戦中に国家社会主義に加担した反省に立ち、その要因となったVolk（民族）概念を批判的に検討し、フランクフルト学派社会学の知見を取り込んだ現代科学へと刷新することを目指した（Schmoll 2021）。民俗学の方法や理論に関する再討議の結果、学問名称もまたVolkskundeからEuropäische Ethnologie（ヨーロッパ民族学）やEmpirische Kulturwissenschaft（経験文化学）などに変更された（法橋 2010; Bendix 2012）。ここからわかるのは、民俗学とは一般に考えられているように伝統文化の研究ではなく、人びとの日常におけるものごとの伝達の研究だということである。

＊9　『国体論及び純正社会主義』（一九〇六年）にて示された北一輝（北輝次郎）の用語。国体論を批判し、国家主権、貧民救済を訴えた。松本は国家社会主義に近い概念としている（松本 1972: 57）。

＊10　他者にどう向き合うべきかという議論は、一九八〇～九〇年代の人類学ではエスノグラフィー記述における他者表象の政治性として『文化を書く』（クリフォード、マーカス編 1996）で展開された。その議論を竹沢尚一郎はサークル運動に敷衍し、上野英信など外部知識人が労働者を描く際に、当事者の知的搾取に陥らない記述をいかに模索したのかを検討し

ている（竹沢 2018）。

＊11　システムとの対立ではなくその内部における資源配分や規則の改善を企図する運動は、いわゆる「新しい社会運動」の議論とも関わってくるだろう。さらには市民参加による文化政策をめぐってはドイツにおける「社会文化運動」（藤野 2021）にも言及する必要があり、この点は結論においてあらためて検討する。

第1章　島をめぐるまなざし――学術・観光・地元

＊1　出典は二〇二〇年国勢調査を元にした佐渡市のデータ（佐渡市 2021）。

＊2　新潟日報、一九七一年四月一八日。記事は杉本浄氏のご教示による。

＊3　後年福田アジオら、新潟大学民俗学研究室のグループが集落の追跡調査を行っている（福田編 2001; 2002）。

＊4　鈴木棠三は静岡県出身の国文学者・口承文芸研究者。鈴木の記録はのちに木下順二の戯曲「夕鶴」の原作となり、今でも外海府の北片辺という集落には、鈴木が宿泊した松屋旅館の建物が残っている。一九三六年、鈴木は昔話採集に訪れた際に旅館に昼食を求めて滞在した。昼食時に外海府の昔話について館主の栄治松太郎に尋ねると、近所の道下ヒメを紹介され、彼女の語った鶴女房の話がのちに「夕鶴」の原作になったと言われている。一九八五年の「夕鶴の碑」除幕式に鈴木は五〇年ぶりに来島し、未來社社長で佐渡出身の西谷能雄、佐渡博物館館長（当時）の磯部欣三ともに外海府を一周したという（小川 2017）。

＊5　浜口一夫は佐渡・高千出身の民俗学者、口承文芸研究者。著書に『高千村史』『佐渡びとの一生』『佐渡の民話1・2』などがある。

＊6　一九七五〜七六年に八号が刊行された。後継誌は『民話と文学』（一九七七〜二〇一〇年）。

＊7　ただし近くの北片辺集落で私たちが二〇一八年に行った聞き取り調査では、一九七〇年に一周道路の拡張工事が行われ舗装されたという。岩谷口の舗装時期は不明だが、『季刊民話』掲載写真が一九七六年よりも前に撮影された可能性はある。

＊8　作者は植木八百吉。植木は新潟県農産物検査所両津支所に勤務。植木には『佐渡米と観光番附』（一九三八年）という著書もある（野口 2013）。

＊9　料理の横綱は「羽茂川の鮎の塩焼き」、大関は「栃餅」となっている。

＊10　すしか（寿司嘉）は相川町中心部の高級料亭として知られていた。佐渡鉱山のオーナー企業、三菱の本社社員がしばしば会合を持っていたが、鉱山縮小と旅行ブームにより、旅館・ホテルに転業し、佐渡観光ホテルに改称したのち廃業した。ホテル門扉にカエルの石像があったことを高齢者は今でも記憶している（岡部 2018）。

＊11　あづまは一九二五年に料亭阿づ満として相川町羽田に開業。のちにホテルとなり、佐渡市大浦に移転。地元資本として運営されていたが、サンフロンティア佐渡に運営が譲渡され、現存している。

＊12　本間寅雄はそのルーツを天草地方のハンヤ節であるとし、それが佐渡鉱山の労働者が唄う選鉱場おけさとなり、後に「佐渡おけさ」のベースになったと述べている（本間 2002）。

＊13　一九五〇年開業。現在はホテル八幡館として知られる。

＊14　現在の旅行ガイド『ことりっぷ』新潟佐渡版（昭文社 2012）には「せっかく佐渡に来たので伝統文化に触れるのもいいですね」とあり、民俗芸能などがシンボルとして掲げられるなど、かつて民俗学者たちが抱いた「民俗の宝庫」のイメージがあえて取り上げられるようになっている。

＊15　たとえば自由民権運動家で相川町長も務めた森知幾による「佐渡新聞」（一八九七〜一九四〇年）は、松本健一によると「森にとって民知開拓の手段であり、平民主義・階級打破の思想普及の手段」であったという（松本 1972: 62）。

＊16　松本健一は佐渡においてこの思想が経世済民思想や自由民権思想と結びつき、「佐渡新聞」をメディアに広がり、佐渡を自立的な島国共同体へと変えたと述べている（松本 1972: 57）。

＊17　二〇〇六年七月〜一六年三月（全一〇〇号）。これ以外に、東京をベースに佐渡の情報に特化した新聞「佐渡ジャーナル」があったが、二〇二三年に終刊を迎えた。

＊18　引用にあたって原文に含まれる私的な事柄は省略した。

第2章　民俗学と「文化工作」のあいだ――宮本常一イントロダクション

＊1　柳田が主宰する財団法人民俗学研究所とは関係がないわけではない。同研究所編で七巻が刊行された全国民俗誌叢書では、柳田の『北小浦民俗誌』（柳田 1949）に続き第二巻『越前石徹白民俗誌』（宮本 1992）を宮本が執筆している。

＊2　宮本の著作などでよく名前の挙がる民俗学者は、大阪民俗談話会で出会った桜田勝徳、九学会連合対馬調査で出会った竹田旦など、もっぱら大学外で知り合った者が多い。宮本のネットワークは、梅棹忠夫、川喜田二郎など渋沢を介したつながりの他、対馬調査で同班だった鈴木二郎、西宮史談会で出会った今西錦司など、人類学者の方が広い。他にも米山俊直とは父・九蔵の時代からのつきあいで、九蔵は篤農協会に勤めており、その関係で宮本を大阪府での農業指導に誘ったという（さなだ 2002: 224）。

＊3　『民話』は一九七八年に未來社から刊行。木下や宮本の他、竹内実、益田勝実らを編集委員とした。

＊4　旅程は日本民族学協会の機関誌『民族学研究』二二巻三・四号（一九五九年一月）に掲載されている。そこでも「佐渡観光」と明記されている。

＊5　高松は農業経済学者。篤農協会にも所属し、宮本没後は観文研の所長を務めるなど、宮本と近しい存在であった。

＊6　佐渡調査でも本間の知己を頼りにすることも多く、本間自身を連れて歩いた場所も多かった（池田 2010）。ただ宮本来訪時、佐渡には多くの民俗学者・歴史学者がいたが、当初宮本が関わったのは本間のほか、農業の傍ら民俗調査に従事した稲場美作久ぐらいであった。柳平則子氏はその理由について、「佐渡は絶対的に柳田先生の系譜（中山徳太郎、山本修之助など）がある。宮本さんは山本先生のところには行かない。佐藤利夫先生も磯部欣三先生も、当初宮本さんとは接点はなかった」と、宮本の人脈が柳田系統とは離れていたことを示唆している（二〇一二年八月インタビュー）。

＊7　宮本常一の日記に基づく（毎日新聞社編 2005a）。またこの際のフィールドノートは周防大島文化交流センターより活字化されている（宮本 2017; 2018）。

＊8　周防大島文化交流センター所蔵。

＊9　杉本浄氏によると、宮本が林を初めて訪ねたのは一九五九年八月一一日である。この日宮本は、前日に宿泊した沢崎・坂口邸を出て、深浦・強清水・宿根木へと歩き、その後小木からバスで多田に向かっている。

＊10　羽茂町では、一九六四年より町立柿栽培改善実験地が新潟県の補助事業で運営されており、宮本は柿の普及を主導してきた杉田らと意気投合し、農家への普及活動に助力したとされている（おけさ柿物語編集委員会編 1985: 389-390; 宮本 2009a: 174-179）。

＊11　生活の合理化を推し進める新生活運動を民間に浸透させるために設立された財団法人で、一九五五年から八二年まで存

在した（田中 2003）。政府の社会教育の一環であり、官製の生活改善運動の一環である。

＊12　朝日新聞、二〇〇七年四月三〇日。

＊13　講演を覚えている人の共通した記憶である。そのことは、宮本の講演を録音したCD「大島をどう守るか」（宮本 2013c）を視聴すれば明らかである。

＊14　佐野眞一は二〇世紀末の日本を代表するノンフィクション作家で、中内㓛、孫正義、甘粕正彦、正力松太郎などの人物評伝、また『東電OL殺人事件』のような事件ルポで知られるが、他方で無着成恭『山びこ学校』や沖縄のアンダーグラウンドといった、権力から遠い場所にある人びとの生活にも興味を持ち、宮本への関心もその一環だと思われる。

＊15　当事者である一九七〇年代の元学生や研究員たちにインタビューを行ったのが福田晴子『宮本常一の旅学——観文研の旅人たち』（福田 2022）である。観文研メンバーの妻や家族視点で書かれた章は類書にはない内容で、宮本的世界の男性中心性が見て取ることができる。

＊16　他に宮本の死去時には膨大な追悼文が著され、それらがまとめられた二冊の書籍『宮本常一——同時代の証言』（宮本常一先生追悼文集編集委員会編 2004; 田村編 2004）は、たんなる人物評伝に留まらず、それ自体がさまざまな分野、業界、交友関係から描かれた学史としての価値を持っている。

＊17　この文は進歩派文化人として知られた社会学者・日高六郎への手紙という体裁を取っているが、藤田も日高も「個人というものを西欧的な発想からしか理解でき」ない近代的知識人であるとし、実質的に両者を批判する文となっている。ここで言う「二重構造」とは知識人／大衆、都市／農村といった複数の二元論的図式を問う文化運動用語である（赤沢 1987）。近代主義を伝統や民衆的日常という地平から批判的に超克しようとする見方は日本の近代における一大問題であり、民俗学はその際にしばしば論拠として用いられる。しかし民俗学の探し出してきた事例が持ち出されることは、決して民俗学という学問自体への評価と連動しているわけではない。谷川は、民俗学者は民衆生活の不易に目を向けはするが、「歴史がいなずまのように大衆を引裂き、変化させるときの瞬間」に対しては想像力が貧しく、現実変革に対応できないという。「ここにもあった、あそこにもあったと潮干狩りみたいなことをしていたのでは、しょせんモダニストの敵ではない」（谷川 2022: 59）という言葉には、谷川が学問としての民俗学には評価を与えていなかったことが明白である。

＊18　他にも人類学者の松田素二は、「対馬にて」が「全員一致の合意を達成する」事例であるとしたうえで、「それは単純に

多数の意見が論理的に採用されるという方式よりも、深く広く人びとの参加を促し、ともに合意を作りあげるという協働と連帯の強い感情を喚起することで、社会の絆を再生・強化」(松田 2021: 162) する例だと述べている。

＊19 東京教育大学の民俗学において宮本がどう見られていたかについて、岩本通弥は千葉徳爾の言葉を引きつつ、民俗文化の不易不変を強調する論証不十分な学者、とみなされていたと述べている(岩本 2009: 55)。また岩田重則は、宮本の民俗学が周防大島における自らの生活体験と結びついていたことを踏まえ、柳田国男の民俗学と比較しつつこう述べる。「ほんらい、民俗学はみずからの生活体験に基づき、それらへの疑問から仮題を設定していく、プラグマティックな現実拡大的学問であり、枠組の固定化はもっとも避けられるべき学問である」(岩田 2013: 13)。このような「生活体験の延長上に展開させた」宮本の学問は、「人間不在を最小限にとどめる」ことを可能にした一方、「極端な主観性また自己投影をも生む」(岩田 2013: 15)。このあたりの主観性も、アカデミズムで長く評価されてこなかった理由であり、逆にアカデミズム外での宮本人気の理由でもある。

第3章 「離島性」の克服――地域開発をめぐる宮本常一の思想的変遷

＊1 離島振興の観点から瀬戸内の島を書いたものとして一九五九年初出の「「怒りの孤島」に生きる人々」(宮本 2009b) などがある。

＊2 この認識は離島振興行政に共通する見方で、離島政策を回顧する全国離島振興協議会の書籍でも戦前は「離島政策と銘打つほどのものはまったくなかったといってもけっして過言ではなく、わが國の離島にとって、国家・社会から忘れられていたもっとも暗黒な時代であった」と述べられている(離島実態調査委員会編 1966: 29)。離島を語る際の枕詞に「忘れられた」がどのような経緯で使われるようになったのかは定かではないが、一九五五年初版の岩波写真文庫では『忘れられた島』(岩波書店編 1955) が刊行されている。

＊3 二〇一八年一一月インタビュー。

＊4 一周道路にこだわる一方、「道路がついて困るのは老人と子供」だと言い、徒歩での安全圏を維持するために集落外に新道を設けることを主張している(佐渡称光寺所蔵の宮本講話メモより)。そこで宮本は心斎橋・道頓堀(大阪)の例を挙げ、歩車分離を主張している。

＊5　ただし農山漁村に対する都市の近代主義的見方は宮本のみならず、当時広範に見られた。たとえば、一九六〇年代における農村へのまなざしを象徴していたＮＨＫ番組『新日本紀行』でも同様だったことが指摘されている（米倉 2022: 202）。

＊6　離島振興に関連する法令として、国土総合開発法の特定地域に対馬等が指定されたり（一九五一年）、離島航路整備法（五二年）が制定されたりした。

＊7　山階（浅野）芳正は宮本と並び、学術面から離島振興に尽力した研究者として記されている（浅野ほか 1985; 鈴木 2012）。東京大学地理学専攻の辻村太郎が設立した島嶼社会研究会の幹事を務め、後に防衛大教授として地理学を講じた。山階は旧皇族の養父・山階芳麿の姓で、芳麿は山階鳥類研究所の創設者である。「宮様」と呼ばれ、渋沢敬三にも一目置かれた芳正は、その家柄や見識が離島振興においてもプラスに作用したと伝えられている（浅野ほか 1985）。

＊8　国土交通省 離島振興法・離島振興法施行令（https://www.mlit.go.jp/kokudoseisaku/chirit/kokudoseisaku_chirit_fr_000003.html、二〇二三年五月一日閲覧）。

＊9　奄美群島は奄美群島振興開発特別措置法（一九五四年制定）、小笠原諸島は小笠原諸島振興開発特別措置法（一九六九年公布）、沖縄は沖縄振興開発特別措置法（一九七一年制定、二〇〇二年からは沖縄振興特別措置法に移行）の対象となっている。

＊10　朝日新聞夕刊、一九八一年三月二一日。

＊11　佐渡に関しては磯部欣三が同様の論を展開している（磯部 1973）。また、観光資本による収奪という図式が最も明瞭に当てはまるのは本土復帰後の沖縄開発をめぐる状況であろう（鵜飼 2001）。

＊12　ここで語られている「十和田自然博物館」は、十和田グランドホテル内にあった十和田科学博物館（一九五三年開館）のことだと思われる。同ホテルは渋沢敬三の元秘書で実業家の杉本行雄が、青森県内に複数展開した観光施設の一つであり、杉本は古牧温泉（三沢）にも小川原湖民俗博物館（一九六一年開館）を経営した。同館は宮本馨太郎が展示指導をしており、宮本常一が例示している十和田の博物館も含め、渋沢－アチックミューゼアムの人脈で動いていた文化観光の開発群である（小川原湖民俗博物館編 1989）。いずれの開発も、観光や博物館に対する渋沢の考えを杉本が具現化したものであり、同時にそれは宮本の考えにも類似しており、宮本がいかに渋沢から強く影響されていたかを物語っている。なおいずれの博物館も既に閉館している。

＊13　そのような難しいポジショニングを「マクロな権力構造のなかに布置されそのなかで限定的な主体性を発揮する共同体」（古川・松田 2003: 220）と表現している。

第４章　速度と身体性――フィールドワークの移動手段と見える世界の拡張

＊1　"Why The Matrix Is a Trans Story According to Lilly Wachowski"（https://youtu.be/adXm2sDzGkQ、二〇二二年八月一〇日閲覧）
＊2　山口幹文氏、里森滋氏のご教示による。
＊3　宮本の航空写真については土屋誠一による秀逸な評論がある。土屋によると、宮本は航空写真を用いて土地の全体像を掴もうとするとともに、土地に降り立ち、生業や環境など人々の生活が刻まれた景観を読み取ろうとした。これを土屋は「水平的な鳥瞰と、地表からの垂直的なまなざしとのアンサンブル」（土屋 2011: 228）と表現している。
＊4　北欧で始まった、環境負荷の大きい飛行機移動を不必要に行わないことを謳う社会運動。

第５章　博物館と住民参加――「佐渡國小木民俗博物館」にみるローカルな文化運動

＊1　二〇一七年度。『佐渡学センター年報』九号（二〇一七年）に基づく（https://www.city.sado.niigata.jp/site/museum/4910.html、二〇二三年三月七日閲覧）。
＊2　文部科学省のデータに基づく。二〇二〇年度時点での国公私立小中学校数は二万九九六〇校（https://www.mext.go.jp/b_menu/toukei/002/002b/1417059_00003.htm、二〇二三年六月一日閲覧）。
＊3　旧制中学校・高等女学校。南佐渡には通常自宅通学できる旧中等教育学校はなかった。
＊4　新潟日報、一九七一年四月七日付。
＊5　この町史は『佐渡相川の歴史 資料集二 墓と石造物』として刊行され、宮本は監修として巻頭言を寄せている。実際に執筆にあたったのは磯部欣三を中心とした相川町の研究グループ、羽田村研究会など、地元の研究者たちである（相川町史編纂委員会編 1973）。
＊6　新潟日報、一九七二年六月一八日付。
＊7　高藤一郎平氏のご教示による。

＊8　新潟日報、一九七四年九月一二日。
＊9　日本経済新聞、二〇〇一年四月一七日。
＊10　二〇二一年三月に杉本浄氏が称光寺で収集・整理した文書の一部である。
＊11　この手紙の原稿用紙には渋沢敬三の個人文庫である「祭魚洞文庫用紙」と印字されている。宮本が渋沢邸を出たのが一九六一年のことであることを考えれば、食客時代の遺産を長く使用していたことが窺える。
＊12　さしこ（刺子）は衣類の補強のため二重に布を縫う際の刺繍。作業の耐久性や保温性を高めるためのもので、洗濯物の痛み具合に暮らし向きを観察していた宮本にとって、労働生活の一端を垣間見る展示物だったと思われる。イソネギは海中を見ながら棒で貝類等を捕る漁法。南佐渡ではたらい舟で行われることが多かった。
＊13　一九七一年八月一一日付書簡（周防大島文化交流センター所蔵）。
＊14　一九七三年八月二九日付書簡（周防大島文化交流センター所蔵）。
＊15　一九七七年に語った話で宮本は「建物がもう狭くなって困っているので、これも離島振興法で建ててもらうと良いと思っています」と述べている（宮本 2005b: 126）。
＊16　宮本が関わった代表的な博物館は志摩民俗資料館である。一九八〇年から一九九八年まで続いた同資料館は、宮本率いる観光文化研究所が開設を主導し、親会社近鉄のグループ会社が運営する民間の博物館であった。その経緯は矢沢（1981; 1983）に詳しい。
＊17　実際自身の民具研究のマニフェストとも言える『民具学の提唱』のなかで、宮本は「民具とはいったい何だろうか。そのことについて真剣に考えてみることもなかった。当時民具の研究に真剣に取り組んでいたのは故宮本馨太郎教授一人であったといっていい。私など民具の研究は宮本教授にまかせきっていたような気持であった。ただ渋沢先生の助手として関心を持っているにすぎなかったといっていい」と述べている（宮本 1987a: 49）。博物館や物質文化研究に関して宮本常一が受けた影響を考えるには、宮本馨太郎らとともに渋沢敬三に学んだアチックミューゼアムでの経験、今和次郎や北欧の博物館思想など、幅広い同時代の研究動向と関係づけて考える必要がある。こうした点は丸山泰明や加藤幸治の研究に学ぶことができる（丸山 2013；加藤 2020）。
＊18　二〇一七年四月一七日、山本幸三地方創生担当大臣の発言。

＊19　住民参加型開発というのは市民政治の一つの類型である。政府の関与しないレベルにおける自己統治を理念として行ってきたという意味では、ローカルガバナンスの理念が実体化したものだと言ってもよい。コミュニティに根ざして直接的な参加型政治を目指すという意味では、ヘスターの言う「エコロジカルデモクラシー」とも重なりあう（ヘスター 2018: 5）。

＊20　アクターネットワーク理論を日本に紹介する初期の研究が、開発人類学においてなされてきたことからもわかるように（足立 2001）、開発主体が住民・行政・外部移住者等に多極分散化する現在の住民参加型開発は、一個人の英雄譚のように捉えるのではなく関係性の網の目のなかに個々人も位置づけて捉える必要がある。

第6章　鬼太鼓座と幻の大学構想——日本海からの叛逆

＊1　鬼太鼓座、また日本海大学については宮本自身たびたび余所の講演等でも「市民の自主性」の事例として語っている（宮本 2014b）。

＊2　本間は毛沢東に依拠する田の思想と、宮沢賢治の「農民芸術論」、それに宮本常一の農民指導論が、いずれも民衆的エネルギーに可能性を見出すという点で合致すると述べている（本間 1994a: 10）。

＊3　鬼太鼓座の生活については座員であった林英哲の回想など（林 2012; 鼓童文化財団 2011）に詳しい。

＊4　二〇一一年一〇月二日インタビュー（聞き手は小西公大、杉本浄、門田）。

＊5　新潟日報、一九七〇年八月二二日。同紙によると日本海時代の祭典には、日高六郎、堀田善衛、宇井純、秋田明大、岡林信康ら、反体制・進歩派を代表する文化人や活動家が参加する、と謳われている。ただし実際に参加したかどうかは不明である。おんでこ座夏期学校でも当初は横尾忠則や小田実が講師として参加すると宣伝されたこともあり、後にプロの太鼓奏者になる林英哲のように、それに惹かれて参加した若者もいた（林 2017）。

＊6　佐渡在住は本間（佐渡農業高校教員、人類学・民俗学）、佐藤（相川高校教員、民俗学）、信田（農業指導員）、在京は宮本、島崎（武蔵美、デザイン）、石井（水産庁、海運史）である。いずれも宮本のネットワークと言ってよい。

＊7　林道明は博物館館長職を務める一方、宿根木集落にある時宗・称光寺の住職を務めていた。もともと愛媛県内子町の曹洞宗の寺に生まれ、若い頃に共産主義運動に加担したことで生家の寺を出て時宗の寺に預けられ、浅草の日輪寺、藤沢の

時宗総本山遊行寺での修行を経て、昭和一一年、住職不在となっていた宿根木の称光寺に入った（林 1981）。

＊8　宮本と「京都学派」の関係については菊地（2016）を参照。そこで菊地は、京大人文研が画策していた民俗学者の雇用において、宮本が意中の人物ではなかったのかとの推測を行っている。

＊9　三名はいずれも佐渡をフィールドとした研究を展開してきたが、いわゆる郷土史家の範疇にとどまるものではない。特に田中は近世以来の佐渡鉱山史をまとめた博士論文を執筆し、最終的に筑波大学教授となった。地域において学ぶ主体は、宮本の考える大学構想に合致していたのである。

＊10　柳平（青木）則子は群馬県生まれで、國學院大學を卒業後、織物への関心から常民文化研究所に出入りしているときに、所員の潮田鉄雄経由で宮本を紹介された。一九七二年、相川町史編纂事業のため佐渡に行く宮本や香月（吉田）節子らとともに佐渡を初めて訪れた。以後柳平は、庶民の着物である裂き織の研究を筆頭に、相川郷土博物館の学芸員や館長を務めながら、長く佐渡の民俗学的研究に従事した。

＊11　新潟日報、一九七五年二月二六日。

＊12　新潟日報、一九七六年七月二九日。

＊13　二〇一八年八月一九日インタビュー。

＊14　衆議院第一五〇回国会議事録（https://www.shugiin.go.jp/internet/itdb_shitsumon.nsf/html/shitsumon/a150071.htm、二〇二三年五月二日閲覧）。

＊15　川喜田が主催する野外教育講座（一九六九〜一九九九年）。探検的な学びを目指し、六人単位の「チーム」、複数のチームからなる「ユニット」で構成され、二週間のキャンプ生活をしながら学ぶ。フィールドワーク、ＫＪ法、チームワークを通じて問題の発見・解決や参画社会の実現を目指した。文明批判や都市批判を背景に、移動・遊動性を重視した（川喜田 1977）。

＊16　政治学者、後藤主宰による市民主体の勉強会。後藤の研究する柳田国男の思想を学びつつ、民俗調査も行い、生活者自らが民俗学を実践することを目指した。一九七七年に遠野常民大学を皮切りに全国一〇数ヶ所で展開した。

＊17　こうした動きは日本独自のものではなく、アメリカや西欧でも反戦運動やウーマンリブ運動の延長で、学位や単位を与えない市民の学びの場であるフリーユニヴァーシティムーブメントが起こった（Fleischer-Black 2015）。

＊1　新潟日報、一九七五年七月二八日。

＊2　佐渡鉱山の労働争議に関しては竹内康人による近年の研究（竹内 2022）がある。また佐渡では明治以来、自由民権運動、被差別部落解放運動、婦人運動などが盛んに行われた経緯がある（石瀬 1975; 山本編 1980; 森 1994）。

＊3　新潟日報、一九七四年五月二日。

＊4　たとえば、宮田登の弥勒信仰研究（宮田 1975）について、大塚英志は「宮田先生がずっと言っていたのは、六〇年安保で革命はなぜ失敗したのか、日本人はなぜ革命ができないのかっていうことを俺は研究しているんだということを割と本気で言っていた」と述べている（大塚 2021: 345）。また福田アジオは、一九三〇年代における民俗学とマルクス主義思想の関係に関する論考を書くなど、一九七〇年前後の学史研究としては政治に積極的に発言している（福田 1984）。

＊5　宮本は晩年全日空の機内誌『翼の王国』に連載を持っており、それらを含めて飛行機関連の論集が編まれている（宮本 2001）。

＊6　一九七四年九月九日、林道明のメモより（称光寺所蔵資料）。

＊7　ここではいわゆる七〇年安保のことを指している。六〇年安保に関しては、当時宮本は東京三田の渋沢敬三邸に居住していたこともあって、近隣大学の学生のデモの様子や、徒歩圏内であったアメリカ大使館に集まった機動隊やデモ隊の様子をしきりに撮影している（佐野 2004: 174-175）。

＊8　実態としては黙認状態であった。しかし一三年間の認可外路線もしばしば採算や安全性の問題から改廃が繰り返されており、運輸省航空局からも滑走路周辺の建築物の撤去を求められて定期便が止まるなど、開港当初から佐渡空港はさまざまな運行上の問題を抱えていた。

＊9　新潟日報、一九六四年四月二三日。

＊10　新潟日報、一九六九年三月二〇日。

＊11　新潟日報、一九六九年六月八日。

＊12　新潟日報、一九七四年二月二七日。

＊13 新潟日報、一九七四年二月二八日。
＊14 新潟日報、一九七四年三月一七日。
＊15 新潟日報、一九七四年二月二八日。
＊16 新潟日報、一九七四年三月五日。
＊17 新潟日報、一九七四年四月九日。
＊18 新潟日報、一九七四年四月一一日。
＊19 新潟日報、一九七四年四月二六日。
＊20 新潟日報、一九七四年四月二九日。
＊21 新潟日報、一九七四年五月二日。
＊22 新潟日報、一九七四年五月二日。
＊23 実際には教職員組合や革新系政治家も加わり、まったくのノンポリ集団というわけでもない。教組によると、考古学団体やトキ保護団体、教組などが協働することで「科学的データー」を供給し、住民運動を支えたことが記録されている（新教組佐渡支部 1975: 4）。なお教組は佐渡新空港がたんなる民間空港ではなく、将来的に自衛隊や米軍共用になることを警戒していたことが資料から窺える。
＊24 写真は石塚邦博氏撮影、小木民俗博物館所蔵。
＊25 新潟日報、一九七四年五月二日。
＊26 新潟日報、一九七四年五月一八日。
＊27 新潟日報、一九七四年七月二日。
＊28 新潟日報、一九七四年七月二二日
＊29 真野町では町議会が一九七五年三月、静平地区への誘致を決め、住民に集団離村の交渉などを開始した。当初は反対運動を警戒して町民に詳らかにしないように進めていたが、やがて博物館学芸員や教員が知るところとなり、住民の勉強会などが行われ、行政への不信とともに反対の声が大きくなったという（新教組佐渡支部 1975: 5）。
＊30 新潟日報、一九七五年二月一〇日。

＊31　新潟日報、一九七四年九月七日。

＊32　新潟日報、一九七四年五月二七日。

＊33　新潟日報、一九七四年五月二七日。

＊34　新潟空港は一九四五～五八年に米軍基地として使用されており、この間、拡張工事に伴う反対運動が行われた。特に一九五四年からの反対運動は、同時期の立川基地をめぐる砂川闘争の影響もあり、新潟県内でも各自治体議会が新潟空港拡張反対の決議を出したり、空港周辺住民だけでなく労組、社会党、共産党、教職員組合などが加わったりし、「県ぐるみ」の闘争を展開し、結果的に空港は返還されることになった（左近 2020）。直接この運動に参加した人が、佐渡新空港反対運動に関わったかどうかはわからないが、同一県内で生じた運動の記憶、また空港や大規模開発をめぐる異議申し立てが現実的な選択肢として佐渡の島民のなかに存在していたことは想像に難くない。

第8章　三里塚から佐渡へ——ある運動家における民俗学的実践と〈父〉

＊1　以下のインタビューは二〇一八年八月に佐渡にて行った（インタビュアーは門田および杉本浄氏、小西公大氏）。録音の文字起こしを行ったのち、原文の趣旨を維持したまま読みやすいよう再構成を行った。

＊2　一九七〇年九月～一〇月に行われ、多数の逮捕者を出した「第三次強制測量阻止闘争」を指すと思われる（大坪編 1978）。

＊3　いわゆるノンセクト・ラジカル。党派に属さない運動家の集まり。

＊4　ボス交渉。幹部同士で交渉すること。ここでは民青が大学当局とボス交により通じていた、という批判的な回想として語られている。

＊5　日本革命的共産主義者同盟革命的マルクス主義派。一九六〇年代末、早稲田大学では林の在籍した第一文学部が革マルの拠点であった（小熊 2009a: 393）。一九六九年前後において革マルと他のセクトとの対立は特に激しく、林が言うように鉄パイプで殴る等の内ゲバが常態化していた（小熊 2009b: 295）。社青同と近い間柄だったという林が革マルから「ぶん殴られる」のはこうした学内の対立から来ていたと思われる。

＊6　日本社会青年同盟解放派。

＊7　共産党からの分派として誕生した共産主義者同盟、いわゆるブント。
＊8　成田空港建設反対運動、いわゆる三里塚闘争では、一九七一年の強制代執行（土地の強制収容）を契機に反対派農民の農作業を手伝うことが一種の反対闘争となっていく。多くのセクトが運動家を援農に参加させた。
＊9　現在のB滑走路付近にあたる集落。明治・大正期開墾集落。三里塚闘争では各地に団結小屋と呼ばれる拠点が建設された。天神峰では反対同盟によって、その最初のものが「天神峰現地闘争本部」として建設された。中核派はセクトとして最も早い時期から三里塚闘争に加わっており、林もまたそのルートで天神峰から入っていったのだと思われる。
＊10　現在の空港北部にあたる集落。近世以前から続く古村（NAA歴史伝承委員会編 2015）。
＊11　現在のB滑走路付近の戦後開拓集落。三里塚闘争では最も衝突の激しかった地域の一つであり、警官三名が殉職した「東峰十字路事件」などが起こった。
＊12　現在の第二旅客ターミナル周辺の戦後開拓集落。
＊13　取香に住んでいた反対派農家の小泉（大木）よねの可能性もあるが、「社会党……」の箇所など、林の記憶はあいまいで詳細は不明。なお小泉は、一九七一年九月の第二次代執行で、唯一現住の住居を強制収用された（小泉 2013）。
＊14　空港南部にあたる戦後開拓集落。団結小屋や砦が作られた。現在でもペンションが残され、誘導路がそこを避けるように建設されている。反対派が「三人」であったかどうかは不明だが、同集落には小川明治・反対同盟副委員長がいたことから、決して反対派が目立たない存在だったわけではないと思われる。
＊15　空港南東部にあたる集落。滑走路には重なっていないが、反対運動に加わる農家も多かった。
＊16　空港東部にあたる明治・大正期の開墾集落。団結小屋や監視のための砦が築かれていたが、二〇一〇年代までにその多くが撤去された。
＊17　映画監督、小川紳介が率いた小川プロダクション。三里塚に住み込み複数のドキュメンタリー映画を撮影した。
＊18　新東京国際空港公団（一九六六年設立、二〇〇四年解散）。
＊19　いずれかの強制代執行か測量阻止闘争を述べていると思われる。またここで述べられている撮影の様子は小川プロ『三里塚 第二砦の人々』（一九七一年）のことか。
＊20　三留理男《ただお》は写真家。三里塚闘争にも参加し、写真集（三留 1971）を刊行した。

＊21　小川プロダクション撮影の映画『三里塚 辺田部落』（一九七三年）。
＊22　林が最初に宮本に会ったのは一九五九年の九学会連合佐渡調査の際だと述べている（林 2007a: 4）。
＊23　新宿にある、新左翼機関誌を含めた自主刊行物、同人誌などを扱う書店。
＊24　吉本隆明の思想用語。吉本は柳田国男等の民俗思想を踏まえつつ、「常民」的な日常の繰り返しの中で浮上する問題を知的な思想的課題として意識化することを通じて、変革主体へと昇華することを述べる。人間には誰にでもこのような「大衆」的な心的状況が内在しており、それを吉本は原像と述べた（吉本 1972）。
＊25　三里塚闘争では土地の明け渡し等をめぐりさまざまな裁判が断続的に行われ、裁判闘争と総称されるが、ここでは東峰十字路事件に絡んで起訴された青年行動隊や運動学生の裁判支援活動を指していると思われる。詳細は相川（2019）参照。
＊26　三里塚芝山連合空港反対同盟のうち、青年層で形成された下部組織。
＊27　宮本は一九八一年に死去するので、東京で宮本に会うという話は七〇年代の話かと思われる。
＊28　林は調査をもとに、沖浦和光編集による佐渡の被差別部落に関する論集に林道意名義で執筆している（林 2007b）。
＊29　柳田国男研究で著名な政治学者・後藤総一郎が、若い頃、明治大学での指導教員である橋川文三に「本当の常民」を知らないことを叱責されたという逸話（杉本仁 2021: 354）のように、実践と観念の乖離は、「エリート」である学生に共通した一種のコンプレックスだったと言ってよいだろう。
＊30　たとえば、援農をしながら三里塚の婦人行動隊に聞き取りを行った岡田さなえ（岡田 2010）など。
＊31　宿根木集落において、僧侶は敬意を込めて現在でも住民・檀家から「御前様」と呼ばれる（映画『男はつらいよ』での笠智衆の呼称と同じである）。
＊32　二〇一五年八月、林へのインタビューより。
＊33　もちろん近代化、都市化の時代において、地方から都市への出郷がさまざまな困難を伴うものであることは、移住者の生活史や都市おける同郷者集団に関する研究によって明らかにされている（倉石 1996; 松崎編 2002; 山口 2008; 岸 2013）。他方で帰郷に関する民俗学的研究は戦後の植民地からの引揚げに関する研究が多くを占めており（Lehmann 1991; 島村編 2013）、Uターン者などに関しては社会学、観光学に比して蓄積はきわめて少ない。

＊1　林業金融調査会は農林中央金庫などが出資することで作られた財団法人。活動は一九五四年から六八年で、宮本は立ち上げから関わった（荒井 2007）。主導したのは元農林省官僚の平野勝二で、田村善次郎によると、宮本が大阪で食料調査をしていた時代の知己であったという（田村 2006）。調査会で宮本は多数報告書を書いており、のちに著作集『林道と山村社会』（宮本 2006）に収録されている。

＊2　ここで行われた提言の一部は、実際にパイロット事業として、山林開拓による畜産・果樹の促進が実施された（赤泊村史編纂委員会 1989: 694-702）。

＊3　二〇一二年八月二一日インタビュー。

＊4　民俗学では、さまざまなアクターの政治経済的な思惑に沿って「伝統らしさ」が表層的に装われたり構築されたりする現象を「フォークロリズム」（民俗主義）と呼び、生活のなかで実践されてきた「本来」の民俗文化が消費社会的文脈に取り込まれ商品化されていく様相を捉えようとしてきた（法橋 2003）。

＊5　相沢氏へのインタビュー（二〇二一年一二月）より。彼の佐渡の旅については相澤（2014）に詳しい。同氏は後に武蔵美に教員として就職した建築学者・民俗学者である。

＊6　この際の記録は姫田（1968）に収録されている。

＊7　『南佐渡の漁撈習俗』は同内容のTEM版が『南佐渡の漁村と漁業』として刊行されており、後者が受賞対象となった。

＊8　このことは、民俗学が「生活疑問」を解くことから始まりながらも、徐々に文化財的な価値のある「民俗」に研究対象を特化し、生活学や社会学など同時代に生きる人びとの日常生活を捉える学問と懸隔が開いたという指摘とも繋がる（岩本 2009）。

＊9　村武精一は当時、東京都立大学に勤める社会人類学者で、屋敷や空間構造の研究を行っていたため、デザインサーヴェイに関心を持つことは不思議ではない。

＊10　真島俊一は「計画系の学生の間でデザインサーベイがエネルギッシュに行われていた」と述べ、真島らが南佐渡で行った調査、相沢韶男が大内宿（福島県）で行った調査はその例であるとしている（田村・真島 2007: 165）。須藤護によると、一九六九年の大内宿での調査には宮本が伊藤ていじとともに実測の様子を見にきた。伊藤のことを「建築学科の学生は皆

知っておりあこがれの人」だったという（須藤護 2022: 194）。
＊11　武蔵美の工業工芸デザイン学科で教えた島崎信氏、また同学科の卒業生でＴＥＭのメンバーでもあった里森滋氏へのインタビューより。
＊12　島崎信氏へのインタビュー（二〇一五年八月）より。
＊13　二〇一二年八月一九日、アースセレブレーションセミナー「宿根木と宮本常一」における門田、杉本浄氏との対談より。
＊14　宮本が地域振興指導に通った新潟県山古志村では、一九七九年に地元青年グループの主導で「山古志地形模型」の制作が始まり、五年かけて完成した模型が地元の民俗博物館に展示されたという（仁瓶 2012: 78）
＊15　真島俊一氏へのインタビュー（二〇二三年七月）による。
＊16　島崎信氏へのインタビュー（二〇一五年八月）より。
＊17　木下は当時、文化庁文化財保護部主任文化財調査官で、後に愛知大学教授を勤めた。しばしば宮本は木下を通じて民俗文化の「発見」と文化財指定をさせている（菅 2018）。

結　論

＊1　たとえば、小木地区公民館発行『壮輪』二七号など。また全国の新聞等における記事は追悼文集続編（田村編 2004）に収録されている。
＊2　総務省「令和五年度総務省所管予算概算要求の概要」（https://www.soumu.go.jp/menu_news/s-news/01kanbo04_02000184.html、二〇二三年五月七日閲覧）。
＊3　もちろん権力関係から解放された主体は存在しないが、そうした主体に可能性がないわけではない。左地亮子はフーコーとバトラーの主体化論を踏まえたうえで、「他者との関係を生きることによって代替不可能な個としての特異性を現す主体、そうして自己以外の他なるものとの関係の中で、既存の硬直した構造や制度を跨ぎ越すようにして自らの生を特異化していく主体と主体化の潜在的な可能性」を示唆している（左地 2023: 146）。
＊4　菅豊が言う「公共民俗学の喜劇」も同様のことを指摘していると思われる（菅 2013）。
＊5　詳細は第2章で述べたが、研究者以外でも同様の論調は多い。「宮本常一はマイクロツーリズムの救世主となるか？」

(https://sotokoto-online.jp/sustainability/2339)、「宮本常一に学ぶ「観察力」」(https://nafu.ac.jp/magazine/26017/)、「宮本常一に学ぶ、「幸共」と内発的地域振興」(https://www.ruralnet.or.jp/syutyo/2010/201011.htm)など。いずれも二〇二三年六月一日閲覧。

あとがき

離島振興法の施行からちょうど七〇年の経った二〇二三年のいま、日本の島はますます困難な状況に陥っている。数値で言えば、離島振興法施行時の一九五三年から二〇二〇年まで、離島人口は六五パーセント減であり、全国人口の四〇パーセント増と比べると圧倒的に人口が減っている。二〇一五年からの五年間でも離島人口は一〇パーセント減で、二〇年時点の高齢化率は四二パーセントと、他の過疎地域よりも深刻さが増している（浜崎 2023）。日本に四〇〇あまりある有人離島のうち、どれだけが一〇〇年後も居住者がいるかと想像すると暗澹たる気持ちになる。さらに憂鬱にさせるのは、こうした数字を前提に提起される離島政策は「有人国境離島」に対する補助金であったり自衛隊配備であったり、外国資本からの買収阻止の声であったりと、そこに住む人びとの幸福を語るよりも、「わが国」の防衛ラインとしての価値で語られるようになりつつあることだ。しかしこうした国土防衛のための「要石」がいざというとき、いとも簡単に「捨て石」にされることは南西諸島の歴史が物語っている。

他方、外部から島に移り住んだ人びとの活動には希望を感じることが少なくない。佐渡でもゲストハウス、書店、ドーナツ屋、ビール醸造、鯛焼き屋、農業、漁業、芸能など、さまざまな業種に移住者が携わっている。しかもセンスが良く、観光客だけでなく地元の人の生活を支えつつある。政府の少子化対策失敗が明白な日本において地域を維持するには、出生主義にこだわり人口を増やすのではなく、どこか別のところにいる「仲間」を増やすことが重要ではないかと思う（もちろん生み育てる人への支援を拡充したうえで）。総じて島は歴史的に流動性が高く、外からの人を受け入れることで進んできた。学生に代表される自由な旅人がよく集まる場所は大丈夫だと考えた宮本常一は、そのことをよくわかっていたのだろう（宮本 1965）。これは日本という国単位で考えた場合も同様で、外から来る人や仲間を増やすか、それを拒んで――移民排斥のように――縮小を続けるかはほとんど二択になりつつある。ダナ・ハラウェイらの著作に掛けて言うならば、Making Kin, Not Population である（Clarke and Haraway eds. 2018）。

どのようにすれば Kin（類縁）でありうるか、それは人それぞれであろう。できることから始めるのが良いと思う。私はとりあえず、佐渡において研究や教育を続け、そのときどきで求められたことには全力で応じることを止めないようにしたい。「死ぬまでやろう佐渡研究」というスローガンが人類学・民俗学界隈にあったと梅屋潔さんに聞いたことがあるが、そういう塩梅でフィールドに関わり続けようと考えている。

本書を書くまでにはさまざまな方にお世話になった。高藤一郎平さんには小木民俗博物館や宿根木の町並み保存のこと、宮本常一との交流など、あらゆることを教わった。加えて私たちに佐渡博物館特別写真展「宮本常一写真で読む佐渡」シリーズを五年にわたって開催する機会をいただき、研究の成果を佐渡の方々に少しお返しすることができた。また菅野敦司さんや鼓童の方々には、アースセレブレーションで「宮本常一と佐渡」などのセミナー企画をさせていただき、宮本と鬼太鼓座のつながりに関心を持つきっかけを与えてもらった。佐渡での調査では、すべてのお名前を挙げることはできないが、大勢の方の助けがあって本研究が可能になった。林道夫さん、柳平則子さん、池田哲夫先生、葛原正巳さん、金子一晴さん、本間裕徳さん、坂本辰巳さん、松田祐樹さん、故山本修巳先生、青木健一郎さん、石塚敏行さん、柴田博文さん、佐々木伸彦さん、故中村英雄さん、中村長生さんをはじめ、私はこの書籍を、佐渡で生きてきた方々に向けて書いた。

島崎信先生、里森滋さん、高木泰伸さん、徳毛敦洋さん、山根耕治さん、柏木薫さん、真島俊一さん、佐渡学センターや佐渡中央図書館、周防大島文化交流センターなどには、さまざまなご助言や資料提供をいただいた。たまたま拙宅近くにお住まいであった故相沢韶男先生にはいろいろとご教示をいただいたが、生前に本書を届けられなかったのが心残りである。

石塚忠博さんには、ご尊父・邦博さんがたくさん残した佐渡の写真の使用許可をいただいた。いずれも貴重な資料であり、お礼を申し上げたい。クリスチャン・ゲーラットさんは、小木民俗博物館について書いた小文（門田 2016）をミュンヘン大学の授業で取り上げていただき、ドイツ語にも翻訳していただいた。

文化運動や宮本常一というトピックが私にとって避けて通れない主題になりつつあったころ、後押しになったプロジェクトがいくつかある。特に国立民族学博物館共同研究「日本におけるネイティブ人類学／民俗学の成立と文化運動」では、重信幸彦先生に本書のベースとなる問題意識を教えられた。文化庁「地域の核となる美術館・歴史博物館支援事業「佐渡国小木民俗博物館を地域の文化拠点として活性化する事業」」は佐渡の方々と調査研究を行う希有な機会となり、かつ院生メンバーの岡田愛さん、鍋倉咲希さん、齋藤真智子さん、藤原香奈さんとの議論からも啓発を受けた。

私が佐渡に初めて関わったのは二〇〇二年夏に岩本通弥先生の調査に同行させてもらったときである。

その頃は島の一周道路も狭く、私がハンドルを握った先生のマニュアル車ヴィッツでもすれ違いに苦労し、南片辺の断崖から落ちて死ぬのではないかと思ったものである。『相川町史』以来岩本先生が佐渡で蓄積してきた研究に学び、かつ故浜口一夫先生、故佐藤利夫先生、故三浦啓作さん、浜野浩さんなど、佐渡で研究活動を行ってきた人びとの謦咳に接することができたことは、いまでも糧となっている。

そして東海大学の杉本浄さん、東京学芸大学の小西公大さんとは、二〇〇九年以来生活文化研究フォーラム佐渡という研究チームを作り（宮本が武蔵美で作った生活文化研究会へのオマージュとして名づけた）、佐渡でともにコミュニティや廃校、アートやものづくり教育、そして佐渡國小木民俗博物館や称光寺に関する調査やアクションリサーチに共同で取り組んできた。本書はそれらの活動で得たアイディア、ともに発掘した資料、毎年複数回に及ぶ佐渡での共同生活に依拠している。とりわけ杉本さんは、小木民俗博物館や鬼太鼓座の設立にも関わった称光寺関係の史資料に関して、歴史学者ならではの緻密な整理と文献精査をされ、本書でも多く引用したように、研究の指針を示していただいた。お二人には最大限の感謝を申し上げたい。

本書は書き下ろしが多いが、もとになった文章もある。ただし、第4章を除き大幅な改稿を行ったので原型はない。

はじめに・第1章・第2章・第6章・第7章・第8章・結論　書き下ろし

第3章　「「離島性」の克服――宮本常一と反転する開発思想」（『立教大学観光学部紀要』一九号、二〇一七年）

第４章　「オートモビリティと移動身体――宮本常一におけるフィールドワークの〈速度〉と拡張現実」（山田義裕・岡本亮輔編『いま私たちをつなぐもの――拡張現実時代の観光とメディア』弘文堂、二〇二一年）

第５章　「運動と開発――１９７０年代・南佐渡における民俗博物館建設と宮本常一の社会的実践」（杉本浄と共著、『現代民俗学研究』五号、二〇一三年）

第９章　「関係性としての地域開発――佐渡の集落に見る伝統・街並み・再帰性」（西川克之・岡本亮輔・奈良雅史編『フィールドから読み解く観光文化学――「体験」を「研究」にする16章』ミネルヴァ書房、二〇一九年）および「エスノグラフィと生成変化――宮本常一の民族誌的実践を事例としたそのエイジェンシーに関する分析」（『立教大学観光学部紀要』二四号、二〇二二年）

慶應義塾大学出版会の上村和馬さんには本書の最初のきっかけを作っていただき、またなかなか進まない執筆をつねに励ましていただいた。出版事情の厳しい折に、というのはすでに常套句で、『ヌアー族』（一九四〇年）でもそう書かれているが（エヴァンズ゠プリチャード 2023）、本書のように近代化の周辺部に位置づけられてきた場所や人びとを描き出す、一見トリビアルなエスノグラフィーを世に出していただいたことに、本当に感謝している。

宮本常一という存在を私が最初に知ったのは、父の蔵書であった宮本常一著作集を通してである。父はある時期、弓削島や四阪島など瀬戸内の島に地理学的な巡検に通っていたようで、幼少時に私も付いて行った記憶がある。書籍や巡検の記憶がのちに、佐渡での研究と結びつくことになったと思う。妻の髙橋絵里香氏からは離島研究について助言を賜った。二〇二一年に家族で滞在した彼女の研究フィールドであるフィンランド南西部、バルト海のアーキペラーゴ（群島）は文字どおり島が群をなし、そのなかでも架橋の有無、渡船が無料かどうかなど、インフラによって生活が大きく異なっていることがわかった。本書の構想は佐渡、瀬戸内、そしてバルト海の島での短いながら発見の多い暮らしに支えられている。

二〇二三年四月二九日　新潟駅前の雑踏にて記す

門田岳久

サ行

タ行

ナ行

ハ行

マ行

ヤ行

ラ行

ワ行

参考文献

アーリ、ジョン、ヨーナス・ラースン 2014『観光のまなざし（増補改訂版）』加太宏邦訳、法政大学出版局
相川町史編纂委員会編 1973『佐渡相川の歴史 資料集2 墓と石造物』新潟県佐渡郡相川町
相川陽一 2019「三里塚闘争における主体形成と地域変容」『国立歴史民俗博物館研究報告』216: 169-212
相沢韶男 1973「民俗博物館を作る」『あるく・みる・きく』76: 21-32、日本観光文化研究所
相沢韶男 1989「民俗博物館・歴史民俗資料館」『観文研 二十三年のあゆみ』近畿日本ツーリスト日本観光文化研究所、pp.262-264
相澤韶男 2014『美者たらんとす――壊さない建築家をめざして 1943〜70年』ゆいでく有限会社
會田千春・岡崎篤行 2010「修理修景事業における基準の運用実態とオーセンティシティからみた課題――佐渡市宿根木重要伝統的建造物群保存地区を対象として」『日本建築学会技術報告集』16(32): 325-328
赤城耕一 2014「視覚の延長だった愛機、オリンパスペン」石川直樹・須藤功・赤城耕一・畑中章宏・宮本常一『宮本常一と写真』平凡社、pp.95-98
赤沢史朗 1987「日本ファシズムと大衆文化」『日本史研究』295: 32-44
赤泊村史編纂委員会編 1989『赤泊村史 下巻』赤泊村教育委員会
浅野芳正ほか 1985「全国離島振興協議会のころ――浅野芳正先生に聞く」『日本観光文化研究所研究紀要』5: 3-31
東浩紀・北田暁大 2007『東京から考える――格差・郊外・ナショナリズム』NHK出版
足立明 2001「開発の人類学――アクター・ネットワーク論の可能性」『社会人類学年報』27: 1-33
アパデュライ、アルジュン 2004『さまよえる近代――グローバル化の文化研究』門田健一訳、平凡社
網野善彦 2013『宮本常一「忘れられた日本人」を読む』岩波書店
荒井浄二 2007「林業・森林・山村の問題を考える視点――「林業金融調査会」に

触れて」『農林金融』60(8): 40-45
荒川章二 2012「地域の中の一九六八年」安田常雄編『シリーズ戦後日本社会の歴史 3 社会を問う人びと——運動のなかの個と共同性』岩波書店、pp.226-257
荒川徹 2016「音＋映像の同期と感覚する脳」日高優編『映像と文化——知覚の問いに向かって』藝術学舎、pp.193-206
安藤慎悟・ゴルブチェンコ・スタニスラワ・久米山幹太・谷口守 2022「中央省庁による関係人口創出施策の動向」『都市計画報告集』21(2): 204-211
李鎮教 2022「村落社会の危機と儀礼的対応——反風力発電「山神祭」に関する民俗誌的研究」『日常と文化』10: 39-58
李鎮教 2023「「80 年代」の抵抗文化と民俗の地域社会への帰還——韓国慶尚北道英陽郡「長坡川文化祭」に関する民俗誌的研究」『日常と文化』11: 23-48
池田哲夫 2006『佐渡島の民俗』高志書院
池田哲夫 2010「佐渡と宮本常一——地方の民俗研究者との交流」『佐渡・越後文化交流史研究』10: 15-23
石川直樹・須藤功・赤城耕一・畑中章宏・宮本常一 2014『宮本常一と写真』平凡社
石瀬佳弘 1975「佐渡の自由民権運動について」『地方史研究』25 (4): 37-39
石原俊 2007『近代日本と小笠原諸島——移動民の島々と帝国』平凡社
石原俊 2011「〈島〉をめぐる方法の苦闘——同時代史とわたりあう宮本常一」『現代思想』39 (15): 134-157
石原俊 2021「戦後日本における島々の集団的創造性——宮本常一とコミューン／アソシエーション」松田素二編『集合的創遣性——コンヴィヴィアルな人間学のために』世界思想社、pp.171-198
磯部欣三 1973「大資本の離島開発を拒否する——破壊より貧乏を選ぶ住民の論理」『エコノミスト』51: 76-79、毎日新聞社
井出幸男 2016『宮本常一と土佐源氏の真実』梟社
伊藤毅 2005「港町の両義性——宿根木の耕地と集落」伊藤毅・吉田伸之編『水辺の都市』山川出版社、pp.67–75
伊藤智樹 2019「新潟県佐渡市宿根木における町並み保存の現状と課題」『早稲田大学大学院教育学研究科紀要』別冊 27(1): 25-35
伊藤廣之 2016「宮本常一の環境論」『近畿民俗』182: 39-46
伊藤泰信 2015「民族誌なしの民族誌的実践——産業界における非人類学的エスノグラフィの事例から」『九州人類学会報』42: 17-21
伊藤泰信 2020「文化人類学の視角と方法論を実務に活かす」八巻惠子編『企業経営のエスノグラフィ』東方出版、pp.311-337
岩田重則 2013『宮本常一——逸脱の民俗学者』河出書房新社

岩谷文方 1973「第 2 次空港整備 5 か年計画について」『日本航空宇宙学会誌』21 (231): 239-246
岩波書店編 1955『忘れられた島』岩波書店
岩原紘伊 2020『村落エコツーリズムをつくる人びと――バリの観光開発と生活をめぐる民族誌』風響社
岩本通弥 1986「家族と親族」相川町史編纂委員会編『佐渡相川の歴史 資料集 8 相川の民俗 I』新潟県佐渡郡相川町、pp.171-286
岩本通弥 1998「民俗学と「民俗文化財」とのあいだ――文化財保護法における「民俗」をめぐる問題点」『國學院雑誌』99(11): 219-231
岩本通弥 2003「フォークロリズムと文化ナショナリズム――現代日本の文化政策と連続性の希求」『日本民俗学』236: 172-188
岩本通弥 2009「「生活」から「民俗」へ――日本における民衆運動と民俗学」『日本學』29: 29-62、東國大學校文化學術院日本學研究所
岩本通弥 2012「民俗学と実践性をめぐる諸問題――「野の学問」とアカデミズム」岩本通弥・菅豊・中村淳編『民俗学の可能性を拓く――「野の学問」とアカデミズム』青弓社、pp.9-82
岩本通弥編 2007『ふるさと資源化と民俗学』吉川弘文館
岩本通弥編 2013『世界遺産時代の民俗学――グローバル・スタンダードの受容をめぐる日韓比較』風響社
インゴルド、ティム 2014『ラインズ――線の文化史』工藤晋訳、左右社
鵜飼照喜 2001「地域開発と地域環境問題――沖縄の地域開発の展開と環境問題」舩橋晴俊編『講座環境社会学 2 加害・被害と解決過程』有斐閣、pp.89-115
内田隆三 2002『国土論』筑摩書房
ヴェンチューリ、ロバート 1978『ラスベガス』石井和紘・伊藤公文訳、鹿島出版会
エヴァンズ゠プリチャード、E.E. 2023『新版ヌアー族――ナイル系一民族の生業形態と政治制度の調査記録』向井元子訳、平凡社
エスコバル、アルトゥーロ 2022『開発との遭遇――第三世界の発明と解体』北野収訳、新評論
越前範行・倉田さとみ・佐藤正明編 1989『郷土大学講座』佐渡国小木民俗博物館
大井良明・太田順一編 1989『佐渡の鼓童』ブレーンセンター
大門正克 2013「いのちを守る農村婦人運動――「生存」の足場を創る歴史の試み、岩手県和賀町」大門正克他編『「生存」の東北史――歴史から問う 3・11』大月書店、pp. 186-242
大塚英志 2007『公民の民俗学』作品社
大塚英志 2021「1980 年代とサブカルチャー――大塚英志さんに聞く」宇野田尚哉・

坪井秀人編『対抗文化史——冷戦期日本の表現と運動』大阪大学出版会、pp.323-360
大坪景章編 1978『ドキュメント成田空港——傷だらけの 15 年』東京新聞出版局
大矢内生気 2010「『宮本常一離島論集』第 5 巻に寄せて」『宮本常一離島論集 5 ふるさとの島にありて思う／島と文化伝承』みずのわ出版、pp.170-174
大矢内生気 2013「宮本常一自身による離島振興運動総括」『宮本常一離島論集 3 利尻島見聞／離島振興の諸問題』みずのわ出版、pp.189-193
岡田さなえ 2010（1972）「聞き書き、三里塚の婦人たち」大澤真幸・斎藤美奈子・橋本努・原武史編『一九七〇年転換期における『展望』を読む——思想が現実だった頃』筑摩書房、pp.415-423
岡田愛 2019「ヒトとモノが協働するまちづくり——宿根木小学校および佐渡国小木民俗博物館にみる地域開発の変遷」文化資源班編『南佐渡の文化資源——暮らしの変化を見つめて』生活文化研究フォーラム佐渡、pp.20-41
岡部真菜 2018「相川商店街の賑わいの変遷」門田岳久・小西公大・杉本浄・鍋倉咲希編『宮本常一写真で読む佐渡 2——観光以降』生活文化研究フォーラム佐渡、pp.145-158
小川奈穂子 2017「宮本写真から見る移動と観光の変遷——海府線開通による外海府観光の変化」『宮本常一写真で読む佐渡 1——マスツーリズム』生活文化研究フォーラム佐渡、pp.49-64
小川原湖民俗博物館編 1989『小川原湖民俗博物館と祭魚洞公園』ぎょうせい
小木町史編纂委員会 1974『小木町史 村の歴史 下巻』小木町
小熊英二 2009a『1968 上——叛乱の終焉とその遺産』新曜社
小熊英二 2009b『1968 下——叛乱の終焉とその遺産』新曜社
おけさ柿物語編集員会編 1985『羽茂町誌第 1 巻 おけさ柿物語』新潟県佐渡郡羽茂町
小澤卓 2015「離島地域における観光政策の経済分析」『中央大学経済研究所年報』47: 185-204
小田実 1961『何でも見てやろう』河出書房新社
小田光雄 2017『〈郊外〉の誕生と死』論創社
カーシェンブラット - ギンブレット、バーバラ 1996「誤りの二元論」岩竹美加子訳『民俗学の政治性——アメリカ民俗学 100 年目の省察から』未來社、pp.235-281
『回想——磯部欣三』刊行委員会編 2007『回想——磯部欣三』
加島卓 2019「二つのデザイン・サーヴェイ——考現学以後の建築とプロダクト・デザイン」『現代思想』47(9): 182-190
香月洋一郎 2013『景観写真論ノート——宮本常一のアルバムから』筑摩書房
加藤幸治 2020『渋沢敬三とアチック・ミューゼアム——知の共鳴が創り上げた人

文学の理想郷』勉誠出版
門田岳久 2013『巡礼ツーリズムの民族誌——消費される宗教経験』森話社
門田岳久 2014「自分自身について語ること——民俗学における再帰性」門田岳久・室井康成編『〈人〉に向きあう民俗学』森話社、pp.226-259
門田岳久 2016「博物館と住民参加——『佐渡國小木民俗博物館』にみる地域とのかかわり方」『交流文化』16: 34-41
門田岳久・小西公大 2018「フォト・エリシテーションを用いた教育と社会実践——宮本常一写真を通じた佐渡の開発／観光史研究から」『立教大学観光学部紀要』20: 40-53
門田岳久・杉本浄 2013「運動と開発—— 1970 年代・南佐渡における民俗博物館建設と宮本常一の社会的実践」『現代民俗学研究』5: 33-49
金子繁 1990『小木町政の思い出 上巻』私家版
神蔵勝明・小林巌雄・池田雄彦・相田満久 2013『佐渡島の自然（地学編）』佐渡市教育委員会・佐渡ジオパーク推進協議会
上西哲雄 2017「都市小説としての『サンクチュアリ』——『グレート・ギャッツビー』から『走れうさぎ』への系譜の中で」日本ウィリアム・フォークナー協会編『フォークナー』19: 20-38
河内敏夫 2004「宮本先生との出会い」宮本常一先生追悼文集編集委員会編『宮本常一——同時代の証言（復刻版）』マツノ書店、pp.452-454
川上征雄 2008『国土計画の変遷——効率と衡平の計画思想』鹿島出版会
川喜田二郎 1977『ひろばの創造——移動大学の実験』中央公論社
川添登 1996『思い出の気』七〇／七〇の会
川松あかり 2021「語り継ぐことと文化創造運動のあいだ——旧産炭地筑豊における試み」大塚英志編『運動としての大衆文化——協働・ファン・文化工作』水声社、pp.417-435
川森博司 2012「当事者の声と民俗誌——日本民俗学のもうひとつの可能性」『東洋文化』93: 199-218
菊地暁 2001『柳田国男と民俗学の近代——奥能登のアエノコトの二十世紀』吉川弘文館
菊地暁 2016「民俗学者・水野清一——あるいは、「新しい歴史学」としての民俗学と考古学」坂野徹編『帝国を調べる——植民地フィールドワークの科学史』勁草書房、pp.13-45
菊地暁・佐藤守弘編 2020『学校で地域を紡ぐ——「北白川こども風土記」から』小さ子社
岸政彦 2013『同化と他者化——戦後沖縄の本土就職者たち』ナカニシヤ出版
北川鉄夫・第一回芸能大学実行委員会編 1986『佐渡の芸能』文理閣

北河賢三 2014『戦後史のなかの生活記録運動――東北農村の青年・女性たち』岩波書店
北見俊夫 1986a「相川の民俗の位相」相川町史編纂委員会編『佐渡相川の歴史 資料集 8 相川の民俗 I』新潟県佐渡郡相川町、pp.1-16
北見俊夫 1986b「陸の道と海の道」相川町史編纂委員会編『佐渡相川の歴史 資料集 8 相川の民俗 I』新潟県佐渡郡相川町、pp.369-414
木下忠 2004「民俗文化財の保護と宮本先生」『宮本常一――同時代の証言（復刻版）』マツノ書店、pp.335-337
木村哲也 2018『宮本常一を旅する』河出書房新社
木村勉 2008『重要伝統的建造物群宿根木見直し調査報告書』佐渡市教育委員会
木村勉 2014「三角家・旧深野家住宅の保存と活用　伝建地区・宿根木における大学・行政・地元の連携」『北陸信越地方の歴史的建造物――地域文化財の調査研究と保存活用』日本建築学会北陸支部歴史意匠部会、pp.46-49
九学会連合佐渡調査委員会編 1964『佐渡――自然・文化・社会』平凡社
倉石忠彦 1996「都市生活者の故郷観」『日本民俗学』206: 12-24
クリフォード、ジェームズ、ジョージ・マーカス編 1996『文化を書く』春日直樹他訳、紀伊国屋書店
クロポトキン、ピョートル 1920『相互扶助論』大杉栄訳、春陽堂
桑山敬己 2008『ネイティヴの人類学と民俗学――知の世界システムと日本』弘文堂
ゲール、ヤン 2014『人間の街――公共空間のデザイン』北原理雄訳、鹿島出版会
小泉英政 2013『土と生きる――循環農場から』岩波書店
高坂健次 2004「頻ニ無辜ヲ殺傷シ――幸福と不幸の社会学序説」『先端社会研究』1: 1-51
国土交通省 2022「わが国の空港の現況」『昭和 40 年度運輸白書』（https://www.mlit.go.jp/hakusyo/transport/shouwa40/ind110303/frame.html 、2022 年 11 月 11 日閲覧）
小国喜弘 2001『民俗学運動と学校教育――民俗の発見とその国民化』東京大学出版会
小島孝夫 1999「離島振興法と離島生活の変化――島根県隠岐郡都万村を事例として」『成城大学民俗学研究所紀要』23: 37-70
小杉亮子 2021「問い直される大学の境界―― 1968 ～ 69 東大闘争」宇野田尚哉・坪井秀人編『対抗文化史――冷戦期日本の表現と運動』大阪大学出版会、pp.141-158
琴浦集落 2005『横井戸の水が出た！――琴浦開田 50 周年記念誌』琴浦集落
鼓童 1989『月刊 鼓童』11
鼓童文化財団 2011『いのちもやして、たたけよ。――鼓童 30 年の軌跡』出版文化

社
小西公大 2018「異種混交が生み出すフィールド教育の可能性――離島・廃校舎・ローカリティ」『社会と調査』20: 84-89
小西公大・門田岳久・杉本浄 2014「「協働」を生み出すフィールド――廃校をめぐる研究・開発・教育のはざまで」椎野若菜・白石壮一郎編『フィールドに入る』古今書院、pp.137-157
小西公大・齋藤真智子 2020「〈交渉〉が生み出す創発性――佐渡島宿根木集落における「観光現象」のフィールドから」『東京学芸大学紀要 人文社会科学系』II-71: 59-98
駒込武編 2020『生活綴方で編む「戦後史」――〈冷戦〉と〈越境〉の 1950 年代』岩波書店
サイード、エドワード W. 2018『イスラム報道―― ニュースはいかにつくられるか（増補版）』浅井信雄・佐藤成文・岡真理訳、みすず書房
財団法人日本離島センター編 1974『離島振興 20 年の歩み』財団法人日本離島センター
才津祐美子 2020『世界遺産「白川郷」を生きる――リビングヘリテージと文化の資源化』新曜社
斉藤泰雄 2012「識字能力・識字率の歴史的推移――日本の経験」『国際教育協力論集』15(1): 51-62
坂野徹 2012『フィールドワークの戦後史――宮本常一と九学会連合』吉川弘文館
佐久間寛・中村隆之・水溜真由美 2023「「回路」としての雑誌運動――見つける、繋ぐ、変える」『思想』1187: 10-34
佐久本りの 2014「博物館の地域における役割――佐渡國小木民俗博物館が語るべきストーリー」小西公大・吉元奈々子編『モノとヒトが紡ぐ世界――佐渡國小木民俗博物館の展示品から始めた社会調査―』首都大学東京都市教養学部社会人類学分野、pp.16-32
酒川哲保 1953「地域に立つ教育」『学習研究』126: 58-64
左近幸村 2020「「小さな歴史」としてのグローバル・ヒストリー――一九五〇年代の新潟から冷戦を考える」恒木健太郎・左近幸村編『歴史学の縁取り方――フレームワークの史学史』東京大学出版会、pp.195-220
佐田尾信作 2004『宮本常一という世界』みずのわ出版
左地亮子 2023「主体化と主体の自由を再考する――現代フランスを生きるマヌーシュ女性の民族誌から」『白山人類学』26: 139-166
佐渡市 2006「佐渡市保育園・小学校・中学校統合計画」佐渡市教育委員会
佐渡市 2021「統計資料：令和 2 年 人口等基本集計の概要（人口と世帯数など）（国勢調査）」（https://www.city.sado.niigata.jp/soshiki/2002/32724.html 、2023 年 2 月 21

日閲覧）
佐渡市 2022「佐渡市小学校・中学校再編統合計画」佐渡市教育委員会
佐藤健二 1994『風景の生産・風景の解放――メディアのアルケオロジー』講談社
佐藤健二 2009「方法としての民俗学 / 運動としての民俗学 / 構想力としての民俗学」小池淳一編『民俗学的想像力』せりか書房、pp.260-281
佐藤健二 2023「渋沢敬三における「学問」と「実業」」『歴史と民俗』39: 329-358
佐藤仁 2013「小さき民に学ぶ意味――あとがきに代えて」ジェームズ・C・スコット『ゾミア――脱国家の世界史』みすず書房、pp.351-363
佐藤智敬 2019「宮本常一による昭和 10 年代民俗調査の足跡」『国際常民文化研究叢書』13: 263-272
佐藤寛 2005『開発援助の社会学』世界思想社
佐藤正志・前田洋介編 2017『ローカル・ガバナンスと地域』ナカニシヤ出版
佐渡新航空路開設促進協議会 2022「佐渡空港拡張整備計画」（https://s-kuko2000.com/plan/ 、2022 年 11 月 11 日閲覧）
さなだゆきたか 2002『宮本常一の伝説』阿吽社
佐野眞一 1996『旅する巨人――宮本常一と渋沢敬三』文藝春秋
佐野眞一 2000『NHK 人間講座 宮本常一が見た日本』日本放送出版協会
佐野眞一 2001『宮本常一が見た日本』日本放送出版協会
佐野眞一 2004『宮本常一の写真に読む失われた昭和』平凡社
佐野眞一編 2005『宮本常一――旅する民俗学者』河出書房新社
猿谷弘江 2021『六〇年安保闘争と知識人・学生・労働者――社会運動の歴史社会学』新曜社
シヴェルブシュ、ヴォルフガング 1982『鉄道旅行の歴史―― 19 世紀における空間と時間の工業化』加藤二郎訳、法政大学出版局
潮田鉄雄 2004「民具学の旅はるか」宮本常一先生追悼文集編集委員会編『宮本常一――同時代の証言（復刻版）』マツノ書店、pp.344-345
重信幸彦 2009「『野』の学のかたち――昭和初期・小倉郷土会の実践から」小池淳一編『民俗学的想像力』せりか書房、pp.134-158
重信幸彦 2010「動員と実践のはざまから――バード・ホンブルグの問い」『日本民俗学』263: 179-197
重信 幸彦 2012「〈声〉のマテリアル――方法としての「世間話」・柳田國男から現代へ」『日本民俗学』270: 85-110
信田敬 2004「佐渡南部農業開発と宮本先生」宮本常一先生追悼文集編集委員会編『宮本常一――同時代の証言（復刻版）』マツノ書店、pp.205-207
篠原徹 2011「記憶する世界と歩く世界――宮本常一の旅と思想」『現代思想』39(15): 120-132

渋沢敬三 1987（1961）「跋文——宮本常一君のこと」『宮本常一集 23 巻 村里をいく』未來社、pp.315-326（「わが食客は日本一——努力の民俗学者宮本常一君のこと」『文藝春秋』1961 年 8 月号）
島村恭則 2019「民俗学とはいかなる学問か」『日常と文化』7: 1-14
島村恭則 2021「ジェシー・ファイブコート編『民俗学の前進』」『現代思想』50(1): 199-204
島村恭則編 2013『引揚者の戦後』新曜社
清水展 2020「はじめに——現場と社会のつなぎ方」清水展・飯嶋秀治編『自前の思想——時代と社会に応答するフィールドワーク』京都大学学術出版会、pp.1-20
宿根木を愛する会編 2014『重要伝統的建造物群保存地区選定 20 周年記念誌 千石船の里宿根木 町並み保存のあゆみ〜ふりかえり・明日につなぐ〜』宿根木を愛する会
庄司俊作編 2017『戦後日本の開発と民主主義——地域にみる相剋』昭和堂
昭文社 2012『ことりっぷ新潟・佐渡』昭文社
神保教子 1964「佐渡島の婦人の生活」『しま』10(1): 58-59
菅豊 2010「現代アメリカ民俗学の現状と課題——公共民俗学（Public Folklore）を中心に」『日本民俗学』263: 94-126
菅豊 2012「公共民俗学の可能性」岩本通弥・菅豊・中村淳『民俗学の可能性を拓く——「野の学問」とアカデミズム』青弓社、pp.83-140
菅豊 2013「民俗学の喜劇——「新しい野の学問」世界に向けて」『東洋文化』93: 219-243
菅豊 2018「フィールドワークの宿痾——公共民俗学者・宮本常一がフィールドに与えた「迷惑」」『社会人類学年報』44: 1-27
絓秀実・木藤亮太 2017『アナキスト民俗学——尊皇の官僚・柳田国男』筑摩書房
杉本浄 2021「1970 年代の永六輔と佐渡」『生活文化研究フォーラム』2: 50-53
杉本浄 2022「1962 年の林道明——宮本常一招聘をめぐる資料とともに」『生活文化研究フォーラム』3: 28-42
杉本浄 2023「学校の廃校と廃校の学校——新潟県佐渡市旧大滝小学校の変遷を事例に」『東海大学紀要文化社会学部』9: 1-30
杉本仁 2000「寄合民主主義に疑義あり——宮本常一「対馬にて」をめぐって」『柳田国男・民俗の記述』岩田書院、pp.53-100
杉本仁 2009「作意された民俗——宮本常一「名倉談義」を読む」『柳田国男・主題としての日本』梟社、pp.191-226
杉本仁 2021「後藤総一郎と常民大学運動——「野の学」への希求」大塚英志編『運動としての大衆文化——協働・ファン・文化工作』水声社、pp.351-364

杉本尚次 2002「野外民家博物館の 100 年——民家の生活復元展示をめぐって」日本生活学会編『生活学 26 住まいの 100 年』ドメス出版、pp.296-320.
スコット、ジェームズ・C 2013『ゾミア——脱国家の世界史』佐藤仁監訳、池田一人・今村真央・久保忠行・田崎郁子・内藤大輔・中井仙丈訳、みすず書房
鈴木棠三 1939『佐渡昔話集』民間伝承の会
鈴木勇次 2005「宮本常一氏のもう一つの離島振興観——一通の手紙に託す離島の公平性」『現代社会学部紀要』3(1): 1-8
鈴木勇次 2012「離島振興法に関わる個人力——山階芳正氏の活躍と貢献」『現代社会学部紀要』10(1): 9-22
鈴木洋平 2009「石塔化と『無縁』——佐渡橘における恒久的石塔の選択と『意味づけ』」『日本民俗学』257: 83-118
須藤功 2022『宮本常一——人間の生涯は発見の歴史であるべし』ミネルヴァ書房
須藤功編 2004『写真でつづる宮本常一』未來社
須藤護 2022「私の民俗学」須藤護・山田貴生・黒﨑英花編『民俗学の射程』晃洋書房、pp.192-204
清野隆 2022「生業の転換と空間の適応——佐渡市宿根木集落」日本建築学会編『地域文脈デザイン——まちの過去・現在・未来をつなぐ思考と方法』鹿島出版会、pp.128-131
高岡文章 2014「観光とメディアとルート——ルート観光論へ向けて」『観光学評論』2(1): 29-41
高木泰伸 2012「宮本常一写真データベースの現状と課題」『民具研究』146: 11-19
高田雅士 2022『戦後日本の文化運動と歴史叙述——地域のなかの国民的歴史学運動』小さ子社
髙橋絵里香 2019『ひとりで暮らす、ひとりを支える——フィンランド高齢者ケアのエスノグラフィー』青土社
高藤一郎平 2015「新潟県佐渡市・宿根木地区における観光と居住」『住宅』64(7): 35-37
高松圭吉 1981「指導者・宮本常一」『生活学会報』18: 39-46
竹内康人 2022『佐渡鉱山と朝鮮人労働』岩波書店
武川正吾 2010「地域福祉の主流化とローカル・ガバナンス」野口定久・平野隆之編『日本の社会福祉 6　地域福祉』日本図書センター、pp. 315-330
竹沢尚一郎 2018「人類学を開く——『文化を書く』から「サークル村」へ」『文化人類学』83(2): 145-165
竹田旦 1968『離島の民俗』岩崎美術社
多田治 2008『沖縄イメージを旅する——柳田國男から移住ブームまで』中央公論新社

田中宣一 2003「新生活運動と新生活運動協会」『成城文藝』181: 16-54
谷川雁 2022（1959）『工作者宣言』月曜社
谷川嘉浩 2022『鶴見俊輔の言葉と倫理――想像力、大衆文化、プラグマティズム』人文書院
谷沢明 1999a「モノをとおしてみた住まいと居住形式（一）――宮本常一研究から」『民具研究』119: 1-14
谷沢明 1999b「モノをとおしてみた住まいと居住形式（二）――宮本常一研究から」『民具研究』120: 63-80
谷沢明 2009「宮本常一の観光文化論」『愛知淑徳大学現代社会研究科研究報告』4: 1-16
田村祥男 1976「佐渡――その冬」『季刊民話』5: 1-8
田村善次郎 2006「解説」『宮本常一著作集 48 林道と山村社会』未來社、pp.363-368
田村善次郎 2014「語部の賦 2――新生活運動と宮本先生」『宮本常一講演選集 3――都会文化と農村文化』農山村文化協会、pp.350-362
田村善次郎・真島俊一 2007「「なぜ」をもって歩き続けた人」宮本常一『日本人の住まい――生きる場のかたちとその変遷』農山村文化協会、pp.165-170
田村善次郎編 2004『宮本常一――同時代の証言（続編）』マツノ書店
田村善次郎編 2012『宮本常一日記 青春篇』付属 CD、毎日新聞社
田村和彦 2021「モノを使う、モノに使われる」岩本通弥・門田岳久・及川祥平・田村和彦・川松あかり編『民俗学の思考法――〈いま・ここ〉の日常と文化を捉える』慶應義塾大学出版会、pp.73-84
塚田修一・西田善行編 2018『国道 16 号線スタディーズ――2000 年代の郊外とロードサイドを読む』青弓社
土屋誠一 2011「景観をめぐる時間と空間の政治学――宮本常一・写真・地図」『現代思想』39(15): 222-229
鶴見和子 1989「内発的発展論の系譜」鶴見和子・川田侃編『内発的発展論』東京大学出版会、pp.43-64
鶴見太郎 1998『柳田国男とその弟子たち――民俗学を学ぶマルクス主義者』人文書院
鶴見太郎 2006「柳田民俗学の東アジア的展開」『岩波講座「帝国」日本の学知 第 6 巻 地域研究としてのアジア』岩波書店、pp.105-141
鶴見太郎 2021「自らをどこに置きなおすか――『日本民俗学講習会』のあとさき」大塚英志編『運動としての大衆文化――協働・ファン・文化工作』水声社、pp.365-384
テム研究所 1975「佐渡を訪ねて――船と小木岬の村」『あるくみるきく』102: 3-37
田耕 1994「鬼たちの流竄」『たいころじい』10: 2-10

土井清美 2015『途上と目的地――スペイン・サンティアゴ徒歩巡礼路 旅の民族誌』春風社
鳥羽耕史 2010『1950 年代――「記録」の時代』河出書房新社
富永京子 2013「社会運動における離脱の意味――脱退、燃え尽き、中断をもたらす運動参加者の人間関係認識」『ソシオロゴス』37: 170-187
内藤直樹 2014「ケニア牧畜民の伝統社会は開発から逃れられるか」内藤直樹・山北輝裕編『社会的包摂 / 排除の人類学――開発・難民・福祉』昭和堂、pp.23-40
長嶋俊介・渡辺幸重監修・編集 2023『新版 日本島事典（上）』三交社
永田祐 2011『ローカル・ガバナンスと参加――イギリスにおける市民主体の地域再生』中央法規
長友淳 2013『日本社会を「逃れる」= LIFESTYLE MIGRATION ――オーストラリアへのライフスタイル移住』彩流社
中野敏男 2001「〈戦後〉を問うということ――『責任』への問い、『主体』への問い」『現代思想』29(9): 291-309
中堀均 1983「佐渡国小木民俗博物館――民具の収集」『博物館研究』184: 59-63
中村淳 2008「文芸的景観と科学的景観―― 20 世紀前半の佐渡海部海岸の景観資源化をめぐって」岩本通弥編『地域資源としての〈景観〉の保全および活用に関する民俗学的研究』東京大学大学院総合文化研究科、pp.11-31
中山徳太郎・青木重孝 1938『佐渡年中行事』民間伝承の会
新潟県教職員組合佐渡支部編 2015『佐渡の学校――思い出の学び舎』佐渡教育会館
新潟県佐渡郡小木町編 1975『南佐渡の漁撈習俗――南佐渡漁撈習俗緊急調査報告書』小木町
新潟県佐渡郡小木町 1981『宿根木 伝統的建造物群保存対策調査報告』小木町
新教組佐渡支部 1975「第 22 分科会（公害と教育）報告書　佐渡新空港建設と予想される公害」
西嶋一泰 2010「1950 年代における文化運動のなかの民俗芸能――原太郎と「わらび座」の活動をめぐって」『Core Ethics』6: 299-310
仁瓶俊介 2012「長岡市山古志地域での交流の特徴――その類型と今後の進展」『福祉社会開発研究』5: 73-96
日本建築学会編 2018『建築フィールドワークの系譜――先駆的研究室の方法論を探る』昭和堂
日本村落研究学会編 2005『消費される農村――ポスト生産主義下の「新たな農村問題」』農山漁村文化協会
日本民俗学会編 1975（1966）『離島生活の研究』集英社

人間文化研究機構国立歴史民俗博物館編 2023『REKIHAKU 008 アートがひらく地域文化』人間文化研究機構国立歴史民俗博物館
農文協 2010「宮本常一に学ぶ、「幸共」と内発的地域振興」(https://www.ruralnet.or.jp/syutyo/2010/201011.htm 、2021 年 11 月 10 日閲覧)
野口敏樹 2013「資料紹介　戦前の佐渡観光を考える〜佐渡観光史の試み〜」『佐渡学センター年報』4: 31-34
野村典彦 2011『鉄道と旅する身体の近代——民謡・伝説からディスカバー・ジャパンへ』青弓社
ノラン、リオール 2007『開発人類学——基本と実践』関根久雄ほか訳、古今書院
バウマン、ジグムント 2001『リキッド・モダニティ——液状化する社会』森田典正訳、大月書店
バロン、ロバート 2013「アメリカにおける公共民俗学——その課題・実践・展望」吉村亜弥子・室井康成訳『日本民俗学』273: 96-127
白山丸友の会編 2004『時代に帆を揚げて——白山丸復原の足跡』白山丸友の会
間弘志 2003『全記録——分離期・軍政下時代の奄美復帰運動、文化運動』南方新社
橋本和也 2022『旅と観光の人類学——「歩くこと」をめぐって』新曜社
長谷川浩・波多野匠 2002「利用者サイドから見た空港整備に係る政策評価指標に関する考察」『国総研資料』38(http://www.nilim.go.jp/lab/bcg/siryou/tnn/tnn0038.htm 、2022 年 11 月 11 日閲覧)
畑中章宏 2015『『日本残酷物語』を読む』平凡社
畑中章宏 2023『今を生きる思想 宮本常一——歴史は庶民がつくる』講談社
浜崎宏正 2023「離島を巡る状況」『人と国土 21』48(6): 4-7
浜本満 2005「見晴らしのよい場所」太田好信・浜本満編『メイキング文化人類学』世界思想社、pp.91-112
林英哲 2012『太鼓日月——独走の軌跡』講談社
林英哲 2017『あしたの太鼓打ちへ』羽鳥書店
林道夫 2007a「宮本常一と佐渡 1——“人たらし”、実学の人」『島の新聞』14: 4
林道意 2007b「『佐渡時衆の系譜』試論」沖浦和光編『佐渡の風土と被差別民——歴史・芸能・振興・金銀山を辿る』現代書館、pp.138-163
林道明 1976「民俗博物館の役割・意義・問題点」『日本民俗学』106: 7-13
林道明 1981「寺の四季——小佐渡の冬、春」『あるくみるきく』177: 4-34
林道明 1982「宮本先生と島」『しま』106: 107-119
林道明 2004「佐渡の宮本先生」宮本常一先生追悼文集編集委員会編『宮本常一——同時代の証言(復刻版)』マツノ書店、pp.203-205
姫田忠義 1968「佐渡小木岬」『あるくみるきく』14: 29-37

ビショップ、クレア 2016『人工地獄——現代アートと観客の政治学』大森俊克訳、フィルムアート社
広井良典 2009『コミュニティを問いなおす——つながり・都市・日本社会の未来』筑摩書房
ファーガソン、ジェームズ 2020『反政治機械——レソトにおける「開発」・脱政治化・官僚支配』石原美奈子・松浦由美子・吉田早悠里訳、水声社
フィッツジェラルド、スコット F.2009『グレート・ギャッツビー』小川高義訳、光文社
フェザーストン、マイク、ナイジェル・スリフト、ジョン・アーリ編 2010『自動車と移動の社会学——オートモビリティーズ』近森高明訳、法政大学出版局
福田アジオ 1984『日本民俗学方法序説』弘文堂
福田アジオ 2009『日本民俗学の開拓者たち』山川出版社
福田アジオ編 2001『柳田国男の世界——北小浦民俗誌を読む』吉川弘文館
福田アジオ編 2002『北小浦の民俗——柳田国男の世界を歩く』吉川弘文館
福田克彦 2001『三里塚アンドソイル』平原社
福田晴子 2022『宮本常一の旅学——観文研の旅人たち』宮本千晴監修、八坂書房
福永香織 2015「地域の博物館、どう見せる？どう活かす？」（https://www.jtb.or.jp/researchers/column/column-local-museum-fukunaga/、2023 年 5 月 6 日閲覧）
藤田省三 1978（1960）「昭和 15 年を中心とする転向の状況」思想の科学研究会『改訂増補 共同研究 転向』中、平凡社、pp.4-49
藤田直哉 2016「前衛のゾンビたち——地域アートの諸問題」藤田直哉編『地域アート美学／制度／日本』堀之内出版、pp.11-44
藤野一夫 2021「社会文化の成立と理念——ハンブルクのモッテを事例に」大関雅弘・藤野一夫・吉田正岳編『市民がつくる社会文化——ドイツの理念・運動・政策』水曜社、pp.23-44
藤村龍至 2012「列島改造論 2.0」『思想地図 β vol.3 日本 2.0』ゲンロン、pp.214-251
藤原香奈 2019「歴史的変遷からみる宿根木の人と家のつながり」岡田愛・鍋倉咲希編『南佐渡の文化資源——暮らしの変化を見つめて』生活文化研究フォーラム佐渡、pp.49-71
古川彰・松田素二 2003「観光という選択——観光・環境・地域おこし」古川彰・松田素二編『観光と環境の社会学』新曜社、pp.1-30
古川不可知 2020『「シェルパ」と道の人類学』亜紀書房
古厩忠夫 1997『裏日本』岩波書店
ヘスター、ランドルフ T. 2018『エコロジカル・デモクラシー——まちづくりと生態的多様性をつなぐデザイン』土肥真人訳、鹿島出版会
法橋量 2003「ドイツにおけるフォークロリスムス議論のゆくえ——発露する分野

と限界性」『日本民俗学』236: 49-71
法橋量 2010「現代ドイツ民俗学のプルーラリズム――越境する文化科学への展開」『日本民俗学』263: 5-30
本間雅彦 1994a「鬼太鼓座事はじめ」『たいころじい』10: 12-14
本間雅彦 1994b『牛のきた道――地名が語る和牛の足跡』未來社
本間雅彦 1997『鬼の人類学』高志書院
本間雅彦 2004「出会いと別れ」宮本常一先生追悼文集編集委員会編『宮本常一――同時代の証言』マツノ書店、pp.194-196
本間義人 1999『国土計画を考える――開発路線のゆくえ』中央公論新社
本間智希 2012「在野を巡るフィールドワークの史的素描――『あるく みる きく』をめぐる民家・集落調査の建築史的再考」早稲田大学中谷礼仁建築史研究室（https://www.nakatani-seminar.org/2009/outcome/、2023年3月3日閲覧）
本間寅雄 2002「選鉱場おけさ」相川町史編纂委員会編『佐渡相川郷土史事典』新潟県佐渡郡相川町、pp.431-432
本間恂一 1975「佐渡近代史研究の現状と展望」『佐渡――島社会の形成と文化』地方史研究協議会、pp.34-36
本間恂一 2008「『佐渡独立論』と離島振興法」『佐渡伝統文化研究所年報』創刊号、pp.33-40
毎日新聞社編 2005a『宮本常一写真・日記集成 上』毎日新聞社
毎日新聞社編 2005b『宮本常一写真・日記集成 下』毎日新聞社
前田速夫 2022『谷川健一と谷川雁――精神の空洞化に抗して』冨山房インターナショナル
真島俊一 1975「小木半島の集落」新潟県佐渡郡小木町編『南佐渡の漁労習俗――南佐渡漁撈習俗緊急調査報告書』小木町、pp.3-62
真島俊一 1976「間取りと生活」日本生活学会編『生活学論集1 民具と生活』ドメス出版、pp.57-106
真島俊一 2004「伝えられたこと・託されたこと――夢と期待と私達・テム」『宮本常一――同時代の証言（復刻版）』マツノ書店、pp.269-273
真島俊一 2017「卒業生インタビュー No.13 真島俊一［TEM研究所所長］」武蔵野美術大学校友会事務局（https://www.msb-net.jp/msbcaravan/2017/02/15/14081、2022年12月1日閲覧）
増田寛也 2014『地方消滅――東京一極集中が招く人口急減』中央公論新社
松井健編 2004『沖縄列島――シマの自然と伝統のゆくえ』東京大学出版会
松崎憲三編 2002『同郷者集団の民俗学的研究』岩田書院
松田素二 2021「政治」春日直樹・竹沢尚一郎編『文化人類学のエッセンス――世界をみる／変える』有斐閣、pp.157-178

松村圭一郎 2021『くらしのアナキズム』ミシマ社
松本健一 1972『孤島コミューン論』現代評論社
的場澄人 2014「のこのこと犬ソリにのって――北極探検家と行くフィールドワーク」椎野若菜・白石壮一郎編『フィールドに入る』古今書院、pp.85-99
マルクス、カール 2020『ルイ・ボナパルトのブリュメール 18 日』丘沢静也訳、講談社
丸山泰明 2006「文化政策としての民俗博物館――国民国家日本の形成と『国立民俗博物館』構想」『年報人類文化研究のための非文字資料の体系化』3: 53-77
丸山泰明 2013『渋沢敬三と今和次郎――博物館的想像力の近代』青弓社
三上訓顯 2013「海に向かう家、海を避ける家――居住環境の構え方に関するスクリプト」『芸術工学への誘い』17: 27-32
見田宗介 2006『社会学入門』岩波書店
道場親信 2016『下丸子文化集団とその時代――一九五〇年代サークル文化運動の光芒』みすず書房
道場親信・成元哲 2004「社会運動は社会をつくる？」大畑裕嗣・成元哲・道場親信・樋口直人編『社会運動の社会学』有斐閣、pp.1-15
三留理男 1971『三里塚――燃える北総台地 document1966-71 → 三留理男・報告・写真集』新泉社
宮内久光 2006「日本の人文地理学における離島研究の系譜（1）」『人間科学』18: 57-92
宮田登 1975『ミロク信仰の研究』未來社
宮本憲一 1973『地域開発はこれでよいか』岩波書店
宮本常一 1961「佐渡の原始生産構造」『人類科学』13: 265-273
宮本常一 1962「佐渡北岸における農業生産の発展と労力」『人類科学』14: 260-270
宮本常一 1964a『経済実態調査報告書』新潟県佐渡郡赤泊村
宮本常一 1964b「渋沢先生と九学会連合の調査」『佐渡――自然・文化・社会』平凡社、pp.558-559
宮本常一 1964c「労働慣行」九学会連合佐渡調査委員会編『佐渡――自然・文化・社会』平凡社、pp.391-401
宮本常一 1965「日本の島々」宮本常一監修・法政大学カメラ部『写真 日本の離島』角川書店、pp.9-48
宮本常一 1967a（1943）『宮本常一著作集 第 6 巻 家郷の訓・愛情は子供と共に』未來社
宮本常一 1967b（1953）「山の民」『宮本常一著作集 第 3 巻 風土と文化』未來社、pp.235-247
宮本常一 1967c『宮本常一著作集 第 2 巻 日本の中央と地方』未来社

宮本常一 1968『宮本常一著作集 第7巻 ふるさとの生活・日本の村』未來社
宮本常一 1969『宮本常一著作集 第4巻 日本の離島 第1集』未來社
宮本常一 1970a「離島振興の問題4 沖縄を見る1」『しま』64: 2-9
宮本常一 1970b『宮本常一著作集 第5巻 日本の離島 第2集』未來社
宮本常一 1970c（1962）「佐渡所感」『宮本常一著作集 第5巻 日本の離島 第2集』未來社、pp.165-176
宮本常一 1972「これからの離島振興問題」『しま』17(4): 71-82
宮本常一 1973『宮本常一著作集 第15巻 日本を思う』未來社
宮本常一 1974「佐渡の若者と日本海大学」、新潟日報9月17日
宮本常一 1975a『宮本常一著作集 第18巻 旅と観光』未來社
宮本常一 1975b『宮本常一著作集 第19巻 農業技術と経営の史的側面』未來社
宮本常一 1975c『宮本常一著作集 第20巻 海の民』未來社
宮本常一 1977（1943）『宮本常一著作集 第25巻 村里を行く』未來社
宮本常一 1980「離島性について」『離島の四季』暁教育図書、pp.51-55
宮本常一 1983『宮本常一著作集 第28巻 対馬漁業史』未來社
宮本常一 1984『忘れられた日本人』岩波書店
宮本常一 1986a『宮本常一著作集 第33巻 村の旧家と村落組織Ⅱ』未來社
宮本常一 1986b『宮本常一著作集 第35巻 離島の旅』未来社
宮本常一 1986c『宮本常一著作集 第29巻 旅にまなぶ』未來社
宮本常一 1986d『宮本常一著作集 第32巻 村の旧家と村落組織Ⅰ』未來社
宮本常一 1987a『宮本常一集 第33巻 民具学の提唱』未來社
宮本常一 1987b『宮本常一集 第42巻 町のなりたち』未來社
宮本常一 1987c『宮本常一集 第39巻 山に生きる人々』未來社
宮本常一 1987d『庶民の旅』八坂書房
宮本常一 1992（1951）『宮本常一著作集 第36巻 越前石徹白民俗誌』未來社
宮本常一 1993『民俗学の旅』講談社
宮本常一 2001『空からの民俗学』岩波書店
宮本常一 2005a『宮本常一著作集 第45巻 民具学試論』未来社
宮本常一 2005b『炉辺夜話——日本人のくらしと文化』河出書房新社
宮本常一 2006『宮本常一著作集 第48巻 林道と山村社会』未來社
宮本常一 2009a（1970）『私の日本地図7 佐渡』未來社
宮本常一 2009b『宮本常一離島論集 第1巻「怒りの孤島」に生きる人々／農業のいろは』みずのわ出版
宮本常一 2010『宮本常一離島論集 第5巻 ふるさとの島にありて思う／島と文化伝承』みずのわ出版
宮本常一 2013a『宮本常一離島論集 別巻 離島振興は進んでいるか／離島青年会議

に寄せて』みずのわ出版
宮本常一 2013b『宮本常一離島論集 第3巻 利尻島見聞／離島振興の諸問題』みずのわ出版
宮本常一 2013c「大島をどう守るか」『宮本常一離島論集別巻』付属CD、みずのわ出版
宮本常一 2014a『宮本常一講演選集 第4巻 郷土を見るまなざし』一般社団法人農山漁村文化協会
宮本常一 2014b『宮本常一講演選集 第3巻 都市文化と農村文化』一般社団法人農山漁村文化協会
宮本常一 2015『海に生きる人びと』河出書房新社
宮本常一 2017『宮本常一 農漁村採訪録 19 佐渡調査ノート（1）』宮本常一記念館
宮本常一 2018『宮本常一 農漁村採訪録 20 佐渡調査ノート（2）』宮本常一記念館
宮本常一・大藤時彦・鎌田久子編 1957『風土記日本 1 九州・沖縄』平凡社
宮本常一先生追悼文集編集委員会編 2004『宮本常一——同時代の証言（復刻版）』マツノ書店
宮本常一・山本周五郎・楫西光速・山代巴監修 1959『日本残酷物語 1 貧しき人々のむれ』平凡社
宮本常一を語る会・桜下義塾編 2017『宮本常一と「わたし」』三岳出版社
民話と文学の会 1976『季刊民話』5
無着成恭編 1995『山びこ学校』岩波書店
村井昂志 2007「東京大都市圏郊外における公立小中学校の廃校と跡地利活用の経緯の分析——東京都多摩市を事例として」『相関社会科学』17: 78-85
村井良太 2013「「社会開発」論と政党システムの変容——佐藤政権と七〇年安保」『駒澤大學法學部研究紀要』71: 1-32
室井康成 2010『柳田国男の民俗学構想』森話社
室井康成 2023『政治風土のフォークロア——文明・選挙・韓国』七月社
明治大学神代研究室・法政大学宮脇ゼミナール編 2012『復刻　デザインサーヴェイ——『建築文化』誌再録』彰国社.
毛利甚八 1998a『宮本常一を歩く 上巻』小学館
毛利甚八 1998b『宮本常一を歩く 下巻』小学館
モーリス＝鈴木、テッサ 2022『辺境から眺める——アイヌが経験する近代』大川正彦訳、みすず書房
森幾 1994『佐渡自治国——森知幾と明治の群像』私家版
森正人 2019『豊かさ幻想——戦後日本が目指したもの』角川書店
森元斎 2020『国道3号線——抵抗の民衆史』共和国
森栗茂一・板倉信一郎 2015「忘れられた衆議——日本の合意形成のこれまでとこ

れから」『第51回土木計画学研究・講演集』
森本孝 2021『宮本常一と民俗学』玉川大学出版部
矢沢明 1981「民俗資料館設立の手法（上）」『日本観光文化研究所研究紀要』1: 111-126
矢沢明 1983「民俗資料館設立の手法（下）」『日本観光文化研究所研究紀要』3: 60-84
安田常雄 2002「現代史における自治と公共性に関する覚え書き――横浜新貨物線反対運動の〈経験〉を通して」『法学新報』109（1・2）: 353-376
箭内匡 2018『イメージの人類学』せりか書房
柳田国男 1949『北小浦民俗誌』三省堂出版
柳田国男 1951『島の人生』創元社
柳田国男 1998『柳田国男全集 第14巻 国史と民俗学』筑摩書房
山泰幸 2020「「媒介的知識人」とは何か」『災害復興研究』11: 83-91
山口覚 2008『出郷者たちの都市空間――パーソナル・ネットワークと同郷者集団』ミネルヴァ書房
山古志村写真集制作委員会編 2007『ふるさと山古志に生きる――村の財産を生かす宮本常一の提案』農山漁村文化協会
山下祐介 2014『地方消滅の罠――「増田レポート」と人口減少社会の正体』筑摩書房
山下裕作 2008『実践の民俗学――現代日本の中山間地域問題と「農村伝承」』一般社団法人農山漁村文化協会
山田義裕 2021「序論　観光、メディア、そして拡張現実」山田義裕・岡本亮輔編『いま私たちをつなぐもの――拡張現実時代の観光とメディア』弘文堂、pp.2-21
山本啓編 2008『ローカル・ガバメントとローカル・ガバナンス』法政大学出版局
山本善一郎編著 1980『佐渡社会運動史――新潟県社会運動研究史料』社会問題研究会
吉本隆明 1972『吉本隆明著作集14』勁草書房
米倉律 2022「テレビが媒介するナショナルな時空間の編成――NHK『新日本紀行』を中心に」日高勝之編『1970年代文化論』青弓社、pp.196-223
離島実態調査委員会編 1966『離島――その現況と対策』全国離島振興協議会
若林敬子 1999『学校統廃合の社会学的研究』御茶の水書房
若林幹夫 2017「自動車・ロードサイド――加速し / 減速する」田中大介編『ネットワークシティ――現代インフラの社会学』北樹出版、pp.76-90
渡邉悟史・芦田裕介・北島義和編 2023『オルタナティヴ地域社会学入門――「不気味なもの」から地域活性化を問いなおす』ナカニシヤ出版

Bendix, Regina 2012 "From Volkskunde to the "Field of Many Names": Folklore Studies in German-Speaking Europe Since 1945", in Regina Bendix, Galit Hasan-Rokem, eds., *A Companion to Folklore*, Blackwell, pp.356-390.

Bourriaud, Nicolas 2002 *Relational Aesthetics*, Presses du reel.

Clarke, Adele and Donna Haraway eds. 2018 *Making Kin not Population*, Prickly Paradigm.

Fivecoate, Jesse A. Kristina Downs, and Meredith A. E. McGriff 2021 "The Politics of Trivialization" in Jesse A. Fivecoate, Kristina Downs, and Meredith A. E. McGriff eds., *Advancing Folkloristics*, Indiana University Press, pp.59-76.

Fleischer-Black, Matt 2015 "Free Universities", in *American Countercultures*.

Lehmann, Albrecht 1991 *Im Fremden ungewollt zuhaus: Flüchtlinge und Vertriebene in Westdeutschland; 1945–1990*, Beck.

NAA歴史伝承委員会編 2015『フロンティアーズ——Narita Since 1966』NAA歴史伝承委員会

Naithani, Sadhana 2019 *Folklore in Baltic History: Resistance and Resurgence*, University Press of Mississippi.

Noyes, Dorothy 2016 *Humble Theory: Folklore's Grasp on Social Life*, Indiana University Press.

SIEF 2018 "Special Issue: Practices of Resistance", *Ethnologia Europaea*, Volume 48(1).

Schmoll, Friedemann 2021 "Volkskunde 70: 50 years after Falkenstein-an attempt to classify", *Journal for European Ethnology and Cultural Analysis*, 5(2): 145-168.

Scott, James 1985 *Weapons of the Weak: Everyday Forms of Peasant Resistance*, Yale University Press.

TEM研究所編 1993『宿根木の町並と民家 I』佐渡国小木民俗博物館

TEM研究所編 1994『宿根木の町並と民家 II』佐渡国小木民俗博物館

Yokoyama, Kento 2017 1920's American Society and The Great Gatsby With Special Reference to Automobile, *Paulownia Review*, 23, pp.53-60.